중등학교교사 임용후보자 선정경쟁시험 대비

전면개정

내용의 정석
史師 역사교육론

김정현 편저

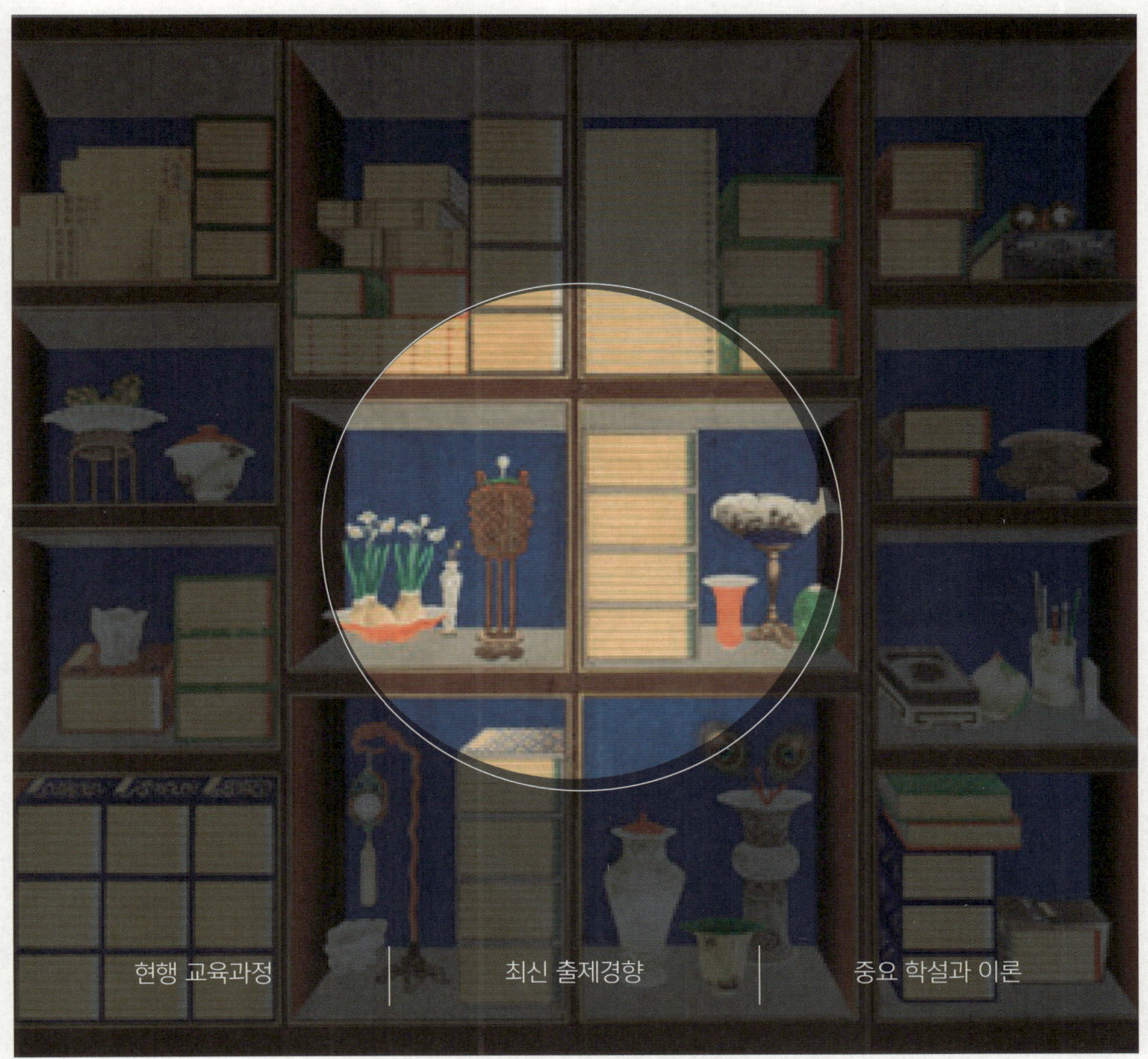

현행 교육과정 | 최신 출제경향 | 중요 학설과 이론

머리말

전면 개정판을 펴내며

대한민국에서 교사는 매우 존경받는 전문적 직업vocation이자 안정적인 직업job입니다. 누군가를 가르쳐서 변화를 일으킨다는 것은 엄청난 책임감이 뒤따르는 막중한 일이고, 또 아무나 쉽게 할 수 없는 어려운 일이기 때문이겠지요. 여러분은 지금 바로 그 교사가 되기 위해 준비하고 계십니다. 수많은 책과 논문을 읽고, 강독과 사적해제 훈련을 받고, 교직 과목을 이수하고, 교육 실습까지 수행한 그 모든 과정이, 바로 아무나 할 수 없는 교사가 되기 위한 과정이었지요. 이제 마지막 관문으로 임용 시험을 보기 위해, 배운 내용들을 정돈하고자 애를 쓰고 있습니다. '선생님', '사범師範'은 그 엄청난 노력 끝에 비로소 이를 수 있는 자리일 겁니다.

저 역시 여러분처럼 교사가 되고 싶어서 사범대학에 진학했지만, 뜻하지 않게 연구자의 길로, 다시 강사의 길로 들어섰습니다. 교단에 서지는 못했지만 대학원에서 석·박사 과정을 거치며 정말 많은 선생님들의 가르침 아래에서 글을 쓰고 각종 프로젝트에 참여해 보았습니다. 또 학교와 학원에서 중·고등학생과 재수생을 대상으로, 한능검이나 문화재 해설사를 준비하는 분들을 대상으로, 대학생을 대상으로, 현직 교사를 대상으로, 공무원 수험생을 대상으로 참 여러 종류의 수업을 하고 교과서, 참고서, 개설서 등 수 십 권의 책을 써 보았습니다. 그 오랜 시간을 지나고 보니 교사가 되기에는 이미 늦어버렸네요. 비록 교사의 꿈은 이루지 못했지만, 저는 꽤 긴 시간 동안 배우고 가르치면서 우리나라 교육과정, 교수·학습 내용을 누구보다 잘 알 수 있게 되었고, 역사교육학과 한국사만큼은 내용을 가장 쉽게 정리해서 전달할 수 있는 수준이 되었습니다. 제가 여러분 앞에 감히 제 강의와 책을 선보이겠다 용기를 낸 것은, 열심히 노력하는 여러분께 그렇게 얻은 지식과 노하우가 한자락 도움이 될 수 있으리라는 확신이 들었기 때문입니다.

저는 작년에 책을 쓰는 내내 근 30여 년간 해 온 공부와 교육 경험들을 최대한 녹여내려고 노력했습니다. 임용시험 기출 문제들을 모두 분석하여 출제될 요소들을 추리고, 전공 서적과 논문들을 올해 나온 것까지 하나하나 찾아 정리하고, 제7차 교육과정 이후 출간된 국정·6종·8종·9종의 역대 교과서를 모두 다시 한 번 확인하고, 문장을 작성하고 다듬기를 반복하였습니다. 2023년, 우리 교재로 진행한 임용 수업 결과는 정말 놀라웠습니다. 그 자체로도 만족스럽긴 하지만, 한 해 수업을 진행하며 보니 아쉬운 부분도 적지 않았고 새로운 연구 경향들도 생겼습니다. 저는 일 년 내내 그런 부분을 꼼꼼히 메모해 두었고, 1차 시험이 끝나자마자 원고를 손보고 재집필하는 작업에 몰두했습니다. 그리하여 이번 전면 개정판 사사史師 시리즈는 임용시험 준비를 위한 교재로서는 타의 추종을 불허하는 완벽한 교재가 되었습니다. 진짜 진짜 믿으셔도 좋습니다.

이 책은 저 혼자만의 힘으로 쓴 것이 아닙니다. 십 수 년 간 함께 해주신 교사·강사님들이 최근 연구 성과나 출제 경향, 현장의 실제 등에 대해 알려주고 내용의 얼개와 구성 요소들을 논의해주었습니다. 경험이 풍부한 선후배 교수님들은 시험과 관련한 다양한 조언과 지도를 해 주었습니다. 이정기 연구실장님은 공저자나 다름 없을 만큼 책 전반을 관장해주셨고 학부생·대학원생 후배와 제자들이 내용 검색과 원고 정리를 도와주었습니다. 원고를 보기 좋게 디자인하고 조판하느라 박소은 디자이너를 비롯한 출판사 분들도 촉박한 일정에 함께 밤을 새워가며 애써주셨습니다. 이깟 책 한 권을 위해서도 이토록 수많은 사람의 노력이 필요합니다. 여러분이 교사가 되기 위해, 얼마나 많은 사람들의 도움이 필요했는지 생각해 볼 수 있었으면 합니다. 그리고 나아가 앞으로 만날 학생들의 바람직한 자람을 위해, 여러분이 어떤 도움을 주어야 할지 고민해보셨으면 합니다. 그러나 물론, 책의 내용이나 체제에 문제가 있다면 그건 전적으로 저의 책임입니다. 카페를 통해 질문하고 지적해주십시오.

　아무리 잘 만든 바람개비도, 바람이 불기를 마냥 기다리지 말고 들고 뛰어야 돌아갑니다. 저는 이 책과 강의를 통해 여러분이 합격하실 때까지 힘껏 돕겠습니다. 모쪼록 시험을 위한 대비일랑 제게 맡기시고, 여러분은 보다 나은 교사가 되는 길이 어느 쪽인지 나침반의 지침指針처럼 옳은 방향을 향해 달리시기 바랍니다. 부디 공감하고 이해하는 것을 넘어 함께 발로 움직일 수 있는 교사가 되어 주시길 희망합니다.

2023. 12. 보단재寶丹齋에서

김경현 드림.

목차

I 역사교육학이란?

CHAPTER 1. 역사교육과 역사교육학

1. 역사교육   10
2. 역사교육학   10
3. 사회과 통합론   13

CHAPTER 2. 역사학과 역사교육의 관계

1. 역사학   14
2. 역사학의 몇 가지 쟁점과 역사교육   16
3. 역사 연구의 동향과 역사교육   21

CHAPTER 3. 역사교육의 연구방법론

1. 역사교육 연구의 의미   31
2. 연구방법론의 종류   31
3. 역사교육의 현장연구론   32

II 역사교육의 이론

CHAPTER 1. 역사 이해와 역사교육

1. 역사 이해의 개념 … 36
2. 상상적 역사 이해와 감정이입 … 40
3. 역사 해석과 판단 … 46
4. 역사 이해와 역사 수업 … 48

CHAPTER 2. 역사적 설명과 역사교육

1. 역사적 설명의 개념 … 52
2. 일반적 역사 설명 … 53
3. 과학적 역사 설명 … 56
4. 인간의 행위 설명 … 59

CHAPTER 3. 역사적 사고

1. 역사적 사고의 의미 … 62
2. 역사적 사고 이론 1 : 영역 중립 인지 이론 … 64
3. 역사적 사고 이론 2 : 영역 고유 인지 이론 … 69
4. 영역 중립 인지 이론 vs 영역 고유 인지 이론 논쟁의 공헌과 한계 … 72
5. 역사적 사고의 구성 요소 … 73

CHAPTER 4. 역사적 사고 논의

1. 역사의식과 메타히스토리 … 78
2. 역사적 사고와 비판적 역사 읽기 … 88
3. 역사적 사고와 관련된 몇 가지 논의 … 96
4. 역사적 사고를 위한 역사교육 … 100

CHAPTER 5. 내러티브

1. 내러티브 이론 … 103
2. 내러티브와 역사교육 … 108

목차

III 역사교육의 실제

CHAPTER 1. 교육과정

1. 국가 교육과정 — 114
2. 광복 이후 역사과 교육과정의 변천 — 116
3. 교사 교육과정 — 132

CHAPTER 2. 역사교육의 목적과 목표

1. 역사교육의 목적 — 137
2. 역사교육 목표의 필요성과 분류 — 141
3. 역사교육 목표의 설정 — 145

CHAPTER 3. 역사교육의 내용 구성

1. 역사교육 내용의 개념과 요소 — 147
2. 역사교육 내용의 체계 — 151
3. 역사교육 내용의 선정 — 153
4. 역사교육 내용의 조직 — 156

CHAPTER 4. 역사교육의 교재

1. 역사 교재의 개념 — 165
2. 역사 교재의 형태 — 167
3. 역사 교재의 소재 — 173
4. 역사 교재의 제작 — 179

CHAPTER 5. 역사 수업의 방법

1. 역사 수업의 의미와 설계 — 180
2. 역사 수업의 유형 — 181
3. 역사교수법 : '어떻게' 가르쳐야 하는가? — 195
4. 학습지도안의 실제 — 199

CHAPTER 6. 새로운 역사 수업 모색

1. 역사 학습의 인식론적 모색   202
2. 역사 교사의 인지적 특성과 역사교육의 관계   203
3. 역사교육의 다원화   206
4. 새로운 세계사 교육 모색   210

CHAPTER 7. 역사 학습의 평가

1. 개념과 기능   213
2. 역사 학습 평가도구의 요건   217
3. 지필평가   219
4. 수행평가   223

부록

2022 개정 교육과정   228
인명 INDEX   290

I.

역사교육학이란?

CHAPTER 01

역사교육과 역사교육학

CHAPTER 02

역사학과 역사교육의 관계

CHAPTER 03

역사교육의 연구방법론

CHAPTER 01 역사교육과 역사교육학

1 역사교육

(1) 개념
① 역사를 목적·수단으로 하여 인간을 교육하는 활동
  ㉠ 학교에서 가르치는 역사교과의 교수 방법적 응용
  ㉡ 국가와 사회, 그 구성원의 정체성과 가치를 규정하는 이념적 차원
② 역사학의 내용과 방법을 교육적 목적으로 이해하고 구성하는 데 관련된 지식 및 연구 체계

(2) 특성
① 역사학의 특성인 시간 개념을 중시
② 인간 활동을 총체적으로 다루는 교육 활동으로, 종합적 접근 방법 요구
③ 문학적 방법(재사고, 유추, 감정이입 등)과 과학적 방법(분석, 비판 등)을 모두 활용

2 역사교육학

(1) 교과교육학적 의미와 '역사교과학' 개념
① 교과교육학으로서의 역사교육
  ㉠ 연구 대상: 역사를 교수·학습하는 행위
  ㉡ 연구 내용: 역사교육의 성격을 규명하고, 역사교육의 목표·내용·방법·평가 등에 관한 체계적인 이론을 학문적으로 정립하며, 이를 실제 교수·학습에 실천적으로 활용하려는 교과교육학◇의 한 영역
② 교과교육학 논의의 한계: 역사교육을 역사교과의 교수방법적 응용으로 간주
  ㉠ 역사학과 교육학 사이에서 자리매김이 여러움
  ㉡ 교사 양성 교과과정의 구색을 맞추기 위한 개념으로 간주
③ '역사교과학' 개념의 제안(양호환)
  ㉠ 의미: 역사학의 내용, 교육론, 역사교과의 성격과 기능에 관한 이론을 종합
  ㉡ 구성 영역
    • 역사수업을 위한 교육 이론과 고유의 교수·학습 방법 연구
    • 역사교과 가치의 정당화: 목적론과 관련
    • 일상생활에서 역사의 역할과 위상에 대한 관심
    • '역사의식'◇을 학습의 구조와 과정으로 개념화

◇ **교과교육학으로서의 역사교육학**
교과교육학은 사범대학의 독자성과 존립 근거로 제시된 영역으로, 대개 '특정 학문 영역 지식과 그것을 가르치는 방법으로서의 교육을 통합한 실천적 교육학'으로 인정되었다. 역사교육학도 '역사라는 내용을 전달하고자 교육학이라는 방법을 활용하는 분야'로 인식되었으나 최근에는 다른 교과와 일반화할 수 없는 별도의 이론으로 정립되고 있다.

◇ **역사의식에 대한 여러 논의**
• 시간과 시대의 흐름에 따른 역사의 변화와 계속성을 파악하는 시간의식 및 변천의식, 역사 속에서 자기 자신의 위치와 역할을 깨닫는 자아의식 또는 존재의식 (김한종)
• 역사적 사고의 특수성과 인류 문화에서 역사적 사고가 수행하는 기능을 규정하는 통합적인 정신작용(뤼젠Jörn Rüsen)
→ 역사 서술은 시간의 흐름 속에서 현재 생활의 방향을 잡기 위해 과거를 의미 있게 하려는 기본적인 정신 과정

(2) 역사교육학의 특성

① 학문적 특성
  ㉠ 종합적 성격이 강함
  ㉡ 실천적이고 응용적인 성격이 강함
  ㉢ 과학적 성격이 강함
  ㉣ 내용(역사)과 방법(교육)을 유기적으로 포괄한 독립적인 학문 영역◇

② 역사교육의 내용과 방법 문제
  ㉠ 내용과 방법의 배타적 이분법 문제

내용 우위 시각	방법 우위 시각
역사학자의 입장 역사를 가르친다 역사교육의 모학문인 역사학 중시 사실의 전달, 교과서 내용 중시 교육이론을 통찰·절차로만 간주	교육학자의 입장 역사로써 가르친다 교육적 측면의 방법론 중시 교수·학습 방법, 탐구활동 중시 교육이론에만 골몰, 교과지식 부족

  ㉡ 역사교육에서의 내용과 방법(이돈희)
   • 교과교육 내용의 종류◇

내용적 명제	· 역사의 구체적인 내용 · 역사 내용 연구자들의 영역
설명적 명제	· 역사학의 본질과 특징에 대한 이해 부분 · 역사철학자·역사교육학자의 영역
교육적 명제	· 역사를 가르치는 행위(교수·학습 방법)에 관한 부분 · 교사의 영역

   • 특성: 실천을 강조하여, 내용적 명제보다는 설명적 명제와 교육적 명제에 관심
   • 결국 내용과 방법은 상보적 관계

③ 역사교과에 특정적인 교수 지식
  ㉠ 역사 지식의 특성과 교과 특정적 교수 지식(윌슨&사이크스 S. M. Wilson & G. Sykes)
   • 역사 지식의 주요 특징: 역사적 사실에 대한 다양한 differentiated 차원의 이해, 지식의 정교함 elaboration, 역사에서 지식이 제한적이고 임시적이며 증거에 따라 변화함 qualification 을 이해하는 것, 사건들의 인과관계와 상호 관련 relatedness 을 파악하는 것
   • 교과에 특정적인 교수 지식 subject-specific pedagogical knowledge: 교육, 학습자, 교과목을 통합적으로 반영하여 가르치는 방법을 구상하기 위해 필요한 지식◇

◇ 교과교육 이론에서 내용과 방법 문제

교과교육 이론에 관한 논의는 필연적으로 내용(what is known)과 방법(how to teach it)의 대립이라는 매우 해묵은 문제와 연결된다. 내용 전문가와 교사는 어떻게 다른가? 교직은 전문직인가? 그렇다면 어떤 의미에서 그런가? 이른바 '교수방법론 teaching method'이라는 과목이 필요한가? 오히려 교사는 좀 더 학문적인 영역에 힘을 쏟아야 하는 것이 아닌가? 이 같은 여러 물음은, 사실 내용과 방법의 갈등적인 관계를 축으로 전개된다. 결국 모든 교사는 하나 이상의 전공을 자격 요건으로 하는 내용 전문가이다. 역사교육은 역사 내용, 학생, 교사를 축으로 하는 삼원적 관계로 구성되어 있으며, 내용은 학생을 대상으로 교수되기 위해 교사의 사고 과정을 겪으며 변형된다. 이때 교사는 역사학의 특성을 반영하기 마련이다.

◇ 교과 특정적 교수지식과 '전공'

역사학의 특성을 반영하고 역사적 사실에 대한 이해를 전제로 한 지식이다. 따라서 역사교육에서는 전공 여부가 중요하다. 에반스 Richard J. Evans는 '역사라는 학문에 대한 교사의 견해가 역사교육의 방법과 내용에 큰 영향을 끼친다'고 하였고, 윌슨&와인버그 S. M. Wilson & S. S. Wineburg는 '전공이란 단지 지식 내용을 배우는 것뿐 아니라 전공 학문의 신념 체계까지 경험하는 것을 의미하며, '비전공 사회과 교사들은 역사 과목의 본질적 특성을 모르기 때문에 역사 학습에서 역사적 사실, 해석, 증거의 활용, 인과관계의 역할을 제대로 깨닫지도 가르치지도 못한다'고 하였다.

◇ **슐만이 제시한 일곱 가지 지식 기반**

내용 지식content knowledge, 일반 교수법적 지식general pedagogical knowledge, 교육과정 지식curricular knowledge, 교수 내용 지식pedagogical content knowledge, 학습자의 특성에 대한 지식knowledge of learners and their characteristics, 교육이 이루어지는 맥락에 관한 지식knowledge of educational context, 교육의 목적·가치·철학적·역사적 근거에 대한 지식knowledge of educational ends, purposes and values, and their philosophical and historical grounds

◇ **교사가 알아야 할 지식의 구조**

· 실재적 구조substantive structure: 고유한 지식구조가 있는 교과의 사실들을 통합하고 조직하는 기본 개념과 원리
· 구문적 구조syntactic structure: 정당성과 부당함을 결정짓는 판단 기준

◇ **굿문즈도티S. gudmundsdottir와 슐만의 실험**

경험 많은 경력교사와 신임교사를 비교·연구한 결과 양자의 차이는 첫째, 내용지식을 교수 내용 지식으로 변형하는 데 중요한 역할을 하는 관점의 소유 여부, 둘째, 내용지식을 재구성해 본 기회(경험)의 차이에서 비롯되었다. 경력교사는 교수 내용 지식을 통하여 전체적인 관점을 가지고 있으며 교수방법 선택에 유연하다.

◇ **교수 내용 지식과 교사 교육**

교수 내용 지식 개념은 교사 교육에 관한 중요한 원칙을 제시하였다. 교과 교육 이론은 교과 내용에 대한 충분한 이해를 전제로 하는 것이므로, 교사 교육에서는 교과 내용에 대한 교육이 우선적으로 강조되어야 한다는 것이다. 이러한 견해는 방법만 알면 잘 가르칠 수 있다는 주장을 정면으로 비판하는 것이었다. 즉 가르치기 위해서는 내용에 대한 최고 수준의 이해가 필요하며 방법적 행위보다 교과 내용에 대한 지적 기반이 더 중요하다는 것이다.

ⓒ 교수 내용 지식pedagogical content knowledge(슐만Lee S. Shulman)

• 슐만이 제시한 '교사에게 필요한 지식'

내용 지식	· 교사가 지닌 지식의 양과 구조 · 교과 내용 + 역사의 학문적 특성 · 학문의 방법론적 절차와 구조
교육 과정 지식	· 교육과정에 대한 지식 · 일정 단계에서 특정 주제나 교과를 가르치기 위해 고안된 일련의 프로그램과 교육과정 자료를 이용할 수 있는 지식 · 다양한 교육과정 자료 및 타 교과의 교육과정과도 연관시키는 능력 · 주어진 상황과 단계에서 유용하게 사용할 수 있는 교육과정 대안curricular alternatives과 다른 교과 교육과정에 대한 이해
교수 내용 지식	· 가르치기 위한 내용 지식teachable knowledge: 학생들이 교과를 이해할 수 있게 가장 유용한 아이디어, 유추analogy, 은유metaphor, 직유similes, 예증examples 등을 제시하고 조직하는 방식 · 교사의 지식이 교육 내용으로 전환되는 과정에서 형성 · 교사가 내용과 방법을 혼합하여 주제나 문제를 어떻게 조직·표현·적용하는가에 대한 이해 · 교과 내용 전문가와 교과를 가르치는 사람을 구별해주는 요소(교사의 특수성과 수월성 보장) · 경력교사와 신임교사를 구별 짓는 주요 요소 · 교과 혹은 학문 분야별로 성격과 내용이 다름

• 교수 내용 지식은 교과 내용 지식을 전제로 함

(4) 연구 범위

① **역사교육의 목적**: 일반 목적, 효용성, 정체성과 독자적 가치 등
② **역사교육과 역사학**: 역사학의 의미, 연구방법, 과학성과 문학성 등을 역사교육에 적용하는 방식
③ **역사교육과 사회과학**: 사회과학의 개념과 탐구 방법을 접목, 차이점 규명
④ **역사교육의 역사**
⑤ **역사교육의 심리적 기초**: 역사의식, 역사적 사고력 등 학생들의 인지 발달 연구
⑥ **역사교육의 내용 구조**: 역사학의 내용, 원리, 탐구방법 등 연구
⑦ **역사교육의 과정**: '목표 설정-내용의 선정과 조직-교수·학습 방법-평가'에 대한 이해
⑧ **역사교육의 교재**: 교재의 종류별 이해와 분석
⑨ **각국 역사교육의 비교**

3 사회과 통합론

(1) 사회교육의 특성
① **내용**: 사회과학적 이론·내용·지식
② **목적**: 바람직한 시민 양성
③ **방법**: 지식의 구조, 용어, 법칙 등에 관심

(2) 역사과와 사회과

역사과	사회과
인문학적 배경 인간 행위의 특수성, 구체성 강조 구체적 사실 자체가 탐구 대상 인간 생활의 종합적 이해 도모	사회과학적 배경 보편적 법칙이나 원리 탐구 구체적 사실은 사례로 인식 인간 생활의 한 측면 탐구
인간 사회가 연구 및 교육 대상 민주 시민 육성에 관심 cf. 보이텔스바흐 합의와 시민 교육◇	

(3) 사회과 통합론과 비판

사회과 통합론	비판
전통적 역사교육 방법론(암기, 도제적, 주입식, 내러티브)은 문제가 있으므로, 교수·학습 방법 및 주제에 공통성이 있는 사회과와 학제學際 교육이 필요	사회과는 학문인지 교과인지 모호함, 역사 교과의 교수·학습 방법 및 주제에는 특수성이 있음
민주시민 육성을 위한 통합 학습 필요	역사교육 자체로도 시민 교육이 가능함
역사교육도 문제 해결력 등 실용적 목적에 주목해야 함	역사적 사고력 등 독특한 능력 배양 가능하며, 사실 이해 자체도 중요함

◇ **보이텔스바흐 합의** Beutelsbacher Konsens(1976)

독일 정치교육을 위한 합의로, 강압 금지(학습자 스스로 판단할 수 있게 해야 함), 논쟁 재현(수업에서도 학문·정치적 논쟁을 재현), 학습자 이익 상관성(학생은 자신의 이해관계를 버려 받을 수 있어야 함)이라는 세 가지 원칙을 담고 있다. 엘리트 양성보다는 민주 시민 육성을 목표로 한다.

CHAPTER 02 역사학과 역사교육의 관계

1 역사학

(1) 역사의 의미

① 사실(역사적 존재)
  ㉠ 인간 경험의 총체, 과거에 일어난 일
  ㉡ 역사가 인식 밖의 객관적 실재

② 기록
  ㉠ 남겨진 과거의 기록이나 흔적, 사료에 남겨진 '주어진' 사실
  ㉡ 누군가의 선택이나 편집을 거친 과거

③ 연구 결과(역사적 지식)◇
  ㉠ 인간의 과거 행위에 대한 해석과 의미가 부여된 담론
  ㉡ 역사가의 설명과 해석

(2) 역사학의 특성

① 시간에 따른 과거 사실이나 사건의 변화를 탐구
  ㉠ 과거-현재-미래의 연속성을 갖고 변화한다는 시간 개념을 내포
  ㉡ 역사의 전개 과정에 작용하는 힘과 그 역학의 상호작용을 시간 변화 속에서 살핌

② 과거 인간 행위에 연관된 다양한 변인들을 탐구
  ㉠ 외형적 행위 양태에 영향을 미친 장기적·단기적 요인, 외면적·내면적 요인
  ㉡ 역사의 동력: 기후·자연환경, 생산력과 생산 관계 등 물적 조건
  ㉢ 인간의 내면과 의식, 사상

③ 문학과 철학, 과학의 성격을 복합적으로 내포
  ㉠ 스토리텔링을 위한 문학적 상상력
  ㉡ 인간 존재 및 인식을 사유하는 철학적 사고
  ㉢ 합리적으로 논증하려는 과학적 사고

(3) 역사학과 사료

① 사료의 종류
  ㉠ 성문성成文性: 문자 자료 / 비문자 자료
  ㉡ 목적성: 의식적 전수물(주로 기록) / 무의식적 전수물(주로 유물)
  ㉢ 동시대성
    • 1차 사료: 직접적 증거, 현장적 성질을 지닌 것. 계획 아래 논리를 전개한 이론적 논문, 당시대의 기술적記述的 설명물, 문학이나 비언어적 자료 등
    • 2차 사료: 상황적 증거, 후대의 사적, 논평, 해석, 각주, 비평 등

◇ **역사에 대한 여러 정의**
· 헤로도투스Herodotus: Historia=탐구해서 얻은 지식
· 헤겔Georg W. F. Hegel: 객관적 의미로는 과거 인간의 모든 행위(사건), 주관적 의미로는 그것에 관해 우리가 재구성하고 있는 서술이나 설명(사건의 기술)
· 허신許愼의 『설문해자說文解字』: '史 記事者也 從手持中 中正也'

② 사료 비판
- ㉠ 외적 비판: 금석학, 공문서학, 문장학紋章學heraldry, 계보학, 화폐학, 연대학 등 도움
- ㉡ 내적 비판: 텍스트 비판text criticism, 문맥(맥락) 비판context criticism

(4) 역사철학

① 사변적 역사철학speculative philosophy of history
- ㉠ '역사적 사실 자체로서의 역사'(역사적 존재)를 대상으로 하는 역사철학
- ㉡ 역사가 무엇인지를 밝히고 역사 현상과 그 전개 과정, 역사에 작용하는 힘 등을 규명
- ㉢ 역사 현상에 의미meaning나 의의significance를 부여, 패턴을 찾으려 함
- ㉣ 패턴이나 법칙에 대한 입증이 미약하며 비약적, 역사 전개를 목적론적으로 이해
  ex. 마르크스Karl H. Marx의 유물사관, 슈펭글러Oswald Spengler나 토인비Arnold Toynbee의 문명사관

② 비판적 역사철학critical philosophy of history
- ㉠ '탐구 결과로서의 역사'(역사적 지식)를 대상으로 하는 역사철학
- ㉡ 역사적 지식은 무엇이며 어떻게 얻어지는가 등 역사적 사유의 과정에 대한 연구
- ㉢ 역사학의 본질, 역사 인식의 논리와 방법, 역사적 이해와 설명, 역사 지식의 객관성, 역사적 가치와 판단 등을 논의 → 관점의 차이에 따라 관념론과 실증론 입장으로 구분

구분	관념론idealism 입장	실증론positivism 입장
특징	・역사적 사유의 본질은 '설명'보다는 '이해'에 있다 ・추체험, 감정이입, 직관적 사고, 재연再演을 역사 연구방법으로 정의 ・역사는 인간의 목적, 의도, 사상에 의해 전개되므로, 인간 행위 내면의 정신을 중시하며 역사적 행위의 이유나 동기를 재사유하는 것이 중요 ・역사적 사건의 개별성과 특수성을 강조하며 일반 법칙에 의한 설명 거부	・역사인식의 논리와 방법이 역사적 '이해'보다는 '설명'에 있다 ・역사 연구 방법은 기본적으로 과학적 방법과 같다(사회과학의 개념, 일반 명제, 원리를 도구로 차용) ・역사 사실을 경험적으로 검증된 일반법칙과 그 사건의 선행조건으로부터 연역하여 인과적으로 설명 ・역사적 가치와 판단보다 역사 지식의 객관성 및 역사 법칙과 일반화 추구
학자	딜타이Wilhelm Dilthey 크로체Benedetto Croce 오크쇼트Michael Oakeshott 콜링우드R. G. Collingwood	포퍼K. R. Popper 헴펠C. G. Hempel

◇ **관념론idealism과 실증론positivism**
'idealism'을 신이상주의라 부르기도 하며, 포퍼 등의 'positivism'을 이전의 랑케와 구분하여 신실증주의나 논리실증주의로 부르기도 한다. 앳킨슨R. F. Atkinson은 관념론과 실증론이라는 용어가 역사에 대한 시각과 철학적 입장 사이에 필연적인 관련성이 있다는 느낌을 준다며 통합론assimilation과 자율론autonomism이라는 용어가 적당하다고 하였다.

(5) 역사학과 사회과학

① 공통점

　㉠ 연구 대상: 인간의 사회 활동

　㉡ 주요 개념: 변화, 혁명, 민족주의 등 간학문적 개념

　㉢ 연구 방법: 객관적 연구 방법 추구, 해석학적 연구 방법 병행

② 차이점

구분	역사학	사회과학
목표	· 인간 행위의 특수하고 개별적인 역사 현상 이해	· 인간 행동의 유사성과 일반성에 관심을 두고 일반적 법칙과 이론 수립
대상	· 인간 생활 전체	· 인간 생활의 한 측면(정치, 경제 등)
방법	· 가설은 이해와 설명을 위한 보조 수단으로 엄격성이 결여 · 가설이 모든 경험적 사실과 일치하지는 않음	· 가설은 연구의 핵심으로, 증명을 위해 객관적 절차, 통계적·수량적 방법 이용
서술	· 이야기체 서술 방식 선호	· 분석적·이론적 설명 방식 추구

2 역사학의 몇 가지 쟁점과 역사교육

(1) 역사는 반복되는가?

① 역사의 반복성°

　㉠ 유형적 반복: 인간성의 기본적 욕구가 시공간을 초월하여 동일하다는 전제에 기초

　㉡ 순환사관: 유사한 역사적 양상은 반복되며 근본은 변하지 않는다는 사관

　㉢ 나선형 순환사관

　　· 정확한 동일 반복은 아니며, 위상이나 수준이 한층 발전된 양상으로 반복된다는 사관

　　· 인간의 동일한 본성은 주기 또는 단계마다 차원이 다른 형태로 나타나는 변증법적 발전

　　· 진보사관과 접목 ex. 유물사관

② 역사와 교훈

　㉠ 역사적 사실의 일반화에 근거하여 교훈을 얻고 미래를 예측할 수 있는가?

　㉡ 한계

　　· 인간성에는 고정되지 않은 형성적 요소(내적 세계, 심리적 요인, 도덕 판단 등) 작용 → 동일한 반복이 아니므로 미래 예측은 유사성의 추측에 불과

　　· 교훈은 가치관에 따라 다름 → '治者의 교훈'은 지배층의 정당화에 이용될 우려

　　· 교훈은 부산물일 뿐 역사 연구의 목적이 아님

③ 역사교육에의 함의

　㉠ 직접적 교훈 획득보다는 행위를 추출하고 이를 비교하는 안목 배양이 우선

　㉡ 과거와 현재의 다른 상황을 동시에 비교하고 총체적 이해를 바탕으로 해야 함

◇ 랑케 L. von Ranke의 사관

랑케는 '역사상의 시기는 각기 독특한 개별적 존립 의의를 지니며 반복될 수 없다'고 하였으나, 무질서한 사실들에도 유사성과 일반성은 발견되기 마련이다.

(2) 역사는 과학인가, 문학인가?
- ① 객관적 사실 추구로 보는 입장
    - ㉠ 역사는 과학적 학문: 역사 지식의 객관성에 대한 믿음
    - ㉡ 과학의 귀납적 방법 중시: 사료 수집하여 가설 설정-분석과 검증-일반화
    - ㉢ 역사 연구는 과거의 개별 사실을 밝히는 데 그치지 않고 과거 사람들의 행위에 대해 일반법칙을 세우는 것이라 정의
    - ㉣ 역사적 설명은 인과관계를 연역적으로 추출하고 법칙으로 일반화하여 설명하는 방식을 취해야 함('포괄법칙 이론'), 경제사가들은 수량화를 통한 계량분석적 설명 시도
- ② 주관적 역사 해석으로 보는 입장
    - ㉠ 역사의 가치와 본질은 문학, 즉 '이야기 예술art of narrative'에 가깝다고 봄
    - ㉡ 역사 발전은 복수複數임, 단편적 인과관계나 단일 법칙이 아닌 복합적 상호작용의 결과
    - ㉢ 역사는 상상력과 직관을 통한 인간 이해이므로 주관적이며 도덕적·윤리적 판단 포함
    - ㉣ 역사 서술은 특정 개별적 사건들을 구체적으로 재현시키므로 과학적 성격을 띨 수 없음
    - ㉤ 역사학은 특수성·구체성, 개성적·일회적인 것, 역사적 행위자의 가치·태도·신념·동기 등에 관심
    - ㉥ 역사가는 '사실의 발견자'가 아닌 '의미의 탐구자'로 환경의 영향과 주관성이 개입하므로 인식 대상(과거)과 인식 주체(역사가) 사이의 대응이 불완전함
- ③ 과학성과 예술성을 상호 보완적인 것으로 보는 절충적 입장
    - ㉠ 역사가 나름의 관점, 사료에 대한 엄밀한 검토와 합리적 사고방식 전개
    - ㉡ 역사 연구 및 서술의 절차는 객관성과 정확성 유지, 분석과 해석에서는 논리적 사고와 직관적 통찰력 발휘
    - ㉢ 가설의 진위 증명보다 '전체적 종합' 지향, 사건들의 유사성은 인정하되 동일성은 불인정
- ④ 역사교육에의 함의
    - ㉠ 역사 학습은 역사적 탐구 능력, 직관적 상상력과 통찰력 함양 추구
    - ㉡ 역사 자료 활용, 적절한 사고로 분석과 판단, 자신의 관점에 따라 해석하고 이야기 짓기
    - ㉢ 역사 교실 목표는 과학적 탐구 능력과 문학적 상상력 발휘하여 이야기를 구성하는 것

(3) 역사가에게 역사의식이란?

① 역사의식
- ㉠ 과거의 사건이나 현상의 구조적 변화를 역사의 흐름 속에서 보는 관점
- ㉡ 계속적·가변적인 시간에 따른 사물의 변화와 발전 과정을 관찰하고 그 의미를 파악하는 태도
- ㉢ 역사의 흐름 속에 있는 자신의 위치를 깨닫는 일종의 자아의식이자 역사성에 대한 의식
- ㉣ 과거 이해를 통해 개인적·집단적 위치에 대한 역사적 시야(존재의식)를 갖게 함

② 역사가의 자세
- ㉠ 현재에 대한 이해 능력을 토대로 과거를 이해
- ㉡ 역사가의 역사의식은 현재의 사회적 요청과 시대 정신의 영향을 받음
- ㉢ 역사가가 끄집어 낸 사실은 현재적 의미를 지닐 때 '살아있는 역사'가 됨

③ 역사교육에의 함의
- ㉠ 역사의식 함양 및 역사의 현재적 의의를 살피는 것은 역사교육의 중요 목표
- ㉡ 목적론이나 필연론은 경계: 사관과 의식은 고정적인 것이 아님(검증과 비판 필요)
- ㉢ 학생들이 현재에 대한 통찰력을 바탕으로 역사를 '하는' 작업을 통해 스스로의 사고와 판단에 따라 역사의식이나 사관, 의의를 체득하도록 함

(4) 역사를 움직이는 것은 개인인가, 시대인가?

① 개인과 시대의 복합성◇
- ㉠ 개인은 역사적 조건의 영향을 받으며, 개인의 능력보다는 조직적인 사회 세력 혹은 비인간적인 요인들이 역사 형성 과정을 지배하고 역사의 방향을 결정
- ㉡ 개별 사실이나 사건도 사회 구조에 내포된 것이므로, 역사 현상 밑의 심층적 구조를 역사 동력으로 파악하는 사회사 대두◇

② 역사교육에의 함의
- ㉠ 인물을 탄생시킨 시대 배경과 더불어 특정 시대를 만들어간 인간이나 사회집단의 역할을 동시에 조망해야 함
- ㉡ 다양한 인물학습을 할 경우 개인의 의도와 판단 및 행위 결정은 시대 상황과의 관계 속에서 고찰해야 함
- ㉢ 결정론 주의, 중요한 성과를 거둔 특출한 개인의 역할과 영향을 미친 시대 상황을 동시에 읽어냄으로써 역사에서 개인과 시대의 기능을 동시에 살펴야 함

(5) 역사학에서 시대 구분의 필요성은?

① 시대 구분이란?
- ㉠ 역사를 시간적 변화에 따라 분류하여 이해하는 방법
- ㉡ 역사적 시간의 특성은 '지속'과 '변화', 시대 구분은 시간적 계기성과 단절적 변화에 대한 인식의 소산

◇ **영웅사관**
역사 행위의 주체인 개별 인간이 외부 여건에 관계없이 역사를 주도하며, '역사'란 위인들의 역사, 혹은 그들이 성취해놓은 사상과 행위의 역사라고 인식하는 사관이다.

◇ **여러 학자들의 견해**
- 마르크스: 역사 하부 구조의 결정적 기능 강조. 역사는 사회·경제적인 물질적 요인에 의해 지배를 받으며, 위인은 사회적 필요에서 파생된 필연적인 대응의 결과물
- 스펜서Herbert Spencer: 사회진화론에 따른 생물학적 결정론 주장. 위인의 성장은 사회적 환경을 통해 결정
- 헤겔: 형이상학적 결정론 주장. 위인의 출현은 시대 정신 또는 문명혼의 표현으로 사회나 시대의 요청에 의한 것이며, 역사를 만드는 주인공은 영웅이 아니라 그를 불러낸 '시대'

② 삼분법
- ㉠ 르네상스 인문주의자와 이를 계승한 18세기 유럽 계몽사상가들이 확립
- ㉡ '새로운 시대'를 중세와 단절시키고 고전 문화의 부활로 인식하며 시대별 우열을 가름
- ㉢ 낭만주의 역사가들이 중세 특유의 시대적 특징을 긍정적으로 재조명함에 따라 삼분법이 오히려 확고해 짐
- ㉣ 다양한 수정: 르네상스에 대한 재평가,° 시대 구분 기준 논의, 중세 시점에 대한 논의° 등

③ 시대 구분의 한계
- ㉠ 삼분법(혹은 사분법)은 서유럽 이외 지역에 적용하기 곤란
- ㉡ 획일적 시대 인식을 초래할 위험
- ㉢ 시대 구분을 명확히 할 만큼 일반적인 문화적 동시성은 존재하지 않음
- ㉣ 역사 발전 자체가 복수적이므로 추상적 시대 구분은 편견에 빠지게 할 위험

④ 시대 구분의 효용성
- ㉠ 설명의 일반화, 개별 사실의 범주화를 통해 역사 이해의 길잡이(사고와 해석의 수단)
- ㉡ 잡다한 사실들에 체계와 논리를 부여하여 역사 시기의 특징을 파악하는 데 도움
- ㉢ 단순한 시간 경과가 아닌 역사 흐름과 전개의 일관성에 입각한 의미 부여
- ㉣ 역사가의 관점에 따른 일종의 가설이므로 사관과 밀접한 관련

⑤ 역사교육에의 함의
- ㉠ 연속적·축적적인 역사적 변화의 단계를 이해하기 위해 전환기와 과도기를 설정하여 사회적 특징을 나누는 세분된 구분 필요
- ㉡ 여러 이론과 관점을 소개하고 학생 자신의 관점과 이해를 구축하게 하는 것도 유용
- ㉢ 통시대적인 역사 지식과 안목이 필요하므로 시대 구분에 따른 역사 학습은 고학년에 적합

(6) 역사 설명에서 인과 관계의 중요성은?
① 인과적 설명:° 원인과 결과의 연쇄관계를 추적하여 설명
② 인과적 서술의 특성
- ㉠ 다원성: 역사가들이 제시하는 원인은 다양함
- ㉡ 개별성: 개개 사건은 독자적 원인에 의해 일어나며, 특정 사건에 대한 특정 요인이 규칙적 패턴으로 일반화되지 않음
- ㉢ 등급성: 다양한 원인들은 비중과 영향력에 따라 등급이 나누어지는데, 역사가들은 상대적 중요성을 판단하여 원인들의 순위와 상대적 의의를 결정함

③ 인과관계 설명의 특징
- ㉠ 사건의 원인을 규명하고 비중을 비교하는 것은 복합적, 명료한 법칙 수립 불가
- ㉡ 원인에 대한 설명은 항상 개방된 상태, 인과 연결의 필연성이 희박하며 연결고리가 느슨
- ㉢ 따라서 역사가들은 직접적 원인보다 '상황 논리'나 '사건의 내적 논리'를 언급('왜 일어났는가'하는 인과적 접근보다 '어떻게 일어났는가'하는 기능적 접근을 선호)

◇ 르네상스에 대한 평가
- 부르크하르트 Jacob Burckhardt: 근대 사회의 시발점
- 호이징가 Johan Huizinga: 중세의 가을(쇠퇴기)
- 고프 Jacques Le Goff: 중세 문화의 만개(장기 중세론)

◇ 20세기 시대구분 논의
20세기에는 역사 인식의 수단으로서 시대 구분의 가치를 인정하면서도 그 기준을 문제삼아, 구분 기준을 사상, 정치, 문화, 경제 등 어디에 두느냐에 따라 논쟁이 벌어졌다. 유럽 중세의 시작에 대해서는 피렌느 Henri Pirenne의 경우는 8세기 프랑크 왕국과 이슬람의 충돌로 보기도 하였다.

◇ 역사적 설명의 종류
역사 연구는 사실의 확인 및 가설과 이론으로 이루어지며, 이론 수립의 목적은 과거를 설명하기 위함이다. 따라서 다양한 역사적 설명 방법이 사용되는데, 계기적인 상호 관련성을 규명하는 인과적 설명 외에도 역사 전개 과정을 묘사하는 기술적記述 的 설명, 일반적 개념을 정립하는 분석적 방법인 개념적 설명, 가치관을 통해 역사적 교훈이나 이상을 제시하는 도덕적 설명 등이 있다.

- ② '원인' 개념의 모호: 영향력·사회 세력 같은 요인을 포함, 이유나 동기와도 혼동
- ⑩ 원인은 역사가들이 상대적으로 중요하다고 판단한 조건이므로, '사실'이 아니며 임의적이고 가설적인 것

④ **역사교육에의 함의**
- ㉠ 인과관계 틀에 맞춘 설명방식 재고 필요, 하나의 설명방식이자 가설로 다루어야 함
- ㉡ 일직선적 정리 지양, 우발성이나 원인의 모호성 고려하고, 역사적 사건의 결과나 영향도 역사가의 관점에 따라 편차가 있음에 유의
- ㉢ 역사적 사건들의 복합적 배경과 후속 영향을 살펴야 함

(7) 역사 이해에서 감정이입의 중요성은?

① **감정이입이란?**
- ㉠ 콜링우드의 추체험
    - 추체험을 통해 감정이입 가능
    - 현재의 역사가가 과거의 시간 속으로 자신의 사상과 사고를 투영하여 사건의 정황을 미루어 짐작하고 이해하는 과정
    - 역사가가 과거 시대의 상황으로 돌아가 당시의 시대 모습과 의식에 직면하는 것
- ㉡ 인지적·정의적 특성: 과거 시대에 대한 배경 지식을 토대로 호기심과 상상력 발휘

② **추체험과 감정이입에 대한 비판**
- ㉠ 감정이입은 언어를 통한 번역 행위가 필요한 의사소통 과정인데, 언어는 끊임없이 변함
- ㉡ 감정이입은 '인간 본성의 불변성'을 전제로 하지만 이는 근거가 없음
- ㉢ 모든 역사는 '과거 사람들의 마음의 역사'가 아니라 '현재 역사가의 마음의 역사'
- ㉣ 감정이입에는 반드시 이데올로기의 개입이 일어남

③ **역사교육에의 함의**
- ㉠ 아동들이 시공간의 차이를 넘어 대부분 성인이었던 과거 인물에의 이입은 어려움
- ㉡ 학생들은 과거 인물의 행위를 '어쩔 수 없었던', '최선의 선택'으로 볼 우려가 있음
- ㉢ 감정이입 수업의 대표 사례인 연극의 경우, 수업 후 역사 이해 정도를 검토하는 후속 작업을 통해 등장 인물과 심리적 견제 거리를 갖고 비판적으로 보아야 함
- ㉣ 행위자의 의도와 결과 사이에 비합리성이 개입할 가능성이나 현재와 과거의 상황 논리가 다를 수 있는 가능성을 염두에 두고 접근 해야 함
- ㉤ 과거를 '낯설게 보게'하는 역사 학습이 인간과 시대의 변화에 따른 통찰력을 길러줌

3 역사 연구의 동향과 역사교육

(1) 중국의 역사 편찬과 역사교육
  ① 전근대
    ㉠ 특징: 관찬 사서(사관史官), 정치적 상고주의尙古主義, 경사(문사철)일체經史(文史哲)一體
    ㉡ 시기별 사례
      • 공자, 『춘추春秋』(B.C. 5세기, 최초): 명분에 따라 준엄하게 기록하는 '춘추필법'
      • 사마천, 『사기史記』(B.C. 1세기): 기전체, 문학적 요소, 확실한 사실 기록, '후금박고厚今薄古'
      • 위진 남북조기: 개인의 사서 편찬 풍조에 따라 사학史學이 경학經學에서 독립
      • 수·당대: 사관史官 제도 정비, 당대 설관수사設館修史의 전통으로 통치 질서 공고화
      • 송대: 통사체 저작 활발, 인쇄술 발달, 성리학 영향 ex. 사마광, 『자치통감』(편년체)
      • 원대: 『몽골비사』, 명대에는 위축(패사잡기류 성행)
      • 청대: 문자옥으로 고증학 발달하여 고적古籍 보정 작업, 장학성의 육경개사六經皆史 주장
    ㉢ 역사교육: 경서를 통한 역사교육(포폄褒貶, 치국인재 양성) → 명·청대 경사 구분
  ② 근대
    ㉠ 량치차오梁啓超의 신사학(사학 혁명을 주장)
      • 통치 이익을 위해 복무하는 영웅사관 중심의 역사 서술 구조 타파 주장
      • 국민을 위해 역사 서술 필요, 애국심 고취, 국민 단결, 사회문명 추진이 목적
      • 진화론 토대, 역사 발전의 인과율을 찾아낼 것 강조(나선형 진보관)
      • 경세치용 강조, 과학적 방법론 도입하여 역사를 과학의 한 부류로 만들자고 제창
    ㉡ 역사교육
      • 경세치용·중체서용·신문물 익힌 인재 양성 목적, '발전' 개념 도입
      • 민족주의 사조가 지배적
  ③ 현대
    ㉠ 특징
      • 경사일체 탈피, 도덕·정치 수단 탈피
      • 5·4 운동 이후 애국 관념을 임무로 하는 국수주의·의고擬古주의·실용주의가 근대 사조로 대두
      • 마르크스 사학: 유물사관의 역사 발전 단계설 적용
      • 사료학파: 푸쓰녠傅斯年, 이론과 주의 비판하며 사료와 고증 중시
      • 문화대혁명 기간에 정치 투쟁 및 권력 장악에 이용
    ㉡ 역사교육
      • 신식 학교의 역사교육 체계화
      • 당대사 및 세계사 교육 중시하여 부국과 애국심 고취
      • 정치사 중심, 민족 자존심 고양, 유물론적 진보 중시

(2) 서양의 역사 편찬과 역사교육

① 전근대 유럽

㉠ 그리스
- 헤로도투스의 『역사』(페르시아 전쟁사): 보고 들은 그대로 서술, 설화적 역사, 문화사 특징
- 투키디데스Thukydides의 『펠로폰네소스 전쟁사』: 신화와 전설 배제하고 진술의 정확성 강조, 문헌 고증(랑케로 계승)

㉡ 로마
- 카토Marcus Porcius Cato: 최초의 라틴어 로마사, 애국심과 도덕심 함양
- 리비우스Titus Livius: 로마제국사를 교훈적 의도에서 서술, 민족적 역사서술의 기원
- 타키투스Publius Cornelius Tacitus: 사실보다는 공화정에 대한 애착심과 황제권에 대한 반발로 역사 서술, 역사의 교훈 강조

㉢ 중세
- 아우구스티누스Aurelius Augustinus의 『고백록』·『신국론』: 기독교 역사철학, 목적론적 사관(랑케로 계승)
- 교부와 수도사들: 신학적 통일성 강조로 정확성 결여, 보편사의 형식과 이념 도입, 직선적 역사관으로 순환사관 대체
- 13세기 이후 무용담과 연대기 유행('롤랑의 노래', '니벨룽겐의 노래', '아서왕 이야기')

㉣ 르네상스기
- 신학적 편견에서 해방, 고증 방법 발전했으나 영웅 숭배·수사학·순환적 사관 지속
- '정치를 위한 교사'로 인식, 민족사 서술로 '역사의 세속화'
- 마키아벨리Niccolo Machiavelli: 역사를 정치사·민족사적으로 이해

㉤ 계몽주의 시기
- 합리주의 사고, 서술 분야 확대
- 이성과 진보에 대한 믿음으로 인간 정신과 사상의 요소 강조
- 연대기적 서술을 벗어나 포괄적 묘사와 인과적 설명
- 세계사적·문화사적 서술 등장, 시대구분 개념 형성, 나선형 발전 사관(비코Giovanni Battista Vico)
- 볼테르François-Marie A. Valtaire(역사는 이념과 문명의 충돌), 흄David Hume(사상, 도덕, 종교가 정치를 만들어가는 방식 설명)

㉥ 역사교육
- 수사학의 한 분야 → 르네상스 이후 실용 교육
- 민족의식과 애국심 함양

② 근대 유럽
　㉠ 민족주의 역사 인식
　　• 낭만주의 영향으로 민족적 자기의식 표출, 각 민족이 경쟁적으로 사료 수집·편찬
　　• '조국애의 역사서술', 민족의 역사와 언어, 민족성 강조, 영웅 이론 등으로 민족주의와 애국주의 → 교과서 편찬에 영향을 주어 파시스트와 전체주의 등장 초래
　　• 독일: 구舊제국에 대한 동경으로 문헌 수집과 비판, 독일의 특수성 강조하는 민족주의
　　• 프랑스: 기조 F. P. G. Guizot의 『유럽문명사』(시민 교육), 미슐레 J. Mihelet의 『프랑스사』
　　• 영국: 앵글로-색슨인을 우수 민족으로 인식, 영국의 뿌리는 독일이라는 인식
　㉡ 랑케의 역사 인식
　　• 19세기에 역사학의 과학적 위상에 대한 믿음 제고, 과학적 담론과 문학적 담론의 구분
　　• 사료 비판(내적 비판)과 문헌 고증 강조
　　• 과거 사실은 그 자체로 전체 → 과거 사실의 개별성·개체성 강조(역사주의 사관)
　　• 정치사·국가사 중심(그 당시의 '시대정신' 중시)
　　• 신화와 사실 구분, 과거의 실제를 서술하되 일관된 역사 서사(이야기체 서술) 구성
　　• 역사는 발견하고 탐구한 것을(과학) 재창조하고 서술한다(예술)는 점에서 과학이자 예술
　　• 역사를 철학이나 문학에서 독립된 별개의 학문으로 정립하는 데 기여
　㉢ 마르크스의 역사 인식◇
　　• 『정치경제학 비판』(1859): 사회경제사 연구, 사회의 하부구조인 경제(생산관계, 생산양식) 강조 → '계급 투쟁' 과정의 갈등, 변화와 발전 주목
　　• 일차원적 사실주의를 극복하고 역사적 구조와 과정의 상호 관련성 인식
　　• 관념론적 틀을 유물론적 틀로 대체
　　• 마르크스 사후 '구조적 관점'에서 거시 역사 주제를 추구하는 경향(발전단계론, 계급 구조, 유물론에 기초한 구조적 힘의 우위 신봉)과 '인간의 의식과 문화'의 역할에 주목하는 문화지향적 경향(문화 현상 분석, 계급을 현상으로 이해) 대두
　㉣ 역사교육
　　• 역사가를 과학적 방법으로 훈련하며 하나의 교과목으로 독립
　　• 자국사 강조, 진보 사관

◇ **랑케와 마르크스**
· 랑케: "역사가는 자기 자신을 죽이고 과거에 본래 어떠한 상태로 있었는가를 밝히는 것을 지상 과제로 삼아야 하며, 이 때 오직 역사적 사실들로 하여금 이야기하게 해야 한다."
· 마르크스: "인간의 의식이 인간의 존재를 규정하는 것이 아니라 인간의 사회적 존재가 인간의 의식을 규정한다."

◇ 랑케 근대 사학의 전제

근대 역사학에서 역사 연구의 목적은 '과거 사실의 이해'에 있었다. 랑케 이후 근대 역사학에서는 몇 가지 원칙을 전제로 삼았다. 즉, 역사는 실제 일어났던 사실이며, 역사가는 사료를 통해 객관적 서술을 할 수 있고, '시간적 연속'으로부터 일관된 인과관계를 이끌어낸다는 것이다. 과학과 이성이 지배하는 '보편 역사', 일관된 목표를 향해 나아가는 집합단수로서의 '역사history'는 근대에 발명된 새로운 역사 개념이었다. 특히 '시간적 계기성'은 역사학이 객관성을 추구하는 전문적 학문으로 발전하는 이론적 토대가 되었다. 따라서 역사가들이 수행한 작업은 사료 고증을 통해 과거 현상들을 '설명'하기 위해 '구조'와 '이론'을 만들어내는 것이었다. 결국 '엄격한 사료 비판을 통해 객관적으로 역사를 서술할 수 있다'는 근대 사학의 주장은 객관적 과거 실재에 대한 믿음, 사료 자체가 사실을 전하고 있다는 믿음에 기반하고 있다.

◇ 크로체와 콜링우드

'모든 역사는 사상의 역사'라 할 때 사상이란, 크로체는 '역사가의 사상', 콜링우드는 '역사가가 연구하고 있는 그 역사적 인물의 사상'을 말한다. '모든 역사가 현재의 역사'라 할 때 현재란, 크로체에게는 현재에 관심을 갖고 있는 역사가가 처해 있는 현재, 역사적 과제가 내재해 있는 현재라는 의미이며, 콜링우드는 역사가가 과거의 사상을 재현할 때에 현재의 사상, 경험이 크게 작용한다는 의미에서의 현재를 뜻한다.

③ 현대 유럽과 미국

㉠ 현재주의 역사 인식: 랑케의 근대 사학° 비판

- 문헌 고증은 가치중립의 역사학인가?: 랑케의 저술은 수사적 서술, 사료는 선택적 편취
- 객관적 사실에 대한 회의

학자	주요 주장
딜타이	• 역사학은 '정신 과학' → 인식 방법으로 '이해'(추체험) 제시 • 역사적 세계의 의미는 현재와 미래에 비추어 달라짐 • 역사가는 자신을 '죽이는' 대신 지식과 경험을 풍부하게 해야 함
크로체	• 역사는 유일한 실재인 정신이 표현된 최상의 형식 • 모든 역사는 사상(역사가의)의 역사 → 역사가의 추체험이 중요 • 모든 역사는 현재 관점에서 쓰인 현대사contemporary history
콜링우드	• 모든 역사는 사상(행위자의)의 역사: 과거 사실은 과거의 사상에 의해 이루어진 것이므로 역사가는 과거 행위자의 '사고의 과정'을 재사고rethinking하고 재연reenactment함으로써 과거를 이해° • 역사가는 현재(시대)의 사상을 대변, 모든 역사는 '현재의 역사'
로빈슨 James H. Robinson	• 역사가의 인식 밖에 있는 역사적 사실이란 없음 • 어떻게 현재에 이르게 되었는가를 문제삼아야 함 • 역사의 본질은 변화, 역사가는 변화 과정에 주목해야 함
베커 Carl H. Becker	• 역사란 현재 사람들이 그들의 관점에서 재구성하는 이야기 • 모든 사람은 제 나름의 역사가, 객관적 서술은 '고상한 꿈'
비어드 Charles A. Beard	• 역사가의 자아 소거는 불가능, 과거 사실이 역사가의 마음·정신 세계로 들어올 때 연구가 시작됨 • 과거 사건에 구조를 부여하고 가설이나 개념을 적용하는 것
카 Edward H. Carr	• 역사란 역사가와 사실 사이의 부단한 상호작용의 과정 • 역사가는 사실의 노예도, 주인도 아님 • 과거 사회 이해, 현재 사회에 대한 지배 증진이 역사의 이중적 기능

ⓒ 사회과학적 역사
- 20세기 사회 문제 해결이라는 과제에 대응
- 정치사 퇴조하고 전체사·사회구조사 등장 → 맥락, 과정, 구조 중시
- 인류학·사회학·심리학·경제학 등의 개념과 방법론 도입 → 일반화, 인과적 설명 중시
- 사적私的 자료, 유물과 유적, 관습, 민담 등 활용
- 한계: 근대 세계의 본질과 방향에 대해 낙관, 서구의 우월한 지위 선점 지지

국가	주요 특징
프랑스의 아날 학파	· 랑케의 사실주의 비판, 구조·사회집단·민중의 삶 조망 · 구조사 연구, 시간의 복수성 인정, 일상적 물질문화에 관심 · 개인보다 집단, 무명의 대중, 집단 의식과 집단적 기억 주목 · 1세대: 페브르Lucien Febvre와 블로크Marc Bloch의 구조사(『사회경제사연보』 창간, 1929), 비교적 방법과 통계적 방법 도입 · 2세대: 브로델Fernand Braudel, 전체사 지향하며 통일성 부여 위해 '장기 지속'과 '하부 구조' 제시 · 3세대: 보벨Michel Vovelle과 르 고프의 망탈리테('심성') 연구
독일	· 국가 정치사(랑케를 계승한 드로이젠Johann G. Droysen 중심 프로이센 학파) 탈피 · 산업화로 사회문제 대두 → '사회'를 역사 발전의 주체로 인식 · 아날학파의 구조사 영향으로 모든 분야의 역사를 종합하여 그 관계들을 전체적으로 해명하는 '사회구조사' 발전
영국	· 집단적 전기, 수량화, 문화적 접근 방법 등을 통한 아래로부터의 역사 구축 · 톰슨E. P. Thompson의 노동사: 평범한 사람들이 스스로의 역사를 위해 투쟁한 주체임을 강조 · 케임브리지 학파: 사회사 연구 · 아날학파 및 마르크스주의 영향으로 '사회 전체의 역사' 규명
미국	· 수정주의: 미국 내 갈등과 모순 연구 · 합의사학: 2차 대전 후 통합 또는 합의의 관점에서 미국 역사를 보는 민족주의적 사관, 미국의 자본주의·민주주의 발전을 가져온 조화와 합의의 단결력 강조 · 신경제사(계량 경제): '反사실적 분석counterfactual analysis'으로 비교 연구 · 심리사학: 정신병리학자 에릭슨E. Erickson이 프로이트 개념 적용하여 잠재된 심리 분석(루터의 종교개혁 배경 추론)

ⓒ 역사교육
- 영국·독일은 분권적, 프랑스·이탈리아는 중앙집권적 교육 시스템
- 역사 과목이 주요 교과목으로 편성, 민족사 이해 강조
- 사회 문화적 내용 대두, 자국사 벗어나 광역적 현대사 추구, 학습자 중심 학습 추구

(3) 우리나라의 역사 편찬과 역사교육

① 삼국~조선 전기

  ㉠ 특징
  - 경사일체의 교육, 정치철학
  - 교훈적 역사교육: 술이부작述而不作
  - 자아의식으로서의 역사

  ㉡ 사례
  - 고구려: 경당에서 오경五經·『사기史記』·『한서漢書』·『후한서後漢書』·『진춘추晉春秋』 등 교육
  - 신라: 임신서기석에 시詩·상서尙書·예禮·전傳을 습득하자는 내용
  - 통일신라: 국학, 독서삼품과(5경과 3사에 능통한 자 선발)
  - 고려: 왕권 강화 목적으로 국사 편찬 사업, 『구삼국사舊三國史』
    국자감과 사학 12도(『사기』·『한서』·『동관한기東觀漢記』 교육)
    『삼국사기三國史記』(제왕지학帝王之學), 이규보의 '동명왕편東明王篇', 일연의 『삼국유사三國遺事』, 이승휴의 『제왕운기帝王韻紀』
  - 15세기: 단군과 고조선에 대한 관심
    권람의 『응제시주應製詩註』, 『세종실록지리지世宗實錄地理志』, 『동국여지승람東國輿地勝覽』
    『조선왕조실록朝鮮王朝實錄』, 『동국통감東國通鑑』(단군~고려 통사)
  - 16세기: 성리학적 이념, 소중화 인식, 기자와 중국사 강조
    박세무의 『동몽선습童蒙先習』(최초의 역사 교재, 단군으로부터 시작)

② 조선 후기 실학자의 역사 서술과 역사교육관

  ㉠ 역사 인식의 변화
  - 경사일체의 관념에서 탈피하여 역사를 독자적 학문 분야로 인식
  - 역사 서술의 모범인 주자의 『자치통감강목資治通鑑綱目』 비판
  - 삼한정통론과 중국 중심의 화이관을 모두 극복, 자국사의 중요성 인식 → 계몽사학·민족사학의 토대
    ex. 홍여하의 『동국통감제강東國通鑑提綱』, 이익의 삼한정통론, 안정복의 정통론
  - 영웅주의·도덕 중심 사관 극복°
  - 역사적 사건·주체적 인물들에 대한 종합적 이해
    ex. 한치윤의 『해동역사海東繹史』, 안정복의 『동사강목東史綱目』
  - 고증사학 영향, 실증적 방법으로 역사 연구: 사료 수집과 비판 활발, 중국 사료의 한계 인식
  - 역사지리에 대한 관심 증대

  ㉡ 역사교육관의 변화
  - 독자적 역사교육(자국사 교육) 강조°
  - 관료 양성용 교육으로 과거제에 반영

◇ **박세무의 『동몽선습』**

『동몽선습』은 중종 때 박세무가 편찬한 것으로 추정되는 역사 교재이다. 가정에서 아동들에게 유교 정신과 역사를 가르치기 위해 만든 교재로, 경사일체의 전통에 따라 오륜을 중심으로 한 경부經部와, 중국사 및 한국사를 서술한 사부史部로 나뉘어 있다. 역사 부분에서는 간략한 중국 역대 역사와 우리의 역사를 수록하고 있다. 『동몽선습』에 담긴 우리 역사 내용은 매우 간략하여 삼국과 고려, 조선의 왕조 변천을 피상적으로 서술하고 있으며, 그나마 서술 분량은 중국사의 3분의 2에 지나지 않는다. 또한 소중화의 관념을 자랑스럽게 여기고 있으며, 기자에 의해 우리의 풍속이 교화되었다고 하는 등 중국 중심의 세계관을 그대로 드러내고 있다. 하지만 현재까지 알려진 것 중에서 역사 교재용으로 만들어진 최초의 책이며, 우리의 역사를 단군에서 시작한다고 서술하고 있는 등 민족사의 전통을 드러내는 서술을 하고 있는 점에서 의미가 크다고 할 수 있다.

◇ **실학자들의 영웅 사관 극복**

이익은 고금 성패가 통치자의 재덕이 아닌 시세時勢에 의해 결정된다고 인식하였고, 정약용은 역사 발전의 원동력을 중인衆人으로 보고 물질 면에서 역사의 진보를 논하였다.

◇ **조선 후기의 자국사 교육**

이익은 성균관의 교육과정에서 역사 분야를 제사諸史·춘추좌전春秋左傳·본국사 세 가지 과정으로 확대하고, 교육과정에 퇴계집을 넣을 것이며, 과거 시험 과목에 중국사와 함께 국사를 포함시킬 것을 제안했다. 그 제자인 안정복도 자국사 역사책으로 주체적인 교육을 해야 한다고 강조했으며, 정약용은 구체적으로 식년시에 국사 시험(자子-『삼국사기』, 묘卯-『고려사高麗史』, 오午-『동국통감東國通鑑』, 유酉-『국조보감國朝寶鑑』)을 넣자고 주장했다. 한편 조선 후기에도 박세무의 『동몽선습』은 국사교육 교재로 중시되었고, 박지원과 정약용은 삼서불가독설三書不可讀說(『천자문千字文』, 『통감절요通鑑節要』, 『사략史略』)을 주장하기도 하였다.

③ 근대 역사학의 성립과 발전
  ㉠ 근대기: 학문적 독자성 추구, 유교 철학 극복, 중화사상 탈피, 민족 사관 대두
    • 갑오개혁 때 편사국에서 『조선역사』·『조선역대사략』 간행: 단군 기원, 교과서의 의미
    • 김택영·현채 등은 왕조사를 탈피하여 새로운 내용의 통사 서술
    • 위인전·외국 흥망사 간행, 신채호의 『독사신론讀史新論』 연재
  ㉡ 일제 강점기: 근대사회 형성, 독립운동 추진의 과제와 식민사학 극복 노력
    • 민족사학: 박은식·신채호, 사회개혁론과 사회진화론 견해
    • 사회경제사학: 백남운의 유물사관
    • 실증사학: 손진태·이병도의 진단학회에서 문헌 고증과 객관적 서술 추구
④ 근대기의 역사교육
  ㉠ 특징
    • 경학에서 분리되며 민족사서 및 자국사 교육의 중요성 부각(국사 필수)
    • '국민 지조 함양' 목적(치자治者 중심 역사, 정치사 중심 통사, 교훈적 교육)
    • 계몽적 언론 통한 교육: 존왕애국 의식 함양, 충효의 대의에 밝은 국민 육성
    • 중국사 중심의 세계사 교육 탈피
  ㉡ 제도

개화기	• 민족정신을 함양하기 위한 수단으로 역사교육 중시 • 육영공원에는 외국 역사, 우리나라 역사 포함
갑오개혁 이후	• '본국사 교육 훈령'에 따라 역사가 정규과목, 세계사보다 한국사 중시 • 1895년 성균관 경학과: 본국사(필수)와 만국사(형편에 따라) 포함 • 1895년 소학교령: 심상과에 본국역사, 고등과에 본국역사(필수)와 외국역사 포함 • 1895년 한성사범학교에 본국사 및 만국역사 교육
통감부기	• 역사 폐지 또는 축소 • 보통학교에 역사 제외, 사범학교의 역사수업 시수 축소 • 1906년 교과서편찬위원회에서 교과서 발행 • 1908년 학부령('교과용도서에 관한 규정') 공포, 민간 발행 교과서 통제 • 1909년 출판법

  ㉢ 교과서
    • 전통적인 편년체 서술과 삼한정통론이 많음
    • 신사체 등장: 현채의 『중등교과 동국사략』◇은 인과관계에 입각한 근대적 서술

초기	• 배재학당 『셰필드의 세계사』 • 이화학당 『100명의 위인전』
학부	• 국사: 『조선역사朝鮮歷史』, 『동국사략東國史略』, 『조선역대사략朝鮮歷代史略』 • 세계사: 『만국역사萬國歷史』, 『아국략사俄國略史』, 『중일략사합편中日略史合編』
민간	• 국사: 현채의 『보통교과 동국역사東國歷史』·『중등교과 동국사략東國史略』·『대한역대사략大韓歷代史略』, 김택영의 『역사집략歷史集略』, 최경환·정교의 『대동역사大東歷史』 • 세계사: 현채의 『미국독립사』·『만국사기萬國史記』, 노용선의 『파란말년전사波蘭末年戰史』, 장지연의 『애급근세사埃及近世史』

◇ 현채의 『중등교과 동국사략』

편년체를 벗어나 인과관계에 입각한 근대적 서술 체제(신사체)를 따르고 있다. 하야시林泰輔의 『조선사』를 편역한 것은 사실이지만, 현채가 『만국사기』를 편찬하던 중 근대적인 역사 이해와 서술·체재 등을 경험한 데서 가능한 것이었다. 『조선사』의 영향을 많이 받았으나 내용에 있어서 몇 가지 다른 점이 있다. 하야시는 단군신화를 부정하였으나 현채는 이를 인정해 책 서두에 서술하였다. 그리고 하야시는 위만조선 및 한사군 문제를 중요시해 시대구분의 계기로 삼았으나, 현채는 이를 삭제하고 삼한정통설을 주장하였다. 그리고 하야시는 임진왜란에서 일본을 주로 다루었으나, 현채는 우리나라의 의병 활동을 자세히 다루었다. 특히, 역사상 위인·명장과 외적과의 전쟁 등을 크게 취급해 외침에 대한 자주 독립심을 고취하고 있다. 그렇다고 『동국사략』이 『조선사』의 그릇된 한국사관을 완전히 극복한 것은 아니다. 가야 여러 나라가 일본에 속해 조공하였다든가, 신공황후의 조선 침범을 그대로 인정하고 있는 것 등은 대표적인 예라고 하겠다. 이 책은 태고사·상고사·중고사·근세사로 시대 구분해 태고사는 단군에서 삼한까지를, 상고사는 삼국 분립에서 후삼국과 발해의 멸망까지를, 중고사는 고려의 건국과 멸망을, 근세사는 조선의 건국에서 한말 광무·융희 연간까지를 각각 다루고 있다.

⑤ 일제 강점기의 역사교육

① 제1차 조선교육령(1911)

특징	· 충량한 국민 육성 목적 · 시세와 민도에 맞도록 교수
시수 편제	· 보통학교: 역사과목 없음 · 고등보통학교: 2학년 일본사 2시간, 3~4학년 외국역사와 외국지리 2시간 · 여자고등보통학교: 1학년 일본사·일본지리 2시간, 2학년 일본사 1시간
개정	제1차 조선교육령 부분 개정(1920) · 보통학교 6년으로 연장 · 5~6학년에 역사 편성 2시간, 일본사 중심, 한국사는 정치사 위주 · 주교재『심상소학국사』(일본사), 보충교재『심상소학국사보통교재』(한국사)

② 제2차 조선교육령(1922)

특징	· 一視同仁 강조, 동화 정책 · 보통학교 6년, 고등보통학교 5년, 여자고등보통학교 4~5년으로 연장 · 식민사학 체계를 보급하는데 역사 이용, 도덕 교과인 수신과 연관 · 타율성·정체성·일선동조론에 따른 역사 인식 반영
시수 편제	· 보통학교: 5~6학년 일본사 중심의 국사 2시간, 한국사는 일본사에 종속된 내용 · 고등보통학교: 1~5학년 역사·지리 3시간, 본방역사(일본사·조선사), 외국역사 · 여자고등보통학교: 1~2학년 역사·지리 3시간, 3~5학년 2시간

③ 제3차 조선교육령(1938)

특징	· 중·일 전쟁 전시 동원을 위해 동화 정책 강화 · 학교명을 소학교, 중학교, 고등여학교로 통일 · 조선어는 수의과목으로 변경

시수 편제	· 소학교: 5~6학년 국사(일본사) 2시간
	· 중학교: 1~5학년 역사·지리 3시간, 일본사와 외국사로 구분
	· 고등여학교: 5년제는 역사·지리 1~2학년 3시간 3~5학년 2시간
	              4년제는 역사·지리 1~2학년 3시간 3~4학년 2시간
	              3년제는 역사·지리 1~3학년 2시간

개정	1941년 개정: 국민학교령, 국민과에 역사 포함

④ 제4차 조선교육령(1943)

특징	· 전시체제에 맞게 개편, 황국신민화 교육 강화 · 국민학교 6년, 중·고등여학교 4년으로 단축 · 조선어와 한국사는 교육과정에서 제외
시수 편제	· 국민학교: 5~6학년 국사(일본사) 2시간 · 중학교: 1~4학년 지리·역사 3시간 · 고등여학교: 4년제는 1~2학년 역사·지리 3시간 3~4학년 2시간 2년제는 1~2학년 역사·지리 2시간

(4) 포스트모던 역사학과 역사교육

① 포스트모던 역사학
  ㉠ 역사가들의 진리 탐구, 객관화, 과거에 대한 과학적 접근에 의문 제기
    - 객관적 질서, 인간의 이성, 합리주의에 대한 도전
    - 서구 문명의 '거대 담론' 비판, 어떤 문명도 우월할 수 없다고 강조
  ㉡ 엄격한 사료 비판을 통한 객관적 탐구·서술에 회의
    - 텍스트인 사료가 지니는 복합성·모호성·다의성·주관성 주목(언어의 속성: 일시적, 임의적, 유동적)
    - 고정된 실제는 없으며, 역사가의 해석만 존재할 뿐
  ㉢ '계기적 인과관계'에 따른 역사 설명 비판(푸코 Michel Foucault)
    - '계기적 인과관계', '기원'에 대한 탐구 비판
    - 하나의 기원이 아닌 여러 출발점이 있을 뿐, 역사는 일사불란한 거대한 단일체가 아니라, 이질적이고 비연속적인 파열적 복합체
  ㉣ 역사 서술은 객관적 세계를 언어와 개념을 통해 정확하게 표상한 것이라는 전제를 부정
    - 과거는 현재적 관점에서 재단한 담론 discuurse에 불과
    - '담론'은 단순히 의사소통의 메커니즘이 아니라, 기호를 가지고 현실을 표상하는 재현 과정에서 이미 특정한 의미 체계가 작동하거나 이데올로기가 개입된 결과(푸코)
    - 역사의 본질은 이야기 짓기 narration라고 규정(화이트 Hayden White)
  ㉤ '역사'는 서구의 지배와 권력 매커니즘을 지닌 '거대 서사', 단일한 서구 역사 안에 다른 문화들을 동화시킴 → 지역 서사 local narrative 등장
  ㉥ '과학주의'에 대한 반성, 전문 역사가의 위상 재평가
    - 카프라 Dominique La Capra: 역사가가 역사적 지식을 규정하는 권력을 행사한다며 역사 서술의 수사적 전통을 되찾자고 주장
    - 역사는 역사가들이 만들어낸 '개념과 일반화의 제국주의'
  ㉦ 규칙 체계이자 규범 체계로 작용한 역사의 설명 틀 재고
    - 역사 이론은 일련의 규칙과 절차 체계 내에 사고를 한정시킴
    - 역사를 설명하는 이론의 전수보다는 이론의 해체, 담론으로부터의 해방 필요
  ㉧ 포스트모던 역사 인식의 의의
    - 역사가 작업의 본질과 한계에 대한 자기성찰 기회 제공
    - 새로운 연구 방법론과 패러다임, 확장된 다원주의로 기능
    - 텍스트 읽기와 의미 생산에 있어 실제와 담론의 상호 영향에 주목하게 함

② 포스트모던 역사교육
  ㉠ 가르쳐야 할 인류 '유산', '기본 지식'에 대한 부정 → 교실에는 현재의 '지배적인' 관점에 의해 해석된 과거의 나열이 있을 뿐이며, 그 관점은 '보편적' 인식으로 포장
  ㉡ 지식은 중립적·객관적이지 않으며, 인식자의 주관성이 생산한 지식에 영향을 끼침 → 인식 주체와 대상을 구분하는 이분법적 사고로부터 탈피, '대상으로서의 지식'이 아니라 '상호작용으로서의 지식' 강조

◇ **포스트모더니즘 역사학**
탈구조주의, '언어로의 전환 linguistic turn', 해체주의 등으로 불리며, 역사와 사회의 현실을 하나의 틀로써 일률적으로 설명하려는 시도를 비판하고, 역사 현실의 다양성과 차별성, 불투명성과 모순성을 강조했다. 역사의 본질에 대한 문제의식은 기본적으로 이성과 진보에 대한 신념을 토대로 세워진 근대 문명, '근대성'에 대한 비판에서 비롯된 것이었다.

◇ **화이트의 역사 서술 인식**
화이트는 역사 서술이 갖는 문학성을 강조했다. 그는 역사를 '서사'가 아니라 '과학'으로 바라보도록 훈련받는 현실을 개탄하면서, 신화와 역사 그리고 사실과 허구의 구분을 해체할 것을 주장했다. 화이트는 본질적으로 역사 서술과 창작 사이에 차이가 없다고 보았다. 다만 과거의 사실을 이야기하는 것과 창작한 허구를 이야기하는 것의 차이가 있을 뿐이며, 역사가와 소설가의 작업의 차이는 종류의 차이가 아니라 정도의 차이라는 것이다. 역사가들은 역사적 의미를 발견하거나 해석하는 것이 아니라 창조하는 일을 하고 있다고 했다. 그에 의하면 역사는 사건들의 혼돈에 서사적 질서를 부여하여 이루어진 허구인 셈이다.

◇ **포스트모던 역사 인식에 대한 비판**
- 능동적 사회 변동의 가능성을 부정하고, 회의주의와 허무주의로 귀결된다.
- '근대적 주체의 종언'을 고함으로써 변화 주체로서의 인간관을 약화시켰다.
- 근대를 경험하지 못한 지역이나 국가에게 유용한 개념들조차 폐기하였다.

ⓒ 학습은 주관적 경험 세계를 조직하고 재조직하는 역동적 인지 과정, 교사는 학생을 통제하는 것이 아니라 학생의 학습에 참여하는 존재
　　ⓔ 교과서는 '텍스트'이자 해석 자료, 역사는 '의미의 구축', 역사 지식은 창조의 대상, 교사와 학생들은 '역사가', 학습은 학습자 스스로의 내적 과정
　　　• '비판적 읽기': 텍스트는 저자의 의도로부터 독립하며, 소비자는 적극적 생산자, 학습자는 역사 텍스트에 담긴 기존 해석의 권위를 탈피해야 함
　　　• '쓰기': 읽기를 넘어 쓰기를 함으로써 텍스트를 생산하며, 역사를 '하고', 역사는 완성된 결과가 아니라 '진행되는 것'임을 깨달을 수 있음
③ 포스트모던 역사 인식과 신문화사◇
　　㉠ 특징
　　　• 문화 현상에 나타나 있는 역사적 의미를 해석, 문화를 역사 연구의 중심 대상으로 삼음
　　　• 사회 구조로서의 문화가 아니라 일상 문화, 구체적 인간 생활 모습에 미시사적으로 접근
　　　• 개별적 문화 현상은 고정된 이론 틀이 아니며, 그 시기와 당대 사회 속에서 유의미
　　　• 역사 연구에 인류학적 방법론 채택
　　㉡ 인류학자 기어츠Clifford Geertz의 연구 방법
　　　• 문화 현상은 초시대적인 구조의 문제가 아니라 역사적인 것 → 설명이 아닌 해석·해명explication의 대상
　　　• '치밀한(두꺼운) 묘사thick description': 객관적 현실을 기술하려는 것이 아니라, 문화 현상을 하나의 텍스트로 접근하여 그 문화 안에 상징적으로 구현되어 있는 두꺼운 의미를 층위들을 치밀하게 기술하는 것
　　　• 텍스트론('언어로의 전환')의 영향: 역사 연구는 의미를 찾아내려는 것이며, 의미를 담고 있는 것은 '언어'(언어는 현실에 의미를 부여하고 규정)
　　　• 사료는 텍스트일 뿐이므로 독자는 비판적·해체적 읽기를 통해 역사를 재구성해야 함
　　　• 다만 사실 자체의 존재는 인정, 치밀한 묘사는 사실을 '발명'하려는 것이 아니라 '발견'하려는 것
　　㉢ 한국사 연구와 역사교육에의 영향
　　　• 일상사와 미시사에 대한 관심: 사회구조 속의 민중, 지배계급과 민중 간의 갈등과 같은 이론적이고 연역적인 거창한 논의가 아니라, 구체적인 생활 모습을 통해 민중의 삶을 조망
　　　• 호적이나 토지대장, 분재기, 재판 기록, 일기류가 역사 연구 및 수업 자료로 활용
　　　• 교과서의 성전화 극복, 자신의 역사인식으로 역사적 사실을 해석하려는 노력
　　㉣ 비판
　　　• 집단 행동에 나타나는 문화 현상을 일면적으로 파악하고, 문화 현상 속에 나타난 통합에 초점 → 문화 현상 속에 포함되어 있는 사회적 갈등을 보지 못함
　　　• 너무 국지적 현상에만 관심을 쏟아 사회 전체의 메커니즘을 보지 못함
　　　• 문화 현상을 가지고 역사를 보았지만, 역사의 흐름에 따른 문화의 변화를 주목하지 못함

◇ **신문화사**

신문화사는 4세대 아날학파의 인식과 관련 있다. 20세기 중반 이후 사회구조에 관심을 두고 과학적 역사학을 추구하던 경향에서 벗어나, 역사 해석과 인간의 구체적 삶에 관심을 두는 경향이 점차 넓어졌다. 서구학계 역사학의 동향은 한국에도 소개되어 역사학과 역사교육에 영향을 미쳤다. 역사인류학, 인종지적 역사 연구, 구술사, 기억의 역사, 서발턴Subaltan 연구, 미시사, 일상 생활사, 언어로의 전환, 신사회사, 신문화사 등은 이제 꽤 익숙한 용어가 되었다. 이와 같은 다양한 역사 접근방식을 간단히 정리하거나 일반화할 수는 없지만, 이들 연구는 대체로 역사를 만들어내는 기본 단위인 개인의 역할에 관심을 돌렸다. 역사학에 인류학적 방법론을 도입한 인류학적 역사학은 그 산물이었다. 이와 같은 역사학의 경향은 신문화사로 대변되는데 신문화사는 역사 이해의 새로운 접근방식을 제시하였다.

◇ **데리다**Jacques Derrida**의 텍스트론과 '해체적 읽기'**

'텍스트 이외에 아무 것도 없다': 데리다는 텍스트가 역사적 맥락context에서 만들어지는 것이 아니라, 역사 텍스트가 역사적 맥락을 만들어 낸다고 보았다. 우리는 역사적 맥락에 비추어 역사 텍스트를 읽는 것이 아니라, 역사 텍스트를 통해 역사적 상황을 알게 된다. 역사적 담론은 언어적 허구이며, 역사적 의미를 발명하는 작업이다. 따라서 역사 이해에서 문제가 되는 것은 자료가 다루고 있는 사회적 맥락이 아니라, 자료를 표현하고 있는 작품, 즉 언어로 이루어진 텍스트 자체이다.

CHAPTER 03 역사교육의 연구방법론

1 역사교육 연구의 의미

(1) 연구방법론의 필요성
① 독자적 학문 영역으로서 고유한 탐구 방법론 필요
② 역사 내용 연구를 위한 방법론보다는 내용 재구성과 교수를 위한 연구방법론 모색

(2) 연구 주제
① 대상: 역사를 매개로 한 교육 현상 전반
② 주요 범주
  ㉠ 역사학: 역사적 사실, 개념, 주제 등
  ㉡ 사회학·철학: 역사 이론과 철학 등
  ㉢ 심리학·교육학 일반: 교육과정, 교수·학습 방법, 평가 등
  ㉣ 기타 사회과학적 개념, 원리, 방법 등을 모두 포괄

2 연구방법론의 종류

(1) 교육적 현상에 대한 연구 방법
① 경험적 탐구 empirical inquiry
  ㉠ 교육 현상에 대한 인식을 경험적, 객관적, 가치중립적 시각에서 접근
  ㉡ 교육 현상을 일으키는 인과관계 법칙 발견을 전제
  ㉢ 진리와 지식을 실증적으로 검증(역사철학적 논쟁에서의 실증론)
  ㉣ 양적 접근 선호
② 해석적 탐구 interpretative inquiry
  ㉠ 교육에 관련된 인간 현상을 자연의 실체로 보는 것을 거부
  ㉡ 인간의 행위를 일어나게 하는 믿음, 가치, 의도, 감정 등을 통한 이해가 인간 및 사회 현상의 실체를 파악하는 데 핵심이라는 시각(역사철학적 논쟁에서의 관념론)
  ㉢ 질적 접근 선호, 개성기술적, 맥락의존적
③ 비판적 탐구 critical inquiry
  ㉠ 교육 현상에 대하여 규범적 윤리의 원칙에 입각하여 가치 판단을 하려는 데에서 출발하므로 규범적·비판적임
  ㉡ 모든 교육 현실과 실체에 대해 가치 판단을 가지고 접근함으로써 인간의 인식과 사회적 실천 행동 사이의 내적 연관성 강조

(2) 역사교육 연구 방법의 유형
① 문헌 연구
  ㉠ '사료 수집-분석과 비판-해석-서술'로 이어지는 역사학의 연구 방법

ⓒ 기존 연구문헌, 역사교육의 역사와 관련한 사료, 역사과 교육과정, 교과서와 같은 교재, 각 나라 역사교육 현황을 소개하는 각종 문헌 등을 검토

② 사례 연구

㉠ 역사교육 이론과 방법의 실효성을 검토하는 데 적합

ⓒ 특정 학생이나 학급을 대상으로 현장 사례를 집중적으로 기록하고 분석

③ 실험 연구

㉠ 주로 교사들이 역사과 교수·학습 형태나 방법의 타당성과 효과를 검증할 때 활용

ⓒ 실증적 방법 적용(가설 설정, 실험 수업을 통한 가설 검증, 결과의 해석과 일반화)

④ 비교 연구

㉠ 역사교육의 성격이나 구조를 발견할 때 유용

ⓒ 역사교육 관련 자료(1차~7차 교육과정, 시기별 교과서, 여러 나라 역사교육 자료 등)를 비교·검토

⑤ 상관관계 연구

㉠ 역사교육과 관련된 여러 요소들 사이의 상관관계를 연구하는 방법

ⓒ 역사학과 교육학, 한국사와 세계사, 역사교육에 투입되는 요소들(교사, 학생, 교재 등), 역사교육의 목표·내용·방법·평가, 교육과정과 교과서의 상관관계 등

3 역사교육의 현장연구론

(1) 현장연구란?

① 의미

㉠ 학교나 교실에서 일어나는 일상적인 활동들에 대한 연구

ⓒ 역사과 교육과정의 구성, 역사 학습자료의 개발, 역사 교수모형의 구안 등과 이를 역사수업 현장에 적용하는 실천적 연구

ⓒ 기존에는 교과 내용, 이를 수업현장에 적용하기 위한 방법에 대한 연구가 주를 이루었으나, 이제 '어떤 내용을, 어떤 교재를 사용하여, 어떻게 학습할 것인가'를 연구해야 함

② 특성

㉠ 연구 주체는 실천가이며, 연구자 자신의 활동을 개선하고 자신이 맡은 일을 좀 더 효율적으로 수행하기 위해 진행

ⓒ 연구와 현장 적용 사이에 지속적이고 순환적인 성격, 연구자의 자기 이해와 반성의 과정

ⓒ 이론 개발이 아니라 이론을 적용하여 교육 현장을 변화시키는 데 관심

(2) 현장연구의 방법

① 조직

㉠ 개인 연구: 한 교실이나 한 교사가 행하는 수업의 변화에 초점. 주로 학위논문 목적

ⓒ 협동 연구: 여러 교실이나 여러 교사가 참여, 교차 연구나 분업적 연구 방법 활용

ⓒ 학교단위 연구: 학교 차원에서 연구 주제나 문제영역 설정 ex. 시범학교, 연구학교

② 연구 기법
  ㉠ 양적 연구: 가설을 세우고 검증(수정·확인)하는 실증적 연구
  ㉡ 질적 연구: 현장을 관찰하고 분석하는 현상학적 연구

	양적quantitative 연구	질적qualitative 연구
구분	실증주의적positivistic 연구 과학적scientific 연구 행동주의behavioral 연구 실험experimental 연구	탈실증주의적post-positivistic 연구 인류학의 민족지학적ethnography 연구◇ 자연주의적naturalistic 연구 해석적interpretivistic 연구
방법	• 자연과학의 연구 방법(통계, 실험) • 객관적 관찰과 측정	• 인류학, 사회학 등 사회과학에서 발달 • 연구자의 판단에 따른 참여관찰, 면접
목적	• 인과관계 규명(일반성) 중시 • 교육 현장이나 정책 결정에 적용할 수 있는 객관적 지식을 얻기 위함 • 교육 행위의 과정과 결과를 예측하고 통제하는 것을 중시	• 개별 상황(특수성)의 교육환경 파악 중시 • 비정상적이고 비일상적인 교육 상황 연구
특징	• 일반화의 가능성을 극대화하려 함 • 많은 수의 샘플로 광범위한 이론 적용	• 교육현상을 상이한 관점과 의도를 가진 인간 사이의 상호 행위로 봄 • 행위자와 교육 현장의 특수성 이해

◇ **민족지학적ethnographic 방법**
문화인류학에서 행하는 현지 조사 방식으로, 참여 또는 비참여 관찰, 대화, 인간집단의 문화적 특성을 연구하기 위한 정보 사용 등을 연구방법으로 한다. 익숙하지 않은 세계에 대한 이해에 중점을 두는 사회 연구 방식이며, 차이점보다는 인류 문화의 유사성을 찾는 데에 목적이 있다. 주로 관찰, 면담, 문답, 녹음, 학생 활동 수집 등으로 이루어진다.

  ㉢ 참여 관찰participant observation◇

특징	• 질적 연구의 한 방법으로 활용 • 교실 활동을 구성하는 요소를 총체적으로 고려 • 특정 시공간의 상황을 세밀하게 관찰하고 해석 • 가설에 따라 분석하지 않고 자료 수집을 통해 귀납적인 추론 도출 • 관찰 대상과 친근감 형성 → 실제 활동에 참여 → 거리 유지하여 관찰 필요
장점	• 비언어적 행위에 토대를 둔 자료 수집에 용이 • 진행되는 행위 그대로 파악하고 특징을 자세히 기술할 수 있음 • 장기간 연구로 관찰 대상과 친밀한 비형식적 관계로 발전할 수 있음 • 라포 형성으로 거부감이 적음
단점	• 주관적이거나 왜곡될 수 있음 • 연구자가 아닌 연구대상의 관점이 반영될 수 있음

◇ **비참여 관찰**
연구 대상 활동에 관여하지 않고 일정한 거리를 두어 관찰하는 방식으로, 자연적 관찰을 수행하면서도 계획적이고 객관적일 수 있다는 장점을 지닌다. 다만 심층적 자료 수집에는 한계가 있다.

③ 방향
  ㉠ 역사학습 내용에 토대를 둔 교수·학습 방법, 교재 개발, 내용에 대한 연구 필요
    ex. '국사 수업에서 전쟁에 대한 학습 방안', '임진왜란의 학습을 위한 자료 개발' 등
  ㉡ 역사교육 현장에 토대를 둔 연구 필요. 수업 참관, 경험 공유, 필기 자료 교환 등
  ㉢ '학생들이 수업 내용을 어떻게 이해하고 수업의 진행을 어떻게 소화하는가?'의 관점 필요
  ㉣ 연구 결과가 보다 구체적일 필요. 기존 연구와의 연계 또는 계열성

II.

역사교육의 이론

CHAPTER 01
역사 이해와 역사교육

CHAPTER 02
역사적 설명과 역사교육

CHAPTER 03
역사적 사고

CHAPTER 04
역사적 사고 논의

CHAPTER 05
내러티브

CHAPTER 01 역사 이해와 역사교육

1 역사 이해의 개념

(1) 이해의 의미

① 일상적 의미

㉠ 사전적 의미

ⓐ 사리를 분별하여 해석함

ⓑ 깨달아 앎

ⓒ 양해諒解

ⓓ [철학] 문화를 마음의 표현이라는 각도에서 그 뜻을 파악함(딜타이의 용어)

㉡ 이 중 역사 이해와 관련된 것은 ⓐ, ⓑ, ⓓ이며, 가장 근본적 의미는 ⓑ 깨달아 앎

㉢ 이해력은 학습에 필요한 지적 능력이면서 그 자체가 학습 목표의 중요한 범주로, 사물이나 행동, 텍스트의 의미 파악 뿐 아니라 그 방법을 아는 능력도 포함

② 해석학적 의미

㉠ 이해와 설명은 연속적인 일련의 행위, 이해의 개념을 학문적으로 체계화한 것이 해석학

㉡ 해석학에서의 설명과 이해

구분	설명	이해
정의	개별적 현상을 보편적 법칙으로 환원	사물이나 행동의 의미 파악
방법	자연과학의 방법	정신과학의 방법
대상	자연적 현상	사회적 현상(인간의 행위)
관심	사실·현상들 사이의 인과관계 파악	단어의 의미론, 행동의 동기·사상·감정 파악

㉢ 이해는 대상을 관찰하는 것보다는 텍스트를 연구하는 것과 같음

- 텍스트에 저자의 의도가 담겨 있는데, 독자는 자신의 문화나 관점에서 이해
- 이해를 위해서는 텍스트와 관련된 선이해(맥락 이해)가 필요

◇ 라이트G. H. von Wright가 제시한 이해와 설명의 차이

- 설명은 이해를 촉진시키지만, 이해는 설명에는 없는 심리적 범주를 가짐
- 이해는 설명과 달리 행위자의 의도성과 관련이 있음

(2) 역사 이해의 방법
 ① **역사 이해의 성격**: 인간의 내면, 그의 사고 활동이 이해의 주된 대상
  ㉠ 역사적 사실의 인과관계는 필연적이거나 법칙적이지 않음
  ㉡ 역사적 사건은 그 원인으로 인해 일어날 수 있는 여러 결과 중 하나(원인은 다양)
  ㉢ 역사적 사실은 인간이 선택한 결과
  ㉣ 선택은 인간의 의지에 따른 것(감정이나 선호도같은 정서적 요인도 영향을 주기도 함)
 ② **역사 이해의 방식**
  ㉠ 내면에 대한 '이해'로, 자연과학과 달리 직관이나 감정이입 중시
  ㉡ 당시 상황과 관련지어 이해하는 맥락적 이해
  ㉢ 다른 사람이 만든 사료에 기반한 합리적 추론 → 이해를 하려는 사람과 증거를 만든 사람 사이의 거리를 텍스트를 매개로 극복할 때 역사 이해 가능(양자의 이해 구조는 본질적으로 같다는 인식)
  ㉣ 역사 이해의 형태와 절차를 보는 견해

학자	주장
라이트	• 행위자의 의도와 상황을 보는 관점을 종합 → 역사적 행위를 이해하여 재구성(실제적 추론 practical inference) ① A는 t라는 시기에 p가 일어나게 하려고 한다. ② A는 t'라는 시기 이전에 a를 하지 않으면 t라는 시기에 p가 일어날 수 없다고 생각한다. ③ 그러므로 그 시간을 잊어버리거나 행동을 방해받지 않는다면, A는 t'라는 시기가 되기 이전에 a를 하려고 노력한다. • 비판: 역사적 행위는 반드시 행위자의 의도대로 이루어지는 것은 아니며, 불합리한 역사적 행위도 있음 • 반비판: 구체적 자료가 남아 있지 않은 한, 일반적 관점에서 합리적이라고 할 수 없는 행위를 이해하는 것은 역사 이해의 범위를 넘어서는 것
마틴 Rex Martin	• 역사적 행위를 이해하기 위해서는 행위자의 목적과 수단을 제시하는 것만으로는 불충분, 사회적 상황에 비추어 이해해야 함(맥락적 이해) • 당시 상황을 알기 위해 역사적 증거에 의존하거나 합리적 추론 • 즉 합리적 추론은 자료에 기초해서 하는 것이며, 자료가 불충분할 때 활용하는 방법일 뿐

(3) 역사 이해의 이론

① 해석학의 이해론

　㉠ 해석학hermeneutics: 텍스트의 올바른 해석 추구(성서 해석에서 비롯) → 인간 정신을 탐구하는 정신과학으로 확대◇

　㉡ 주요 학자

학자	주장
슐라이어마허 Friedrich Schleiermacher 1768~1834	• 해석학을 문헌학에서 독립시켜 역사적 인식의 문제에 적용 • 역사인식의 문제는 현재의 관점에서 과거의 의미를 어떻게 파악할 수 있는가의 문제라고 생각 • 문법적 해석: 원저자와 독자가 공유하는 언어를 통해 텍스트 내용을 이해하는 것 • 심리적 해석: 문자적 의미뿐 아니라, 원저자의 사상과 의미가 그의 삶에 어떻게 표현되고 나타났는가를 묻는 것 • 해석을 하려는 사람은 자신의 정체성을 원저자나 사회적 행위자와 일치시켜야 함(총체적 이해)
드로이젠 1808~1884	• 사고의 방법을 대상과 본질에 따라 세 가지로 나눔: 철학의 방법(인식), 자연과학의 방법(설명), 역사적 사고의 방법(이해) • 설명: 보편 법칙에 맞추어 개별적 사건이나 현상의 인과관계를 밝히는 것 • 이해: 개별적 특성과 의미에 입각하여 파악하는 것 • '인간의 힘'이 역사의 중심 개념, 역사인식의 근본적 요소 • 역사란 과거 사실 자체가 아니라 그 속에 내포되어 있는 인간 정신에 대한 지식 → 연구하며 이해하는 것
딜타이 1833~1911	• 역사학은 자연과학의 방법과 대비되는 '정신과학' • 역사가는 정신의 세례를 통해 과거를 대변하며, 역사학은 과거의 타자를 이해하고 '의미'를 파악하는 것 • 이해란 인간 심리상태의 총체적 인식이며 내면 이해임 • 이해의 과정은 '체험-표현-이해'의 순환구조를 가지는 것◇ • 역사학의 최종 목적은 정신 탐구, 인간이 공유하는 사회적 경험뿐 아니라 개인의 내면까지 이해하는 것이 역사학
가다머 Hans-Georg Gadamer 1900~2002	• 해석학을 삶 전체, 실존의 문제로 다룸 → 이해는 우리가 행하는 어떤 것이 아니라 존재하는 방식("현존재의 한 근원적인 실현 형태") • '해석적 이해': 이해는 원초적·일상적이며 본질적으로 해석적 • 해석은 일정한 시점이나 상황에서 그것이 나타내는 바를 이해하는 것 • '역사성'은 해석적 이해의 전제조건: 이해를 위한 견해·선입견은 전통을 통해 형성 • 역사가는 텍스트 해석을 넘어 텍스트와의 대화를 통해 텍스트에 통일적 의미를 부여해야 함

◇ '이해'에 대한 입장

19세기 말 독일에서 일어난 정신과학 이론가들과 실증주의 철학자들의 논쟁에서, 이해는 자연과학의 설명과는 대비되는 정신과학의 중심개념이 되었다. 이후 인간의 정신을 다루는 학문의 방법으로 이해의 성격을 둘러싼 논의가 이어졌다. 해석학에서 주목한 인간 정신에 대한 해석의 방법이 문헌 해석을 넘어 인간 내면을 밝히려는 역사학의 이해와 유사하다는 점에서, 해석학의 이해 논리는 역사가들의 이해 논리에 바탕이 되었다.

◇ 딜타이의 '추체험'

딜타이는 이해의 과정이 '체험-표현-이해'의 순환구조를 가지는 것으로 보았다. 체험을 겉으로 드러낸 것이 표현이다. 우리는 다른 사람의 삶을 그것이 겉으로 드러난 표현을 통해 이해한다. 이해를 할 때 우리는 다른 사람의 삶을 자신이 겪은 삶에 비추어 본다. 자신의 체험과 다른 사람의 체험이 하나가 되는 것이다. 그러기 위해서는 자신의 체험도 겉으로 표현되어야 한다. 이 과정을 통해 다른 사람의 체험이 자신의 체험 속으로 들어온다. 이해는 곧 자신의 체험이 된다. 따라서 이해는 자신의 삶을 외부로 표현하여, 겉으로 표현된 다른 사람의 삶을 파악하는 과정이다. 표현 방식이 달라지면 이해가 달라지는 것은 이 때문이다. 딜타이는 이렇게 다른 사람의 체험을 상상적으로 다시 체험하거나 재구성하는 이해의 과정을 '추체험 nacherleben'이라고 했다.

② 역사학의 이해 논리
   ㉠ 관념론자로 구분되는 역사학자들에 의해 구체화
   ㉡ 주요 학자

학자	주장
크로체 1866~1952	• 역사는 유일한 실재인 정신이 발전되어온 과정(모든 학문은 역사학의 일부)이며, 역사학의 목적은 인간 정신의 이해 • 모든 역사는 사상사: 모든 역사는 '역사가의 사고'(추체험)를 통해 재구성되며, 그러한 사실만이 진정한 역사 • 모든 역사는 현대사 contemporary history: 역사가가 생각하는 현재의 문제의식과 관점에서 쓰여짐 → 언제든 다시 쓰일 수 있음
콜링우드 1889~1943	• 역사가는 과거 행위자의 사상을 재사고 rethinking함으로써 행위자의 사고를 알 수 있으며, 역사 이해란 재사고를 통해 과거 행위를 재연 reenactment하는 것 • 모든 역사는 사상사: '과거 행위자의 사고 thought'의 역사 • 모든 역사는 현대사: 역사가는 자연스레 현대(시대)의 사상을 대변 • 재연: 역사가가 '역사적 관련 증거를 토대로 행위자의 사고를 재사고하여, 역사적 행위를 상상적으로 재구성하고 인식하는 활동'으로, 역사자료의 해석, 역사적 행위자의 동기나 목적의 인식, 역사적 행위의 비판적 평가, 역사적 행위의 재구성과 같은 활동들을 포함
드레이 William Dray 1921~2009	• 역사 탐구의 대상은 과거 인간의 행위, 사회적 의미를 갖는 인간의 활동 • 역사 이해란 행위자의 동기나 믿음과 그가 한 행위 사이의 합리적 관계를 깨닫는 것 → 역사적 행위를 행위자의 관점(의식적 고려)에서 보아야 함 • 행위자의 행동이 법칙이 아니라 주어진 이유 reason때문에 이루어진 것임('합리적 설명 rational explanation'◇)

◇ **드레이의 '합리적 설명'**

역사적 행위를 이해하는 것은 인간의 행위가 목적을 가진 것이기 때문에 가능하다. 인간은 어떤 행동을 할 때 어느 정도 의식적 고려를 한다. 역사가가 재구성하는 것도 이러한 고려다. 물론 행위자가 충분한 고려를 하지 않고 행동하는 경우도 있지만 이는 역사가의 탐구 대상이 아니다. 드레이는 인간의 행위를 행위자의 의도에 비추어 이해하면서 이를 도식화하여 설명했는데, 인간의 행위는 '행위자가 이런저런 상황에 처해 있음 → 그 상황에서 행위자가 달성하고자 하는 목적은 이런 것이었음 → 행위자는 자신이 처한 상황을 이렇다고 판단 → 그런 상황에서 자신의 목적을 달성할 수 있는 방법은 이렇게 행동하는 것이라고 생각'과 같은 과정을 거쳐 일어났다는 것이다. 결국 이는 어떤 법칙이 아니라 이유 때문에 일어난 것이며, 따라서 역사 이해는 "왜why 이 일이 일어났는가?"가 아니라 "어떻게how 이 일이 일어날 수 있었을까?"를 설명하는 것이 목적이고 역사가는 이 사건이 일어날 수밖에 없었던 이유reason를 보여준면 된다. 합리적 설명은 인간 행위의 원리를 보여주는 설명으로, 상황을 보는 행위자의 관점이나 행위의 동기와 실제 행위 사이의 관계를 보여준다. 따라서 합리적 설명은 해석학적 개념으로는 '설명'이 아니라 '이해'다.

2 상상적 역사 이해와 감정이입

(1) 역사적 상상의 개념

① 역사 이해에서 상상의 필요성

㉠ 역사 자료(사료)의 재구성
- 사료는 역사적 사실을 그대로 말해주지 않음
- 사료는 선택된 것이며, 명확한 답을 전하지도 줄거리가 있지도 않음

㉡ 역사는 인간의 활동
- 인간의 활동은 조건이 같아도 행동은 다름
- 인간의 동기·목적·이유 등에 대한 규명(이해)이 필요

② 역사적 상상의 성격

㉠ 퍼어롱E. J. Furlong이 구분한 '상상의 형태'와 역사적 상상과의 관련성

상상 속에서 in imagination	· 유도되는 상상: 대개 역사가 내부에서 유도 · 역사가가 필요나 목적에 따라 유도 · 역사가 자신의 지식·기능을 활용하여 이미지를 이끌어 냄
'가정supposal'으로서의 상상	· 자신이 어떤 처지나 상황에 처해있다고 가정 · 시각을 바꾸어 자신과 다른 믿음·감정 등을 이해(≒감정이입) · 겉으로 드러난 사실 대신 내재적 의미로 증거를 확인
상상력을 가지고 with imagination	· 정해진 틀이나 관례에서 벗어날 수 있는 능력 · 조그만 증거에서 여러 사실을 추론, 오래된 자료에서 새로운 구조를 만들어 내거나, 같은 자료를 재해석(≒대안적 해석)

㉡ 역사적 상상
- 인지적 성격: '증거 분석 → 합리적 해석 → 역사적 사실 재구성, 과거의 상 구성'
- 창조의 성격: 역사가가 이해하는 범주 내에서 재구성이므로 현재 인간을 이해하는 방식으로 접근하기 쉬움
- 현재 인간을 이해하는 방식으로 접근하기 쉬우므로 과거 인간을 이해하는 것은 다를 수 있음에 유의

③ 역사적 상상력의 요소

㉠ 상상적 이해
- 구조적 상상: 보간 또는 삽입, 대안적 해석
- 감정이입적 이해: 행위의 동기나 목적과 같은 행위자의 내면 이해

㉡ 역사적 판단력◇

㉢ 역사적 사고력의 요소를 분류하는 것의 한계
- 심리학이나 교육학의 일반적 사고 구분 방식으로 환원될 우려
- 개념 간 구분이 애매하고 성격이 중복

◇ **역사적 판단력**
김한종은 '역사적 판단력'을 역사적 상상력에 포함되는 요소로 보았으나, 최상훈은 상상력과는 다른 특성을 지닌, 역사적 사고력의 가장 높은 위치에 있고 역사 연구나 역사 학습의 궁극적 목표가 되는 중요한 하위 범주라고 하였다. 최상훈은 대체로 김한종이 말하는 상상적 이해를 역사적 상상력이라고 보았다.

(2) 구조적 상상

① 구조적 상상의 개념
- ㉠ 역사적 이해와 관련된 구조 structure: 원래의 구조보다는 역사가가 부여하는 구조, 다양한 구조화 가능
- ㉡ 구조적 상상: 자료에 직접 나타나 있지 않은 역사적 사건을 구성하는 요소들 간의 관계를 상상으로 이해하여 역사적 사건의 구조를 파악하는 것

② 보간補間interpolation 또는 삽입extrapolation
- ㉠ 의미
  - 보간: 자료에 빠져 있는 중간 과정을 추론하는 것
  - 삽입: 역사적 사실의 전개과정에서 앞이나 뒷부분이 빠져 있을 때 이를 추론하여 역사적 사실을 만들어 내는 것
- ㉡ 특징
  - 역사가가 자신의 지식과 당시 상황을 바탕으로 증거에 빠져 있는 부분을 메움
  - 증거의 여러 부분을 모순되게 해석하거나 증거와 어긋나서는 안되며, 경험하지 않아도 알 수 있는 선험적 상상에 의한 것
  - 상황 전개를 예상하는 능력

③ 자료의 대안적 해석
- ㉠ 동일한 자료를 종전과 달리 해석하거나 새로운 관점에서 해석
- ㉡ 새로운 해석을 통해 역사적 사실에 또 다른 구조를 부여

(3) 감정이입과 역사 이해

① 감정이입empathy의 개념
- ㉠ 미학: 감정 및 정서의 표현 수단, 인간의 느낌·정서·태도를 무생물에 투사함으로써 생명을 불어넣는 것, 대상과 나의 정서적 상태를 통합하는 체험
- ㉡ 사회과학·심리학: 다른 사람이나 집단을 자신의 입장에서 더 잘 이해하기 위한 수단, 인간의 행위를 이해하기 위한 총체적·필수적 수단으로, 인지적cognitive·정의적affective·대화적communicative 요소를 모두 포함하며, 다른 사람을 이해하려는 태도, 동일시identification, 동료의식이나 감정의 공유, 공감sympathy 등을 포함

② 인지적 '역사적 감정이입'(감정이입적 이해empathic understanding)
- ㉠ 의미: 다른 사람의 행위를 우리가 기억하거나 상상하는 유사한 상황 속에서 겪은 동기와 태도의 경험을 통하여 설명하려는 것
- ㉡ 역사적 감정이입의 조건
  - 역사가가 연구 대상에게 공감하려는 의지를 가지고 있어야 함
  - 과거 사람은 현재 사람과 다른 존재라는 점을 인지
  - 과거 사람 역시 합리적이고 인간성이 있었다고 전제
  - 연구자가 연구 대상인 인물의 관점과 동기에 자신을 동질적으로 동일시
  - 과거의 특정인이 직면한 상황에 그 자신을 상상적으로 투사

◇ **비코가 말한 상상력**
비코는 역사에서 여러 요소들 간의 관계를 통해 구조를 파악하는 것은 상상력에 의해 이루어진다고 주장하였다.

◇ **콜링우드가 말한 보간**
콜링우드는 보간을 자의적인 생각이나 공상이 아니라 선험적인 것으로 보았다. 선험적이라는 점에서 역사가의 보간은 눈으로 볼 수 있는 사물이나 현상을 대상으로 하는 지각적 상상과 본질적으로 같은 성격이라는 것이다.

◇ **'보간·삽입'과 일반화의 차이**
보간과 삽입은 주어진 상황이 장차 어떻게 전개될 것인지 예상하는 것이지만, 새로운 사건에 역사가가 기존의 원리나 일반화를 적용하는 것은 아니다. 보간과 삽입은 사건을 법칙의 틀에 맞추어 설명하는 것이 아니라 사실 자체를 밝히는 것이기 때문이다.

◇ **'역사적 감정이입'을 인지적 행위로 보는 여러 견해**
영미권에서는 일찍부터 감정이입을 역사적 사고의 고유성으로 보았다. 과거 사람들의 관점perspective을 이용하여 그들의 행위를 설명하며, 역사적·문화적 맥락에 초점을 두는 방법이라는 것이다. 리P. J. Lee는 자료를 수집하는 역사 탐구의 중요한 과정이라 하였고, 포스터S. J. Foster는 '정서적인 것이 아닌, 매우 인지적인 행위이며, 감정이나 상상이 아닌 주로 지식에 의존하여 진행되는 것으로, ① 행위자가 그런 식으로 행동한 이유를 이해하고 설명하기, ② 역사적 사건의 맥락 파악하기, ③ 역사적 증거를 평가하고 분석하기, ④ 과거에 일어난 행동의 결과를 파악하기, ⑤ 과거가 현재와는 다르다는 것을 인지하기, ⑥ 인간 행위의 복잡성을 이해하기 등의 특징을 가진다고 하였다. 국내 연구에서 양호환은 인지적 영역 중심, 정의적 영역 가미된 활동이라 하였고, 김한종은 인지적 추론과 탐구 과정으로서, 개인의 사상·감정·동기에 대한 이해 활동으로 행위 동기를 파악하고 상황에 대해 맥락적으로 이해하는 것으로 보았다. 김문석은 행위 이유를 증거의 상상적 해석으로 이해하는 것이라 하였다. 이와 같이 대부분의 연구자들은 감정이입을 역사적 사고력, 역사적 상상력의 중요한 요소로 인식하였다.

㉢ '역사적 감정이입'과 '공감'의 구분: 인지적 성격을 강조하는 사람들은 이들을 구분함

감정이입	・인지적 ・자료에 바탕하여 타자의 관점(3인칭)에서 상상 ・다른 가치관과 태도를 인정하며, 자신의 관점과는 다른 행위를 대상으로도 가능(공감 없이도 가능)
공감	・정의적 ・자신의 것인 양(1인칭) 상상 ・어떤 사람의 감정이나 정서를 공유하고 나아가 감정을 적절하다고 느끼는 단계 ・인간 본성의 동질성, 세계 인식 척도의 유일성을 전제

- 스토클리David Stockley: 역사적 행위를 감정이입적으로 이해하는 것은 공감을 하지 않고도 가능하나, 공감은 오히려 감정이입적 이해를 방해할 수 있음
- 리: 역사가는 잘못이라 생각하는 믿음을 공유할 수는 없으므로 역사 행위자에 대해 잘못 인식할 수 있으며, 역사에서는 정서도 결국 인지적 기초에서 비롯하는 것이므로, 공감을 감정이입적 이해의 중심에 두는 것은 논리적으로 불가능
- 밍크Louis Mink: 역사 이해에 필요한 능력은 자료를 바탕으로 상황을 파악하고, 감정이입에 의해 '모든 사실을 함께 살펴보고' 개괄적 판단을 하는 능력임(역사가가 카이사르가 될 필요는 없음)

㉣ 레프Gordon Leff: 감정이입이 역사를 이해하는 총체적 수단인가?◇
- 역사가의 상상력은 증거의 의미를 부활시키는 것으로, 감정이입만으로 해결 불가
- 과거 상황에 대한 객관적·맥락적 지식을 바탕으로 역사적 행위를 상상적으로 이해

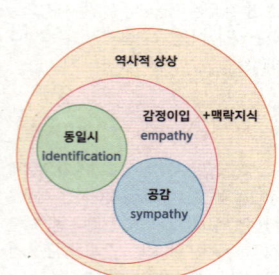

레프의 감정이입 개념

㉤ 리: 감정이입을 보는 네 가지 견해◇

힘·능력 power	・증거와 별개의 어떤 특별한 힘
성취·성과 achievement	・과거인의 신념, 가치, 목표간의 내적 연관을 이해한 성과 ・행위자가 믿고 가치롭다고 여기며 느끼고 얻으려고 했던 것을 아는 것 (공감이 반드시 필요하지는 않음) ・인지적 측면: 증거에 토대를 둔 상상적 재구성(추론이지만 직관에도 의존), 역사적 이해와 본질적으로 가장 밀접한 관련
절차·과정 process	・과거인의 신념과 가치 등을 알게 되는 과정 ・증거와 관련 없는 특별한 발견 수단 → 힘으로서의 감정이입으로 환원
태도와 성향 disposition or propensity	・다른 사람의 관점을 고려하려는 성향이나 경향 ・역사적 행위가 합리적이라고 생각하는 태도 ・정의적 측면: 역사적 감정이입의 전제조건이지만 그 자체가 감정이입적 역사 이해는 아님

◇ 리의 감정이입에 대한 견해

리는 네 가지 감정이입 가운데 가장 핵심적인 것은 인지적 영역으로서, 역사가는 비록 다른 사람의 신념, 목표, 혹은 관점을 함께하지는 않는다 하더라도 자신의 신념을 제쳐두고 연구대상 인물의 행위를 이해하는 이성을 추구할 수 있어야 한다고 주장한다. 즉 감정이입을 한다는 것이 증거를 존중하고 진실을 밝히는 역사가의 업무와 양립 불능이 아니라는 것이다. 그에 의하면, 단지 느낌이나 감정에만 국한하는 것은 감정이입을 역사에서 주변적 요소로 취급하는 것이다. 감정이입이란, 역사가로 하여금 그의 연구대상이 자신의 행위에 대한 사실과 가치에 감정과 신념을 가지고 있었음을 깨닫게 하는 것이지, 반드시 그 신념과 감정을 함께하도록 요구하는 것은 아니다. 오히려 감정이입이란 이러한 신념과 감정이 당시 맥락에서 어느 정도 적절한 것임을 인식하도록 요구하는 것이다.

③ 인지적 '역사적 감정이입' 수업
  ㉠ 감정이입적 역사 이해에 포함되는 사고 활동(사고 과정)

역사적 사실의 재연	· '왜'에 대한 고려없이 사실 자체를 충실하게 재구성
상황의 맥락적 재구성	· 역사적 사실을 당시 상황에 비추어 파악하고 재구성 · 역사적 사실이 일어난 이유를 맥락적으로 이해 · 행위자의 내면에 대한 고려 없음
관점의 감정이입적 재구성	· 과거 행위자의 관점을 재창조하고 설명 · 믿음이나 동기와 같은 행위자의 내면을 이해하려 함 · 역사적 상황에 대한 맥락적 이해는 부족
역사적 사실의 감정이입적 재구성	· 위 두 가지를 종합하여 역사적 사실을 감정이입적으로 이해

  ㉡ 감정이입적 역사 이해의 단계
    • 여러 학자들의 견해

리	① 행위를 이해할 수 없는 것으로 취급 ② 행위자 관점과 역사가 관점 구분 못함 ③ 행위자 의도 및 그의 관점 파악, 맥락파악 못함 ④ 역사가의 관점 차이 지적, 광범한 맥락 이해
애쉬비&리 Rosalyn Ashyby & Peter J. Lee	① 결함있는 과거 ② 일반화된 정형generalized stereotype ③ 일상적everyday 감정이입 ④ 제한적인restricted 역사적 감정이입 ⑤ 맥락적contextual 역사적 감정이입
영국남부지역 시험위원회	① 일상적everyday 감정이입 ② 정형화된stereotype 역사적 감정이입 ③ 구분된differentiated 역사적 감정이입 ④ 과거 관점의 서로 다른 특성을 구분할 수 있는 능력
바튼&렙스틱 Keith. C. Barton & Linda. S. Levstik	① 자신(현재)의 가치관·태도·신념·경험을 통해 설명 ② 과거인의 가치관·태도·신념·경험을 참조하여 과거인들의 차이점 설명 ③ 과거인의 가치관·태도·신념·경험을 참조하여 과거인들의 행동 설명, 과거 사람과 현대 사람의 가치관이 다름을 앎 ④ 현재의 가치관에 바탕을 둔 판단과 비교, 차이점 앎

◇ **감정이입적 역사 이해의 단계와 학습자의 사고**

· 단계 1: 특별한 사고 활동 없으나 역사적 사실의 재연은 나타남
· 단계 2: 상황의 맥락적 재구성 가능, 행위자 내면에 대한 이해 불가
· 단계 3: 관점의 감정이입적 재구성, 역사적 행위의 맥락적 재구성 불가
· 단계 4, 5: 역사적 상황을 충분히 고려한 맥락적 감정이입적 이해

이러한 단계는 능력 수준에 따른 것이 아니라 이해의 과정이므로, 수업 지도를 통해 발전시킬 수 있다.

• 애쉬비&리의 견해를 바탕으로 김한종이 재구성한 단계◇

[단계 1] 감정이입적 이해를 하려고 하지 않음 (결함있는 과거)	· 과거 사람들이 왜 그런 행위를 하였는지 그들 입장에서 이해하려고 하지 않음 · 자신의 견해나 관점과 다른 과거의 사실이나 행위를 불합리한 것으로 간주 · 과거인들의 사고방식에는 결함이 있다고 생각
[단계 2] 고정관념에 의한 generalized stereotype 감정이입	· 역사적 행위나 현상을 그 시대나 사회에 대해 기존에 가지고 있던 고정관념(관습, 종교, 자연현상 등)으로 이해 · 자기 중심적 사고로 합리적 이해에 이르지 못함
[단계 3] 일상적 everyday 감정이입	· 역사적 행위나 제도들을 특정 상황에 대한 보편적인 증거에 비추어 이해 · 대개 오늘날의 관점에서 이해하여 시대착오 가능성 높음 · 각각에 대한 맥락적 이해는 불가
[단계 4] 제한적 restricted 역사적 감정이입	· 역사적 행위를 당시 상황과 관련된 증거(과거인의 믿음, 목적, 가치)로 이해 · 맥락적 이해이긴 하나, 특정 요인에 주목하므로 폭넓은 이해 불가
[단계 5] 맥락적 contextual 역사적 감정이입	· 역사적 행위를 당시 사람들의 관점이나 상황에 비추어 이해 · 상황에 대한 맥락적 이해와 과거 사람들의 내면에 대한 고려가 동시에 이루어짐 · 오늘날과 과거 사람들의 인식이 다르다는 것을 알고, 자신의 관점을 바꾸려고 노력 · 자신의 관점 뿐만 아니라 과거 사람의 관점에서 역사적 행위를 이해

④ 감정이입적 역사 이해에 대한 비판

㉠ 이론적으로 체계화되지 못함: 용어, 개념, 단계 등
㉡ 감정이입으로 역사를 이해하는 것이 불가능: 현재 사회에 살고 있는 역사가는 과거 행위자와 정신 코드가 다름
㉢ 텍스트론 관점◇
  • 자료는 작성자의 해석이 들어간 하나의 텍스트일 뿐 → 자료에 행위자가 고려한 요인이 그대로 담길 수 없음
  • 당시 맥락적 상황 context은 자료 text를 통해 알 수 밖에 없음 → 모든 자료가 텍스트이며 컨텍스트는 존재하지 않는다는 극단론
㉣ 젠킨스 Keith Jenkins의 비판◇

철학적 문제	· 시공간적으로 먼 과거 사람의 마음 이해는 원천적 불가능 · 모든 의사소통에는 해석이 포함되는데, 해석은 현재의 관점에서 구성
실천적 문제	· 역사가는 모든 종류의 인식론, 방법론, 이데올로기적 가정 속에서 연구 · 우리가 감정이입하는 대상은 연구자('수업')이지 과거 인물이 아님

◇ **텍스트의 성격**

자료를 바탕으로 한 역사 이해도 읽는 사람의 해석을 거친 텍스트이므로, 결국 '비판적·해체적 역사 읽기'가 중요하다. 이런 관점에서는 감정이입적 이해는 의미가 없으며, 역사적 행위자와 동일한 추체험은 불가능하다. 동일한 상황을 다룬 같은 자료를 접하더라도, 보는 사람에 따라 역사 이해는 달라지게 마련인 것이다.

◇ **젠킨스 주장의 문제점**

젠킨스는 감정이입적 이해가 다른 사람의 마음을 그대로 이해하는 것이라고 보고, 합리성을 벗어난 행위는 이해할 수 없다는 이유를 들어 감정이입적 역사 이해가 불가능하다고 비판한다. 그러나 실제 역사의 감정이입적 이해는 역사적 행위자가 합리적으로 행동했다는 것을 전제로 하기 때문에, 우연이나 상식적으로 이해하기 힘든 이유로 발생한 역사적 행위는 역사 이해의 범위에서 벗어나는 것이다.

⑤ 정서적 '역사적 감정이입'

 ㉠ '역사적 감정이입' 수업 사례 연구
- 대부분 수업에서 맥락적 감정이입에 그치지 않고, 정서적 상황 이입, 추체험, 동일시, 공감 등을 섞어서 진행
- '역사적 맥락적 감정이입' 다음 단계로 인물에 대한 공감(추체험), 행위의 적절성, 도덕성에 대한 판단 등을 학습 → 자기 문제화
- 감정이입적 역사이해를 통한 학습 경험이 학생 개인의 삶이나 경험과 연결될 때, 역사의식이나 비판적 사고의 성장을 기대할 수 있음

 ㉡ '역사적 감정이입'에 대한 재개념 필요
- 역사의식이란 실천을 전제로 한 사유이자 신념
- 정서적 요소는 인지적 학습의 동기를 유발하고, 학생 개인과 역사를 연결하는 고리로 작용
- 시민교육으로서의 역사교육: 공공선, 다원적 공동체, 타자에 대한 이해, '연대' 학습
- 학생 스스로 역사를 자기 문제화하고 역사의식을 형성할 필요성

 ㉢ 바튼&렙스틱
- 감정이입의 인지적 측면은 '관점 이해 perspective recognition', 정의적 측면은 '보살핌·관심 caring'으로 구분

관점 이해의 하위 요소	• 다름에 대한 감각 • 정상성의 공유 • 역사적 맥락화 • 역사적 관점의 다양성 인식 • 현재(우리 자신의 관점)의 맥락화
보살핌·관심의 유형	• 역사에 대한 관심 caring about • 사건의 결과에 대한(윤리적, 정의로운) 관심 caring that • 도움을 주려는 관심 caring for • 실천하려는 관심 caring to

- "보살핌의 감정이 없는 감정이입은 모순이다. 과거 사람들의 삶과 경험을 보살피고 근심할 것이 아니라면, 우리는 무엇 때문에 역사적 관점을 이해하려고 하는가?"

 ㉣ 엔다콧&브룩스 Jason L. Endacott&Sarah Brooks
- 역사적 감정이입을 정서적 측면까지 포함하는 개념으로 보고 '이중차원의 역사적 감정이입 cognitive-affective construct' 강조
- 감정이입의 세 가지 요소: 역사적 맥락화 historical contextualization, 관점 취하기 perspective taking, 정서적 연결 affective connection

◇ 바튼&렙스틱의 견해

바튼&렙스틱은 민주시민 교육과 그것을 달성하기 위한 역사수업의 원리로서 '역사적 감정이입'을 주목하였다. 즉, 정서 혹은 공감의 영역인 '관심 또는 보살핌 care'이라는 개념의 '정서적 역사적 감정이입 affective historical empathy'이 학생들의 가치와 태도에 있어 민주시민으로서의 역사의식과 실천성의 변화를 가져올 수 있다고 하였다. 바튼&렙스틱이 역사적 감정이입의 재개념화를 제안한 이유는 크게 두 가지다. 첫째는 그동안 연구되어 온 역사가의 작업 방법으로서의 감정이입이 학생들에게 어렵고 까다로운 과업이라는 점을 꼽았고, 둘째는 역사적 감정이입이 학생들의 역사 이해를 돕는 것인지 단순한 상상력을 돕는 것이지 구분해야 한다는 점에서였다. 이들은 그간에 주목되지 못했던 정서적 차원의 감정이입이 오히려 학생들의 역사이해를 돕는 출발점이 될 수 있다면서, 현재를 사는 학생과 과거인의 비슷한 경험을 통한 정서적 연결이 현재와 과거의 차이점을 인식하는 시작이 될 수 있다고 보았다.

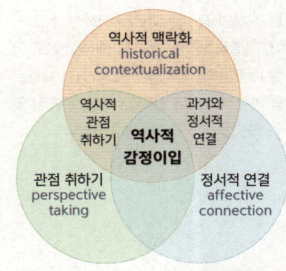

엔다콧&브룩스의 견해

⑥ 정서적 '역사적 감정이입' 수업

도입 Introduction	목적	인물과 학생들의 경험을 연결
	활동	감정이입할 역사적 상황·인물에 대한 정보 제공
탐구 Investigation	목적	학생들의 역사적 맥락, 역사적 관점, 정서적인 고려에 대해 깊이 있게 이해
	활동	1·2차 사료 검토
표현 Display	목적	공감, 기억, 연대
	활동	글쓰기, 토론, 제작 등
반성 Reflection	목적	과거와 현재의 관계 이해
	활동	감정이입 결과로 바뀐 것에 대해 평가, 토의

3 역사 해석과 판단

(1) 역사 해석

① **역사 해석의 개념**

㉠ 해석: 어떤 기점이나 상황에서 그것이 나타내는 바를 파악하고, 자신의 목적에 비추어 이해하는 것

㉡ 역사 텍스트 해석: 텍스트의 일반적 해석을 넘어 텍스트의 발화력發話力을 확인하는 것으로, 역사적 사실에 의미와 역사적 위치를 부여하는 작업

㉢ 역사 해석의 단계: 텍스트의 기본적 의미basic meaning를 정하고, 전체적 의의 significance(저자의 믿음, 태도, 사회와 관련)를 정함◇

㉣ 대부분의 역사 서술은 '역사적 사실 + 역사가의 해석'으로 이루어지며, 이때 해석은 어느 한순간에 나타나는 상황이 아니라 일정기간 지속되는 맥락에 비춰 역사적 사실에 구조를 부여하는 일(다양하고 수시로 수정됨)

㉤ 만델봄Maurice Mandelbaum의 견해: 해석적 구조를 가진 역사 서술
- '역사가는 역사 서술을 할 때 다루는 사건들과 관련하여 구조에서 가장 중요하다고 생각하는 특정한 상황을 묘사한다.', 사태 자체를 해석하려는 의도에서 이런 작업을 한다.'
- 사건 이해를 위해 배경을 캐는 것이 아니라, 사태 자체를 해석하려는 의도의 작업

② **역사 해석의 형태**

㉠ 해석의 형태는 밝히려는 의미가 무엇이냐 따라 다름
- 월시W. H. Walsh의 구분: '역사의 의미meaning of history'는 역사의 개념, 역사학의 의의 등 철학적 의미, '역사 속의 의미meaning in history'는 지난 역사의 흐름 속에서 존재했던 역사적 사실의 의미
- 역사 해석은 주로 후자를 밝히는 것이지만, 전자에 대한 역사가의 생각이 역사 해석에 영향을 미침

◇ **텍스트 해석과 의미·정의의 관계**
일반적으로 텍스트를 정확히 읽음으로써 그 안의 기본적 의미를 정할 수는 있지만, 보는 이의 관점이나 해석에 따라 텍스트 전체의 정의는 다르게 정해질 수도 있다. 기본적 의미는 전체적 해석 없이도 정할 수 있는데, 학자들은 보통 어떤 텍스트의 기본적 의미에 동의하더라도 전체적 의의에는 동의하지 않는 경우도 많다.

ⓒ 해석의 종류

개괄적 해석	• 역사적 사실을 이해·설명하는데 필요한 전체적 특징을 일반적으로 서술하는 것 • 핵심 아이디어를 언급 • 선입견 없이 주제를 검토하여 자료가 보여주는 역사적 사실들 사이의 관계에 관심을 두고 일반적 설명 • 관계에 일정한 패턴이 있을 때 자료의 여러 요소를 하나의 구조로 연결 • 체계적이면서도 높은 수준의 일반성으로 역사적 사실을 서술하는 수단 • 전쟁사 서술할 때 전쟁의 모든 국면을 서술하는 것이 아니라, 주요 인물의 갈등에 초점을 맞춰 전쟁에 일반적 구조를 부여함
맥락적 해석	• 역사적 사실에 당시 상황과 관련지어 의미나 의의를 부여하는 것 • 말이나 글이 아니더라도 만들어진 맥락에서 텍스트가 이야기하려는 의미를 밝히는 것 • 해석을 하는 사람이 보기에 텍스트의 의미가 무엇인지 진술하는 것

(2) 역사적 판단◇

① 역사적 판단의 개념

ⓐ 판단: 내적 준거나 외적 준거에 의해 진술·고증·증명 등이 정확한지 평가하는 것 (블룸Benjamin S. Bloom)

ⓑ 역사 판단의 단계
- 개연성probability: 역사적 사실의 실체에 대한 여러 가지 가능성 중 하나
- 신빙성plausibility: 확인할 수 있는 증거를 토대로 자신의 판단이 맞는지 점검
- 확실성certainty: 자료를 충분히 모아서 자신의 판단을 재검토하고 판단, 최종적 해석을 내려 역사인식으로 굳어짐 → 확실성을 가지고 역사적 판단

ⓒ 크로체의 견해: 역사적 판단은 개별적인 역사 사실의 판단에 의미를 부여하고 이를 일반적 개념으로 이해하는 것(철학적 사고 내포)

ⓓ 와츠D. G. Watts: 판단은 논리적 사고와 연상적 사고가 통합된 가장 높은 수준의 사고로, 인지적·정의적·심리운동적(신체적) 영역을 종합한 사고 능력◇

ⓔ 역사적 판단에는 상식적 사고나 일반적 탐구력이 도움이 되지만, 겉으로 명확히 드러나지 않는 사실을 바탕으로 하는 경우도 있으므로 다른 사고 기능도 필요

◇ '역사적 판단'의 중요성
블룸은 판단을 사고 과정의 가장 높은 수준으로 보았다. 김한종 등은 역사적 사고력의 하위 범주로 역사적 판단력을 두었는데, 이는 역사적 사고력 중 가장 높은 수준에 위치한 것으로 역사 연구나 학습의 궁극적인 목표로 설정되어 있다.

◇ 역사적 판단에 포함되는 요소
와츠가 제안한 '판단에 포함되는 요소'를 토대로 하면, 역사적 판단에는 지각적 기능, 구체적 상황에 대한 숙지, 합리적 사고와 연상적 사고, 심상imagery의 사용, 추측이나 육감, 있을 수 있는 일을 추리할 수 있는 능력 등이 포함된다. 단, 심리운동적 영역은 별다른 의미를 갖지 않으므로, 역사적 판단은 인지적 능력과 정의적 능력을 종합한 것이라 할 수 있다.

◇ 필E. A. Peel의 견해
필은 판단이 이제까지 배운 것으로는 적절한 대답을 할 수 없는 상황이나 최종적인 하나의 정확한 대답을 할 수 없는 상황에서 이루어진다고 하면서, 서로 다른 기준을 만족시키는 여러 가지 응답이라고 했다. 즉 다른 판단으로 다양한 의견을 제시할 수 있다는 것인데, 그렇다 해도 역사적 판단은 증거를 통해 내려지므로 본질적으로 주관적인 것은 아니다. 다만 명백한 객관성은 결여되는 것이 보통이며, 어느 정도 정서적 상태에 의존한다.

◇ '가치' 교육에 대한 최근 논의

교육적 의미에서 논의되는 가치는 두 가지 차원의 의미를 지니고 있다고 볼 수 있다. 첫째, 교육적 지향과 목적으로서, 국가 교육과정에서 언급되는 가치가 대표적이다. 국가교육과정에서 가치는 '교육의 결과 학생들이 지녔으면 하고 바라는 바람직한 것으로서 기대되는 바'를 뜻하며, '추구하는 인간상'으로 구체화 된다. 2022 개정 교육과정에서 '추구하는 인간상'은 자기 주도성, 창의와 혁신, 포용과 시민성이라는 핵심 가치 중심으로 재구조화되었다. 두 번째, 교육 일반에서 사용되는 가치의 의미는 '지식' 및 '기능'과 함께 가치·태도'로 나누어 교육 목표를 설정하는 방식 속에서 구체화 된다. 2022 개정 교육과정 역사 영역의 가치·태도로는 '타인의 역사적 해석을 존중하는 태도', '역사적 연원에 대한 이해를 토대로 다양한 문화와 정체성 존중', '역사에 성찰적으로 접근하는 태도', '지속 가능한 삶을 위한 가치관', '자신을 역사적 존재로 인식하고 실천하는 자세'를 제시하고 있다. 가치 교육은 우리나라 국가 교육과정에서뿐 아니라 세계적으로도 중시되고 있다. OECD에서는 반성reflection, 협력·협동 collaboration·co-operation, 학습에 대한 학습learning to learn, 존중respect, 책임감responsibility, 공감empathy, 자기 조절self-regulation, 끈기persistence, 신뢰trust 등 9개 요소를 글로벌 스탠다드의 가치·태도로 규정했다. 2022년 OECD 연구에 참여한 대한민국 사회과 교사 중 90% 이상의 교사가 OECD가 제시한 가치 및 태도 교육의 필요성에 공감했다. 이러한 분위기에서, 역사교육에서 '가치 교육'을 도모해야 한다는 것은 이제 당연한 전제로 인식되고 있다. 다만 최근의 쟁점은, 역사교육에서 특정 '가치'를 명시적으로 직접 가르칠 것인가, 과거에 대한 인식과 서사를 통해 '가치'에 대해 판단하고 실천하도록 가르칠 것인가 하는 부분이다. 전자의 경우 국가주의에 대한 대응으로 많이 나타나며, 한국사에서 민중사 교육이나 근현대사 교육을 강조하는 움직임으로 이어졌다.

◇ 역사 이야기 구성과 문학

이야기를 구성하고 인간의 내면을 표현한다는 점에서 역사의 재구성이 문학 활동과 유사할 수 있다. 다만 역사는 사료의 내용을 가지고, 이미 알고 있는 사실이나 당시 상황을 토대로, 합리적으로 생각하여 실제 일어났을 법한 이야기를 만들어낸다는 점에서 문학과 다르다.

② 역사적 판단의 기능
- ㉠ 어떤 것이 중요한지 연구 주제와 자료 판단
- ㉡ 이해한 역사적 사실을 어떻게 효과적으로 전달(역사 서술)할 지에 대한 판단
- ㉢ 다른 시대에 사용된 언어에 담긴 함의, 가치 판단 등 편견을 가리는 일
- ㉣ 어떻게 반응해야 하는지 배우지 않은 상황에 대처하는 기능◊

③ 가치 판단: 역사적 판단에는 도덕적 가치가 개입될 수밖에 없는가? 역사교육에서 가치를 가르치는 것은 바람직한가?◊
- ㉠ 부정론: 가치 판단은 역사 이해를 왜곡하고 역사 연구의 객관성을 저해할 우려가 있음
  - 버터필드H. Butterfield: 삶은 전적으로 도덕의 문제이지만, 도덕적 결론을 내리는 것은 역사가의 일이 아니며, 역사가의 본래 임무는 사건의 관찰 가능한 상호 관계 연구
  - 역사가 가능한 한 객관적이어야 한다는 점에서 역사교육은 가치교육과 거리를 두어야 함
  - 도덕적 판단은 선악을 구분하는 것인데, 역사가는 개인적 선호를 개입하지 않은 채 진리만을 추구해야 함
  - 가치가 개입되는 역사적 판단을 하려는 것은 역사 탐구에 지장을 줌
  - 인간은 최종적인 도덕적 판단을 할 능력이 없음 → 인간이 하는 도덕적 판단은 정치적 판단이거나, 사소한 것이거나, 도덕적 판단을 가장한 판단에 지나지 않음
- ㉡ 긍정론: 역사는 도덕의 문제이며, 도덕심을 함양하고 가치를 배우는 것이 역사교육의 중요한 목적 중 하나임
  - 역사적 사실에는 행위자의 가치가, 역사 연구에는 역사가의 가치가 들어 있음
  - 역사 이해를 위해서는 역사적 행위자와 역사가의 가치 판단(도덕적 판단)을 고려해야 함
  - 가치중립적이고 몰가치적인 역사 연구나 교육은 가능하지도 바람직하지도 않음
- ㉢ 가치 판단의 방법, 바람직한 가치의 추구가 중요
  - 역사 인식의 폭을 넓히고 다양한 시각에서 보기 위하여 상대적·다원적 가치관이 필요
  - 학생들에게 자신의 가치 판단은 하나의 견해임을 알게 해야 함

4 역사 이해와 역사 수업

(1) 역사 학습에서 이해의 의의

① 생생하게 다가오는 역사 수업
- ㉠ 역사 수업에서 다루는 역사적 사실을 학생들 자신의 삶으로 느끼게 하기 위한 가장 좋은 방법은 그 인물이 되어보는 체험
- ㉡ 추체험이나 감정이입과 같은 과정을 도입

② 학습자의 상상력 자극
- ㉠ 역사를 재구성한다는 것은 인간이 살아가는 하나의 이야기를 쓴다는 것
- ㉡ 역사를 상상적으로 재구성하는 작업◊

(2) 역사교육 목표로서 역사 이해

① 이해와 이해력

㉠ 지식의 이해understanding: 교육 목표상의 이해, 사회의 성격을 파악하거나 사회 흐름을 아는 것, 자료의 내용이 무슨 뜻인지 아는 것으로 학습 내용을 소재로 능력을 발휘하는 기능skill과는 구분되는 지식에 가까운 성격 = 지식

㉡ 이해(력)comprehension: 알고 있는 것을 종합하여 사실에 의미를 부여하는 것 = 기능

㉢ 블룸의 '교육 목표 이원 분류'에서의 구분
  - 이해력을 지식knowledge과는 구분하여 지적 기능intellectual skill이라 함
  - 자료에 포함되어 있는 전언을 해득하는 능력으로 규정 → 해득을 하려면 자료를 자기 마음속이나 행동을 통해 더욱 의미있는 다른 형태로 바꾸어야 한다고 함
  - 이해력은 자료가 전달하는 의미를 글자 그대로 이해하는 것을 넘어선 행위

㉣ 미국 '역사표준서Naational Standard for History'의 역사 이해력historical comprehension: 역사적 사실을 전달하는 내용 그대로 이해하거나 오늘날의 관점에서만 파악하는 것이 아니라, 당시 사람들의 관점, 의도, 텍스트 저자의 관점을 파악하고 상황을 고려하여 맥락적으로 이해하는 것

② 역사 이해력의 요소

㉠ 블룸의 교육 목표 분류학에서 이해력의 요소
  - 번역translation: 어떤 자료를 다른 언어나 용어, 형태로 바꾸어 놓는 능력
  - 해석interpretation: 어떤 자료를 아이디어들의 구성체로 보고 이를 다루는 능력, 자료를 새로운 아이디어의 구성체로 재구성하는 것으로 추리·개괄·요약 등
  - 삽입extrapolation: ◇ 의사소통 자료에 서술된 경향, 추세 또는 조건들을 해득하고 이에 입각해서 추정을 하거나 예언을 하는 것, 빠진 것을 미루어 짐작하는 능력

㉡ 콜담&파인즈J. B. Coltham&John Fines의 역사 교육 목표 분류 중 이해·이해력 부분
  - 상상imagining: 기술된 자료나 초상화와 같은 증거에서 접하게 되는 사람들의 처지가 되어보고자 하는 학습자의 능동적 노력
  - 이해comprehension: 자료를 표면적이거나 글자 그대로 조사한 결과, 인지적으로 깊이 있게 다루지 않고 직접적으로 관찰된 특징에 주목하고, 그 결과로 자료의 일반적 특징을 이해understanding
  - 번역translation: 어떤 형태의 정보를 다른 형태로 바꾸는 능력
  - 삽입extrapolation: 검토하고 있는 증거에 토대를 두고 있지만 겉으로는 드러나지 않은 어떤 아이디어를 파악하기 위해 이미 알고 있는 것을 사용하는 인지적 활동
  - 판단과 평가judgement and evaluation: 추론 틀을 사용하여 자료를 판단하고 적절한 준거로 자료를 평가, 준거를 가지고 자료의 성격을 비교하거나 결론을 검토
  - 통찰insight: 인간이 관심을 가진 어떤 상황에 직면했을 때 의지를 가지고 그것을 조사하고 이해하려는 행위, 그 의지에 따라 인간의 상황을 이해할 수 있는 능력
  - 합리적 판단reasoned judgment: 합리적 판단을 위해 적절한 모든 곳에 증거를 적용, 자료의 편견이나 문제점을 확인

◇ **블룸의 '삽입'**

블룸의 교육 목표 분류에서 삽입은 이해(력)의 하위 영역으로, 번역 및 해석을 토대로 하는 이해(력)에서는 가장 높은 수준이다. 이처럼 삽입을 이해력으로 보는 것은 역사적 상상을 역사적 이해로 보는 견해와 통한다. 그러나 블룸에게 이해(력)는 '지식-이해-적용-분석-종합-평가'라는 위계를 이루고 있는 인지적 영역의 한 단계로, 지적 기능 중 가장 낮은 수준의 것이다.

◇ **역사교육 목표의 단순화 문제**

블룸의 교육 목표 분류학에 맞추어 역사교육의 목표를 두 영역으로 구분할 경우, 모든 역사교육 목표는 인지적 영역이나 정의적 영역 둘 중 하나에 속해야 한다. 콜담&파인즈는 '상상'과 '감정이입'을 정의적 측면으로 구분하였고, 그러다보니 감정이입과 공감, 관여involvement, 동일시라는 말을 혼용하여 사용하고 있다. 그러나 역사적 감정이입은 기본적으로 인지적 능력이며, 공감을 역사교육의 목표로 설정하기도 힘들다.

◇ **쉐밀트D. Shemilt의 제안**

쉐밀트는 배경 정보가 너무 포괄적이면 역사적 사실을 체계적으로 파악하기 어려우므로, 배경 정보는 2차 사료로 제시되어야 한다고 주장했다.

◇ **추체험과 감정이입**

역사 수업에서 다루는 역사적 사실을 학생들 자신의 삶으로 느끼게 하기 위한 가장 좋은 방법은 학생들이 그 인물이 되는 것, 즉 체험을 하는 것이다. 그러나 실제로 학생들이 역사적 인물이 되어 과거에 일어났던 일을 그대로 체험하는 것은 불가능하다. 따라서 학습 대상이 되는 역사적 사실이 일어났던 것과 비슷한 상황을 인위적으로 설정해놓고, 과거 인물의 입장이 되어서 어떤 행동을 해보거나, 역사적 인물이 왜 그런 행동을 했는지 추측할 수밖에 없다. 이때 역사적 인물이 되어서 어떤 행동을 하는 것을 추체험, 역사적 인물이 왜 그런 행동을 했을지 추론하는 것을 감정이입이라고 할 수 있다. 추체험은 당사자의 처지에서 역사적 상황 속에 들어가는 것이고, 감정이입은 제삼자의 처지에서 생각하는 것이다. 그렇지만 역사 이해에서 추체험이 실제 체험은 아니기 때문에 이 두가지는 명확히 구분되지 않거나, 또 구분할 필요가 없는 경우도 많다.

ⓒ 두 분류법의 문제점
- 역사교육 목표를 단순히 인지적 영역과 정의적 영역으로 분류함◇
- 이해나 이해력이 포괄하는 범주와 계열성의 문제
- 교육 목표 분류는 특정 교과를 토대로 한 것이 아니므로 역사 이해의 성격과는 다름

(3) 역사 이해를 위한 역사 학습

① **사료를 활용한 역사 이해**

㉠ 역사적 사실을 이해하려는 태도 배양 가능
- 사료의 다양한 해석으로 학생들의 능동적·개방적 사고 태도와 상상력을 자극
- 학생들이 스스로 역사를 해석하고 합리적·사실적으로 역사를 이해할 수 있는 능력을 배양할 기회 제공
- 간접적 경험을 통해 역사가의 연구와 사고 과정 경험

㉡ 학습 과제 해결을 위한 자료로 활용: 학생들이 스스로 사료를 해석하여 과거 행위자가 가진 생각을 이해하며, 설득력 있게 과거 상황을 재구성할 수 있음

㉢ 역사 지식을 포괄적으로 담은 배경 정보로 기능, 상상 과정에서 비역사적 이해를 보완

㉣ 학생들의 역사 이해력을 기르기 위해서는 자료의 내용과 효율적인 제시 방법이 중요
- 자료의 제시 형태 다양화
- 사료의 성격과 학생들의 이해 수준에 적합한 수업 방법
- 결과가 불분명하거나 여러 가지로 해석할 수 있는 자료가 효과적 → 학생들의 역사 이해를 자극
- 배경 정보로 제시하는 사료는 시대상을 전체적으로 보여주는 것이 좋음◇
- 부적합한 사료는 학생들의 능력이나 수준에 맞게 재편집하거나 재구성

② **추체험이나 감정이입을 통한 역사 학습**◇

㉠ 추체험적 이해를 필요로 하는 역사 수업
- 역사적 상황의 맥락적 이해: 사료와 같은 역사적 자료 활용
- 역사적 행위의 의도나 목적에 대한 이해: 역사적 행위자의 사고에 대한 학생들의 재사고로 이루어짐(감정이입적 이해와 같은 활동 포함)
- 학습 활동의 표현: 연기(극화 학습, 역할극 등)나 글쓰기(역사신문 제작), 토론 등

㉡ 글쓰기: 감정이입적 이해를 필요로 하는 활동
- 역사적 사실을 바탕으로 자신의 역사 이해를 글로 나타내는 것
- 사실에 맞는 객관성 추구의 글쓰기(상소문 쓰기)와 학습자의 창의성이 들어가는 글쓰기(역사일기 쓰기)

㉢ 역사 수업의 어려움은 현실적 문제: 학생의 참여, 교사와 학생의 호흡, 소요 시간 등

(4) 구성주의 학습 이론과 역사 이해
① 구성주의: 인간이 환경과의 상호작용을 통해 능동적으로 지식을 재구성해간다는 관점
② 구성주의 학습 이론
  ㉠ 주장
    • 선행 개념이 교육 내용의 어떤 측면을 받아들일 것인가를 결정하는 중요한 역할
    • 외부 정보는 내부의 기존 개념과의 변형 과정을 통해 새롭게 구성
  ㉡ 쟁점
    • 기존 오개념, 선행 개념은 학습을 통해 얼마나 교정되는가?
    • 학습 내용을 조직하고 선행 지식과 관련시키는 능력을 어떻게 배양해야 하는가?
③ 구성주의 학습 이론에 따른 실험
  ㉠ 맥키온&벡M. McKeown&I. Beck: 역사를 배우지 않은 초등학교 5~6학년 학생들은 선행 지식으로 인한 오개념과 혼동이 많으며, 학습 이후에도 교정되지 않고 혼란 가중
  ㉡ 반슬레드라이트&브로피B. VanSledright&J. Brophy
    • 초등학생이 내러티브 형식 이야기를 재구성할 때 소박한 개념이나 공상적 꾸밈을 역사적 지식과 뒤섞음◇
    • 학생들의 직접적 경험 밖에 있는 지식 영역에 대한 초보적 개념 형성을 위해 맥락(역사 사건의 주제, 배경, 연대기에 대한 개관 등)을 제공할 필요가 있음을 강조
④ 구성주의 학습 이론과 역사교육
  ㉠ 논의의 핵심: 역사학의 학문적 특성과, 교육하는 과정에서 그것이 전달되는 양상
  ㉡ 역사란?
    • 개인의 해석에 따라 다르며, 문제 해결의 해답이 아니라 해석과 설명이 중요
    • 역사는 인간이 만든 지식 체계로서 하나의 틀에 불과
  ㉢ 역사교육이란?
    • 사실의 의미를 구하고 사건과 해석의 관계를 이해하기 위한 것
    • 해석의 틀은 사색적·잠정적이고, 해석은 현재적·의도적인 것
  ㉣ 역사가는?
    • 상상력과 감정이입을 이용하여 사건을 재구성
    • 그런 재구성이 어떻게 생기는 것이며 이러한 학문적 특성을 어떻게 학생들에게 이해시킬 것인가를 고민하는 것이 주요 연구 과제
  ㉤ 주요 연구자
    • 와인버그: 역사 이해를 위해 더 많은 정보 획득이나 포괄적 독해 능력보다는, 비판적·비교분석적 관점을 중시해야 함
    • 가벨라M. S. Gabella: 학생들은 교사와 교과서가 '진리'일 것이라고 착각하며 이를 사실의 묶음으로 인식 → 다양한 자료 제공, 질문과 토론을 통해 지식의 본질은 사회적으로 정당화된 신념임을 알게 해주어야 함(역사는 과거를 이해하고자 더 나은 방법을 탐구하는 것이고, 그 이해 방법은 창조적·의도적·가변적)
    • 세이셔스P. Seixas: 학생들은 정치제도적으로 중요한 역사 사건에 집착하는 경향이 있음 → 역사 학습에서도 역사학계 내의 관심과 관점의 변화를 수용하고, 왜 중시되는가 하는 문제를 다루어야 함
    • 홀트T. Holt: 학생들에게 사료를 제시하여 해석 및 새로운 서술을 시도하게 함

◇ **내러티브는 '양날의 칼'**
구화식口話式 내러티브는 일관성 있는 구조로 정보를 조직하고 상상과 감정이입을 고무하는 데에는 효과적이지만, 공상적으로 이야기를 꾸미거나 관련되지 않은 부분들을 혼용하는 단점이 있다고 지적하였다.

CHAPTER 02 역사적 설명과 역사교육

1 역사적 설명의 개념

(1) 설명의 의미와 필요성

① 설명explanation의 의미
  ㉠ 자신의 정보나 지식을 바탕으로 이해하기 어려운 사실을 다른 사람에게 알려주는 것
  ㉡ 어떤 말이나 주장이 갖는 의미나 정당성을 밝히는 것

② 설명의 필요성과 고려할 점
  ㉠ 역사적 사실의 구조와 특징, 사건의 원인과 전개 과정 및 결과 등을 이해시키기 위해 다양한 설명 방법 동원
  ㉡ 학생들의 이해 수준과 관심, 수업 주제와 맞는 설명 방법 등을 고려

(2) 역사 설명의 이론 논의

① 역사적 설명에 대한 개념 규정에 있어 역사철학자들의 대립적 견해
  ㉠ 실증주의positivism
   • 역사적 설명 ≒ 자연 과학의 설명(모든 학문에 동일한 방법론적 기준 적용)
   • 콩트A. Conte와 밀J. S. Mill: 19세기 실증주의의 원조, 인간·자연 세계의 모든 현상을 일반법칙 아래 묶어서 설명
  ㉡ 관념론idealism
   • 역사적 설명 ≠ 자연과학의 설명(방법론적 일원론 거부)
   • 드로이젠: 역사학의 목표는 설명이 아니라 역사에서 발생하는 현상 이해
   • 딜타이: 이해의 방법이 사용되는 모든 학문 영역을 정신과학이라 부르고 자연과학과 구분
   • 크로체, 콜링우드 등

② 2차 세계대전 전후의 신실증주의·논리실증주의論理實證主義
  ㉠ 주장
   • 설명은 '설명될 것(피설명항被說明項explanandum)'은 '일반법칙general law과 선행 조건condition(설명항說明項explanans)'들로부터 연역함으로써 이루어짐
   • 모든 학문에는 단 하나의 설명 방식만 존재
  ㉡ 주요 이론
   • 포퍼: '연역적·법칙적deductive-nomological' 설명
   • 헴펠: '확률적·통계적probabilistic-statistical' 설명

③ **역사가와 역사철학자의 반발:** 드레이, 밍크, 패스모어John Passmore, 앳킨슨R. F. Atkinson
  ㉠ 역사가들의 설명 가운데 일반법칙을 이용한 역사적 현상 설명 사례는 거의 없음
    - 역사가는 특수한 사건들의 특수한 성격을 나타내는 데 관심이 있기 때문에 일반법칙에 따른 설명을 하지 않음(역사의 독특성·자율성)
    - 역사가의 연구는 논리보다는 광범한 상상에 의존
    - 과학적 법칙은 예측이 가능하지만 역사는 불가능
    - 모든 역사적 사건이 인과율을 따르지는 않음
  ㉡ 패스모어
    - 역사가는 느슨한 일상 용어적 개념을 사용하며 상식 수준의 가설을 수립하므로 역사적 설명은 일상적 설명에 가까움
    - 역사적 설명은 일반화나 개념화 대신 개별 사실의 독자성을 다양하게 표현
  ㉢ 드레이(감정이입적 방법을 받아들이지 않았기 때문에 관념론자는 아님)
    - 역사적 설명은 일반법칙에 전혀 의존하지 않음
    - 포괄법칙으로 인간 행동을 설명하는 것은 인간의 행위를 제약하는 결정론
    - 행위자의 신념·동기·목적과 그의 행위 사이의 연결을 나타내는 설명 강조
    - 역사가는 행위의 원인이 아닌 이유을 밝혀야 함(합리적 설명)

(3) 역사적 설명의 성격

① **역사적 설명의 특징**
  - 역사적 탐구의 본질적 과정이자 탐구 결과를 다른 사람에게 알려주는 중요한 수단
  - 어떠한 사건의 인과관계를 논리적으로 살펴보는 설명(과학적 설명의 도입 여부 논쟁)

② **역사 교실 현장의 설명**
  - 과학적 설명과 합리적 설명의 도입
  - 실증주의적 '설명'과 관념론적 '이해'가 섞여 나타남
  - 사회과학 계열 과목의 설명을 이용하지만 차이가 있음

2 일반적 역사 설명

(1) 개념과 용어의 설명

① **의미**
  ㉠ 필요성: 역사에는 학생들이 이해하기 어려운 추상적 개념이나 용어가 많음
  ㉡ 역사 개념의 특징: 구체적 사실, 사회과학적 개념, 역사의 본질과 관련된 개념 등이 다양한 의미로 사용되므로, 엄밀성이나 정확성이 부족

② **방법**
  ㉠ 일반적으로 여러 사실들 중 공통적 현상을 찾아내어 이상적 설명 모델을 만들고 그에 따라 설명
  ㉡ 내포적 정의와 외연적 정의를 이용하는 방법
    - 내포적 정의: 개념의 속성을 중심으로 정의
    - 외연적 정의: 여러 가지 사례나 비유를 이용하여 개념 설명

◇ **내포적 정의와 외연적 정의**

'시민혁명이란 절대왕정을 타도하고 법률상 자유와 평등을 누리는 시민사회를 건설하기 위해 시민계급이 주체가 되어 일으킨 혁명'이라고 내포적 정의를 내린 후, '이러한 시민혁명에는 영국 혁명, 미국 혁명, 프랑스 혁명 등이 포함된다.'고 외연적 정의를 곁들이거나, 4·19 혁명, 6월 민주 항쟁, 소련의 붕괴 후 동유럽 각국에서 파도처럼 퍼져나갔던 수많은 민주 혁명의 사례들을 이용하는 방식이다.

③ 의의: 역사적 개념의 이해 정도는 역사적 사고력 발달 수준을 의미한다고 볼 정도로 중요
④ 한계: 개념이나 용어를 올바르게 정의하기가 쉽지 않으며, 그 의미는 시대나 사람에 따라 달라질 수 있음

(2) 총괄적 설명

① 의미
  ㉠ 총괄總括colligation: 서로 관련 있는 일련의 사건들을 설명하면서 적절한 개념 아래 그 사건들을 한데 묶어서 설명하는 것(월시가 명명)
  ㉡ 근거: 목적이나 정책이 유사한 역사적 사건들은 서로 본질적으로 관련되어 있으며, 이렇게 관련된 사건들은 한데 묶여서 전체를 형성한다는 관념

② 종류(맥컬라프C. McCullagh의 분류)
  ㉠ 적용 범위에 따라
  • 단일한singular 총괄: 특정 시기, 지역에 국한 ex.'르네상스'를 '14~15세기 이탈리아 문화상의 변화'로 규정
  • 일반적 총괄: 범 시대적으로 사용 ex.'르네상스'를 다른 시기, 다른 지역에도 적용
  ㉡ 특성에 따라
  • 형식적formal 총괄: 역사적 변화의 형식만 지칭, 다른 용어와 함께 사용 ex.'혁명'
  • 성향적dispositional 총괄: 가치나 성향을 개념 안에 내포 ex.'절대주의'
  ㉢ 대개 ㉠×㉡의 방법으로 활용

③ 방법(과정)
  ㉠ 그 시대의 지배적 이념이나 정책을 찾음
  ㉡ 이념·정책을 공유하고 있는 사건 탐색, 사건들의 연관관계 조사
  ㉢ 이념·정책과 연관시켜 그 시대의 일반적인 동향 파악
  ㉣ 이를 바탕으로 그 시대의 사건들을 함께 묶을 수 있는 개념 구성
  ㉤ 탐구하는 사건들에 관한 전체상을 만들어 냄(일반화)

④ 특징
  ㉠ 합리적 설명과의 유사점과 차이점
  • 유사점: 인간의 목적, 동기 및 의도를 가지고 인간 행위를 설명
  • 차이점: 합리적 설명이 개별적 인간 행위에 중점을 두는 것에 비해, 총괄적 설명은 개별적 인간 행위 자체보다는 그 행위 때문에 발생한 사건들이 그 시대의 일반적 움직임 속에 어떻게 위치하는가에 중점(사건들의 관련성을 찾아 한데 묶는 것)
  ㉡ 실증주의적 설명·관념론적 설명과의 차이점
  • 실증주의와의 차이: 총괄적 설명은 사건의 인과관계를 법칙적으로 설명하는데는 관심이 없고, 그 사건의 성격을 밝히는 데에만 관심
  • 관념론과의 차이: 개별적인 인간 행위에 대한 재사고再思考를 강조하는 관념론적 설명과 달리 총괄적 설명은 여러 사건을 묶기 위해 일정한 개념 아래 사건들을 분류하는데 초점

◇ 월시의 '총괄'

월시는 실증론자와 관념론자의 절충적 입장에서 총괄 이론을 제안했다. '왜 히틀러Adolf Hitler가 라인란트 지방을 점령했는가?'라는 의문에 대해 월시는 총괄 개념을 활용하여 다음과 같이 설명한다. "1936년 히틀러의 라인란트 점령은 그가 권력을 잡았을 때부터 추구해 온 독일의 '자기 주장과 영토 확장'이라는 일반적 정책과 관련하여 설명할 수 있을 것이다. 이러한 정책을 언급하고, 그것을 수행함에 있어서 전후의 단계, 즉 단독적 군비 축소 거부, 국제 연맹 탈퇴, 오스트리아 합병과 주데텐란트 지방 병합 등을 상술하는 것은 각각의 고립적 행위를 좀 더 이해할 수 있게 하는 데 도움이 된다."

◇ '총괄 과정'과 '역사가 탐구 방식'의 유사성
① 주제 설정
② 사료 수집
③ 관련 사실 발견
④ 일관된 의도(속성) 인지
⑤ 총괄 개념 추출

⑤ 역사 학습에 이용
    ㉠ 사건과 전체의 관계, 사건들 간 관계를 좀 더 의미있게 파악
    ㉡ 사건들에 의미를 부여하는 과정에 참여하게 함으로써 역사적 사고력 향상
    ㉢ 사건들을 종합·분류하거나 자료를 정리하는 과정에서 역사 학습 구조화
⑥ 한계
    ㉠ 이념이나 정책 혹은 지향점을 공유하는 사건들에만 적용이 가능
    ㉡ 총괄의 과정에서 자의적 기준이 동원되기 쉬움
    ㉢ 인과관계의 분석에 초점을 맞추는 역사적 설명의 본질에서 다소 벗어난 설명 방식

(3) 비교적 설명
① 의미: 다른 시대·국가·문명·지역에서 일어난 두 가지 이상의 사실이나 사건을 비교하여 유사점과 차이점을 밝히고, 이를 통하여 사건들의 성격을 분명하게 알려주는 설명 방식
② 방법: 밀의 일치법과 차이법
    ㉠ 일치법: 설명의 대상이 되는 모든 사례들에서 나타나는 공통적 요인을 현상의 원인으로 간주
    ㉡ 차이법: 두 개 이상의 사례에서 대부분의 요인은 비슷하면서도 어떤 결정적 차이점이 있을 때 그 차이점을 현상의 원인으로 파악하는 방법
③ 역사 학습에 이용
    ㉠ 비교대상의 유사점과 차이점을 밝히고 그 원인을 규명하며, 이를 통해 비교 대상을 폭넓게 이해하고 사건의 성격을 깊이 이해
    ㉡ 유사성과 차이성이 발생한 이유에 대해 사고하고 탐구하는 능력을 기름
④ 유의점: 비교 대상에 대해 선입견을 갖거나 우열 판단을 하지 않도록 유의

(4) 유추에 의한 설명
① 의미
    ㉠ 정의: 두 개의 사물이나 사건들 가운데 하나에 관해서 알고 있는 사실(기반 사례)을 토대로 거의 알지 못하는 다른 것(표적 사례)에 대해서 추리하는 설명 방식
    ㉡ 특징
        • 학생들에게 친숙한 사물이나 일반적 경험 혹은 역사적 사례를 바탕으로 학생들이 잘 알지 못하는 역사적 사실을 추리하는 식으로 설명을 이끌어 냄
        • 비교적 설명의 한 방법
        • 교사의 핵심 역량으로 수업 경험 및 학생에 대한 이해 필요
② 효용성
    ㉠ 학생들이 직접 관찰할 수 없는 생소한 역사적 사실들을 좀 더 쉽게 이해시킴
    ㉡ 학생들의 관심과 흥미를 유발하여 학습 효과를 높일 수 있음
    ㉢ 유추 과정에서 비교·대조·분석 등 고차적 활동을 거치며 역사적 사고를 촉진
③ 유의점
    ㉠ 학생들의 선행학습 정도를 파악하여 적절한 유추 방법과 친숙한 사례 선택 필요
    ㉡ 잘못되거나 부정적으로 인식할 위험성을 사전에 검증해야 함

◇ **일치법과 차이법**
유럽의 중세 후기에 나타난 도시들은 대부분 상업의 부활, 상인과 수공업자의 대두, 길드의 발생, 자유와 자치권의 확보 등의 공통점을 갖고 있기 때문에 이러한 요인들이 중세 도시의 일반적 특색으로 간주될 수 있다. 그러나 북유럽의 도시들이 봉건 귀족을 배제했던 반면에 남유럽의 도시들은 봉건 귀족과 상공업자의 공존을 추구했다는 점에서 차이가 난다. 이러한 차이점은 중세의 도시들을 북유럽형과 남유럽형으로 나누어 설명하는 기준이 된다.

   ⓒ 유추의 대상이 공통적으로 갖고 있는 성격을 잘 파악하고 제시해야 함
   ⓔ 새로운 사건이 내포한 고유 특징을 유추하기 위해 유추의 대상이 갖고 있는 차이점(특수성)에도 관심을 가져야 함
   ⓕ 역사학에서는 유추를 위한 동형물을 찾기가 어려우므로 신중해야 함

(5) 인과적 설명

① 의미: 역사적 설명이란 인과관계를 밝히기 위한 설명이라 할 정도로 중요

② 내용
 ㉠ 원인의 필연성˚에 대한 의문 → 인과적 설명에서 필연적 원인을 추구하려는 노력은 자연스럽게 일반법칙을 찾게 되는 결과를 초래
 ㉡ 그러나 역사에서의 인과적 설명은 훨씬 다양하고 신축성이 있음 → 원인의 다양성과 복수성을 파악해야 하며, 상황적 원인과 직접적 원인을 구분할 수 있음

③ 역사 학습에 이용
 ㉠ 학생들은 역사적 사건을 그 배경과 관련시켜 더욱 깊이 이해 가능
 ㉡ 원인과 결과의 관계를 따져 보는 가운데 역사적 탐구력 향상
 ㉢ 인과관계의 의미와 성격에 대한 성찰을 통해 역사의식의 수준 제고
 ㉣ 원인의 다양성 및 상대성에 대한 인식을 통해 역사 해석의 다양성 깨달음

④ 유의점
 ㉠ 역사가 혹은 역사 교사의 관점이나 가치관이 개입된다는 사실에 유의
 ㉡ 학생들의 선개념先概念·오개념誤概念을 점검하고 필요한 경우에는 수정

3 과학적 역사 설명

(1) 포퍼의 연역적-법칙적 설명

① 의미
 ㉠ 포퍼의 전제˚
  • "설명항은 설명항으로부터 연역되어야 한다."(연역적 명제)
  • "설명항은 설명될 사건이 발생한 선행 조건에 대한 진술 외에도 몇몇의 보편적 법칙을 포함해야 한다."(포괄법칙 명제)
  • "한 사건을 인과적으로 설명한다는 것은 선행 조건들과 함께 하나 혹은 그 이상의 보편적 법칙들로부터 그 사건의 진술을 연역적으로 도출하는 것"
 ㉡ 실증주의자들의 일반적 주장: 설명될 것(피설명항)은 초기 조건과 일반법칙(설명항)으로부터 연역하여 이루어짐

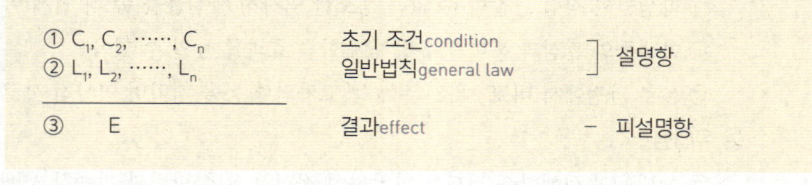

◇ 흄의 인과율因果律
18세기 영국의 철학자 흄은 A라는 사건과 B라는 사건 사이의 인과적 연결 주장은 B가 반드시 A를 따른다는 법칙에 근거를 두고 있다고 하였다. 원인과 결과 사이의 필연성을 강조한 것으로, 이러한 필연성을 보장해주는 것이 곧 일반적 법칙이다. 흄의 이론은 실증주의자들이 내세우는 과학적 설명의 기반이 되었는데, 그들은 역사적 설명도 인과관계를 법칙적으로 설명해야 한다고 주장한다.

◇ 포퍼의 역사 인식
포퍼는 그의 저서 The Open Society and Its Enemies, 1966에서, 역사에서는 보편적 법칙이 실제로 흥미를 끌지 못하고 주제를 정돈해 줄 수도 없음을 인지했다. 그러나 역사적 설명이 과학적 설명처럼 법칙에 의한다고 생각했기 때문에 역사적 설명에서 굳이 법칙을 찾아내려고 하였던 것이다. 그러나 그가 찾아낸 것은 대개가 상식의 범주에 속하는 하찮은 보편적 법칙에 불과하였다. 포퍼는 브루노Giordano Bruno의 죽음 원인을 설명할 때 화형에 처해졌기 때문이라고 한다면, 이때에 모든 생명체는 강렬한 열에 노출될 때 죽는다는 보편적 법칙이 생략되었다고 주장하였다(The Poverty of Historicism, 1961). 그러나 이는 상식적인 하찮은 법칙일 뿐이다. 그리고 브루노가 화형에 처해졌기 때문에 죽었다는 것은 죽음의 자연과학적 원인에 대한 설명이기는 하지만, 브루노가 왜 화형에 처해졌는가, 브루노는 왜 그의 박해자들에게 도전했는가 등과 같은 역사학적 의문에 대한 답이 될 수는 없는 것이다.

ⓒ 특징
- 일반법칙에 의존하여 설명하는 것이 연역적-법칙적 설명의 본질
- 일반법칙은 설명을 이끌어내는 충분조건이므로 '포괄법칙包括法則covering law 모델'이라고 부름

② 역사 설명에 적용: 실증주의자들은 역사에서의 인과적 설명도 연역적-법칙적 설명의 특수한 형태라고 봄

> ① 초기 조건: 루이 14세의 여러 가지 실정
> ② 일반법칙: 통치자는 그의 정책이 국가 발전에 해를 끼치게 된다는 사실이 알려질 때 신망을 잃는다.
> ③ 결과: 루이 14세는 국민의 신망을 받지 못하고 죽었다.

③ 역사 학습에 이용
ⓐ 역사적 사실의 제시만으로는 이해하기 어려운 복잡한 사건들의 인과관계를 논리적으로 이해할 수 있게 해 줌
ⓑ 초기 조건과 일반법칙으로부터 사건의 결과를 연역하는 과학적 설명 과정은 역사적 사고력의 한 측면인 과학적 사고력 신장에 도움
ⓒ 가설과 일반화로 이루어진 탐구학습에서 유용하게 활용

④ 한계
ⓐ 역사가들이 제시하는 실제의 역사적 설명 가운데는 포괄법칙을 찾아보기 힘듦
ⓑ 인간의 역사적 행위는 결정론적 과정에 따라 전개되지 않고 여러 변수가 고려되어야 하므로, 역사적 설명에서는 초기 조건과 일반법칙으로부터 사건의 결과를 직접 연역해내기가 어려움
ⓒ 역사가는 일반성보다 특수성에 관심을 가짐(역사의 독특성 및 자율성)

(2) 헴펠의 확률적-통계적(귀납적-확률적) 설명

① 의미
ⓐ 헴펠의 주장
- "피설명항은 설명항으로부터 논리적으로 연역될 수 있다."
- 포괄법칙 명제에 있어서 보편적 법칙 대신 확률적·통계적 법칙을 포함
- 모든 현상과 사건은 '선행조건'과 '일반법칙'으로부터 연역함으로써 설명할 수 있음
- 그러나 역사가의 설명은 과학적 설명과 같은 법칙적 설명이 되기 어려움(설명 스케치explanation sketch라고 명명)
- 설명항으로부터 피설명항이 자동적으로 연역되지는 않고, 가능성에 대한 높은 확률성을 부여하나 정확한 예측은 불가능

ⓑ 특징
- 설명항으로부터 피설명항이 자동적으로 연역되지 않음
- 가능성에 대해 높은 확률성을 부여하지만 정확한 예측은 불가능(일종의 확률적 법칙)
- 연역적-법칙적 설명과 마찬가지로 주어진 현상을 법칙 아래 포섭함으로써 설명하는 방식이라는 점에서 과학적 설명에 포함

◇ **포괄법칙**
포괄법칙이라는 말은 드레이가 실증론자의 법칙적 설명을 지칭하여 사용한 용어이다. 실증론자의 인과적 설명은 설명할 것을 일반적 법칙 아래 포섭해야만 가능한 설명의 방식이기 때문이다.

◇ **헴펠의 견해**
헴펠도 역사적 설명에서는 경험적 증거와 일치하는 법칙을 형성하기가 매우 어렵기 때문에 역사적 설명은 무언중에 당연한 것으로 인정받는 법칙들에 의존할 수 밖에 없다고 말했다.

② 역사 설명에 적용
  ㉠ 인간의 행위에는 확실한 일반법칙 적용보다는 확률적 법칙 적용 사례가 많음
  ㉡ 역사에서 사용하는 언어나 법칙은 느슨하며 다수의 예외를 허용

> ① 초기 조건: 17세기 영국에서 청교도는 그들의 종교적 신념 때문에 박해를 받았다.
> ② 확률적 법칙: 만일 한 집단의 사람들이 그들의 종교적 신념 때문에 박해를 받는다면 그들은 그 종교를 자유롭게 믿을 수 있는 지역으로 이주할 가능성이 매우 높다.
> ③ 결론: 청교도들은 신세계로 이주할 가능성이 매우 높았다.

③ 한계: 역사에서는 수치화될 수 있는 정확한 통계적 확률을 제시하기 쉽지 않음

(3) 발생적 설명

① 의미
  ㉠ 어떤 사건의 기원과 전개 과정을 설명하는 방식으로, 두 개 이상의 사건들의 연속적인 진행 과정을 설명할 때 이용
  ㉡ 특징
   • 과정의 각 단계를 묘사, 시간에 따른 앞 사건과 뒤 사건 사이의 연속성을 강조
   • 사건들의 연결 과정에 논리적인 법칙이 있음을 상정
   • 최초 단계부터 최종 단계까지 전 과정에 걸쳐 하나의 법칙이 이용되는 것이 아니라, 단계가 바뀔 때마다 다른 법칙과 추가적 내용이 이용된다는 점에서 연역적-법칙적 설명과 다름

② 역사 설명에 적용
  ㉠ 여러 사건이 인과적 관계를 맺으며 큰 역사적 흐름을 형성하는 혁명이나 전쟁을 설명하는 경우에 유용
  ㉡ 특정 역사적 사건에 포함되어 있는 수많은 사건들이 하나로 연결되는 것은 앞 단계 사건과 뒤의 단계 사건들이 원인과 결과로서 연결되어 있기 때문

> **영국 혁명의 전개 과정**
> ① 제임스 1세와 찰스 1세의 전제정치
>   [법칙] 의회가 존재하는 나라에서 국왕의 자의적인 전제정치는 국왕과 의회의 대립을 초래한다.
> ② 국왕과 의회의 대립
> ③ 내란의 발생과 의회파의 승리
>   [법칙] 경쟁 세력을 물리치고 독점 세력을 구축한 당파는 내부 분열을 겪기 쉽다.
> ④ 의회파의 분열
> ⑤ 독립파에 의한 정권 장악과 국왕 처형
>   [법칙] 혁명에서 정권을 잡은 급진파는 극단적인 정치를 실시할 가능성이 높다.
> ⑥ 공화정의 수립과 크롬웰의 독재정치
> ⑦ 크롬웰의 사망과 왕정 복고
> ⑧ 찰스 2세와 제임스 2세의 가톨릭 부활 정책과 의회와의 대립
> ⑨ 명예혁명

③ 역사 학습에 이용
- ㉠ 역사적 사건에 대한 학생들의 논리적·분석적 이해 능력을 높일 수 있음
- ㉡ 기원에서부터 최종 단계까지 발달적 계열의 선상에서 파악하게 함으로써 학생들에게 인과관계의 복합성을 깨닫게 함(역사의식 촉진)
- ㉢ 일반법칙을 이용하여 각 단계별 사건의 발생을 정당화함으로써 학생들의 과학적 사고력 신장에 기여

④ 한계
- ㉠ 설명의 각 단계마다 적절한 법칙을 제시하기가 쉽지 않음
- ㉡ 하나의 사건을 설명하기 위해 여러 종류의 법칙을 동원하거나 각 단계마다 법칙을 제시하기보다 암시적으로 가정하는 경우가 대부분

(4) 설명 스케치

① 역사적 설명의 특징
- ㉠ 불완전한 설명: 설명항에서 법칙 자체가 생략되어 있거나, 설명항으로부터 피설명항이 자동적으로 연역되지 않는 설명
- ㉡ 생략적 설명: 역사의 특수성을 강조하고자 일반법칙 제시를 의도적으로 회피
- ㉢ 부분적 설명: 설명항에서 일반법칙을 제시하더라도 피설명항에 제시된 결과를 충분히 설명하지 못하는 설명

② 설명 스케치
- ㉠ 헴펠의 명명: 설명항 속에 어떠한 법칙이나 일반화의 제시가 생략된 설명, 부분적 설명
- ㉡ 역사에서 제공되는 대부분의 설명은 과학적 설명이 아닌 설명 스케치
- ㉢ 생략적 설명에다 적절한 일반법칙을 보충하고, 부분적 설명에 또 다른 초기 조건이나 일반법칙을 추가하는 방식으로 설명 스케치의 부족을 채우면 과학적 설명이 될 수 있음

4 인간의 행위 설명

(1) 합리적 설명

① 의미
- ㉠ 행위자가 처했던 상황과 행위자의 목적·동기 및 행위자의 행동들 사이의 연결을 세우고, 이를 통하여 행위자의 행동이 그 당시의 상황에서는 합리적이었음을 밝히는 설명
- ㉡ 특징
  - 인간의 행위를 목적이나 동기에 비추어 설명한다는 점에서 과학적 설명과 거리가 먼 이론
  - 역사적 행동은 특수한 상황 하의 행위자가 어떠한 목적이나 동기를 가지고 합리적으로 '해야 할 일 the thing to do'임을 의미

◇ **완전한 설명**
설명항이 일반법칙과 초기 조건을 내포하고 있고, 설명항으로부터 피설명항이 자동적으로 연역되는 설명을 의미한다.

◇ **일반적 설명에서의 생략적 설명**
생략적 설명은 일반법칙이 생략된 설명으로, 일반적으로는 적절한 일반법칙을 찾기 어렵거나 일반법칙이 너무 상식 수준일 때 설명을 생략한다.

② 드레이의 합리적 설명 모델

> ① A는 C 유형의 상황에 있었다.
> ② C 유형의 상황에서 할 수 있는 일은 X였다.
> ③ 그러므로 A는 X를 수행했다.

㉠ 합리적 설명의 목표는 역사적 행위가 법칙이 아닌 이유 때문임을 보여주는 것
㉡ 여러 대안들 중 하나의 대안을 선택한 (당시로서는 합리적인) 동기 및 배경을 밝히는 것

> 루이 14세가 네덜란드에 대한 군사적 압력을 철수함으로써 윌리엄의 영국 침략을 용이하게 만든 것은 현대인의 관점에서는 불합리하지만, 다음과 같은 합리적 설명의 관점에서는 그렇지 않음
> ① [목표] 루이 14세는 윌리엄과 메리가 영국에 상륙했을 때 영국에 내란이 발생할 것을 예측했다. 그리고 영국의 내란이 계속되는 틈을 타서 유럽을 정복하려고 했다.
> [상황] 영국 의회에서 네덜란드 총독 윌리엄과 그 부인 메리를 공동 왕으로 추대했다. 윌리엄과 메리는 영국 의회의 요청을 받아들이려고 했다. 그러나 윌리엄과 메리는 네덜란드에 대한 프랑스의 군사적 압력을 두려워하고 있었다.
> ② [이러한 목표와 상황을 고려했을 때] 루이 14세가 할 수 있는 일은 네덜란드에 대한 군사적 압력을 철수하는 것이었다.
> ③ 그러므로 루이 14세는 네덜란드에 대한 군사적 압력을 철수하였다.

㉢ 합리적 설명의 과정

> ① 목표의 진술
> ② 배경 상황의 진술
> ③ 그러한 상황에서 목표를 달성하기 위해 행위자가 선택 가능한 대안적 행위들의 추산
> ④ 각 대안적 행위들이 초래할 결과 및 부작용에 대한 계산
> ⑤ 각 대안적 행위들 가운데 가장 바람직한 행위의 추산
> ⑥ 행위자가 실제로 선택한 대안 및 그것이 초래한 결과의 검토

㉣ 합리적 설명에 대한 비판
- 어떤 행동이 주어진 환경에서 행위자가 해야 할 적절한 일이라고 해서 그 행위자가 반드시 그와 같은 방식으로 행동했다는 것을 보증하는 것은 아님
- 목적이나 동기를 정확하게 파악하기 어려운 개인적 행위나 집단적 행위에는 적용이 어려움
- 우연적인 사건, 비합리적인 행위는 설명할 수 없음

③ **역사 학습에 이용**
㉠ 자연과학적 방법과 차별화되는 방법으로 인간 행위의 중요성에 대한 관심 고양
㉡ 역사교육의 목적, 내용, 방법의 통일성을 기함
㉢ 역사교육의 목표로서 중시되는 의사결정 능력의 신장을 위한 학습의 과정으로 이용
㉣ 역사교육에서 목적의식이 분명한 인물에 대한 학습 과정으로 활용 가능

(2) 성향적 설명

① 의미

㉠ 라일Gilbert Ryle의 성향적性向的 설명: 어떤 물체의 성향적 속성을 지적함으로써 그 물체의 변화를 설명하는 것

㉡ 특징
- 인간 각자의 행동 패턴 속에 숨어있는 일정한 성향에 근거한다는 점에서 법칙을 중시하는 과학적 설명
- 개인의 신념, 가치, 태도, 개성, 성격적 특징 등 그가 평소에 갖고있는 일반적인 성향을 근거로 개인의 어떤 결정이나 행위를 설명
- 인간의 행위는 합리적 이유보다는 인간 자체의 성향에 의해 결정된다는 인식에 근거
- 한 개인 혹은 집단의 성향에 대한 일반화를 수립하려는 시도로 간주될 우려

② 헴펠의 제안
인간의 성향에 대한 일반법칙('그러한 성향을 가진 사람은 누구나 그와 같은 상황에서 그런 행동을 한다')을 도입해야 과학적 설명의 자격을 얻음

③ 역사 설명에 적용
개인 또는 집단의 성향으로부터 나타나는 행동 유형으로 행위 결과를 추론할 수도 있고 설명할 수도 있음

> **갑신정변의 배경**
> - 합리적 설명: 개화당의 의도와 목적 및 상황, 선택 가능한 여러 대안 등과 관련
> - 성향적 설명: 개화당 인물들의 성향, 보편적 일반화(법칙)

④ 역사 학습에 이용

㉠ 학생들에게 역사적 행위가 무의식적 습관이나 태도, 혹은 개인의 성격적 특징에 의해서도 결정된다는 사실을 상기시켜 줌

㉡ 인간의 행동은 그가 속한 사회의 관습이나 규범 혹은 전통에 의해서도 큰 영향을 받는다는 사실을 인식하게 해 줌

⑤ 한계

㉠ 인간의 가치관이나 태도 혹은 성격적 특징에는 일정한 패턴이 있다고 가정하고, 인간의 역사적 행위를 지나치게 도식화시켜 설명

㉡ 일정한 성향을 갖고 있다 하더라도 사람은 때때로 주변 상황의 요구나 개인의 반성적 힘에 의해서 자신의 성향에 맞지 않는 행동을 할 수 있음

CHAPTER 03 역사적 사고

◇ **국내 주요 학자들의 견해**

- 양호환·최상훈: '역사 지식을 이용하여 역사 문제에 관해 가설을 산출하거나 해결 방안을 모색하면서(사료를 수집하고 해석하며 판단함으로써) 역사 이해에 도달하려는 의도적이고 복합적인 정신활동을 수행하는 인지적 조작 능력'이라고 정의
- 김한종: '일반적 사고를 역사 교과에 적용한 것'과 '다른 교과의 사고와 구별되는 독자적인 것'으로 구분하고 후자를 지지하는 입장에서 논의를 전개하지만, 전반적으로 '역사가의 사고'를 역사적 사고라 전제
- 송상헌: 역사적 사고를 정의하기는 어렵고 다만 '논리적 사고와 연상적 사고, 패러다임적 사고와 내러티브적 사고의 양면성을 가지고 있는 사고이며, 시간성이라는 특징적 범주를 바탕으로 그 안에서 전개되는 계속성과 변화를 추구하는 사고' 정도로만 규정하겠다고 전제했지만, 전체적으로는 역사가의 사고 행위임을 전제
- 김민정: (역사교육에 있어서) 과거 인물이나 사건에 대한 사실과 의미를 기억하거나 수용하는 것에 그치지 않고, 자료에 입각하여 역사가처럼 사고하는 것을 의미한다고 봄. 역사 리터러시(문해력), 역사 탐구, 역사가처럼 읽기, 역사 이해, 역사인식, 역사의식 등과 혼용되거나 구별되기도 하지만, 이들은 모두 역사가처럼 사고하는 과정을 모델로 한 정신적 활동이라는 공통성이 있다고 규정

◇ **와츠의 견해**

와츠는 인간이 판단을 위해 활용하는 지적인 사고는 상상적imaginative(연상적) 사고(초보적 지각primitive perceptual → 꿈, 상상, 연상, 창의성 → 판단으로 이어짐)와 실재적realistic(합리적) 사고(초보적 인지primitive cognitive → 감각 운동적 사고, 구체적 조작, 형식적 조작, 논리적 사고 → 판단으로 이어짐)가 혼합된 것이라고 하였다. 그리고 역사적 사고는 의식적인 논리적 사고와 상상, 직관에 토대를 둔 연상적 사고가 동시에 작용한다고 보았다.

1 역사적 사고의 의미

(1) 역사적 사고란?

① 역사적 사고Historical thinking의 개념

㉠ 전통적인 견해
- 역사가가 역사를 연구할 때 수행하는 사고, 역사적 사고력은 역사가처럼 사고하는 능력◇
- 역사 이해 자체가 아니라 역사 이해에 도달하는 데 필요한 정신작용으로, 독특한 원리와 개념을 포함함

㉡ 최근의 인식들
- '역사의식historical consciousness': 역사적 사고력을 포함하는 통합적인 개념으로, 과거의 해석, 현재의 인식, 미래에 대한 기대의 복잡한 상호작용(독일, 뤼젠)
- '메타히스토리metahistory': 사고의 기능이 아닌 종류, 역사학 고유의 특성이나 절차를 이해하는 데 필수적인 개념(영국, 리)

② '사고'의 성격과 종류에 대한 견해

㉠ 사고란?
- 사전적 정의: 문제 상황에 대처하기 위한 정신작용
- 교육적 정의: 문제 상황에 접했을 때 해결 방안을 찾기 위해 가설을 수립하고 검증해 나가는, 인지적 측면에서 행해지는 의식적이고 목표 지향적인 정신 활동

㉡ 사고(마음)에 대한 대립적 견해
- 컴퓨터 메타포의 관점: 정보 처리 과정, 논리적 사고, 사고의 과정은 내용과 무관content-free(보편론자)
- 내러티브적 사고의 관점: 마음의 본질을 의미의 구성으로 봄, 인간의 사고는 각 지식 영역의 특정한 체계를 따르며 내용 의존적content-dependent(다원론자)

㉢ 역사적 사고에 대한 대립적 견해◇
- 영역 중립 인지 이론: 역사적 사고와 일반적 사고가 같다고 봄 → 일반적 사고 능력과 사고 기능, 사고 과정이 존재하며 이러한 일반적 요소가 교과 영역간에 전이될 수 있다고 봄(일반론자)
- 영역 고유 인지 이론: 인간의 내면을 다루는 역사적 사고는 일반적 사고와 본질적으로 다르다고 봄 → 내용과 분리된 사고는 존재하지 않으며, 지식은 각기 독특한 형식과 구조를 가지므로 교과간 전이는 없다고 봄(영역론자)

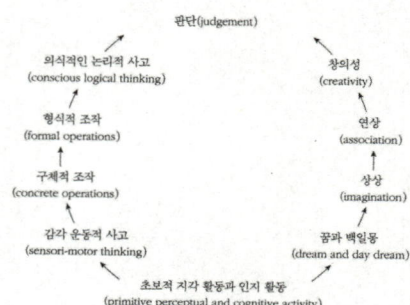

③ 역사적 사고(력)의 특성
  ㉠ 역사가와 관련°
    • 관심사, 연구 주제: 시간에 따른 변화의 원인과 결과, 보편적이고 일반적인 것보다는 구체적이고 특별한 사실, 다양한 사실 안에 포함된 보편성과 시간의 전망 등
    • 연구 방법: 증거의 해석, 사료 비판, 와인버그가 말한 '발견법 heuristics'°
  ㉡ 역사의 본질과 관련: 실증론, 관념론, 포스트모더니즘 관점에 따라 역사의 본질에 대해 달리 인식하므로 그에 따라 역사적 사고도 달라짐

(2) 역사적 사고와 역사교육
  ① 최근 연구의 두 가지 경향
    ㉠ 역사적 사고 문해력 historical thinking literacy 중시
      • 스탠퍼드 대학 와인버그 중심
      • 역사학의 학문적 구조를 중심으로 역사적 사고의 내용을 규정하고 이를 바탕으로 역사과 교육과정 구성을 모색하는 연구 흐름
      • 역사학의 고유한 능력은 다른 영역으로 전이가 불가능 → 역사적 사고의 고유성 강조
    ㉡ 민주시민성 교육 democratic citizenship education 중시
      • 인디애나 대학 바튼과 켄터키 대학 렙스틱의 '공동선을 위한 역사교육 Teaching history for the common goods'
      • 역사적 사고와 민주 시민적 사고는 유기적으로 연결되어 있으므로 그 연관성을 참고로 하여 역사교육의 내용을 구성하려는 시도
  ② 우리나라 역사교육에서 역사적 사고의 중요성
    ㉠ 역사교육의 존립 근거
      • 1990년대에 통합 사회과로 인해 도전받던 역사과의 존립과 정당성을 위해 대두
      • 교과 목표 및 학습 절차로 역사적 사고력이 절대적 지위를 차지
      • 일반적 사고력과는 다른 교과 특정적 앎, 인지적 차원뿐 아니라 감정이입적 이해를 포함한 역사적 이해의 의미로 확장
      • 역사교육의 궁극적인 내재적 목표로 설정
    ㉡ 국가 교육과정에 반영°
      • 7차 교육과정: 역사교육의 목적으로 '역사적 사고력' 명시
      • 2007 개정 교육과정: 역사과 교육 목표로 체계화
      • 2015 개정 교육과정: 역사적 사고의 범주를 토대로 역사과 교과 역량 설정

◇ **최상훈의 견해**
최상훈은 역사가의 관심과 연구방법에 비추어 역사적 사고의 특성으로 다음을 제시했다.
· 시간에 따른 변화와 연속성, 인과관계를 중시
· 사건의 유사성보다는 개별성, 다양성에 관심
· 과거 사건을 시간과 공간 속에서 맥락적으로 파악하고자 함
· 역사 문제와 사료를 다루는 과정에서 비판적·평가적·인증적 성향
· 가설 산출과 해결 방안 모색 과정에서 직관적·확산적·개방적·논리적·내러티브적인 경향
· 과거 사건에 숨어있는 사람들의 사상을 상상을 통해 재연

◇ **와인버그의 발견법**
와인버그는 사료 독해와 해석 과정에서 역사가가 활용하는 인지적 조작을 발견법이라 지칭하고 출처 확인 sourcing heuristic, 확증 corroboration, 맥락화 contextualization, 부재증거 고려 consideration of absent evidence 네 가지를 제시했다.

◇ **교육과정 연구 추세와 역사적 사고**
· 학문 중심 교육과정 추구 입장: 역사학의 연구 방법과 성과에 기초하여 역사의식, 역사적 사고 등을 연구한 결과를 교육과정에 반영하려는 시도
· 기준 기반 개혁 standards-based reform 담론 입장: 학생들이 성취해야 할 학습 목표를 중시, 역사적 비판력, 판단력, 탐구력, 문제해결 능력 등과 유사하거나 이를 포괄하는 상위 개념으로 역사적 사고력 설정

2 역사적 사고 이론 1: 영역 중립 인지 이론 domain neutral cognition theory

(1) 인지 발달론과 역사적 사고

① 인지 발달론과 역사적 사고의 관계
  ㉠ 듀이John Dewey의 교육 목표: 사고력('반성적 사고reflective thinking') 육성
    • 반성적 사고: 지향하는 결론에 도달하기 위해 체계적이고 연속적으로 주도면밀하게 고찰하는 것을 의미
    • 절차: '의심·주저·당황'→'자료 검토와 처리by searching, hunting, inquiring'
    • 이후 대다수 교육학자들은 교육 목표를 '사고 = 인지 활동'에 두었음
  ㉡ 피아제Jean Piaget: 사고가 어떤 단계stage를 거쳐 발달하는가에 대한 실험적 연구를 통해 인지발달론 주장
  ㉢ 브루너J. S. Bruner: 지식의 구조를 연구하면서 지식의 발달이 '감각 반응 → image로 사건 조직 → 상징이나 단어로 표현'이라는 절차 속에서 발전함을 주장
  ㉣ 인지, 사고, 지식이 단계적으로 발전한다는 피아제의 인지발달론이나 브루너의 '지식의 구조'를 전제로, '사고'에 초점을 두고 '역사적 사고'의 정의나 성격을 구체화하려는 다양한 시도 → '피아제-필E. A. Peel-할람R. N. Hallam 모델'

② 피아제의 인지 발달론
  ㉠ 특징
    • 인간의 인지 활동은 스스로 지각한 환경에 대한 조직 활동이며 그에 대한 적응
    • 심리학이 아닌 경험적 근거에 입각한 인식론
    • '지식이란 무엇인가'라는 물음을 '지식은 어떻게 성장(발달)하는가'하는 물음으로 바꾼 것
  ㉡ 내용

    ① 인지적 활동은 '도식 → 동화 혹은 조절 → 평형'의 과정으로 이루어진다.
      • 도식schema: 인지 구조의 그룹핑
      • 동화assimilation: 새로운 것을 변형하여 흡수, 기존 그룹에 넣음 = 양적 도식의 성장
      • 조절accommodation: 자신의 인지 구조를 환경에 맞게 변용 혹은 새 그룹 생성 = 질적 도식의 발달
      • 평형equilibrium: 동화 혹은 조절이 완료된 상태 = 인지적 균형
    ② 연령에 따라 조작operation(논리적으로 사고하는 것) 능력과 사고 단계가 다르다.
      • 감각운동기sensori motor stage(0~2세)
      • 전조작기pre-operational stage(2~7세): 보존conservation 능력(사물의 본질 파악 능력)이 결여되어 변환transformation에 무감각
      • 구체적 조작기concrete operational stage(7~11세): 추리reasoning 과정에서 구체성에 의존하여 논리적 조작(가역성, 분류 능력, 계열화 능력, 인과관계 파악 능력 등) 가능하나, 가설이나 순수 언어 문제에는 논리 적용 불가
      • 형식적 조작기formal operational stage(11세~): 추상성 처리 가능하며, 명제와 가설을 사용한 추리 및 가설-연역적 추리 가능
    ③ 이러한 발전은 직선적·연속적이다. 다음 단계는 이전 단계를 통합하고 대치한다. 환경적 유전적 요인에 따라 개인차는 있으나, 연령이 높아질수록 유전보다 환경 역할이 커진다.

(2) 피아제-필-할람 모델

① 특징

  ㉠ 피아제 논의를 역사적 사고에 도입
   - 피아제의 인지 발달 단계가 역사적 사고의 발달에도 나타나는가?
   - 역사적 사고력의 발달 단계가 다른 교과에서와 같은 연령에서 발생하는가?

  ㉡ 주장
   - 피아제의 사고 발달 단계는 역사적 사고력 발달에도 적용
   - 역사적 사고력 발달 단계를 특정 연령과 연결 짓는 것에 일부 비판이 있지만, 전반적으로 적용 가능
   - 역사적 사고에서 각 단계는 점진적 발달의 일부로서 순차적으로 일어남
   - 역사적 사고의 발달은 다른 교과보다 느림(16세 이후 형식적 조작)

② 필의 이론 1: 역사적 사고의 구조structure와 기제mechanism

  ㉠ 역사적 인과관계에서 나타나는 평형 상태의 유지 혹은 변화가 피아제가 말한 '동화·조절-평형' 구조와 일치한다는 데 착안

  ㉡ 역사적 변화는 인간 세력forces 사이의 안정된 균형 상태 속에서 일어나는 인과적 추이의 연속이며, 인간 세력 사이의 균형을 깨뜨리는 무언가가 생겼을 때 다시 균형으로 가려는(평형) 과정에서 인과관계가 발생

  ㉢ 새로운 변화가 나타나는 것은 조절, 나타나지 않는 것은 동화

  ㉣ 역사적 사고란, 사고의 구조 측면에서 역사 속에서 균형이 깨져 나타나는 인과적 변화가 다른 차원의 균형으로 귀결되는 구조를 이해하는 사고, 즉 인지적 균형 상태를 추구하는 사고

  ㉤ 사고의 기제는 상상, 추론, 설명 등이고 사고의 구조는 역사적 평형과 시간적 변화 temporal change

③ 필의 이론 2: 기술적descriptive 사고와 설명적explanatory 사고

  ㉠ 피아제를 참고하여 아이디어를 활용하는 두 가지 방식 제안

  ㉡ 엄격한 구분은 어려우나, 역사적 사고를 분석적으로 설명

기술적 사고	· 구체적 조작 단계에서 발현 · 기존 경험과 아이디어를 참조하지 못하고 현상의 일부, 표면적인 묘사에 그치는 것 · 직접적 내용이나 주어진 자료에 근거하는 귀납적 방법에 의존
설명적 사고	· 형식적 조작 단계에서 발현 · 구조와 원리 등을 설명하고 가능성이나 가설을 전제하며, 새 아이디어를 수용하거나 수정·거부하는 것 · 직접 증거 외의 아이디어나 개념, 일반화를 도입하여 그것들이 상황에 미칠 가능성을 고려하는 연역적 과정을 포함 · 대표적인 역사적 사고 양식으로 다양한 경험과 지식이 쌓이는 청소년기 후반(13-15세)에 형성 · '여러가지 가능한 설명을 상상–문제 해결 위해 하나 이상의 설명을 선택–원치 않는 대안 배제–가설로부터 연역 또는 추론'이라는 과정으로 문제를 해결

④ 할람의 이론: 역사적 사고에서의 구체적 조작과 형식적 조작
  ㉠ 할람의 현장 실험 결과
    • 피아제 이론이 역사 문제에서도 나타남
    • 역사 문제에서 학생들의 추리는 기대보다 낮은 수준: 12.4~13.2세에 구체적 조작 단계, 16.2~16.6세에 형식적 조작 단계에 도달◇
  ㉡ 역사 학습에서 형식적 사고가 다른 교과보다 지체(연령 지체)되는 이유
    • 과거는 직접 경험할 수 없으며, 과거의 증거는 불완전하고 왜곡되었을 수 있음
    • 학생들은 도덕적 이념이나 갈등에 대한 이해가 어려움
    • 역사적 사건에는 시간관념이 포함
    • 역사 언어는 추상적 어휘
    • 역사적 증거는 아동이 아닌 성인 활동에 대한 것
⑤ 피아제-필-할람 모델에서 유추analogy의 활용
  ㉠ 형식적 조작 능력을 기르는 방법
  ㉡ 역사적 사례를 활용함으로써 역사 구조에 대한 이해 가능

(3) 역사의식의 유형과 발달

① 역사의식의 의미: 역사 속에서 자신의 존재를 깨닫는 존재의식이나 자아의식◇
② 사이토齋藤博의 연구
  ㉠ 내용
    • 피아제 인지 발달론 수용 → 역사를 인식하는 측면에 대한 심리적 유형을 분류, 계열화
    • 역사의식을 금석상위今昔相違 의식, 변천 의식, 역사적 인과관계 의식, 시대구조 의식, 역사의 발전 의식으로 구분
    • 역사의식이 시간관념의 이해에서 인과관계나 변화 및 발전을 이해하는 방향으로 발달한다고 파악
  ㉡ 한계
    • 역사의식을 정태적·고정적인 것으로 파악하여 학생들의 현재 발달 수준이나 연령 단계의 발달 경향을 기술하는 데 그침
    • 발달 수준을 높일 수 있는 힘이나 조건, 발달 과정에 대해서는 언급하지 않음
    • 역사의식과 역사적 사고를 구분 없이 병렬적으로 사용
③ 일본 사회과교육연구회
  ㉠ 내용
    • 사이토 후속 연구로 학교급별·연령별 역사의식의 특징과 역사적 사고 요소에 대해 연구
    • 역사의식의 개념을 심리적 측면의 역사의식, 역사적 사고, 역사적 문제의식으로 구분

◇ **단계별 학생들의 특징**

전조작적 사고는 제공된 정보를 문제에 결부시키지 못하고, 한 가지 특징에만 고립되어 중심화하며, 관련된 모든 요인을 고려하지 않고 한 요소에서 다른 요소로 옮겨가는 특징을 보인다. 구체적 조작 단계에서는 조작된 답변을 하되 텍스트에 제시된 것에만 의존하고, 형식적 조작 단계에 이르면 가설을 설정하고 이를 확증하거나 부정하며 가능성을 토대로 진실 여부를 논리적 분석을 통해 찾아낸다.

◇ **역사의식**historical consciousness **의 의미**

여기에서 말하는 '역사의식'은 1950년대에 일본 학계에서 제안하여 1970년대에 우리나라에 소개된 것으로, 인지 발달 단계에 따라 발전하는 '역사의식 단계'가 있다는 이론이다. 2000년대에 들어 우리나라에서 역사의식 함양이 다시 역사교육의 중요한 목표 중 하나로 거론되었는데, 이는 역사적 사고 개념과 관련하여 뤼젠이 제안한 개념에 토대를 두고 있다. 뤼젠에 의하면 역사의식은 '현재의 조건(문제의식)에 따라 과거의 시간을 경험하고, 이를 역사의 형식으로 해석한 뒤, 다시 활용함으로써 미래의 삶을 대비orientation하게 해주는 의식'이다.

ⓒ 역사의식 종류와 발달 단계

심리적 측면의 역사의식	・흥미나 관심, 시간 의식, 인과관계 의식, 시대구조 의식, 발전 의식 등 ・발달 단계	
	초등학교	변화의 의식
	중학교	역사적 인과관계 파악
	고등학교	시대구조와 발달 파악
	대학교	역사적 개성과 의미 통찰
역사적 사고	・역사적 사물이나 사건을 보거나 고찰하는 방법 ・사물의 변화를 고찰할 수 있는 능력, 영향을 살펴보는 능력, 변화를 거시적으로 살펴보는 능력, 종합적 고찰 능력 등	
역사적 문제 의식	・역사적 체험에서 나오는 생활의식 또는 시대의식, 학생 자신의 문제의식, 역사적 비판의식, 역사 건설에 참여하려는 의욕 등 ・발달 과정	
	중 1	향토사·인물사에 관심, 영웅 숭배, 개인 도덕적 규범 기준
	중 2	사회 의식이 싹틈, 도덕론적·인정론적 관점
	중 3	역사적 사건을 사회적 기반과 결부시켜 고찰
	고 1	인간에 대한 성찰 심화, 사회의식 확대, 세계사에 관심
	고 2	인간에 대한 이해 심화, 현대 문제에 관심, 비판적 태도
	고 3	정치적·경제적 측면 고찰, 종합적 이해, 의의와 영향 파악

◇ **일본 연구 결과의 종합**
・초등학교 3학년: 초보적 역사교육 가능
・초등학교 5학년: 인물사 중심의 통사 교육
・중학교: 역사 전반에 관한 내용과 상호 관련을 다루는 총체적 역사교육

④ 우리나라 역사교육에의 영향

㉠ 역사의식 발달 단계 정리

학년	단계
초 1~2학년	시원의식
3학년	고금의식
4학년	변천의식
5학년	인과의식
6학년	시대의식
중 1~3학년	시대의식(시대구조, 시대 관련)
고 1학년	발전의식(자아 → 사회·세계)
고 2~3학년	

ⓒ 영향
・교육과정: 3학년부터 역사 수업, 초등 역사는 인물사 중심, 6학년에 통사 도입
・역사의식 연구: 연령보다는 학년 기준으로 연구

ⓒ 한계
- 현재의 학제에 맞추어 역사의식을 정형화하고 단계화 함
- 역사의식의 발달에 영향을 미치는 조건이나 과정에 대한 고려 부족
- 정태적 실태 파악에 머무르고 수업과 관련한 동태적 연구 부족

(4) 분류 능력과 시간 개념

① 시겔Irving E. Sigel의 '분류 능력' 연구
   ㉠ 피아제에 따르면 조작적 분류operational classification는 8세쯤 가능
   ㉡ 피아제 이론 토대로 시겔이 분류 능력 구분(형식에 따라)

방법	기준	특징
관계적-맥락적 방법	사물의 기능적 상호 관련성에 따라	자신의 주관적 경험
기술記述적 방법	사물을 외형에 따라	사물의 객관적 속성
유목적-추론적 방법	추론된 사물의 속성을 기준으로	

   ㉢ 사회적 사건에 대한 아동의 분류 능력 단계

   > ① 사례가 여러 측면의 속성을 가지고 있다는 것을 아는 단계
   > ② 한 가지 속성을 토대로 분류하는 단계
   > ③ 두 가지 이상의 속성을 토대로 분류하는 단계 = 다중 분류multiple classificaton 사물이나 현상들 사이의 다양한 관계를 인식하고 속성을 알 수 있는 단계

   ㉣ 시겔의 결론
   - 아동은 연령이 높아질수록 기술적 방법과 유목적-추론적 방법을 더 사용
   - 추상적으로 사고할 수 있는 능력을 위해서는 ③ 단계가 필수 전제조건

② '시간 개념' 연구
   ㉠ 피아제에 따르면 감각 동작기에 시간과 접촉하지만 이 시기의 시간에 대한 인식은 자기 중심적·지엽적이며 그 이후가 되어야 객관적인 시간 인식이 가능
   ㉡ 내용: 시간 개념의 발달은 연령 및 주변 환경과의 상호작용, 즉 경험과 밀접한 관련
   ㉢ 역사교육에서 시간 개념의 발달 단계

시간 표현 개념	·사회적 약속에 따라 받아들이는 표식, 추상적 상징
연대 개념 chronological concept	·역사의 흐름 속에서 어떤 사건의 위치를 파악하는 것 ·시간적 위치location, 시간상의 거리distance, 지속duration, 동시성simultaneity 등을 파악하는 능력
시대 개념 period concept	·물리적인 시간 분할이 아니라 어떤 시기가 갖는 공통적 속성에 의해 구분하는 것

   ㉣ 결론
   - 아동은 대체로 구체적 조작 단계에서는 시간 표현 개념 → 형식적 조작 단계에서 연대 개념 → 시대 개념을 갖게 됨
   - 시간 개념은 연령이 높아짐에 따라 발달

◇ **연령과 시간 개념의 관계**

초등 저학년은 경험 범위 내의 시간 개념만 인식하며, 초등 고학년은 되어야 부정확한 시간을 표현하는 용어를 이해할 수 있다. 그러나 역사적 시간은 아동들의 경험 밖에 있기 때문에 일반적 시간 표현 개념보다도 늦게 발달한다. 아동들은 미래보다 과거 이해에 어려움을 느낀다. 초등학교 고학년부터 연대 개념이 발달하며, 시대 개념은 종합적이고 고차원적인 역사 개념이므로 고등학생 때가 되어야 가질 수 있다.

3 역사적 사고 이론 2: 영역 고유 인지 이론 domain specific cognition theory

(1) 영역 중립 인지 이론에 대한 비판

① 피아제 이론에 대한 반론
  ㉠ 심리 발달 단계는 학교 교육과는 거리가 있음
  ㉡ 사고는 모든 교과에 전이가 가능하지 않음

② 피아제-필-할람 모델 비판
  ㉠ 연구 과제 및 연구 방법의 문제
    - 연구에 사용한 자료가 학생들이 알지 못하는, 역사와 관련 없는 것들
    - 연구한 내용은 아동이 성취할 수 있는 역사적 능력이 아니라 학습 결과 성취한 것(교육 목표)에 불과
    - 연구의 양과 연구 대상 학생 수가 적어 일반화가 어려움
  ㉡ 피아제가 말한 수평적 지체 horizontal décalges 문제: 같은 단계 내 연령 사이에 변수가 많음
  ㉢ 역사적 사고에서 형식적 조작 단계와 구체적 조작 단계를 나누는 문제
    - 역사적 자료 및 수업의 고유성: 새로운 교수요목으로 학습하면 학생들의 역사적 이해력이 향상 → 피아제의 형식적 조작 단계 설명과는 합치되지 않음
    - 역사적 개념은 구체적 조작 수준에서도 이해 가능, 중등 학생도 형식적 조작이 가능
    - 피아제-필-할람 모델의 주장보다 이른 시기에 역사 학습이 가능함
    - 역사적 사고력 발달에 단계 설정은 어려움, 조작 수준에 이르러도 직관적 사고는 역사적 사고에서 중요한 요소
    - 시간 관념은 단계적 발전이 아니라 점진적 발전
  ㉣ 역사적 사고의 성격 문제°
    - 피아제가 말하는 사고 개념은 논리와 가설-연역적 사고만 고려, 이는 아동의 지적 활동 중 일부에 지나지 않음
    - 아동이 이해하는 데에는 태도, 감정, 감각도 중요하며 직관이나 상상도 중요(무의식적이거나 상상적 사고, 창의적 사고 등 다른 인지 양식이 있음)
    - 역사 연구는 법칙의 창조나 검증이 아닌 과거에 대해 신뢰할 만한 해석을 하는 것
  ㉤ 인지심리학 일부에서 피아제 모델 비판
    - 파스쿠알-레온 J. Passcual-Leone: 학생들의 M 공간 M space(정보처리 능력 information processing capacity)은 개인마다 차이가 있다고 하여 이 개념으로 피아제식 발달 단계를 재규정
    - 케네디 J. K. Kennedy: 정보처리 능력과 역사 이해 수준 사이의 관련성을 검토한 결과 역사 이해는 피아제식 발달 단계보다 정보처리 능력과 관련 있는 것으로 나타남, 그 능력은 발달하는 것이 아니며 역사 이해는 발달 구조물이 아님

◇ 저드 M. F. Jurd, 콜리스&빅스 K. F. Collis&J. B. Biggs

저드는 "가설연역적 법칙이 역사에서의 형식적 사고를 측정하는 데 이용될 수 없고, 역사에서 증거는 과학적 자료와 동일하게 취급될 수 없다."고 했고, 콜리스&빅스는 "수학이나 과학과 달리 역사는 '열린' 구조이며, 학교에서 역사교육의 기능이란 개인의 판단과 경험에 의해 과거를 해석하는 것이므로, 정답은 없고 개별적 대답이 오히려 바람직하다."고 주장하였다. 단, 이들 둘 다 피아제의 인지 발달론을 전제로 논의를 전개했다는 점에서는 한계를 가진다.

◇ **이건의 교수 모델**

이건은 내러티브 수업을 진행하는 방법에 대해 연구하면서, 피아제의 인지발달론같은 발달심리학이 역사적 사고를 제대로 밝히지 못했다고 비판했다. 그는 역사적 사고의 본질적인 성격을 이야기같은 형식이라고 보고, 그에 따라 역사적 이해의 단계를 신화적 단계mythic stage(7세까지)-낭만적 단계romantic stage(8~13세)-철학적 단계philosophic stage(14~20세)-풍자적 단계ironic stage로 구분했다. 그에 따르면 역사적 사고는 인지 발달이 아니라 이야기를 이해하는 단계에 따라 발달하는 것이다. 그리고 '이항적 대비binary opposite'와 같은 극적인 이야기 구조 장치를 활용하면 학생들의 역사 이해를 도모할 수 있다고 했다. 이건은 초·중등학교에서 활용할 수 있는 이야기를 이용한 두 가지 교수모델을 제시했는데, 하나는 8세까지의 아동에게 적합한 '이야기 형식 모델Story Form Framework'이고, 또 하나는 8~15세에 적합한 낭만적 모델Romantic Framework'이다.

◇ **도식과 대본지식script knowledge**

대본은 도식적 조직화schematic organization와 같은 것으로, 계서적으로 조직된 지식 체계이며 특정한 시공적 맥락에 적절하도록 조직된 행동들의 연속이다. 대본지식은 예를 들어 생일잔치가 대개 어떠한 순서로 어떻게 진행되는지를 전체적으로 파악하는 것과 같은, 사회적 행위에 대한 선행지식이다. 따라서 대본지식은 전형적으로 영역 특정적이다. 대본지식을 응용하면 취학 전 아동은 익숙한 경험에 대해 기존 연구들의 결론에서 도출한 시기보다 빠른 시기에 논리적 관계들의 범위를 이해할 수 있다.

◇ **구성주의와 도식**

구성주의 인식론에서는 학습자의 능동적 학습을 중시하며, 학습자가 외부로부터 파악한 정보는 내부의 기존 개념과의 변형 과정을 통해 새롭게 구성된다고 본다. 즉 지식의 획득은 선행 개념을 재구성하거나 혹은 인지 도식을 재현하는 것이라 보고, 학습자가 간직하고 있는 선행 개념의 의미와 역할을 강조한다. 따라서 구성주의 학습 이론의 기본 관심 중 하나는 아동의 기존 선개념, 오개념이 학습을 통해 얼마나 교정되는가 하는 것이다. 아동은 기본적으로 선행 개념을 가지고 역사를 이해하는데, 그 선행 개념은 잘 제거되지 않는다. 이때 도식이 오개념으로 작용할 수 있으므로, 교정을 위한 학습 전략, 이를테면 맥락context 제공 등이 필요하다.

ⓗ 이건K. Egan의 주장
- 발달심리학은 역사적 사고를 제대로 밝히지 못함
- 역사 지식은 교육적 입장에서 매우 중요하므로, 어렵더라도 필요한 개념에 대해서는 가르치는 방법을 고안해야 함
- 환경 확대expanding horizon 접근의 사회과 교육과정은 난센스, 적절한 교수 기술만 마련되면 아동들에게 언제 어떤 개념이라도 가르칠 수 있음

(2) 역사적 사고의 영역적 특성

① 일반적인 사고가 모든 교과에 적용되지는 않음
  ㉠ 사고 기술과 전략은 관련 영역의 지식(학습 내용)에 따라 달라짐
    - 특정 인지 전략의 사용은 내용 지식의 성격과 양, 구조, 사고 기능의 상호관계 결과임
    - 사고 과정은 기반이 되는 지식의 복합성과 다양성 및 방법론에 따라 달라짐
  ㉡ 사고 기술과 순서는 논리적 절차에 따라 일직선으로 전개되지 않음
  ㉢ 아동의 인지 유형은 교과목의 특성, 학습 과제의 성격, 교수 방식, 교수 및 학습 환경 등에 따라 변화
    - 학습 능력은 특정 영역의 지식에 대한 개념이 어떻게 구조화되고 통합되느냐에 달려있음
    - 사고는 특정 지식 영역의 조건 내에서 일어나며 다른 지식 영역에 전이되지 않음

② 역사적 사고는 교과 지식과 관련된, 다루는 지식의 내용에 의존하는 사고
  ㉠ 영역 특성 고려 없이 일련의 인지 기술 및 전략으로 보는 사고 발달 모형은 부적절
  ㉡ 역사적 사고를 위한 교수는 먼저 역사 지식 기반의 구축으로 시작되어야 함
  ㉢ 개인차를 고려하고 교사가 가르치는 방법에 따라 사고 발달 촉진은 가능

③ 역사적 사고의 발달은 도식schema의 형성과 관련
  ㉠ 사고의 성공 여부는 도식이 특정한 개념 체계와 통합되어 있느냐 여부에 달림
  ㉡ 새로운 학습은 새로운 정보 자체만이 아니라 사전 지식 체계인 도식에 의존함
  ㉢ 초보자와 전문가의 차이는 인지 발달이 아니라 도식과 정보 처리 능력의 차이
  ㉣ 역사적 사고에 대한 논의는 문제 해결에 유용한 지식의 조직과 구조를 중시해야 함
  ㉤ 교과 내용subject-matter 지식이 교수pedagogy를 결정하므로 교사 교육에서도 교과 지식 기반이 중요

(3) 인증적 사고

① 퍼스C. S. Peirce의 '가설적 추론abduction'
  ㉠ 특징
    - 법칙을 받아들이고, 결과를 관찰함으로써 새로운 사례에 대한 가능성을 추측하는 방법
    - 전제 안에 내포된 결론을 확인하는 연역과 달리, 새로운 지식을 얻어냄(탐정의 추론 방식)
    - 이미 일어났지만 아직 모르는 사실을 알아낼 때(의사의 병 진단) 사용
    - 순수 가설로부터 필연적 귀결로 나아가는 논리

ⓒ 장단점
- 전제로부터 필연적으로 추론되어 나오는 것이 아니라 단지 개연성만 있다는 약점
- 이미 일어난 사실을 기반으로 아직 모르는 사실을 알려준다는 장점(역추론 reasoning backward, 귀추법歸推法retroduction)

② **피셔**D. H. Fischer**의 인증적 사고**adductive thinking
ⓐ '인증적 사고'를 고안한 이유
- 영역 중립 인지 이론에 대한 반론
- 가설적 추론만으로는 상상력을 발휘하여 해석하는 역사적 사고 과정 설명 불가
ⓑ 개념
- 인증 = 가설적 추론(설명적 가설을 생성) + 귀납적 사고(이론의 경험적인 검증)
- 인증적 사고에는 역사적 사건에 대해 가능성을 추론하여 가설을 세우는 단계와, 가설을 놓고 귀납적으로 확증하는 단계가 있다는 것

③ **부스**M. B. Booth**의 인증적 사고**
ⓐ 개념: 증거나 자료를 토대로 가설 설정 → 일련의 지식, 개념, 상상력, 감정이입 능력 등을 이용하여 그 가설을 확인하는 능력
ⓑ 특징
- '잃어버린 세계'에 대해 상상적으로 가장 믿을 만하게 언어로 재창조(해석)하는 것
- 논리적으로 확실한 결론을 내리는 대신 관련된 사건을 상상적 망imaginative web으로 끌어모으는 것
- 가설을 세우고 자료를 통해 귀납적으로 추론하는 것은 연역적 추론 결과와 달리 반증 가능성이 상존
ⓒ 부스의 실험

대상	11~16세 학생 53명
방법	역사적 사람·사건에 대한 사진, 연설 등을 제시하고 분류 및 설명하도록 함
결과	A 그룹: 증거 자료의 내용(구체적)에 기초하여 분류 　　　　분류 이유에 대해 기술description 수준의 설명 B 그룹: 자료를 분석하여 추론된 성질이나 아이디어(추상적)에 기초하여 분류 　　　　분류 이유를 설명적explanatroy 어휘를 사용하여 설명
결론	· 두 그룹 모두 모험적이고 창조적이며 상상적인 사고, 즉 인증적 사고 보여줌 · '구체적' 단계와 '추상적' 단계로 나뉘지만, 편차는 있을 지언정 '가설적 추론 → 귀납적 검증' 단계를 보여준 것 · 편차 이유: 교사의 교수 방법과 가치관, 학생의 개인 차원 능력(지식, 개념 능력, 인지 기능, 태도나 관심, 개인 경험, 용어 능력, 상상력, 감정이입 등), 지능은 상관 관계 없음 · 능력의 편차가 있으므로 구체적 단계와 추상적 단계에 맞는 학습 계열을 고안할 필요 · 결국 학습에서 중요한 것은 성숙이 아니라 교수방법 및 교수 내용

◇ **과학과 인증적 사고**

인증적 사고는 과학에서도 사용될 수 있으나, 과학에서는 결과의 객관성을 위해 잠정성을 해소하려 노력하는 과정이 불가피하다. 반면 역사에서는 결과의 잠정성을 인증하므로 인증적 사고가 역사에서 독특한 사고로서 그 지위를 인정받을 수 있다.

◇ **브루너의 구분**

브루너는 지식구조론 이후 문화심리적 관점에서 교육에 대한 새로운 관점을 제시하였다. 그는 인간의 인지현상을 탐구하기 위해 사고양식을 '패러다임적 사고양식paradigmatic mode of thought'과 '내러티브적 사고양식narrative mode of thought'으로 구분하였다. 패러다임적 사고양식은 이론적이고, 형식 논리적이며, 추상적이고 일반적인 진술로 구성된 과학적 사고이다. 반면에 내러티브적 사고양식은 사람들 간의 관계 맥락과 교류 상태, 행위의 의도 등 구체적이고 상황 특수적인 사고이다. 내러티브적 사고를 교육에 적극 활용함으로써 상상력 증진, 자아 정체감 확립, 상호작용적 학습공동체 구성에 도움을 줄 수 있으며, 특히 현대 사회에서 개인들이 정체성을 잃지 않고 자신과 타인의 경험과 세계를 올바로 이해하기 위해서는 내러티브 접근이 필요하다는 인식이 대두하고 있다. 인간의 마음과 의미, 의도성을 중심으로 하는 내러티브 사고 양식이 새로운 교육적 대안이라는 것이다.

◇ **장르와 플롯**

장르란 텍스트의 종류 또는 텍스트를 구성하는 방식을 말한다. 그것은 이야기를 만드는 방식, 그 이야기 속에 삽입되는 주제들을 구성하는 방식, 언어 체계 등을 결정한다. 그것은 한편으로는 텍스트 안에 존재하고 있지만 다른 한편으로는 텍스트를 이해하는 방식이기도 하다. 화이트에 따르면 장르는 대표적으로 로망스, 희극, 비극, 풍자, 자서전 등을 말한다. 그리고 내러티브에는 플롯이 설정되어 있게 마련인데 장르는 바로 그 플롯이 해석되는 틀을 제공해주기 때문에 기본적인 사고양식의 역할을 한다. 그리고 플롯은 이야기에 의미를 부여하는 역할을 한다. 역사가가 하나의 이야기에 대해 비극의 플롯 구성을 제시하면 하나의 특수한 이야기로 전환된다. 만약 희극의 플롯 구성을 제시하면 희극이 되는 것이다. 그러므로 내러티브적 사고에서 주목해야 하는 것은 장르와 플롯이다.

(4) 내러티브적 사고

① 내러티브적 사고란?
  ㉠ 개념: 사건 간의 개연성을 토대로 가장 그럴듯한 의미를 찾아내는 사고
  ㉡ 특징
    - 개연성을 암시할 뿐 연역적 확실성을 지시하지 않음
    - 내러티브적 사고의 적절성은 내용이 가지는 박진성迫眞性verisimilitude, 적연성適然性plausibility, 정합성整合性coherence, 일관성consistency, 삶과의 일치성life-likeness 등의 기준으로 판단
    - 부분과 전체와의 순환이라는 해석학적 순환 측면에서 객관성을 추구
    - 사건의 계열sequence 설정을 통해 저자의 해석을 드러내는 사고: 시간의 배열, 사건 상호 간 관계 매김이 중요
    - 내러티브적 사고에는 욕망, 신념, 헌신 등 인간 행위자의 의도성이 중심이 되기 때문에 장르와 플롯이라는 문화적 도구 활용이 필요

② 담론으로서의 내러티브: 그 자체가 내러티브적 사고의 표현
  ㉠ 의미: 하나 또는 일련의 사건에 질서를 부여한 담론 형식으로서 인지의 결과 자체
  ㉡ 특징
    - 이야기의 형태로 자신의 경험을 조직하고 이해하고 해석한 것
    - 인간의 경험을 이해 가능한 형식으로 변형하고 타인과 공유하는 장치
    - 인간은 세계 속에 존재하므로, 내러티브는 의미 구성의 매개체이자 의미의 운반체

4 영역 중립 인지 이론 vs 영역 고유 인지 이론 논쟁의 공헌과 한계

(1) 의의와 한계

① 의의
  ㉠ 역사적 사고 논의에 과학적 방법 도입: 가치론적 차원의 역사교육 논쟁을 실증적, 계량적 차원 문제로 전환
  ㉡ 연구 방법의 새 지평, 역사적 사고를 위한 교육 방안을 구체적으로 모색

② 한계
  ㉠ 할람: 역사적 사고의 본질 혹은 특성 그 자체를 규명하기보다 피아제 이론의 보편성을 역사 학습에까지 확대한 것이며, 측정의 영역에 머물렀지 이로써 효과적인 교수·학습 방법을 모색하기는 어려움
  ㉡ 비판론자들의 경우에도 역사적 사고를 규범적으로 정의할 뿐 실체를 경험적으로 밝히지는 못함(부스가 실험을 통해 측정한 것이 과연 인증적 사고인가? 케네디가 말한 역사 이해 능력이 무엇인가?)
  ㉢ '역사적 사고력 = 논리적 탐구 능력 + 역사적 상상력'이라 할 때, 피아제 적용자들은 역사적 사고를 일반 과학의 논리적 사고와 같은 것으로 취급하며, 반론자들은 직관적 양상의 역사적 상상력에만 집중함 → 역사적 사고 안에서 서로 다른 두 가지 사고가 병존하는 것인가, 혼합된 것인가?

(2) 새로운 모색

① **피아제 이론의 특성**: 인간의 사고 발달의 방향성에 주목한 것

- ㉠ 피아제 이론에 따라 역사 학습의 내용 범위와 계열을 단정하려고 한 시도나 시비는 교조적 해석에 불과
- ㉡ 이 이론은 무엇을 가르쳐야 하는가의 문제가 아니라 교육 내용을 어떻게 조직하고 언제 가르쳐야 하는가의 문제
- ㉢ 이 이론은 아동의 이해 발달을 제약하는 논리적 요인과 심리적 요인 중 심리 이론에 대한 설명이며, 엘킨드D. Elkind가 구분한 '학교 커리큘럼'(계통화된 교과)과 '발달 커리큘럼'(아동 스스로 습득해나가는 능력이나 개념의 계열) 중 후자에 해당하는 것
- ㉣ 따라서 그 자체로 학교 교육과정이 될 수는 없고, 학교 교육과정을 분석하는 도구일 뿐

② **피아제 이론의 기여**

- ㉠ 학교 학습에서 피아제 이후로 인지발달 과정에 대한 이해를 전제로 하게 됨
- ㉡ 학습에서 경험의 역할이 중요하며, 학습자가 정보와 사실을 축적하는 것에서 나아가 개념과 도식을 조직한다는 것 등을 인식하게 됨
- ㉢ 역사교육 측면에서 이들 논쟁은 역사의 본질을 역사철학이 아닌 학생의 사고라는 측면에서 접근하게 해 주었음
- ㉣ 최근 역사 이해와 역사적 사고에 대한 논의는, 구성주의적 관점과 부분적·분석적 고찰이 아니라 역사의 특성 및 학문적 기준과 절차에 초점을 두고 있음

5 역사적 사고의 구성 요소

(1) 역사적 사고력의 하위 범주°

① **연대기 파악력**

- ㉠ 의미: 시간에 따른 변화를 중시하고 인간의 삶과 여러 현상을 연대기 속에서 이해하는 능력
- ㉡ 필요성
  - 역사학은 시간적 관점을 가지고 인간의 삶에 접근하는 학문이므로 변화, 다양성, 연속성을 파악해야 함
  - 역사교육에서 사건 사이의 관계 상정이나 인과관계 설명 위해 연대기적 감각은 필수
- ㉢ 하위 범주: 과거·현재·미래의 구별, 시간 관련 용어의 이해와 사용, 연표 활용과 연도 계산, 연호의 이해와 사용, 연속성과 변화 및 발전의 이해, 시대구분의 이해, 인과관계 추론 등

② **역사적 탐구력**

- ㉠ 의미: 역사가가 연구 과정에서 선행 연구와 사료를 검토하고 수집, 비판하고 해석, 적절한 결론을 도출하는 과정에 필요한 탐구력

◇ **김한종의 구분**

김한종은 역사적 사고력을 역사 문제 해결을 위한 정신 작용이라 명명하고, 그 하위 범주로 역사적 탐구 기능과 역사적 상상력을 설정했다. 역사적 탐구 기능으로는 다시 문제 파악 능력, 정보 수집 능력, 자료 취급 능력, 결과 적용 능력 등이 있다고 했고, 상상력 안에 판단력, 감정이입, 삽입과 보간, 새로운 관점에서 증거를 해석하는 대안적 해석을 넣었다.

ⓒ 탐구력에 대한 다양한 견해
- 블룸의 교육목표 분류학 중 인지적 영역에서 '보다 복잡한 지적 절차-분석, 종합, 추론, 가설, 예언, 평가' 부분에 해당
- 콜담&파인즈와 거닝Dennis Gunning: 일반적으로 역사적 자료를 다룰 수 있는 능력을 역사적 탐구 기능이라고 보며, 탐구 능력의 신장을 곧 역사적 사고력의 육성으로 봄
- 스코틀랜드 교육평가위원회 자격 시험: 탐구 = 증거 발견, 증거 기록, 기록된 증거의 분류
- 영국 중등교육 일반 자격시험: 역사과 학습목표 중 자료 학습 능력(자료로부터 정보를 이해하고 발췌, 해석, 평가, 구별, 모순과 왜곡 발견, 여러 자료 비교하여 결론 도달)

　　　ⓒ 하위 범주
- 김한종: 문제의 파악 능력, 정보의 수집 능력, 자료의 취급 능력, 결과의 적용 능력
- 최상훈: 1·2차 사료의 구별, 사료 수집, 사료의 저자나 출처 확인, 사료 비판, 인과관계의 파악, 가설의 설정과 검증, 결론의 도출, 역사적 해석 등
- 송상헌: 역사적 개념의 사용(계속성과 변화, 인과관계, 발전, 시간개념, 유사성과 차이점, 일반성과 고유성 등의 개념에 대한 이해 및 적용), 역사적 자료의 활용(1·2차 사료의 활용, 사료 비판, 정보의 중요도 평가, 역사지도·연표 등의 활용), 역사적 연구방법의 수행(연구절차의 계획 및 조직, 연대기 파악 능력, 역사적 편견 인식)◇

③ **역사적 상상력**
　　　ⓐ 의미: 역사적 자료에 빠져 있거나 명백히 나타나 있지 않은 역사적 사실의 의미를 파악하는 능력
　　　ⓑ 특징
- 증거의 부족을 보완하기 위해 필요한 범주로 반드시 증거에 입각해서 이루어져야 함
- 사료의 불완전성 때문에 상상적 구성의 그물이 필요

　　　ⓒ 하위 범주: 삽입, 증거의 간극 파악(보간), 감정이입적 이해, 상상적 재구성, 행위의 대안적 해석 등

④ **역사적 판단력**
　　　ⓐ 의미: 역사적 논쟁이나 딜레마에 빠졌을 때 합리적 판단을 하고 의사결정을 내리는 능력
　　　ⓑ 특징
- 역사적 사고력 중 가장 고차원적이며 역사 연구나 학습의 궁극적 목표
- 역사 자료 선택이나 용도에 대한 추론 등에서 직관이 작용하므로 상상력의 요소로 구분되기도 함
- 판단에 이용되는 준거와 적절성, 다른 가능한 해석의 존재, 공부하는 시대의 가치와 현재 가치 간의 차이 등에 대해 고려할 필요가 있음

◇ **일반적 탐구 기능과 역사적 탐구 기능을 종합한 기능**

송상헌은 일반적 탐구 기능과 역사적 탐구 기능을 종합한 역사적 탐구 기능의 예로 다음과 같은 것을 들었다.
① 문제의 파악 능력: 역사의 본질과 주제의 성격에 비추어 다루어야 할 문제가 무엇이며, 그것이 왜 다루어야 할 가치가 있는가를 파악하는 능력
② 정보의 수집 능력: 학습 문제의 해결을 위하여 조사와 답사, 관찰, 견학 등을 통하여 자료를 수집하고 필요한 자료를 선택하는 능력
③ 자료의 취급 능력: 역사적 자료를 해석하여 필요한 정보를 찾아내고 분석, 종합, 비교하는 능력
④ 결과의 적용 능력: 자료의 검증을 통하여 각 요소 간의 상호관계를 파악하여 일반화하고, 추론 등을 통하여 그것을 새로운 역사적 사실에 적용하는 능력

ⓒ 종류
- 그동안 배운 것으로 적절한 대답을 할 수 없는 상황이나 하나의 최종적인 응답을 찾을 수 없는 상황에서 이루어지는 판단(필)
- 연구할 가치가 있는 문제 판단, 사료의 중요성 판단, 사료 해석 및 추론 방법 판단, 균형 잡힌 결론 도출 위한 합리적 판단 등
- 도덕적 가치 판단°
- 과거 사람들의 문제, 행동의 동기 및 원인과 결과에 대한 판단
- 과거에 사용한 언어의 의미와 함축 판단

(2) 사고 기능의 상세화-미국 역사 표준 사례

① 역사적 사고에 대한 관점
  ㉠ 역사적 사고를 기능 중심으로 처리하거나 특별한 능력으로 접근 → 현장에서 학생들이 학습해야 하는 역사적 사고의 실제를 보여줌
  ㉡ 미국의 역사 표준에서는 진정한 역사 이해란 역사적 사고°를 통해 이루어져야 한다고 제시
  ㉢ 역사적 사고 기능 함양을 위해서는 학생들이 '잘 구성된 내러티브'를 사려 깊게 읽게 하고,° 학생 스스로 역사 내러티브나 논증을 구성해 보게 doing history 해야 한다고 제안

② **역사적 사고 기능의 다섯 가지 범주**: 상호 관련 있으며 학생들은 다섯 가지 기능을 모두 활용할 수 있어야 함
  ㉠ 연대기적 사고
   - 역사적 추론 reasoning 의 핵심
   - 시간 순서에 대한 연대기적 감각이 있어야 관계를 검토하고 인과관계를 설명
   - 시간을 측정하고 역사적 지속 historical duration 이나 역사적 연속 historical succession 의 유형을 분석할 수 있는 기능
   - 연대기적 사고 기능으로서 학생이 가져야 하는 능력
     ① 과거, 현재, 미래의 시간 구분
     ② 역사 내러티브가 가진 시간 구조의 확인
     ③ 역사 내러티브 작성 과정에서의 시간 순서 설정
     ④ 달력상의 시간 측정과 계산
     ⑤ 연표에서 제시된 자료의 해석과 연표 작성
     ⑥ 역사적 연속과 지속 유형의 재구성과 역사적 계속성과 변화 설명에의 적용
     ⑦ 시대 구분을 위한 대안 모델 비교

◇ **역사교육과 도덕적 판단**

모든 중요한 역사적 행위의 핵심에는 도덕적 문제가 있고 역사가는 도덕적 판단을 내리기 마련이다. 그러나 역사 연구의 목적이 도덕적 판단에 있는 것은 아니다. 버터필드 H. Butterfield는 삶이 전적으로 도덕의 문제라는 것을 인정하지만, 도덕적 결론을 이끌어내는 것이 역사가의 할 일은 아니라고 하면서 역사의 본래 임무는 사건의 관찰 가능한 상호관계의 연구라고 주장했다. 역사가는 상황의 압력과 인간 자유의 한계를 인식하되 개인에 대한 도덕적 판단을 목적으로 해서는 안 된다는 주장이다. 교사는 역사적 판단력을 교수한다는 명분하에 도덕적 교훈을 제시하거나 특정 사건을 이용해서는 안 되며, 학생들에게 논쟁점을 다양하게 분석할 기회를 주고 다양한 시각을 갖도록 해 주어야 한다.

◇ **미국 역사 표준의 역사적 사고**

질문할 수 있고, 증거를 제시할 수 있고, 교과서나 역사적 기록을 비판적으로 검토할 수 있고, 문서·잡지·일기·유물·역사적인 장소·증거 등을 참고할 수 있고, 상상을 동원할 수 있고, 기록들이 만들어진 역사적 맥락을 고려할 수 있고, 당시의 장면에 대한 복합적인 관점을 비교할 수 있는 것과 같은 기능들

◇ **사려 깊게 읽기**

내러티브를 사려 깊게 읽는다는 것은 ① 역사 내러티브 구성에 기초가 되는 증거의 증거 능력 평가, ② 진술되었거나 생략된 가정을 찾아내어 분석, ③ 저자가 선택 혹은 생략한 것의 의미까지 고려, ④ 여러 해석과 평가, 나아가 다른 내러티브와 비교하는 사고 활동을 의미한다.

ⓒ 역사 이해
- 당시 사람들의 눈과 경험으로 역사적 관점을 수립하고 자신의 언어로 과거를 기술하는 능력
- 당시 맥락을 고려하여 현재 중심주의를 탈피해야 함
- 역사 이해 기능으로서 학생이 가져야 하는 능력
    ① 역사적 문서나 역사 내러티브의 저자 혹은 원전의 확인과 신뢰성 평가
    ② 역사적 추이에 대한 원래 의미의 재구성
    ③ 내러티브의 주요 질문과 목적, 전망 혹은 시각 확인
    ④ 역사적 사실과 해석의 구별과 관련성 인지
    ⑤ 상상을 통한 내러티브 읽기
    ⑥ 당대 사람의 눈, 경험, 언어로 과거를 기술 / 사건의 역사적 맥락 고려 / 현재 중심주의 사고 지양 등의 역사적 전망 숙지
    ⑦ 역사 지도상의 데이터 이용
    ⑧ 시각적, 수학적, 양적 데이터 활용
    ⑨ 시각적, 문학적, 음악적 사료 이용

ⓒ 역사 분석과 해석
- 학생들에게 역사 분석과 해석 능력을 길러주기 위해서는 역사 내러티브를 사려 깊게 읽도록 하는 것이 중요
- 잘 쓰인 역사 내러티브로 다양한 가능성을 고려하고, 단선성 lineality과 불가피성 inevitability의 함정을 깨닫게 할 수 있음
- 역사 분석과 해석 기능으로서 학생이 가져야 하는 능력
    ① 일련의 아이디어, 가치, 인물, 행동, 제도의 비교와 대조
    ② 과거 속에서 다양한 사람들의 복합적 관점 고려
    ③ 복합적 인과관계 속에서 인과관계 분석
    ④ 시대와 지역의 교차 비교
    ⑤ 의견opinion과 증거에 기초한 가설 구별
    ⑥ 경합하는 역사 내러티브 비교
    ⑦ 역사적 필연성에 대한 문제 제기
    ⑧ 역사 해석의 잠정성 이해
    ⑨ 역사가들 사이의 논쟁 평가
    ⑩ 과거의 영향에 대한 가설 설정

② 역사 연구 능력
- 역사하기doing history는 학생들에게 가장 흥미롭고 역사적 사고 증진을 위해 생산적인 것
- 학생들이 다루는 문서가 다양한 목소리를 담고 있고 다양한 관심을 끌 수 있어야 함
- 역사적 탐구는 문제의 형성이나 가치 있는 질문들로 진행, 맥락적 지식을 활용
- 서술된 역사는 구성물에 불과하며 과거에 대한 어떤 판단도 잠정적이고 논쟁 가능함을, 역사가는 그들의 작업을 중요한 탐구로 간주한다는 것을 이해하게 함
- 역사 연구 기능으로서 학생이 가져야 하는 능력
    ① 역사적 질문 설정
    ② 다양한 사료로부터 역사적 데이터 획득
    ③ 역사적 데이터 검토
    ④ 기록의 빠진 부분 확인과 시간, 장소에 대한 맥락적 지식과 관점 열거
    ⑤ 양적 분석 도입
    ⑥ 역사적 증거에 기반한 해석

◎ 역사 쟁점 분석과 의사결정
- 학생들을 역사적인 딜레마나 중요한 순간에 맞이하는 문제의 중심에 위치시키는 것
- 민주적인 시민에게 중요한 능력°을 증진시킴
- 중요한 역사적 쟁점들은 가치가 들어 있는 경우가 많으므로 사회적 행위에 기여하는 도덕적 신념을 고려해보는 기회를 제공
- 역사 쟁점 분석과 의사결정 기능으로서 학생이 가져야 하는 능력
    ① 과거 속의 쟁점, 문제점 확인과 당대인들의 이해관계, 가치, 전망, 시각 분석
    ② 선행 환경의 증거와 현재 요인의 열거
    ③ 역사적 선례 확인과 당대 쟁점의 분별
    ④ 행위의 대안 경로 평가
    ⑤ 쟁점에 대한 입장, 행위 경로 설정
    ⑥ 결정의 실행 평가

◇ **민주적인 시민에게 중요한 능력**
- 공공의 정치 쟁점들과 윤리적 딜레마를 확인하고 정의하는 능력
- 그 상황에 참여하고 그것의 성과에 의해서 영향을 받는 많은 사람들의 이해관계와 가치의 범위를 분석하는 능력
- 그 딜레마를 해결하기 위해 대안적인 접근의 결말을 평가하기 위한 데이터를 자리매김하고 조직하는 능력
- 각각의 접근이 갖는 상대적인 비용과 이점은 물론 윤리적 함의를 평가하는 능력
- 역사적 쟁점 분석의 경우에 역사 기록에서 드러난 장기간의 결말에 비추어 행위의 특별한 경로를 평가하는 능력

CHAPTER 04 역사적 사고 논의

1 역사의식과 메타히스토리

(1) 역사의식이란?

① 역사적 사고와 역사의식

㉠ 명확한 구분은 어렵고 중첩되는 요소도 있음

㉡ 학자들의 주요 견해

- 양호환

역사적 사고	• 역사가가 역사를 연구할 때 거치는 사고 과정
역사적 사고력	• 역사 지식을 이용하여 역사 문제에 대한 가설을 산출하거나 해결 방안을 찾으면서, 사료를 수집하고 해석하며 판단함으로써 역사 이해에 도달하려는 의도적이고 복합적인 정신활동을 수행하는 인지적 조작 능력
역사의식	• 역사성에 대한 인식(과거와 현재의 차이에 대한 인식, 역사 사건이 현재에 이르게 된 과정과 현재의 관점에서 그 의미를 성찰할 수 있다고 하는 인식) • 역사적 인식의 바탕이 되는 존재의식이자 자아 개념으로, 자기 이해로부터 출발 • 시간의 흐름 속에서 자신의 위치, 세계와 나라, 사회 속에서 자신의 존재 가치를 발견하는 것 • 자신이 역사의 변화에 중요한 역할을 할 수 있는 구성 주체라는 인식 • 발달 단계로 파악하는 견해(일본) • 생활 환경이나 경험, 학습을 통해 길러지는 사회적 측면의 역사의식(뤼젠)

- 최상훈

역사적 사고(력)	• 어떤 문제나 상황에 처했을 때 역사학의 특성에 근거해 생각하는 능력 • 역사 지식을 이용하여 역사 문제에 대한 가설을 산출하거나 해결 방안을 찾으면서, 사료를 수집하고 해석하며 판단함으로써 역사 이해에 도달하려는 의도적이고 복합적인 정신활동을 수행하는 인지적 조작 능력
역사의식	• 일반적으로 역사에 대한 견해나 사상, 느낌 혹은 감정을 지칭 • 여기에서 더 나아가 자아 및 존재의식, 문제의식이 모두 포함
관계	• 역사의식이 역사와 역사 문제가 무엇인지에 관한 마음가짐이나 감각이라면, 역사적 사고력은 역사 문제를 해결해나가는 정신 활동 • 역사의식은 역사적 사고력의 토대로, 역사의식의 수준에 따라 가능한 역사적 사고력의 범위가 있으며 역사적 사고력의 신장을 통해 역사의식이 성장 • 즉, 역사의식과 역사적 사고력은 상호작용하면서 성장 가능

◇ **역사의식의 구성 요소**

최상훈은 역사의식의 구성 요소를 다음과 같이 나누었다.
- 역사관: 역사의 본질에 대한 견해나 관점(역사란 무엇인가?)
- 자아의식: 역사 속에서 자신의 실체에 대한 의식(나는 누구인가?)
- 존재의식: 역사 속에서 자신의 위치에 관한 의식(나는 어떤 상황에 처해 있는가?)
- 시간의식: 역사 속에서 시간의 존재와 시대의 차이에 대한 의식(역사에서 시간이 갖는 의미는 무엇이고, 한 시대는 다른 시대와 어떻게 다른가?)
- 변화(발전)의식: 역사의 변화와 발전에 대한 의식(역사는 어떻게 발전해왔고, 앞으로 어떻게 변화해갈 것인가?)
- 문제(실천)의식: 역사 속에서 인간과 현상의 문제와 실천에 관한 의식(무엇이 문제이고, 어떻게 해결할 것인가?)

• 김한종

심리적 역사의식	• 역사적 사고력을 기르기 위한 역사학습의 목표와 내용을 정하는 토대를 제공 시간의식 및 변천의식 • 강우철: 역사 속에서 자신을 깨닫는 자아의식 및 존재의식 • 일본 사회과교육연구회: 역사교육과 관련해서 아동의 성장에 따라 계열화할 때 '시원의식, 고금상위, 변천, 역사적 인과관계, 시대구조, 역사발전' 등으로 분류 • 역사의식은 아동의 성장에 따라 일반적으로 발달하는 것으로, 매우 정태적이고 고정적이어서 인위적으로 발전시키기 어려움 → 역사적 사고력의 신장은 역사의식의 발달을 기다린 후에나 가능하게 됨
역사적 문제의식	• 역사적 사고력을 기름으로써 획득될 수 있는 역사에 대한 관심, 역사적 판단력, 비판 의식 등 생활환경이나 경험, 학습을 통해 길러지는 의식 • 역사에 대한 흥미, 역사에 접근하는 태도, 역사상 인간의 역할과 연대감에 대한 이해, 역사적 비판 의식 등 • 역사가의 연구 시점이나 방법을 따라, 역사가의 사고 방법(역사적 사고력)을 아동들에게 습득하게 함으로써 기를 수 있는 의식

② **세계 역사교육의 두 방향성**: 독일의 '역사 의식' 논의와 영국의 '역사적 사고(메타히스토리)' 논의

㉠ 역사의 사용 uses에 대한 차이: 역사가의 학문적 실천과 그를 둘러싼 사회의 관계

㉡ 독일: 뤼젠의 역사의식
  • 역사적 사고의 실천성·현재성에 주목
  • 어떻게 역사적 질문이 일상으로부터 제기되며, 결국 어떻게 역사적인 연구가 더욱 큰 문화라는 틀 속으로 피드백될 수 있는지에 관심

㉢ 영국: 리의 메타히스토리(2차 개념)
  • 역사적 사고를 이루는 주요 2차 개념에 주목
  • 비판적인 역사학의 인식론을 배움으로써 자유롭고 민주적인 정치체에 참여하기 위한 교육적인 이점을 만들어 내는 것을 중시

(2) 외른 뤼젠의 '역사의식'(독일)

① **연구 배경**: 과거 청산 및 기억의 문제로, 집단기억과 학문적 역사의 교차점에서 역사의식 문제 논의가 대두 → 역사교육에서 역사의식 문제를 다루는 방안에 대한 모색

② **역사의식**historical consciousness**과 역사적 서사**narrative

  ㉠ 역사의식이란?
  - '기억으로 매개된 시간 경험을 실제 생활에서의 방향 설정으로 이끄는, 감정적이고 인지적이며 무의식적이고 의식적이기도 한 정신작용의 총체'
  - 역사적 사고력을 포함하는 통합적인 개념으로 '과거의 해석, 현재의 인식, 미래에 대한 지향orientation'의 복잡한 상호작용
  - 시간 경험에 대한 개인의 서사 행위

  ㉡ 역사의식의 특징
  - 시간 속에 위치한 사람들의 인식과 함께 사회와 제도가 역사적으로 발달해 왔음 → 역사적으로 발달해온 사회와 제도 안에서의 미래에 대한 지향(전망)을 강조
  - 역사의식을 갖추어 현재에 대한 관심이 과거에 대한 해석으로, 다시 과거사에 대한 인정과 추모가 일상적 실천과 관심으로 지속적으로 피드백하는 학문과 실천의 연계가 이루어질 수 있음

  ㉢ 역사적 서사란?
  - 서사와 논증의 종합: 역사는 객관적·사실적이지만은 않고 주관적·의도적인 인간 의식 측면을 포함 → 이러한 종합을 수행하는 것이 역사의식
  - 서사라는 언어 행위를 통해 시간 속에서의 경험들이 해석되어 만들어진 것이 곧 역사
  - 역사가들이 하는 일은 기억을 통해 시간으로부터 일어났던 일에 의미를 부여하는 작업

  ㉣ 역사적 서사의 특성
  - 기억을 분명히 드러냄: 기억은 의식적이며 의도적인 과거의 현재화(역사적 서사는 현재의 방향 설정 욕구에서 이루어짐)
  - 기억을 통해 과거 경험을 현재의 경험으로 의도적으로 연장하여 해석하며 미래 전망을 제시함(과거, 현재, 미래라는 세 가지 시간 차원을 하나로 응집)
  - 서사자들과 그 수신자들의 정체성 형성 욕구와 깊은 연관성을 가짐

③ **역사의식의 구분**: 역사 서사의 구성에서 드러나는 유형 분류를 토대로 구분(실제 역사의식은 명확히 구별되지 않고 복합적으로 나타남)

유형		특징
전통적 traditional 유형	과거	현재 삶의 공통 기원(기억) cf. 현재는 전수된 생활 질서의 보존 상태
	행위 주체(인간)	전통적 가치를 모범으로 삼아 정체성과 연대감을 형성
	역사학습	고정 불변의 전통적 가치를 습득
	변화 인식	시간에 따른 변화를 인정하지 않음
· 일상 생활에서 쉽게 학습		
전형적 (예증적) exemplary 유형	과거	유용한 행위 규칙들로 구성된 '경험 공간'(현재를 위한 교훈)
	행위 주체(인간)	규칙을 따르며, 미래에 대한 방향 설정
	역사학습	보편적 원리에 따른 판단 능력 습득('역사는 삶의 교사이다')
	변화 인식	전통적 유형과 마찬가지로 지속적이고 불변하는 과거를 전제
· 역사교육 과정에서 추구하는 대표적 유형 · 학생들이 좋아하는 유형(사회적 안정감, 역사적 복잡성을 축소)		
비판적 critical 유형	과거	현재의 규범 조직을 흔들 수 있는 대항 역사(문제화 대상)
	행위 주체(인간)	자신에게 주어진 정체성 정의를 거부(페미니스트 등)
	역사학습	현재의 가치 체계를 문제화하여 과거를 단절적인 것으로 간주함으로써 기존의 시간방향과 삶의 질서를 무력화시키는 시간 경험의 해석을 습득(대항 내러티브 제시)
	변화 인식	역사는 전통의 연속성을 파열하고, 해체하며, 해독하는 도구
· 교사와 학생의 의식적 노력 필요		
발생적 genetic 유형	과거	지속성은 인정하되 변화된 현재의 상황과 규범을 이해 cf. 현재는 과거의 재구성이며 발전적으로 변화시켜 미래를 지향
	행위 주체(인간)	자신의 정체성을 시간의 변화 속에 위치시킴
	역사학습	과거의 변화와 미래의 기대를 고려하고 종합하여, 새로워진 환경 속 변화와 발전의 개념으로 역사에 의미를 부여하는 능력 습득
	변화 인식	과거-현재-미래는 변화와 발전의 연속(변화하는 과정으로서 과거를 현재화)
· 교사와 학생의 의식적 노력 필요, 궁극적 지향점		

④ FUER 모델(역사적 사고 지향의 역량 모델): 역사의식이 '역사적 사고의 과정'으로 독일 교육과정에 반영
  ㉠ 역사의식을 역사교육에 적용하려는 노력
   • 학교 교육을 통해 학생들이 전형적 유형에서 발생적 유형으로 진전하는 것이 가능한지, 또는 어떻게 하면 발생적 유형에 더 잘 도달할 수 있는지에 대한 연구는 미진
   • 독일의 역사교육 연구자들은 역사의식을 적극적으로 해석하며 역사의식과 교육을 접목한 접근을 추구
   • 교수·학습을 통해 역사의식을 향상시킬 수 있다는 전제하에, 뤼젠의 이론적·철학적 연구를 교육학적 측면에서 구체화시킴
  ㉡ 역사 역량이란?
   • 역사의식이라 불리던 복잡한 총체의 중요 부분을 구조화한 개념
   • 역사의식은 곧 역사적 사고 역량
  ㉢ 역사적 사고의 과정
   • 학생들이 과거와 역사에 대해 질문 제기 → 과거 재구성한 후 비판적으로 해체 → 자신의 삶에 적용
   • 학생들이 학교뿐 아니라 생활 세계에서 마주하게 될 역사적 문제를 스스로 해결하고 방향을 잡아가기 위해 언제라도 적용가능한 역사적 사고의 과정이 중요
  ㉣ 역사 역량의 종류

질문 역량	• 역사적 질문을 제기할 수 있는 역량 • 자신을 둘러싼 불확실성을 변형하려는 지향을 가진 자가 이를 위해 역사적 질문을 하는 것
방법 역량	• 기존 해석을 분석하고 해체하면서 판단하고, 사료를 이용하면서 과거를 재구성하는 역량 • 방법론적 접근: 사료 찾기, 읽기, 분석하기, 비판적 반성 • 역사 내러티브를 파악·재구성·해체하는데 관련된 모든 지식과 기능을 종합
지향 (방향설정) 역량	• 해체와 재구성 과정을 통해 얻은 인식과 통찰을 자신과 생활 세계에 적용하는 역량 • 역사적 지식을 통해 현재 행위를 유도하고, 취합한 정보를 개인 또는 사회적으로 현재나 미래에 활용하는데 사용하는 능력
사실 (메타) 역량	• 역사적 사고 과정에서 중요하게 이해해야 하는 원리, 개념, 범주 등에 대한 지식 역량 • 역사 개념을 체계화하고 역사적 구조화를 가능하게 하는 능력을 아우르는 메타 역량 • 절차적 특성을 가지는 나머지 세 역량과 차별화되는 역량

◇ 사실 역량
'사실'은 일어난 '사실로서의 과거'가 아니라, '구성된 내러티브'와 '역사적 사고'로서의 역사를 의미하는 표현으로, 역사에서의 1차 개념과 2차 개념을 포괄하는 메타 역량을 의미한다.

⑤ 역사의식과 역사교육

㉠ 뤼젠이 제안한 역사 학습 내용

- 역사 학습의 목표는 내러티브 역량
- 역사의식의 활동을 역사 학습에 적용하여 '과거에 대한 해석', '현재에 대한 이해', '미래에 대한 방향 설정'이라는 세 차원으로 구분하여 제시 → 조화로운 균형 상태 유지 필요

경험의 성장	· 과거에 대한 역사적 지식을 습득하고, 역사 지식에 대한 관심에 따라 학습하며, 습득되는 경험을 늘려가는 것
해석의 성장	· 해석 관점이 역동적이고 유연하게 확장되면서 더욱 성찰적이고 논쟁적으로 변화하는 것 · 학생들이 자기중심적 관점에서 벗어나 다원적인 관점을 취하며, 관점 자체를 논증적으로 변화시키는 것
방향 설정의 성장	· 역사적 경험을 해석한 바를 지금의 자신의 실생활에 적용하는 능력이 커지는 것

- 역사학습은 전통적 유형에서 출발하여 발생적 유형에 도달하는 구조적 변화 과정
- 학생의 해석과 해석을 통한 실천으로의 방향 설정이 중요 → 논증과 같은 역사적 방법론에 대한 이해가 필수◇

㉡ 의의

- 역사의식 유형 분류를 학습의 순서로 삼아 능동적인 역사학습의 필요성을 부각
- 진전된 역사의식을 통해 삶의 '지향'을 성찰할 수 있음
- 역사학이 인간의 실생활과 깊은 연관이 있음을 드러냄: 역사란 형이상학적인 학문이나 습득해야 할 객관적 지식이 아니라, 현재와 미래의 방향 설정을 위해 경험을 해석하고 의사소통하면서 의미를 형성하는 주체의 구성적 작업

㉢ 한계

- 역사의식을 보편화하여 학습의 가능성을 축소시킴
- 유럽 중심의 배경을 전제함으로써 개개의 사회적·문화적 맥락을 배제

(3) 피터 리의 '역사 이해'와 '메타히스토리'(영국)

① 역사적 이해란 '이야기story'에 대해 아는 문제라고 정의

㉠ '이야기'의 의미

- 상식이나 현실 경험에서 얻을 수 있는 것과는 다른 차원
- 하나의 진실된 이야기는 부재, 보완적·경쟁적이고 충돌하는 다층성을 지님
- 확실한 과거는 부재, 역사교육은 단일한 버전의 과거 일을 배우는 것이 아님

㉡ '역사를 안다'는 의미

- 세계를 보는 방법을 배우는 것: 학문으로서 역사가 지닌 특징을 이해하고 새로운 지식을 만들 때 이를 활용하는 것
- 다양한 역사적 주장에 대한 비판적 판단, 자신의 편견에 대한 열린 태도를 지는 것
- 과거에 대한 상을 그려 학생들이 시간 속에서 방향 설정을 하도록 돕는 것(역사적 지식을 삶과 연관)

◇ 논증의 중요성

뤼젠에 따르면, 과거를 이야기하고 해석해서 삶의 방향 설정으로 적용하는 능력은 저절로 길러지는 것이 아니다. 이야기와 해석이 경험에 근거해야 한다는 점에서 논증과 같은 역사적 방법론에 대한 이해가 수반되어야 한다. '학습자의 주관적 관심에서 나온 역사적 견해나 해석이 어떠한 역사적 경험과 사실에 근거하는지를 점검'하는 과정이 필요한 것이다. 이러한 관점에서, 사료학습을 할 때에도 학습자가 어떤 사료를 어떻게 만나는지가 역사의식 학습에서 중요'관건이 된다. 교사가 미리 선정된 사료를 학생들에게 제시할 경우, 중요한 역사 정보를 얻는 과제를 수행할 수는 있지만 자기 스스로 역사 이야기를 만드는 방법을 학습하기는 어렵다. 학생들이 전문 역사가와 같은 엄격한 사료 비판 방법을 훈련할 필요는 없으나, 자신의 견해를 스스로 논증해보는 과정은 중요하다. 학생들이 자기 견해의 근거가 되는 사료나 자료를 직접 찾아보면서 해석이 지닌 논증력을 키우는 과정에서 내러티브 역량이 신장될 수 있기 때문이다.

② 역사적 사고를 위해 필요한 '역사 개념'
  ㉠ 1차 개념(실질 개념 substantive concept)
    • 역사적 사실과 관련된 개념(명제적 지식)
    • '르네상스', '프랑스 혁명', '명나라의 역사' 등
  ㉡ 2차 개념(메타히스토리 개념 metahistorical concept)
    • 역사학의 성격 및 역사학을 연구하는 방법을 이해하는 데 필요한 개념
    • 일종의 아이디어를 조직하는 개념(방법적·절차적 지식)
    • '설명', '인과관계', '변화와 지속', '발전', '증거' 등
    • 일상적 용어와 표현은 같지만 의미는 다른, 역사 고유의 특징이 반영된 복잡한 개념
    • 단계적으로 마스터하거나 서로 전이되는 스킬이 아니므로 별도의 개별적 학습이 필요
    • 1차 개념이 선행되어야 2차 개념이 발달할 수 있지만, 1차 개념 수준이 비슷한 학생들의 경우에 2차 개념을 발전시키는 수업을 통해 그들의 역사 이해 수준을 향상시킬 수 있음

③ **CHATA** Concepts of History and Teaching Approaches 7-14 **프로젝트**
  ㉠ 배경
    • 2차 개념을 통해 학생들은 역사 내용에 진지하게 접근할 수 있다는 전제
    • 그에 대한 이해 능력이 진전되는 방식, 이에 영향을 미치는 요인에 집중한 연구 수행
  ㉡ 3단계의 연구 목적
    • 1단계: '증거'와 '설명'에 대한 학생들의 이해가 어떻게 변화하는지 파악
    • 2단계: 역사를 가르치는 특정한 교수법을 개발
    • 3단계: 교수 전략과 교육과정 맥락이 지닌 관련성 연구, 2차 개념에 대한 학생들의 이해 탐색 → 역사과 교육과정 조직
  ㉢ 실험

내용	아이들이 하나의 주제하에 서로 다른 이야기를 듣고, 같은 역사에 왜 서로 다른 이야기(설명)가 존재하는지, 적절한 하나의 이야기(설명)가 있을 수 있는지에 대해 답변하도록 함
질문 사례	'로마제국의 종말은 476년인가, 1453년인가?'라고 서로 다른 시점을 주장하는 글에 대해서 어떻게 생각하는가? 같은 사료를 읽은 두 역사가가 로마제국의 멸망에 대해 다른 결론을 내리는 이유는 무엇인가? 의견 차이인가, 아니면 제공된 이야기 중 하나가 틀렸기 때문인가? 우리는 로마제국의 멸망이 언제인지를 결정할 수 있는가?
결과	• 학생들은 이야기의 '차이'에 대해 이미 인식하고 있음 • 이야기에 대한 학생들의 아이디어에 따라, 학생들이 과거와 맺는 관계(사고 진전)도 다층적으로 나타남 • 진전은 인지발달 단계에 따라 나타나는 것이 아니라, 학생들이 보여주는 2차 개념의 양상에 따라 달라지는 것임

④ 리의 연구 결과와 역사교육의 역할
  ㉠ 과거를 역사적으로 다루기 위해서 역사 수업이라는 정규 교육이 필요함

◇ '차이'에 대한 학생들의 인식

학생들은 두 가지 다른 이야기가 가능하다고 말했는데, 그 이유는 각기 그 기저에서 각기 다른 '차이'를 인지하고 있기 때문이었다. 그 차이는 다음 다섯 가지 차원으로 구분된다. 첫째, 단어 선택이나 조합과 같이 이야기 방식에 차이가 있을 뿐 두 가지 다른 이야기가 사실은 같은 이야기라고 간주하는 접근이다. 둘째, 지식의 차이에 주목하여, 서로 다른 이야기는 과거에 대한 지식을 얻는 데 차이가 있기 때문이라고 본다. 셋째, '진짜 과거'가 다르기 때문이라고 보는 것으로, 서로마가 종말을 맞은 시기와 동로마의 종말 시기가 다르기 때문이라고 설명한다. 넷째, 저자의 차이에 주목하여, 저자의 실수 혹은 저자가 가진 잘못된 지식을 서로 다른 이야기의 이유로 든다. 마지막으로 다섯째는 이야기의 본질적인 속성으로, 이야기는 '서로 다를 수밖에 없다'는 점을 들어 서로 다른 이야기가 가능하다고 설명한다.

◇ 학생들의 6단계 사고 진전

① 주어진 것으로서의 과거
 · 이야기는 '저 밖에 있는' 어떤 것이다.
② 접근할 수 없는 과거
 · 우리는 거기 없었기 때문에 아무것도 알 수 없다.
 · 설명 차이는 과거에 대한 직접적 접근이 부족했기 때문이다.
③ 결정된 이야기로서의 과거
 · 이야기는 이용할 수 있는 정보에 의해 규정된다. 거기에는 일대일 대응 관계가 있다.
 · 설명 차이는 정보의 차이와 실수의 결과이다.
④ 다소 편파적으로 기록된 과거
 · 이야기에서 저자로 초점이 이동한다.
 · 설명 차이는 저자의 왜곡 때문이지 정보 부족 문제가 아니다.
⑤ 관점에 의해 선택되고 조직된 과거
 · 이야기는 저자가 가지고 있는 정당한 위치에서 쓰여진다.
 · 설명 차이는 선택의 결과이며, 이야기는 과거의 복사본이 아니다.
⑥ 질문에 대한 답변으로 기준에 맞게 재구성된 과거
 · '저자의 위치와 선택'에서 '설명의 본성'으로 초점이 이동한다.
 · 차이가 나는 것은 설명의 본성이다.

- 자신이 지닌 암묵적 역사 이해를 성찰
- 긴 시간 발전해온 역사적 연구 성과들을 대면

ⓒ 학생들이 서로 다른 종류의 과거와 대면할 때 필요한 지적 도구를 제공해주어야 함
- 교사는 학생들이 보여주는 2차 개념 양상을 파악함으로써 학생들의 전체적인 성향(개개인의 인지발달 단계는 아니더라도)을 알고 중요한 가이드라인을 제시할 수 있음
- 학생들의 개별적 학습 경로를 예측하긴 어려우나 대부분의 학생들이 우연히 가는 길은 파악 가능(양치기 개의 역할)

ⓒ 학생이 2차 개념을 파악할 수 있도록 성찰을 유도◇

ⓔ 과거의 특정 내용을 이해하는 것도 중요한 역사교육의 목표: 역사를 배운다는 것의 요점은 학생들이 과거를 이해할 수 있다는 것과, 특정한 내용을 아는 것 그 자체

(4) 피터 세이셔스의 '역사적 사고의 6가지 개념'(캐나다)

① 브리티시 컬럼비아 대학의 '역사적 사고 프로젝트 Historical Thinking Project'

㉠ 역사란 '우리가 과거에 대해 말하는 이야기들'이라고 정의
- 역사적 사고 개념은 역사가와 과거의 관계에 내재한 문제로부터 출발 → '거리', '선택', '해석적 렌즈'의 문제
- 역사적 사고란 역사가들이 과거의 기록을 해석하고, 역사에 대한 이야기를 만드는 창의적 과정을 의미

㉡ 역사적 사고의 6가지 주요 개념◇

역사적 중요성	역사에서 배워야 할 중요한 것을 어떻게 결정하는가?
증거	과거에 대해 알고 있는 바를 어떻게 알게 되는가?
연속성과 변화	역사의 복잡한 흐름을 어떻게 이해할 수 있는가?
원인과 결과	사건이 왜 일어나고, 그 영향은 무엇인가?
역사적 관점	우리는 과거 인물들을 어떻게 더 잘 이해할 수 있는가?
개념의 윤리적 차원	현재를 살아가는 데 역사는 우리를 어떻게 도와주는가?

- 역사가가 과거를 역사로 바꾸고 역사를 만들어 가는 과정에 필요한 개념
- 이 개념은 역사적 내용이 있어야 이해할 수 있고, 역사적 내용은 이 개념이 있어야 이해할 수 있음
- 6가지 개념이 학습목표 설정, 교재와 교수법 선정, 평가의 각 국면에 분절 적용되는 것이 아니라 전 과정에 통합되어야 함
- 결국 역사적 사고는 사고 기술이나 학습 결과가 아니라 '사고 방식 habits of mind' 혹은 '역량 competencies'의 의미
- 학생들은 6가지 개념을 익혀 당면 문제를 다루고 역사적으로 사고하는 능력을 키워야 함

② 역사적 사고와 역사의식이 상보적임을 연구

㉠ 독일 역사의식 연구를 채용하여 영미권 연구의 부족한 부분을 채울 수 있다고 파악

◇ **2차 개념과 역사인식**

양호환은 2차 개념인 '변화' 개념이 역사 학습에서 학생에게 어떻게 인식되는지를 연구하였다. 그 결과 학습자가 메타히스토리 개념을 이해하고 개념과 내용을 조합하여 역사인식을 형성하는 과정에서, 학생이 스스로 내러티브 프레임워크를 활용하여 자신의 역사인식을 성찰하게 해야 한다고 제안하였다. 특히 성찰의 대상은 개인의 관심사나 흥미의 사적 공간을 넘어 사회 영역을 포함하게 함으로써, 학생이 인식의 주체가 되어 역사에서 자신을 의미화하게 해야 한다고 주장하였다.

◇ **6가지 주요 개념**

세이셔스는 전 세기에 걸쳐 서로 다른 문화 배경을 지닌 모든 공동체에 통용되는 보편적인 역사적 사고의 구조는 있을 수 없다는 점을 분명히 하면서도, 역사가 당면한 여러 문제들을 다루는 전문가로서 역사가가 역사 이야기라는 연극을 무대 위에 올리는 사람이라면, 학생들이 적어도 이 연극의 무대 뒤 밧줄과 도르래의 작동법을 이해할 필요가 있다는 점에 주목했다. 학생들은 역사적 사고의 6가지 주요 개념이라는 밧줄과 도르래가 움직이는 방식을 이해함으로써, 역사가가 과거를 역사로 바꾸는 과정을 이해할 수 있다는 것이다.

- 미국: 인지적 사고에 편중, 학문으로서의 역사학과 기능으로서의 역사적 사고에 치중
- 독일: 학문으로서의 역사학에 대한 고려와 함께 생활과 실천에 대한 고려가 병존

ⓒ 리의 2차 개념과 뤼젠의 역사의식 사이의 교차점
- 6가지 역사적 사고 개념을 프레임워크로 삼아 리가 제안한 2차 개념을 연구한 결과, 네 가지 부분에서 역사의식과의 연결고리가 드러남

리의 2차 개념	뤼젠의 역사의식
역사적 중요성	현재의 다양한 집단에 의해 제기된 질문과 관련되어 있다.
증거(1차 사료)	우리는 현재 관심에서 제기된 질문에 답하기 위해 역사적 사료를 선택하고, 그들이 남긴 흔적들을 그들이 살고 있던 역사적 맥락에서 해석한다. 과거와 현재 사이의 관계망이 형성되며, 역사학과 일상생활이 연결된다.
내러티브 역량	뤼젠의 역사의식 모델에서 중요한 것이다. 행위 주체성을 중시하는 내러티브를 통해, 우리는 미래에 대해 책임 있는 역사적 행위 주체자가 될 수 있다.
윤리적 차원	현재 우리가 누리는 유산의 과거 범죄 인정, 희생자 추모 등을 포함하여, 우리와 과거 행위자간의 연결이 역사의식을 통해 정점에 이른다.

- 학문적 역사로서 '역사적 사고'를 가르치는 것이 실천적·현재적 필요에서 '역사의식'을 함양하는 것과 떨어져 있지 않음
- 우리가 다음 세대를 위해 의미 있는 지향을 제시하기 위해서, 한쪽에서는 철학가와 이론가, 한쪽에서는 연구자와 실천가가 함께 활동해야 한다고 주장

③ **역사의식과 역사교육적 함의**

ⓐ 뤼젠의 학문분야 매트릭스disciplinary matrix를 이용하여 역사의식 논의로부터 역사교육적 함의를 도출

뤼젠의 매트릭스	• 상위 절반 '역사학'과 하위 절반 '삶의 실천' 사이의 순환으로 구성 • 학문으로서의 역사학은 생활 세계 속에서 비롯되는 지향을 향한 인지적 관심으로부터 시작, 생활 실천 속에서 시작한 관심과 흥미가 역사학을 거치면서 다시 생활 실천 속에서의 지향 형성에 영향
세이셔스의 매트릭스	• 아래쪽 반원에 기억을 추가: 전쟁·억압·불공정에 대한 기억, 공동체에 전해 내려오는 기억, 할리우드 영화와 같은 역사에 바탕을 둔 상업적 이야기들, 국가가 나서서 만들어내는 각종 기억도 역사의식 형성에 중요 영역 • 학문으로서의 역사를 움직여 나가는 바깥쪽 원에 질문을 추가: '질문과 이론 → 방법론 → 역사 재현'으로 역사학의 절차를 수정 • 기억과 생활 실천의 움직임을 나타내는 바깥쪽 원은 '공공 기억(집단 기억) → 공동체의 관심과 정체성'으로 수정 • 학문으로서의 역사학과 일상 생활의 역사 지향이 어떻게 맞물리면서 서로에게 영향을 미치는지, 역사학을 넘어선 우리 삶 속에서 역사가 구성되고 흘러가는 양상을 최근 논의를 수렴하여 표현

ⓒ 학교 역사교육의 현황과 전망

아래쪽 반원 중시	· 집단 정체성 형성·강화에 방점 · 수업에서 다루는 역사적 사건이나 자료에 대한 비판적 논의나 토론이 이루어지지 않음 　ex. 민족주의적인 입장을 강조하며 학생의 질문이나 비판적 자료 읽기를 요구하지 않는 수업
위쪽 반원 중시	· 사료 분석이나 해석, 역사 내러티브의 구성이나 비판에 초점을 두며 치밀하고 체계적인 역사 수업을 구성·수행 · 정체성 형성이나 현재를 살아가는 학생이 역사를 어떻게 사용하는지에 큰 관심을 기울이지 않음 　ex. 스탠포드 대학교의 '역사가처럼 읽기'
두 원이 겹치는 영역 중시	· 역사교육이 이루어져야 하는 장場 · 역사교육은 학문으로서의 역사와 기억을 포함한 생활 실천이 어우러지고 겹쳐지는 영역에 자리함 · 학문적 역사와 기억을 포함한 생활 속 역사를 교사와 학생이 넘나들며 때로는 분열되어 있는 기억을 비판적·역사적으로 탐구 · 이러한 역사교육은 새로운 공공 기억을 창출

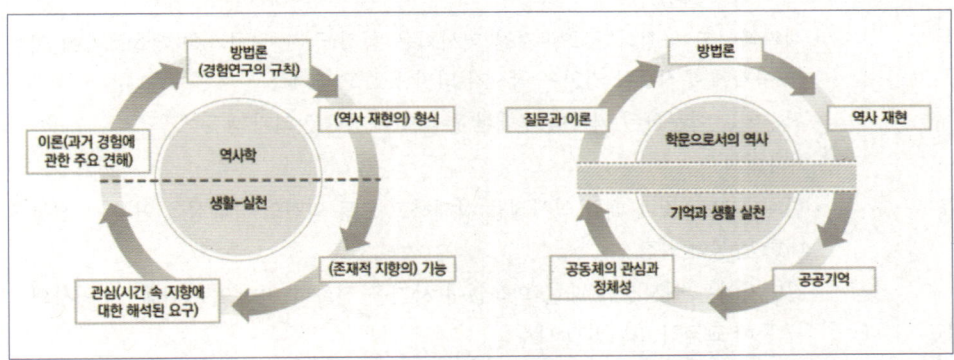

'뤼젠의 학문분야 매트릭스'와 '세이셔스의 역사학·기억·생활 실천 매트릭스'

(5) 우리나라에서의 일부 논의

① 교과 역량 논의

　㉠ 2015 개정 교육과정 총론에 6가지 핵심역량 설정: 자기관리 역량, 지식정보 처리 역량, 창의적 사고 역량, 심미적 감성 역량, 의사소통 역량, 공동체 역량

　㉡ 역사과 역량 개발(기준 기반 개혁 담론 영향)

- 역사 사실 이해
- 역사 자료 분석과 해석: 역사 자료를 읽고 이를 비판적으로 검토하여 역사 지식을 구성하는 능력
- 역사 정보 활용 및 의사소통: 다양한 매체를 통해 얻은 역사 정보를 분석, 토론, 종합, 평가하는 능력
- 역사적 판단력과 문제해결 능력: 과거 사례에 비추어 오늘날의 문제를 해결하는 능력
- 정체성과 상호 존중: 우리 역사와 세계 역사에 대한 이해를 바탕으로, 우리의 관점에서 오늘날 요구되는 역사의식을 함양하고 타인을 이해하고 존중하는 태도를 갖는 능력

ⓒ 한계
- 역사적 사고, 역사의식, 역사 역량 등의 구분이 모호함
- 상급 역량과의 관계가 모호함

② **집단기억과 역사의식 논의**

㉠ 집단기억
- 기억은 언어로 표현, 언어는 사회적으로 결정
- 기억은 본질적으로 사회적·집단적으로 형성: 특정한 집단 구성원 간의 의사소통과 상호작용 방식이 기억의 사회적 틀이 됨
- 외부에는 배타적, 내부에는 지속성·연속성·동질성의 의식을 파생시킴
- 집단 내의 모든 차이를 평준화시키고 변화를 은폐
- 전통으로 기능하며, 근대 국민국가 성립 이후 국가 정체성을 형성
- 국가에 의해 승인된 '공적 기억' 강화 → 침묵·강요·왜곡되었던 반기억이 등장

㉡ 새로운 기억 논의
- 객관성·공정함·과학성을 표방한 근대 역사학이 주관적·사적·임의적이라는 이유로 기억을 차별
- 객관적이고 공정하다고 여겨진 역사학은 특정 국가 권력과 이데올로기에 이용 → 여기에 부적합한 기억은 역사가 되지 못하고 배제
- 최근에는 학문화된 역사학에 대한 반격으로 기억 논의가 대두

㉢ 역사의식
- 현재의 모든 것에 대한 역사성을 이해하고 모든 의견의 상대성을 인식 → 전통에 대한 반성적 입장
- 집단기억은 역사성에 대한 의식없이 사건을 신화적 원형으로 바꿈 → 역사의식을 통해 교정하고 비판할 대상

2 역사적 사고와 비판적 역사 읽기

(1) 역사 텍스트의 특징

① **일반적 역사 서술의 종류**

㉠ 브루너: 문자 서술에 의한 표현 양식을 내러티브narrative와 패러다임paradigmatic 양식이라는 서로 대체될 수 없는 두 가지 방식으로 구분

㉡ 드로이젠
- 탐구적 서술: 불확실한 객관적 상황으로부터 역사가가 세우는 하나의 주관적인 상황을 증명
- 설명적 서술: 연구된 바를 근거로 하여 사건의 생성과 경과를 서술
- 교육적 서술: 연구된 바를 거대한 역사적 연속성에 대해 사고하면서 현재에 의미를 주는 바에 따라서 평가하며 서술
- 논의적 서술: 연구된 바를 현재의 한 시점, 또는 하나의 특정한 주제에 집중시키면서 서술하는 형식으로, 질문한 바와 선택한 바를 미지의 것으로서 세우고 이를 해명

ⓒ 만델봄
- 계기적 서술: 지속적인 일련의 사건들을 순서대로 서술하는 형태로, 계속성을 가진 테마를 선정하고 그와 관련된 사건들의 요소를 추구◇
- 설명적 서술: 한 가지 명백한 질문에 집중하여 그 요인이 무엇인가에 초점을 집중시키는 형태의 서술로, 실제로 무엇이 일어났는지를 알고, 그것이 어떻게 일어났는지에 대한 설명을 추구할 때 적용
- 해석적 서술: 어떤 사건을 이해하기 위한 배경을 캐는 것이 아니라, 특정한 사태 자체를 묘사하고 의미를 부여하는 형태의 서술

② 역사 교과서 서술의 종류(김한종)
  ㉠ 계기적 서술
  - 사건의 발생 순서에 따라서 서술하는 전통적인 방식
  - 계속성을 가진 하나의 테마를 택해서 관련된 사건들을 그와 연관지으면서 서술
  - 서술의 구조에 따라 사건의 줄거리를 가지고 있는 내러티브와, 완결성을 가지는 줄거리가 없이 단지 역사적 사건을 일어난 순서대로 기술하는 연대기적 서술로 구분
  ㉡ 설명적 서술
  - 역사적 사건들간의 관계를 밝히고, 이에 근거하여 사건의 발생과 전개, 결과를 제시
  - 인과적 서술, 비교, 예시 등의 다양한 방법이 사용
  ㉢ 해석적 서술
  - 역사적 사실을 명확히 하고, 역사적 맥락에 비추어 그 사실에 의미를 부여
  - 다루는 역사적 상황을 자세히 묘사(상황 자체를 이해하는 데 중점)하는데 치중
  - 당시의 상황을 역사가가 재구성한 것으로, 역사가는 탐구하는 역사적 상황에 일정한 구조를 부여
  ㉣ 가치판단적 서술
  - 도덕적 판단이 개재된 서술로, 읽는 사람에게 교훈을 주려는 의도
  - 신앙, 이념, 당파, 국적, 인생관이나 세계관과 같은 일반적인 가치체계에 따르면 안됨

③ 역사 교과서 서술의 특징
  ㉠ 시간의 종축縱軸에 따라 서술
  ㉡ 이야기체의 내러티브와 분석적 설명의 혼재
  - 역사 사건 자체에는 존재하지 않는 내러티브적 구성(시작과 중간과 끝)을 따름
  - 혼합되어 중첩적으로 일어난 사건이 정돈되고 분류된 형태로 기술
  ㉢ 서술 주체와 관점을 감추되 저자적 관점을 강요◇
  - 저자의 의도는 드러난 내용manifest content 분석으로는 파악되지 않는 감춰진 모습 latent content으로 존재
  - 수사, 어투, 표현, 인상 등으로 내용 이해에 상당한 영향을 끼침
  - 저자의 의도를 담은 감춰진 텍스트subtext를 발견하고 분석하기 어려움
  ㉣ 사회 권력 관계 속에서 사회 체제 유지에 기여하는 지배 내러티브master narrative 반영

◇계기적 서술과 내러티브 서술
만델봄은 계기적 서술과 이야기체 narrative 서술을 엄격히 구분하였다. 그에 따르면 계기적 서술에서는 다루는 사건들을 설명하기 위해 전단계나 같은 시대의 사건들에 대해 세심한 주의를 기울이는데 반해, 이야기체 서술은 그 이야기를 돋보이게 하기 위해 보다 단순하게 단일적이며 자족적인 구조를 가지게 된다. 이러한 구조는 이야기체 서술이 진행될수록 더욱 강화된다. 이야기체 서술에서는 이야기를 이끌어 가는 사람에 의해 사건의 전개가 좌우되며, 그 이야기를 돋보이게 한다고 생각되는 것은 무엇이나 소개하려고 한다. 이런 이유로 해서 이야기체 서술은 비역사적이라는 것이다.

◇역사 서술의 관점
일반적으로 역사 서술에서는 두가지 관점이 나타나는데, 하나는 마치 벌어지는 모든 일을 위에서 바라다보는 듯이 전지적 성격을 가지고 있는 저자적 관점 authorial viewpoint이고, 다른 하나는 역사 행위자인 당대인의 시각에서 사태를 바라보는 인물 관점character viewpoint이다. 후자는 전기류에 특히 유용한 것이라 할 수 있다. 이것을 '역사 서술상의 나historiographical I'와 '역사상의 나 historical I'로 구분하기도 한다.

◇ **역사 교과서 서술에 포함된 의미meaning의 특성**

역사 교과서 서술에 포함된 의미란 대체로 다음과 같은 가정 위에서 성립한다. 첫째, 언술utterance의 의미는 사물의 존재 상태와 상응한다. 즉 언어는 대상을 있는 그대로 묘사하는 것이다. 둘째 단어의 의미는 정의와 동일하며 따라서 모호한 정의나 단어의 색다른 적용은 배제된다. 셋째, 교과서의 서술내용은 객관적 진리를 생산하는 것이다. 넷째, 의미는 만들어지는 것이 아니라 학습자 외부의 기호체계에 고정되어 있는 것이며, 학생들에게 제시되는 것이다. 의미는 확정된 것이며 주어지는 것이기 때문에 의미 생성에서 학생들이 차지하는 역할은 무시되거나 축소된다. 끝으로 이러한 객관적 지식이 교과서에 서술된 내용의 의미를 고정시키며, 내용 선정의 기준을 결정한다.

◇ **메타 담론**

저자와 독자의 관계를 설정하는 역할을 하는 수사 장치를 의미하며, 이를 통해 저자는 본인의 의도나 태도를 나타내기도 하고 독자의 내용 이해에 도움을 주는 방향으로 글을 작성할 수도 있다.

◇ **비판적 텍스트 읽기의 필요성**

학생들이 읽는 과정에서 전달받는 것은 무엇인가라는 문제에 대해 에코Umberto Eco는, 텍스트는 무한한 독해와 해석을 생성한다고 말한다. 텍스트의 의미 자체가 비확정적인 것으로 다양한 목소리를 가지고 있을 뿐 아니라 읽는 방식이 정해져 있는 것도 아니므로, 독자는 언제나 저자의 의도를 추측하려 하기 때문이다. 이 두 가지 양상은 서로 중첩되어 있다.

◇ **바르트R. Barthes가 제시한 텍스트와 독자의 유형**

바르트에 따르면 텍스트는 독자적 텍스트readerly text와 저자적 텍스트writerly text가 있다. 전자는 의미가 명확히 전달되는 텍스트이며 후자는 독자가 의미 생성에 활발하게 참여하는 텍스트다. 독자 역시 두 가지 유형으로 나누어진다. 모의 독자mock reader는 텍스트의 수사적인 장치에 쉽게 영향을 받는 상대적으로 수동적인 모습을 보여주는 독자이다. 반면 실제 독자actual reader는 읽으면서 얻는 의미를 주체적으로 관찰하는 독자이다. 양호환은 현재 교과서의 서술과 학생의 관계를 저자적 텍스트와 실제 독자 관계로 전환시킬 필요가 있다고 제안한다.

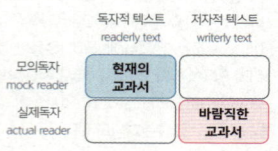

ⓓ 인식론적 관점에서 교과서 역사지식은 실증주의적 바탕 위에서 서술
- 객관적 사실과 논증인 것처럼 포장되어 해석이 불필요한 진리로 인식
- '중요한 것은', '어쩌면', '아마도', '그들은 …… 생각하였다', '정말로'처럼 판단, 강조, (불)확실성을 나타내는 표현인 메타담론metadiscourse의 결여

④ **사료 텍스트**

㉠ 수업 자료로서의 기능
- 사료는 역사 연구나 이해를 위한 가장 기본적인 수단으로 인식
- 학생들에게 생생한 역사 이해를 도울 수 있음
- 역사적 사고를 직접적으로 경험함으로써 역사적 사실의 성격을 이해하고 역사연구 능력을 기르게 할 수 있음
- 비판적으로 읽고 학생 자신의 역사 인식을 기르는 데 효과적
- 역사적 사실은 확정된 것이 아니며 다양한 관점이 있다는 점을 학생들이 인식

㉡ 사료 수업
- 공인된 해석이나 견해를 그대로 받아들이는 것이 아니라 학생 스스로 해석하고, 자신의 진술이나 관점의 정당성을 합리적으로 주장할 것을 요구
- 사료 서술 방식에 따른 학생들의 역사 이해(김한종)

사료의 해석 결과를 본문에 녹여서 서술하는 방식	학생들이 다양한 역사적 관점을 가지거나 자신의 역사 해석을 하지 못한 채 텍스트에 내재되어 있는 역사인식과 해석을 그대로 받아들임
본문 중간에 사료 내용을 직접 서술하는 방식	• 학생들의 관심을 끌고, 역사적 사실의 특정 측면이나 교사가 생각하는 역사적 의미를 학생들에게 이해시키는데 효과적 • 다양한 역사 해석이나 학생 스스로의 역사인식을 가로막음
본문 서술과 병행하여 자료의 형태로 사료를 제시하는 방식	• 학생들이 사료의 의미를 자신의 관점에서 읽고 해석하기 어려우며 제시된 사료가 말하는 역사적 사실의 의미를 제대로 파악 하지 못한다는 한계 • 사료를 읽고 생각을 유도하는 탐구과제 제시 필요

⑤ **비판적 텍스트 독해의 어려움**

㉠ 텍스트에 대한 신뢰: 학생들은 저자의 관점과 해석을 무비판적으로 읽는 경향이 있음
㉡ 사전 지식과 문화적 담론으로 인한 선입견과 편견이 텍스트 읽기에 작용
㉢ 한편으로 사전 지식, 특히 역사 용어에 대한 이해 부족으로 인해 문해력이 떨어짐
㉣ 교과서는 독자적 텍스트readerly text, 학생은 모의 독자mock reader의 역할 → 부텍스트subtext를 읽기 어려움

(2) 샘 와인버그의 '역사가처럼 읽기'와 역사 리터리시 프로젝트

① 와인버그의 프로젝트

㉠ 실험
- 목적: 역사적 사고와 리터리시literacy 함양을 위한 교수·학습 방법 모색
- 의의: 장기간의 실증 연구로 '역사가처럼 읽기' 교육과정 개발
- 방법: '말하며 생각하기think aloud' 방법으로 초심자(고등학생)와 전문가(역사가), 전문가(문학)와 전문가(역사) 비교 연구

> **실험 결과 파악한 고등학생과 문학 전문가의 이해 방식**
> ① 고등학생
> - 자신의 현재적 틀로 과거를 이해하는 현재주의적 태도(자연스러운 행위)를 보임
> - 출처확인, 확증, 맥락화 등을 보이지 않음
> ② 문학 전문가
> - 텍스트의 문체, 저자의 표현상의 버릇 등을 인지하지만 출처 확인은 하지 않음
> - 일반적인 비판적 사고generic critical thinking와 같은 것은 존재하지 않는다는 결론
> - 한 영역에서의 능력competence이 자동적으로 다른 영역으로 전이되지 않음을 확인

㉡ 결론 1: 역사적 사고는 '자연스럽지 않은 인지행위unnatural acts'◇
- 역사적 사고는 일상적 사고와 다른, 역사학에 고유한 사고
- 인간 정신의 '모듈성modularity' 개념과,◇ 교과목은 모학문의 근본적 구조fundamental structure를 반영한다는 브루너의 '학문의 구조'에 기반

㉢ 결론 2: 역사가가 자료를 이해하는 독특한 방식(발견법heuristic)이 존재
- 출처 확인sourcing heuristic: 텍스트의 내용을 읽기 전에 문서의 출처를 먼저 확인하고 출처를 염두에 두고 읽고 해석 → 일련의 질문들을 통해 세부 사실들이 연결되는 '정신적 틀mental framework' 형성
- 맥락화contextualization: 문서를 구체적인 시·공간적 맥락에 위치시키는 행위◇
- 확증·교차 검토corroboration: 과거 일을 탐색할 때 다양한 사료에 걸쳐 있는 접촉면을 주의 깊게 비교하고 대조하며 살펴보는 것, 여러 문서를 비교하며 내용을 뒷받침할 자료 찾기
- 부재증거 고려consideration of absent evidence: 셜록 홈즈 발견법, 저자가 의도적으로 빠뜨린 부분을 고려

㉣ 역사교육의 방법과 효용성
- '곧 연기처럼 사라질 사실들'을 암기하는 역사교육 지양 → 역사적 사실을 의미 있는 방식으로 습득할 것과 '질문'의 중요성 강조
- 출처확인과 맥락화 등은 '역사 영역에 특정적인 리터리시'
- 방대한 지식과 정보의 시대에 역사가들의 읽기 방식은 패턴pattern을 보게하고, 모순contradiction을 이해하며, 개별 사실의 홍수에서 논리적 해석을 가능케 해 줌

◇ **과거에 대한 인식의 두 경향**

역사적 사고가 '부자연스러운 행위'라는 와인버그의 주장은 사람들에게 의아한 반응을 불러일으켰다. 왜냐하면 과거를 알고자 하는 것이 인간의 강력한 본성이라는 지배적 관념에 어긋났기 때문이다. 와인버그는 2007년에 발표한 'Unnatural and essential: The nature of historical thinking'에서 왜 그가 역사적 사고를 그렇게 규정했는지에 대한 추가적 설명을 제시했다. 그는 과거와 관련된 인간의 행위를 두 부류로 구분했다. 하나는 할아버지의 무릎에 앉아 가족의 역사와 전통을 전해 듣는 일상적 행위이며, 다른 하나는 '증거에 대한 학문적 규범과 주장의 규칙'을 따라 역사를 탐구하는 행위이다. 후자는 19세기에 근대 역사학과 함께 등장한 것으로, 와인버그가 '부자연스럽다'고 규정하는 것은 바로 이 후자에 해당한다.

◇ **모듈성 개념**

포도르J. A. Fodor가 제안한 개념으로, 지각·인지 과정의 계속성보다는 특수성distinctness를 강조하는 측면이 강하다. 이러한 개념을 바탕으로 역사가의 사고 과정을 이해하면, 역사적 주제와 자료는 하나의 독립적인 인식 범주 즉 '영역domain'을 구성한다. 그리고 인간의 뇌에는 그 범주에 해당하는 정보를 처리할 수 있는 모듈이 존재한다.

◇ **맥락화의 두 가지 차원**

와인버그에 따르면 맥락화는 두 가지 차원에서 발생한다. 우선 맥락화는 '사건을 구체적인 공간에 위치시키고 지리, 날씨, 기후, 그리고 풍경과 같은 사건 발생의 조건들을 밝히는' 것을 의미한다. 이에 더해 맥락화는 보다 포괄적이고 영구적인 맥락을 고려하는 행위가 될 수도 있다. 포괄적이고 영구적인 맥락이라 함은 '그 당시의 정신적 풍경mental landscape을 형성한 지배적인 사고 형식' 혹은 '망딸리떼mentalite'를 의미한다.

② '비판적 읽기' 후속 연구
  ㉠ 드레이크F. D. Drake: 수업에서 활용 가능한 역사적 사고 과정을 4단계로 제시

출처 확인 sourcing heuristic	· 저자의 신뢰성, 의도, 사건 당시의 상황 등에 대해 의문을 갖는 것 · 우리 관점과 과거 사람들의 관점을 구분하여 고려해야 함
확증 coroboration heuristic	· 정보들을 비교하여 문서의 신뢰성을 판단하는 과정 · 문서 분석법으로 학생들은 역사적 능숙성과 역사적 이해 수준을 높임
맥락화 contextualization	· 동시대의 지역적·국가적 맥락 속에서 검토하여 오늘날과 다른 해당 시대의 인식이나 생각 습관 파악 · 유추적 맥락: 동시대인과 비교하여 특정한 생각이나 주장이 어떤 위치를 차지했을까를 자리매김하는 것 · 언어적 맥락: 동시대의 언어에서 어휘가 가진 의미를 정확히 하는 것
비교 사고 comparative thinking	· 문서를 읽는 동안 역사가들의 해석과 1차 사료 속에서 확증된 것에 유의하면서 서로 다른 텍스트 간의 관련성을 구성하는 과정 · 문서 분석을 통해 당대 다른 지역에서의 아이디어 및 사건들과 비교하는 것

  ㉡ '역사가처럼 읽기Reading like a historian', '거품 너머Beyond the bubble' 등 역사수업에서 활용할 수 있는 다양한 역사문제 해결 활동 개발
    • '역사 영역에 특정적인 리터러시discipline-specific literacy'를 주요한 교육 목표로 설정
    • 라이즈먼A. Reisman과 몬테사노C. Monte-Sano의 후속 연구: 역사적 사고 증진을 목표로 한 교육과정 설계 및 실행 연구 수행(2012)

라이즈먼	· '역사가처럼 읽기' 교육과정 실험: '중심 질문' 설정 → 사료 기반 읽기 및 탐구 → 토의 학습 활동 · 중심 질문을 학습 목표로 제시, 그럴듯한 텍스트 해석 여부 평가
몬테사노 팀	· '읽기, 탐구하기, 쓰기' 커리큘럼: 복수의 사료 제시 → 해석, 비평, 반론과 같은 특징적인 유형의 논증적 글쓰기 경험 · 역사학 연구와 유사한 '역사 영역에 특정적인 리터러시'(정보 인출보다는 해석, 기억이 아닌 사료 활용을 통한 글쓰기)를 익힐 수 있음

③ 와인버그의 '역사적 사고'에 대한 비판 1: 역사적 사고는 부자연스러운 인지행위인가?◇
  ㉠ 레비손J. A. Levisohn, '역사적 사고와 그 주장된 부자연성Historical thinking and its alleged unnaturalness'(2017)
    • 역사가는 시간의 흐름에 따라 변하지 않은 것과 변하는 것을 구분하며, 후자를 인지할 수 있는 능력을 갖추고 있다고 하며 역사적 사고의 영역 고유성을 인정
    • 다만 와인버그가 학생의 역사적 사고를 분석할 때, 과거를 현재의 틀로 바라보는 일반적인 사고 틀인 '현재주의'와 구체적인 역사적 문제에 한정해 과거의 특수성을 파악하지 못하는 상황적 오류의 상태인 '시대착오anachronism'를 구분하지 않았다고 지적
    • 결론적으로 역사적 사고란, '친밀함과 이상함familiarity and strangeness' 사이의 균형 속에서 과거를 인식하는 행위 → 교사는 학생들이 자신의 인식적 태도를 혁명적으로 바꾸게 하는 것이 아니라 구체적인 역사적 문제에 대한 접근 방식을 수정할 수 있도록 질문과 지도를 하는 것

◇ '역사적 사고' 개념에 대한 일반적인 문제제기

피터 리는 역사학은 '일상생활의 실용적인 개념이나 다른 학문 분야(특히 사회과학)로부터 빌려온 이론적 개념'을 많이 사용하지만, 그것을 사용하는 역사가의 방식이 어떤 점에서 특별한지는 뚜렷이 규명되지 않은 상태이며, 따라서 역사적 사고의 영역 고유성을 주장하기 위해서는 이 부분에 대한 면밀한 검토가 선행되어야 한다고 지적했다. 양호환은 역사적 사고의 고유성 개념을 비판했다. 그에 따르면, 국내 연구자들은 역사적 사고의 고유성을 주장하면서도, 정작 그들의 연구는 실제적으로 역사적 사고의 하위기능을 규명하는 데 초점이 맞추어져 있었다. 그 결과 '역사적 내용이 사고의 대상이라는 점을 제외하면 역사적 사고 기능의 성격이 일반적 사고 기능과 본질적으로 어떻게 차별화될 수 있는지'는 여전히 규명되어야 할 문제로 남아 있게 되었다는 것이다.

ⓒ 쾨르버Andreas Körber, '현재주의, 타자성, 역사적 사고Presentism, alterity and historical thinking' (2018)
- 쾨르버가 인식한 역사학의 성격을 바라보는 두 가지 견해

주요 학자	과거에 대한 인식
와인버그 & 르벡S. Levesque	• 과거와 현재는 근본적으로 다르며, 역사가가 관심을 갖는 것은 '죽은 과거dead past' • 역사가가 '현재주의 안경presentist glasses'을 쓰지 말고, 과거를 있는 그대로 바라볼 수 있어야 한다고 주장
뤼젠	• '역사는 과거, 현재, 미래 사이의 의미 있는 결합nexus'이며 '과거를 현재로 번역translation'하는 것

- 과거와 현재를 동일시하지 않는 것이 역사가가 가져야하는 태도라고 인정하지만, '과거가 근본적으로 이해 불가능하다'는 인식은 매우 위험
- 역사적 사고는 뤼젠의 주장대로 현재와 과거 사이의 '상관적인 모험relational venture', 과거의 '완전한 타자성alterity'을 전제하고 그것을 그대로 드러내는 것이 아니라, 과거와 현재 사이의 '상호관계interrelation'를 탐구하는 행위
- 인간은 일상적인 삶을 영위해나가는 과정에서 자신의 '시간적 위치성temporal situatedness'과 '방향성orientation'을 설정

ⓒ 벤소버Yaron Vansover, '교실 속 역사적 사고의 자연적 측면에 대하여On the natural aspect of historical thinking in the classroom' (2019)
- 과거의 타자성을 부정하지는 않으나, 와인버그가 생각하는 것처럼 과거와 현재가 단절 수준으로 다르지는 않다고 주장
- 과거와 현재 사이에는 '핵심적 유사성fundamental similarity'이 존재
- 올바른 역사적 사고는 과거와 현재 사이의 차이뿐만 아니라 유사성을 파악할 수 있어야 하며, 과거와 현재 사이의 유사성을 찾는 학생의 태도 자연스러운 역사적 사고 행위임
- 학생들에게 필요한 것은 인식적 '혁명revolution'이 아니라 '개선refinement'

ⓔ 와인버그는 역사적 사고란 현재와 단절된 과거를 인식하는 방법이라 보았지만, 역사적 사고에는 과거와 현재의 공통점을 파악하고 둘의 관계를 탐색하는 측면도 있음

④ 와인버그의 '역사적 사고'에 대한 비판 2: 역사적 사고는 역사학에만 고유한가?

ⓐ 바튼&렙스틱, '역사학과 사회과학이 공유하는 원리Shared principles in history and social sciences' (2017)
- 역사적 사고의 구성요소가 다른 사회과학 분야에서도 중요한 기능을 수행
- 감정이입은 인류학, 사회학, 인문 지리학, 경제학에서도 사용
- 역사가가 분석 대상으로 삼는 자료인 인터뷰, 사진, 사적·공적 기록은 정치학자나 사회학자들도 활용하며 출처를 확인함

ⓒ 윤종필, '역사적 사고에 대한 인식론적 고찰의 역사교육적 함의' (2018)
- 역사적 사고와 같은 고차원적 인지영역은 배타성을 주장하기 어려움
- 확증의 방법을 사용할 때 언어, 시각, 안면인식 등 인지영역을 복합적으로 사용

- 맥락화는 기어츠가 고안한 해석학적 인류학interpretive anthropology에서 사용하는 중심적인 방법
- 맥락적 사고는 철학이나 인류학 등에서 광범위하게 문제 해결을 위해 사용되고 있는 사고방법이이며, 타 학문의 체계화된 맥락적 연구 방법이 역사학에 수입되는 경우도 있음 → 역사적 사고는 간학문間學問적 유용성을 가짐

(3) 국내 연구자들의 제안

① 출저 확인(최상훈)

㉠ 학습자들이 사료를 어떻게 독해하는지 '말하면서 생각하기' 방법으로 조사
- 학습자들은 사료의 내용을 무비판적으로 받아들이고 있음
- 사료가 얼마나 상세한지를 바탕으로 사료의 신뢰성을 파악함

㉡ 제안
- 학습자들이 사료의 내용에 대한 신뢰성을 의심할 수 있도록 사료의 출전을 파악하는 것이 사료를 이해할 때 필수적이라는 것을 숙지할 수 있도록 유도해야 함
- 교과서를 서술할 때 요약적·압축적으로 제시하기보다는 이야기식으로 풀어서 제시하는 것이 좋음
- 해석과 주장의 대립이 분명히 드러나는 사료를 선정 제시할 필요 → 학습자들은 역사는 과거를 있는 그대로 쓰기보다는 하나의 해석이며 하나의 사건에 대해서는 다양한 시각이 존재한다는 것을 인식할 수 있을 것이라 기대

② 역사적으로 사고하면서 사료 읽기 6단계(강선주)

① 자료의 증거 능력을 확인	· 주어진 자료가 어떤 문제를 해결하는 증거로 사용될 수 있는지에 대해 생각 · 대부분의 자료가 가공된 자료이므로 자료에 질문을 던지고 대답하게 하는 전략을 사용
② 텍스트 자체에서 독해	· 학생들이 텍스트를 독해할 때 선입견·편견·상식·전형성·시대 착오적 개념 등을 끌어와 텍스트에 덧붙일 수 있다는 점에 주의 → 모든 역사적 사건에서 동일한 결론을 끌어내 일반화의 오류를 범할 수 있음 · 텍스트에서 저자가 말하는 바를 중점적으로 분석하면서 치밀하게 읽도록 지도
③ 텍스트를 교차 검토하면서 텍스트의 논리적 구조를 확증하기	· 화자나 저자가 직접적으로 말하지 않은 그들의 생각이나 의도를 텍스트들의 교차 검토를 통해 추론할 수 있도록 요구 · 아울러 자신이 구축한 논리적 구조의 일관성을 확인하도록 지도
④ 화자나 저자의 동기나 의도를 분석	· 저자가 그 글을 언제, 무엇을 위해, 누가 읽기를 원하면서 썼는가 하는 의문을 해소 · 학생들이 텍스트에서 의도를 추론하는 전략이 필요하다는 것을 알고 그 전략을 이해하도록 도움
⑤ 배경 지식을 활용하고 탐구하여 텍스트를 역사적 맥락에 위치시키기	· 주어진 텍스트만을 독해할 경우에는 우선적으로 텍스트 그 자체를 충실히 읽으면서 편견이나 상식이 텍스트를 훼손하지 않게 하는 것이 중요 · 탐구를 병행한 텍스트 독해 수업에서는 학생들이 별도의 탐구를 통해 이미 알고 있는 지식을 의심하여 새롭게 지식을 구성할 수 있게 안내하는 것이 중요
⑥ 자신의 편견을 의심하게 하기	· 학생들이 메타인지적 관점에서 자신의 편견을 확인하고, 편견을 깨고, 다면적 인간성을 보게 하여 다층적 분석 범주를 사용할 수 있게 안내할 필요

③ 맥락화(양호환)
　㉠ 텍스트 독해에 필요한 요건
　　• 선행 지식: 언어적 능력, 역사 용어나 개념에 대한 전반적인 선이해
　　• 역사적 사건에 대한 맥락 이해: 어떤 대상을 맥락 속에서 파악하기 위해, 역사적 사건에 대한 시대적 지식을 알아야 함 → 맥락을 이해하기 위한 텍스트를 제공해야 함
　　• 텍스트 자체의 맥락화: 텍스트에 반영된 관점이나 해석과 같은 부텍스트를 읽기 위해 저자나 시대에 대한 지식을 갖추어야 함
　㉡ 문제점
　　• 학생들은 선이해나 선지식을 얼마나 갖추어야 하는가
　　• 컨텍스트(맥락)를 파악하기 위한 부차적인 텍스트를 얼마나 제공해야 하는가 → 텍스트를 읽기 위해서는 컨텍스트를 참조할 수밖에 없는데, 그 컨텍스트를 알기 위해서 다시 텍스트를 읽을 수밖에 없다는 순환적 관계에 대한 문제
　　• 특정 컨텍스트가 텍스트 독해에 얼마나 도움이 되는지 어떻게 알 수 있는가
　　• 맥락화 과정에서 학생들이 저자의 의도나 시대 배경을 온전히 파악하는 것이 가능한가, 과잉 해석으로 이어질 우려는 없는가
　㉢ 제안: 모델링과 코칭을 중심으로 하는 인지적 도제를 수업에 적용(양호환·천세빈)
　　• 학생들에게 먼저 발견적 맥락을 제시하여 가설을 설정하게 하고, 단계적으로 추가 텍스트를 제시하여 검증적 맥락의 층위를 경험할 수 있도록 해 주어야 함
　　• 맥락화를 위한 읽기에서 점차 텍스트 자체를 맥락화할 수 있도록 유도
　　• 학생들이 좀 더 의식적으로 텍스트를 읽어나갈 수 있도록 지도
　　• 자료의 이용 방식에 대한 토론을 수반, 교사는 과제 수행을 반성하는 과정에서도 솔선하여 자신의 읽기 과정을 성찰하는 모습을 보여줌
　　• 궁극적으로 수업 내 활동들의 결과로 학생들은 담론공동체를 형성
　　• 역사 텍스트 독해 경험이 부족한 학생들에게 교사가 직접 시범을 보이며 학생들이 쉽게 이를 따라할 수 있게 한다는 점에서 의미

◇ 발견적 맥락과 검증적 맥락
• 발견적 맥락: 학생들이 가설을 설정하는 데 배경지식으로 활용될 수 있는 맥락
• 검증적 맥락: 설정한 가설을 귀납적으로 확인할 수 있는 맥락

> **인지적 도제 수업의 사례**
> • 교사는 맥락 지식을 바탕으로 저자가 특정 단어들을 쓴 이유에 대한 가설을 세우고, 다른 텍스트를 상호대조하며 가설을 확인하고 그럴듯한 해석을 만들어가는 과정을 학생들에게 보여줌
> • 학생들은 이전에 배워서 알고 있는 지식을 떠올리고 이와 관련된 자료와 각 자료를 쓴 저자의 배경을 연결하는 작업을 함
> • 학생들은 소집단 혹은 개별로 직접 텍스트를 읽음, 탐구과제에서는 새로운 자료들과 함께 학습활동에 필요한 저자의 전기적 정보 등을 제공
> • 학생들은 소집단 내에서 토론하며 저자와 대상의 관계 등을 생각해 보고 저자의 표현을 구분해서 파악
> • 다른 탐구과제에서 학생들은 여러 텍스트를 참조해 역사 글쓰기 활동
> • 교사는 순회지도를 하며 메타인지적 질문을 꾸준히 던짐

◇ 역사교육에서 유의미한 생각 습관 사례
· 과거 사실의 유의미성 이해
· 과거 사실 가운데 중요한 것 가려내기
· 감정이입
· 다양한 문화와 공유된 인간성humanity의 이해
· 사물의 발생과 변화, 결과에 영향을 미치는 인간 의도의 중요성 이해
· 변화와 계속성의 상호작용 이해와 선입관에 의한 가정 지양
· 모든 문제가 해결책을 가지고 있는 것은 아님을 인정
· 역사적 인과관계의 복잡성 파악, 특수성 존중과 과도한 일반화 지양
· 과거에 대한 판단의 잠정성 숙지
· 유명 개인의 중요성과 인물의 유의미성 인식
· 비이성적인 것, 불합리한 것, 우연한 것의 힘 숙지
· 지리와 역사의 관련성 이해
· 사실과 추측, 증거와 주장의 차이 인식

◇ 10개의 역사적 사고 기준
① 1차 사료와 2차 사료의 분석
② 역사적 토론debate과 역사적 논쟁controversy의 이해
③ 역사가들이 다른 해석을 하는 방법에 대한 검토를 통해 최근의 역사 연구historiography 인지
④ 역사가가 증거를 사용하는 방법의 분석
⑤ 편견과 시각의 이해
⑥ 탐구를 통한 질문의 형성과 그것의 중요성 결정
⑦ 다양한 종류의 역사적 변화에 대한 유의미성 결정
⑧ 인과관계가 계속성과 변화에 관련되는 방법에 대한 정교한 검토
⑨ 주제themes, 지역, 그리고 시대구분 사이의 상호관련성 이해(역사적 시간 준거 틀을 확립하기)
⑩ 과거가 현재의 가치에 의해 비추어지는 경향이 있더라도 과거에 대한 인식은 당시의 가치에 대한 면밀한 검토를 요구한다는 것 이해

3 역사적 사고와 관련된 몇 가지 논의

(1) '생각 습관'으로서의 역사적 사고
① 역사적 사고를 구체적인 사고 방식이나 생각 습관으로 규정
  ㉠ '역사적 사고란 무엇인가?'가 아니라 '역사적 사고란 어떻게 사고하는 것인가?'라는 질문
  ㉡ 역사적 사고는 역사가가 과거에 접근하는 것을 전형화한 인지 과정
    · 역사 연구에서 역사가가 동원하는 '생각의 습관habit of mind'
    · '역사적 지식, 역사적 관점, 역사적 분석, 역사적 해석'이 곧 역사적 사고
② 미국에서 제안한 역사적 사고의 기준benchmark: 현장 도입 가능하도록 구체화
  ㉠ 역사교육위원회NCHE의 '역사에서의 생각 습관History's habit of mind'
    · 형식적 기능이 아닌 구체적 사고 기능으로서 생각 습관 제시◇
    · 종류 구분

아는 방식	이해understand/comprehence, 인지recognize, 숙지appreciate, 지각perceive 등
아는 기술	습득aquire, 구별distinguish, 지양avoid, 읽기read 등

    · 이러한 사고를 촉진하기 위해 끊임없이 '그래서 뭐what of it?'라는 질문을 해야 함 → 이 질문에 대한 답변이 역사적 사고의 생각 습관을 제시하는 것
  ㉡ 미국 역사학회AHA의 '10개의 역사적 사고 기준Ten historical thinking benchmarks':◇ 역사적 사고의 기능을 빠짐없이 열거하여 구체적 지향점과 기능을 제시
③ 역사적 사고의 준거를 수업 상황에 맞게 제시한 경우
  ㉠ 와인버그: 발견법에 입각하여 역사가의 생각 습관을 구체적으로 밝힘
  ㉡ 드레이크: 4단계 역사적 사고 과정을 수업에서 활용
④ 효용성
  ㉠ 현장에서 직접 도입 가능, 구체적 사고 지침을 내릴 수 있음
  ㉡ 이러한 사고 습관을 기를 때 역사 내러티브는 유용한 사실을 포함하면서도 그것을 넘어서는 핵심적 주제와 유의미한 질문을 밝혀줄 수 있음

(2) 인지 발달과 지식의 체계, 그리고 역사교육
① 구성주의 관점: 인지 발달 과정과 지식(학문) 발달 과정이 유사하다고 인식
  ㉠ 피아제
    · 개인이 자신의 인지 구조 내에 어떻게 지식을 구성해 나가는지에 관심
    · 인지 구조란 외재하는 학문 구조와는 별개로, 개인 내부에서 시간의 종축을 따라 변형되고 재구성되는 실체
  ㉡ 쿤T. S. Kuhn
    · 일반적인 인간 지식이 어떻게 생성되는가에 관심
    · 연구 집단의 능동적 역할 강조

② 지식 구조와 인지 구조의 관련성에 대한 다양한 이해
  ㉠ 필: 역사적 사고의 구조와 역사적 변화의 구조간 유사성을 설명 → 유사성에 대한 언급이 시사하는 바가 무엇인지 불분명, 현상의 공통성 설명일 뿐 역사적 사고 설명과는 무관
  ㉡ 반복론recapitulation hypothesis: 인간 진화 과정이 태아 성장 과정과 유사하듯, 학문의 발전 과정이 개인이 연구하는 과정과 유사하다는 주장 → 연금술 다음 화학을 배우거나 헤로도토스 다음 랑케를 배워야 한다는 논리, 교육과정 구성 원리로서는 부적합◇
  ㉢ 부르너의 발견학습 이론◇
    • 피아제 발달론 옹호, 그러나 아동의 지적 발달은 학교 교육의 영향을 받으므로 교육은 인지 발달 과정을 맹목적으로 답습할 필요는 없다고 함
    • 피아제는 교수 이론(교수 활동을 사전에 처방하는 이론)보다는 학습 이론(학습이라는 현상을 사후적으로 기술하는 이론) 제시, 브루너 역시 발달 단계에 따른 학습 이론 제시
    • 지식 구조의 세가지 표현 방식인 작동적 표현enactive representation, 영상적 표현iconic representation, 상징적 표현symbolic representation이 아동의 발달 단계를 따른다는 주장◇
    • 이홍우의 반박: 발달 이론을 교수 이론으로 받아들이면 안된다고 비판, 특정한 단계에 특정한 이해 방식이 있다는 것도, 지식의 구조가 세가지 뿐이라는 것도 난센스
  ㉣ 양호환
    • 학생 수준에 맞게 가르친다는 의미는 인지 발달 수준을 고려한다는 뜻, 그러나 적합한 학습 내용이 무엇이어야 하는가에 있어서는 피아제 이론이 무용
    • 동일한 학습 경험도 학습자 발달 단계에 따라 궁합이 맞을 수도 아닐 수도 있음
      problem of match
    • 교사의 역할: 피아제 이론 이해 + 학습 내용 처방(학습자 개별적 발달 단계를 진단하여 각자에 적합한 과제 제공)
    • 쉽게 가르친다는 뜻: 교과나 학문의 논리적 체계를 고려해야 하는데, 역사는 지식의 구조가 불분명하며 학습 내용을 계열화하기 어려움 → 수준에 맞게 가르친다는 것은 지식의 체계와 인간의 마음 사이의 관계라는 근본적 문제제기
    • 인지 구조와 학문 구조라는 개념은 혼동되면 안되지만, 이는 인간의 지식 구성에 관한 가장 본질적인 문제 → 최근 대두하는 독자 반응 이론reader response theory이나, 역사 연구에서의 탐구 과정을 역사 학습에서의 인지 절차로 전환하는 문제(역사의 학문적 절차와 방법에 대한 탐구 = 역사가의 몫) 등을 고려할 필요

◇ **브루너의 발견학습 이론**

브루너는 어떤 발달단계에 있는 어떤 아동에게도, 교과 지식을 근본적인 구조로 표현한다면 어떠한 지식도 가르칠 수 있다고 하였다. 그에 따르면 인지발달은 작동적 표현, 영상적 표현, 상징적 표현이라는 3단계를 거치며, 교육과정은 이러한 학습자의 인지구조에 적응하는 표현 형태로 교과의 지식구조를 재조직하는 것이다. 학생들은 지식의 구조, 즉 기본 원리들을 알게 되면 교과 속의 문제들을 독자적으로 탐구하고 해결할 수 있게 된다.

◇ **세 가지 표현 방식**

작동적 표현 단계는 전조작기에 나타나며, 행동으로 인지하는, 즉 학습자의 행위가 포함되어 사물을 직접 조작하면서 이해하는 단계이다. 이 단계 아이는 집에서 상점에 가는 길을 친구에게 말로 설명할 수는 없지만, 이전에 갔던 경험으로 직접 데려다 줄 수는 있다는 것이다. 정보 처리 체계 중 가장 기초적인 형태이다. 영상적 표현 단계는 이미지나 영상을 통해 이해하는 단계로 구체적 조작기에 나타난다. 이 단계에서는 자신의 경험에 기초하여 길을 친구에게 그림으로 그려서 가르쳐 줄 수 있다. 상징적 표현 단계는 형식적 조작기에 나타나며 언어적 진술, 기호, 공식 등 추상적 상징 체계를 사용하여 경험과 사고를 표현하는 것이다.

◇ **역사적 사고 논의의 한계**

양호환은 역사적 사고라는 용어가 역사 이해, 역사의식과 혼용되는 현실에서, 개념적 정의나 하위 영역의 분류보다는 역사적 사고라는 용어가 전제하는 것, 구별하는 것, 지식 생산의 방식과 양상, 이에 대해 말하는 권력 등에 대한 논의가 필요하다고 제안하였다.

◇ **와인버그의 응용인식론**

와인버그에 따르면, 역사를 가르치고 배우는 문제에 대한 연구가 대부분 심리학자에 의해 이루어졌으며, 심지어 역사학자 혹은 역사철학자가 경험적인 연구를 행할 때도 심리학 연구의 전제를 받아들이거나 그 영향을 받았다고 진단한다. 즉, 역사학습에 대한 연구가 일방적으로 심리학의 개념을 차용하고 있지만 반면 심리학적 이론화에는 기여하지 않았다고 주장하면서, '응용인식론applied epistemology'이라는 개념을 소개한다. 이는 각 학문영역의 인식론적 특성과 심리학의 개념이 상호의존적이며 따라서 양자를 함께 고려해서 학문 혹은 관련 교과를 가르치고 배우는 문제를 연구해야 한다는 의미라 하겠다. 이러한 연구 결과는 그간 역사학습에서 학생의 인지발달 혹은 역사의식의 발달단계 측면에서 역사적 사고를 규정하려는 시도에서 한 걸음 더 나아간 것으로 평가할 수 있다. 와인버그는 이러한 이론에 따라 '역사적 이해를 이해understanding historical understanding' 하는 데 독보적 업적을 남겼다.

◇ **와인버그의 입장**

와인버그는 '역사가가 카이사르가 처한 상황과 취할 수 있었던 행동을 생각하면서 자신을 그의 마음속에 위치시킴으로써 카이사르에 관해 안다고 할 수 있는 것은, 인간의 사고방식이 가장 본질적이고 근원적으로 시공을 초월하기 때문'이라는 콜링우드의 견해를 비판하였다. 그리고 진즈부르그C. Ginzburg나 단톤R. Danton같은 '현대 역사가contemporary historians'를 인용하며 과거와 현재의 문화적 차이는 엄연하고 과거와의 유사성을 강요하는 것은 오류이며, 과거인은 타인이라는 것을 명심해야 한다고 주장하였다. 그러면서도 '과거는 낯선 나라이지만, 낯선 행성은 아니다'라면서 과거와의 단절도 경계하였다. '우리가 이미 가지고 있는 사고방식은 쉽게 거둘 수 없는 물려받은 것이다. 그러나 우리가 그러한 사고방식을 제거하려 하지 않으면 우리는 현재를 과거로 읽는 현재주의에 빠질 수밖에 없다'는 것이다. 톨프센T. F. Tolfssen도 이미 '근대 역사가modern historian'의 특징을 설명하면서, '과거의 고유한 가치와 관습을 강조하고자 하면서도 '현재에 관한 자신의 지식과 경험에 부분적으로라도 의존하지 않고서는 과거를 해석할 수 없다'고 진단하였다.

(3) 역사적 사고의 한계와 역사화

① **논의 방향의 전환**°

  ㉠ '역사적 사고' 중 '사고'가 아니라 '역사적'에 주목할 필요성

  ㉡ 역사적 사고에 대한 담론 생산이 권력주체(역사학자, 역사교육 연구자, 교육과정 개발 담당자 등)에 의해 이루어진 것에 대한 문제 제기

  ㉢ 역사가의 사고라고 할 때, 그 역사가는 어떤 역사가인가? 역사적 사고가 제시하는 역사학습의 의미는 적절한가?

② **본질화된 역사가와 역사학**

  ㉠ 역사적 사고(력)에 대한 보편적 인식과 역사교육

  • 역사적 사고란, 대부분 '역사가가 역사를 연구하고 역사 문제를 다룰 때 발휘되는 사고'라고 인식 → 이를 교육하기 위해 연구의 절차와 방법을 중시함

  ex. 콜링우드가 말한 '추체험'을 역사적 사고 행위로 인식하고, 역사학습에서도 추체험을 위한 인물학습과 역할학습 등을 중시하거나, 사료를 제시하여 학생들이 역사가의 연구 과정을 경험해보게 해 주려 함

  • 와인버그의 영향: 역사적 사고란 평상적으로 생각하는 것을 거역하는 것이며, 심리적 발달에 따라 저절로 자라는 것이 아님 → 역사학을 학교 역사의 원천으로 인정하고 역사학의 지식 생성 과정을 탐색하여 학교 교육의 의미와 방법을 모색°

  ㉡ 와인버그가 당연히 인정하는 '역사학'이란?

  • 와인버그는 현재주의presentism도, 과거와의 단절도 위험하다고 경고°

  • 우리의 사고방식은 쉽게 거둘 수 없는 물려받은 것이지만, 그러한 사고방식을 제거하려 하지 않으면 현재주의에 빠질 수밖에 없다면서 역사적 사고의 모순을 언급

  • 와인버그가 콜링우드와 다른 역사가로 언급한 '현대 역사가' 진즈부르그와 단톤은 서로 다른 입장과 견해에서 각각 미시사와 권력 관계 및 구조 등을 연구

  ㉢ 그렇다면 우리는 '어떤' 역사가의 사고를 따라야 하는가?

  • 역사학은 무엇인가? 최근 역사학의 변화와 갈등, 포스트모더니즘의 문제 제기

  • 역사가는 누구인가? 역사가 개개인이 연구하는 방법과 절차로서의 역사학은 다름

  • 역사적 사고 교육이란? 역사가들이 속해있는 권력 집단(역사 지식의 생산과 성격을 규제하고 있는)으로서의 역사학을 학습 영역으로 치환하는 양상 → 학생들이 역사가를 흉내내게 하는 것은, 역사 지식이 구성되는 사회적 맥락을 무시한 처사

③ 낯설게 하기와 역사화
  ㉠ 학문화된 역사에 대한 문제 제기
   - 역사 지식의 성격과 생성을 규율하는 역사학이 배제하거나 구별하는 것은 무엇인가?
   - 역사가의 존재, 기능, 위치를 어떻게 바라볼 것인가?
  ㉡ 역사가의 역사화
   - 역사가는 맥락화를 시도하지만 자신 스스로를 역사화하지 않는 초월적 존재로 군림: 공적 과거에 대해 전문가로서 규율적 기능을 행사함으로써, 역사가의 독자적 사고 행위가 시공에 얽매이지 않는 초월적 기능으로 자리매김
   - 모든 역사 서술은 정치적이며, 학문으로서의 역사는 학문적 절차와 인정에 의존하는 것이 다를 뿐 집단기억과 유사
   - 다양한 범주(계급, 인종, 젠더, 생산관계, 주체성, 문화 등)가 근원적 위상을 얻은 과정, 역사가들이 이러한 범주에 근거하여 과거를 연구하는 행위를 고민해야 함
   - 맥락화는 결국 현재의 시각과 구도로 과거를 재단하는 행위 → 역사가는 과거를 이해하는 과정에서 맥락을 끊임없이 재구성하고 재설정해야 함
   - 역사 학습에서 역사가의 연구 과정과 방법을 체험하는 것보다, 과거와 과거에 대한 역사가의 이야기에 비판적 질문을 던지게 하는 것이 중요

④ 역사 학습에서의 역사화
  ㉠ 학교 교육에서 학습자의 자아와 주체 문제
   - 모든 개인은 시간과 공간의 맥락에서 자신의 존재를 구성하는 행위를 통해 사회적 존재 조건을 재생산, 타자의 인정과 관계에서 드러나는 정치적인 주체
   - 학교 교육은 각종 분류와 구별을 통해 모든 주체들을 객체화시키며, 교육학이 제공하는 지식과 관행은 분류와 통제의 양상 → 학생은 교육을 통해 수동적으로 대상화
   - 학습자·학생은 교사가 주시할 대상, 숫자로 파악될 수 있는 대상, 문제를 해결하고 발달하는 합리적 존재, 타락한 어른과 격리되어 잘 교육받아야 하는 존재, 사회문제에 대한 판단을 유예하는 것이 바람직한 존재로 설정되어 격리와 유예를 전제로 학습 내용과 행동 규범을 통제당하고 대상화됨
  ㉡ 역사 학습에서 역사화란 역사 지식의 가치중립성을 비판하고 기성의 역사학, 역사 지식을 문제화하는 것
   - 학자들의 정설/이설이라는 학계의 권력 관계가 교육과정과 교과서를 통해 재현
   - 역사 학습에서 객관성과 진리를 중시하면서, 누구의 진리이고 누구에게 유리한 객관성인지는 따지지 않음
   - 무엇을 왜 가르쳐야 하는가에 대해 역사가가 어떠한 연구를 어떤 방식으로 진행하고 있는가를 검토해야 역사교육이 역사학에 기여할 수 있음
   - 선행학습과 학교 밖 역사가 난무하는 상황에서, 무엇을 배우는가 만큼이나 이미 배운 것을 비판·검토·교정·폐기하는 탈학습이 중요
   - 역사 지식의 자체 변형은 비판적 재수용에서 이루어지며, 이는 학습 내용을 재구성하는 교사의 직무와 직결 → 교사 역시 역사 지식의 역사성을 탐색하는 역사화 과정의 일부, 학생들이 교과서와 교사에게 의문을 제기할 수 있게 해주어야 함

◇ 맥락화와 역사화

흔히 역사가는 과거의 인간 행위 혹은 사건을 맥락화한다고 이야기한다. 그리고 역사화라는 말을 맥락화라는 의미로 함께 쓰기도 한다. 그러나 엄밀히 말하자면 둘은 같은 뜻이 아니다. 맥락화라는 것은, 현재의 관점에서 설정한 구도와 같은 것에 과거의 현상을 삽입하는 것이라고 할 수 있다. 즉 맥락화를 정해진 틀에 과거의 조각을 모아 완성된 그림으로 만드는 것으로 이해한다면, 그것은 역사화와 다르다. 역사화란 모든 종류의 과거에 대한 진술을 그 역사적 맥락에 위치시키는 것이며, 동시에 모든 역사서술과 연구가 어쩔 수 없이 그것이 수행된 당시의 관심과 선입견을 반영하고 있는 정도를 검토하는 것이다. 따라서 역사화를 추구하는 새로운 역사주의는, 과거가 들려주는 이야기에 대해서만이 아니라 듣는 측의 당파성에 대해서도 의심한다. 역사주의는 자체의 과거와 현재 모두를 이데올로기적으로 점검하고자 한다.

◇ 스콧 J. W. Scott의 언명

역사는 진리의 문제가 아니라, 우리가 과거에 대해 아는 것은 무엇인가 그리고 우리가 역사라고 부르는 지식을 생산하고 수용하는 것을 다스리는 규칙 혹은 관행은 무엇인가의 문제이다. 역사는 역사가에 의해 구성된 것이며, 서술된 역사는 권력관계를 반영하며 생성한다. 포함과 배제의 기준, 중요성에 대한 측정, 평가의 규칙은 객관적 준거가 아니라 정치적으로 산출된 관행이다. 우리가 역사로 알고 있는 것은 과거 정치의 산물이며, 오늘날의 문제는 현재에 관해 역사가 어떻게 구성될 것인가에 대한 것이다.

(4) 학생들의 삶에 의미있는 역사를 가르쳐야 한다는 논의

① 학교 역사가 내용 지식을 전달하는 데 치중되었던 데 대한 비판
  ㉠ 역사가의 텍스트 독해 방식(역사적 사고)을 가르치자는 주장
  ㉡ 학생에게 '의미 있는 역사'를 가르치자는 주장

② '의미 있는 역사'란?
  ㉠ 시민을 위한 역사
  ㉡ 현재와 관련있는 역사
   • 배우고 싶어하는 최근의 과거
   • 현재를 기준으로 과거 인식이 도구화될 우려
   • 상대적으로 근현대가 그 이전 시기와 갖게 되는 연관성에 대해서는 간과될 우려
   • 현재를 위해 과거를 활용함에 따라 다시 현재를 이해하는 방식을 제약하는 결과
  ㉢ 참여 가능성이 높은 역사
   • 학생이 역사적 사건과 행위자에 대해 관점을 형성하고 이를 토대로 자기 입장을 말할 수 있어야 한다는 견지에서 다원적 관점에 입각한 논쟁성 논의 강화
   • 학생이 자신이 처한 맥락에서 과거를 바라볼 수 있게 내러티브 프레임워크 narrative framework(과거에 의미를 부여하는 틀) 형성◇
   • 내러티브 틀은 탐구를 통해 확장하거나 정교화할 수 있는 해석 비계 scaffold → 그에 따라 학생은 현재를 또한 지속되는 과정의 부분으로 바라볼 수 있게 됨
   • 교사는 학생이 대안적 내러티브를 구성할 수 있도록 탐구 과정을 지원하는 역할

◇ 쉐밀트 D. Shemilt의 제안

쉐밀트는 학생이 내러티브 프레임워크를 유동적으로 확장할 수 있어야 한다고 제안하였다. 즉 내러티브 프레임워크를 다양화함으로써 특정한 사건을 더 길거나 짧은 시간 흐름 속에서 위치시키며, 시간 흐름에 따라 사건들 간의 의미 관계를 재설정할 수 있어야 한다는 것이다.

4 역사적 사고를 위한 역사교육

(1) 역사적 사고 논의와 역사 수업의 괴리

① 역사적 사고의 당위성에만 치중
  ㉠ 역사적 사고가 원론적으로는 지지를 받으나, 역사교육의 내용과 방법에 대한 논의로 구체화되지 못함
  ㉡ 적절한 사고 과정을 결합하여 학습 목표로 제시해야 함

② 역사적 사고력을 기능으로 범주화
  ㉠ 역사적 탐구 기능과 역사적 상상력의 조합으로 보거나, 하위 사고 기능을 범주화한 시도
  ㉡ 인지적 능력에 초점을 둔 입장에서의 비판
   • 역사적 사고는 총체적 정신 활동이므로 개별 사고 기술을 통해 육성하는 것이 아니라 종합적 통찰 능력으로 개발할 필요가 있음
   • 교사가 통찰력의 전범典範을 보여주고 학생 스스로 역사를 구성하게 하자고 제안

(2) '역사적 사고력 함양' 수업에 대한 비판적 성찰

① 학습자 중심 담론
　ⓐ 내용: 구성주의와 포스트모더니즘, '배움의 공동체'나 혁신 학교 영향으로, 학습 주체로서 학생을 강조 → 학생 활동 중심 수업으로 감정이입 등을 중시
　ⓑ 비판: 역사가처럼 사료를 다루는 학습 활동이 도외시, 역사 교과의 특성은 배제된 채 역사 교과와 무관한 활동 참여만 남음
　ⓒ 대안: '사료 다루기'의 기본 검토 과정이 전제되어야 함, '역사하기'란 곧 사료 다루기 및 관점에 따라 역사를 해석해보기

② 현재주의적 시각
　ⓐ 내용: 역사를 나와 상관없는 과거의 일, 남은 기록으로 치부하지 않고 학생의 현재 삶과의 관련성을 강조
　ⓑ 비판: 비역사적이고 탈맥락적인 지나친 현재주의 우려
　ⓒ 대안
　　• 역사 인물가 사건은 당대의 맥락 속에서 이해하고 해석해야 한다는 기본 전제를 주지하고 실행해야 함
　　• 교사와 학생 모두 자신이 투영한 가치와 인식체계가 지닌 특징 및 한계를 인지해야 함

③ 국가주의 서사에 맞서 대안 서사를 추구하는 접근
　ⓐ 내용: 국정 교과서 파동 → 국가나 외부의 힘에 의해 규정된 구조를 거부하고, 역사 교과서 서술과는 다른 대안적인 관점과 내용을 제시하고 대체하려는 노력, 학생들이 역사를 자기문제화하고 역사적으로 사고하리라는 기대
　ⓑ 비판
　　• 대안 서사의 발전과 도출 과정에서 닫힌 서사와 목적론적 역사 이해를 추구할 우려
　　• 교사의 역사교육관과 신념화된 역사교육 목표가 투영될 우려
　　• 교사가 제시한 비판적·대안적 견해에 학생들의 역사적 사고 의욕이 줄어들고 역사화가 어려워 짐 ('답정너' 우려)
　ⓒ 대안: 학생이 교사에게 인정받을 만한 의견을 제시하지 않고 자신의 머리로 생각하는 역사적 사고 과정을 거치게 해 주어야 함

◇ **지성사 연구자들의 반성**

당대의 맥락을 걷어내고 현재의 관심과 의도로 과거를 연구하는 접근 방식에 대한 대표적인 비판은 텍스트의 의미를 역사적으로 이해하려고 한 지성사 연구자들에 의해 이루어졌다. 이러한 오류는 역사교육에서도 확인할 수 있다. '근대화' 등 거대한 역사 도식을 전제하고 이 도식에 맞춰 특정 인물·사상·사건에 자의적인 의미를 부여하는 설명, 민족주의·민주주의·평화·인권 등 거대한 중심 주제를 설정하고 특정 인물·사건·사상의 역사를 그러한 거대한 흐름이 만들어지고 발전하는 과정으로 설명하려는 시도, 사상과 개념을 당대 현실의 반영물이라고 간주하고 전자에서 후자를 읽어낼 것을 주문하는 구도, 역사적 맥락을 고려하지 않고 과거 인물의 사상·저술·주장 등에서 오늘날 유행하는 관심사와 관련된 내용만을 읽어내는 접근으로 평등·자유·인권·여성·평화·다문화 등의 주제어에 따라 과거를 검색하는 양상 등.

(3) 역사적 사고를 구현하는 역사 수업

① **과거에 대한 역사적 질문과 탐구**: 학생들이 사료를 읽고 탐구하기 위해서는 '질문'이 중요
  - ㉠ 학생들 스스로 질문을 만들고 답하는 방법을 익혀 탐구할 수 있도록 학습 내용과 교수·학습 방법을 고안해야 함
  - ㉡ 교사가 자신의 탐구 경험을 학생 수준에 맞추어 적정화할 필요: 당연한 역사적 사실과 설명 논리를 뒤집고, 논쟁 가능성을 인지하며, 다른 납득 가능한 설명을 이해하려 노력해야 함
  - ㉢ 부자연스럽고 납득되지 않는 과거에 대한 질문, 여러 해석과 열린 전개로 접근

② **사료 기반 쟁점 분석과 해석에 기초한 '역사하기' 구상**: 자료 찾기와 자료 읽기, 여러 사료에 대한 종합적 이해, 상반된 해석을 불러오는 사료를 납득하려는 시도
  - ㉠ 다양한 메시지와 가짜뉴스 속에서, 주어진 정보를 맥락적으로 읽고 판단하고 해독하는 능력은 매우 중요(국어 문해력과는 다른 능력)
  - ㉡ 연구자들의 상반된 관점과 해석의 여지가 있는 역사적 사실들을 직접 비교·대조하여 판단하도록 하는 학습 방법 필요
  - ㉢ 사료 비판에서 나아가, 관점과 해석에 따라 사료를 달리 활용하는 법까지 확장 → 상반되고 경쟁적인 사료를 제시하여 비교·분석하는 수업

③ **역사적 사고를 경험하는 학습 활동 설계**
  - ㉠ 역사가처럼 사료를 다루려면 충분한 시간, 당대 상황을 상상할 수 있는 조건이 필요, 교사가 먼저 그런 경험을 하고 타당성을 검토하는 수업 연구 과정을 마련해야 함
  - ㉡ 역사적 사고를 경험하는 학습 활동을 구상하기 위한 전제
    - 관점과 해석의 다원성을 인식, 역사적 사고 기능이라는 방법적 절차에 매몰되지 말고 학생 스스로 탐구할 수 있도록 필요한 구조를 교사가 정교하게 제공하는 스캐폴딩 scaffolding 필요
    - 과거의 단절적 측면을 외국과 같은 낯선 시공간으로 상정: 낯선 세계를 보는 일은 상식적 인식을 거스르는 의식적 행위임을 인지
    - 현재 본인의 인식틀에 대한 문제 제기: 거대 서사를 부정하고 단일 서사의 비역사성을 파악하며, 그러한 해석과 의도에 대해 비판적이고 합리적 시각 형성
    - 교사의 '반성적 성찰' 필요: 자신의 목표, 역사적 이해, 내용 선정 기준 등을 전폭적으로 재성찰
  - ㉢ 역사적 사고를 경험하는 학습 활동을 구상하기 위한 단계
    - 역사 교사가 자신의 역사교육 철학과 수업에 대한 신념을 정리하고, 해당 주제에 대해 교사 자신의 역사 이해를 되짚어보는 메타적 분석
    - 교사의 역사 이해와 설명 방식을 자기 객관화, 최근 역사 연구 성과에서 쟁점 파악
    - 당대인의 생각을 파악할 수 있고, 통설적인 해석이 근거로 삼고 있거나 통상적인 설명 방식에 인지적 균열을 가져오는 자료를 찾아서, 이를 바탕으로 정교한 발문과 인지적 학습 경로를 구상
    - 해당 역사 주제에 대한 교사의 관점과 사고의 과정을 드러내도록 구성

CHAPTER 05 내러티브

1 내러티브 이론

(1) 내러티브narrative란?

① 용례의 다양성

㉠ 서술 방식

㉡ 수업 방법: 내러티브 설명

㉢ 인식: 내러티브 탐구(사고)narrative inquiry

② 역사교육에서의 의미

㉠ 이야기story

㉡ 사고양식, 프레임워크framework: '과거의 재현' 혹은 '증거에 기초한 논증'

㉢ 양자가 혼용되며 구분이 명확하지는 않음

(2) 역사 내러티브에 대한 입장

① 역사 내러티브의 문학성 주장

㉠ 밍크

- 스토리텔링은 가장 보편적 인간 활동으로, 역사는 스토리
- 내러티브는 사건들을 연결짓는 스토리를 드러냄으로써, 사건들 간의 상호관계를 하나의 단일한 전체로 일관성 있게 조합하여 이해시키는 역할
- 결국 역사 서술에서 내러티브 양식은 상상적인 구성의 산물로, 과거의 중요성은 역사가의 상상에 의해서만 결정됨(내러티브 역사 서술은 과거의 실제 사건과 행위를 표상할 수 없음)
- 사건들로부터 내러티브가 구축되는 것이 아니라, 사건이 내러티브로부터 추출되는 것

㉡ 화이트

- 내러티브는 은유적 설명에 의한 문학적 인공물
- 역사가는 플롯을 사용하여 구성 요소들을 배열하고 일련의 사건들을 특정한 스토리로 전환시킴 → 플롯화emplotment는 역사가가 사건들에 특징과 배경, 논조와 관점을 부여하고 사건들 간의 관계를 묘사하는 전략
- 따라서 사건들은 특정한 플롯 구조를 통해 기호화되어 비극, 희극, 로망스, 풍자 등의 스토리로 언어와 레토릭rhetoric을 통해 '만들어지고', 모든 역사 현상의 표상은 언어를 통해 구현되므로 상대적임
- 역사가는 논증적 설명도 하면서 스토리의 플롯을 구성하는, 예술과 과학의 임무를 동시에 수행
- 어떠한 역사 서술도 언어의 속성상 이데올로기적으로 순수할 수 없음

- ⓒ 앤커스미트 F. Ankersmit
  - 과거는 일정 정도 재현은 가능하지만 본질적으로 표상될 수 없으므로, 내러티브는 과거에 대한 수많은 개별적·기술적 진술이 아니라 '과거에 대한 표상적 회화 representational painting'(최상의 역사 내러티브는 가장 은유적인 것)
  - 내러티브는 그것이 '표상하는' 것과 다르며 단지 불명료함으로 대체될 뿐
  - 역사 내러티브는 과거에 대한 묘사와 설명이 아니라 해석이며, 해석은 과거의 반사나 과거에 대한 번역이 아님
- ⓔ 리쾨르 P. Ricoeur
  - 우리는 내러티브를 통해 세계를 경험하고 시간 속에 사는 인간 존재의 의미 찾을 수 있음
  - 사건들은 플롯의 변수인 뮈토스 mythos이며, 역사 서술은 플롯화를 통해 모사 mimesis하는 것과 비슷
  - 과거 실제를 사실대로 보여주지는 못하지만 '마치 그러했던 것처럼 as if' 과거를 창조하고 구성함

② 역사 내러티브의 차별성 강조
- ⓐ 만델봄
  - 역사는 원래 스토리가 아닌 탐구 inquiry, 역사가는 사실을 발견하는 탐구에 종사하며 그것을 꾸며내지 않음
  - 역사의 본질은 문학적 표현이 아니라 사료의 분석과 설명, 구조에 대한 해석
- ⓑ 샤르티에 R. Chartier
  - 역사가가 생산하는 지식은 확인하고 증명할 수 있으며, 역사가는 진리 추구를 위해 사료와 과거에 의존한다는 점에서 문학과는 다름
  - 역사는 '사료 수집-정보 확인-가설 검증-해석'을 구축하여 지식을 생산하는 학문
- ⓒ 피셔
  - 역사 내러티브는 설명의 한 형식일 뿐
  - 역사 서술은 스토리를 이야기하는 것이 아니라 문제를 해결하는 것

(3) 내러티브의 종류

① 내러티브의 부활
- ⓐ 전통적 내러티브 서술에 대한 비판
  - 20세기 중엽, 전통적 내러티브 서술이 비과학적이고 인과 관계를 제대로 설명하지 못한다는 비난 대두
  - 사회사의 유행, 마르크시스트 이데올로기와 사회과학의 양적 방법론, 역사 변화를 설명할 수 있는 법칙과 패턴 추구 등으로 인해 개별 사건이나 주제를 일정한 구성 형식에 따라 서술하는 내러티브는 퇴조
- ⓑ 내러티브 논쟁의 대두
  - 물질주의적 결정론에 대한 회의 및 문화사 등장과 함께 내러티브 논의 전개
  - 스톤 L.Stone의 「내러티브의 부활: 새롭지만 오래된 역사에 대한 고찰 The revival of narrative: reflections on a new old history」(1979)°: 아날학파, 마르크스 역사학, 미국 계량 역사학에 이어 묘사적이며 인물 중심적인, 집단보다는 개인에 초점을 둔, 과학적이기보다는 문학적인 내러티브 역사가 성장할 것이라 예측
  - 서술 형식과 주로 인식론적 쟁점(의미를 부여하는 틀)에 관한 논의 중심으로 확산

◇ **스톤의 내러티브 인식**

스톤은 내러티브란 '일어난 순서대로 내용을 조직한, 하나의 일관된(서브플롯은 추가될 수 있음) 이야기'라 규정하고, 내러티브 역사를 구조적이고 과학적인 역사와 대비시키며 양자간에는 '본질적인 방식에서 차이'가 있다고 주장했다. 정교한 수학공식을 활용하거나 경제학적·인구론적 결정론에 입각한 과학적 역사와 비교할 때 내러티브 역사는 '분석적이라기보다는 묘사적이며, 중심을 상황이 아닌 사람'에 두는 특징을 지니고 있기 때문이다. 곧 내러티브에서는 인물, 사건, 묘사가 핵심어이며, 사회과학적이고 분석적인 역사와 내러티브 역사 간에 차이가 존재한다는 것이다. 『역사교육의 내용과 방법』에서 강선주가 구분한 수업 방식 중 설명식 수업은 스톤이 말한 과학적·분석적 역사에, 이야기식 수업은 내러티브 역사에 준하는 것으로 볼 수 있다.

② 이야기story로서의 내러티브: 전통적 관점
　㉠ 의미
　　• 구체적 상황에 대한 일화, 특정 시점에 일어난 하나의 이야기, 과학적·분석적 서술과 대비되는 이야기체 서술
　　• 인물과 사건이 중심이 되며, 주로 시간적 연속선상의 변화를 따름(필수적이지는 않음)
　㉡ 토폴스키J. Topolski의 분류: 내러티브를 그 속에 담겨 있는 시간의 내용에 따라 세 가지 유형으로 분류

연보 annals	· 당시대의 사람들이 일어났던 사건을 순서대로 기록한 것 · 기록자가 선택한 사건을 기록: 당대의 세계관, 인간관, 역사의식의 상태가 반영 ex. 1939년 독일군은 폴란드를 침공했다.
연대기 chronology	· 사건을 일어난대로 서술하지만, 이전에 있었던 역사적 사실 중 이와 관련이 있는 것에 주목, 기록자가 가지고 있는 역사적 지식 활용 · 시간적 순서 포함, 해석 가능한 인과관계들로 연결 ex. 20년간 지속된 평화의 시대는 유럽에서, 아마도 전 세계에서 끝났다. 독일은 폴란드를 침공했고 이로써 유럽에서 전쟁을 일으켰다.
엄밀한 의미의 역사 strict historical statement	· 사건의 결과에 대한 지식, 역사 연구와 역사 인식까지도 포함한 서술 · 시간의 관점에 의해서만 가능한 역사적 내러티브 ex. 1939년 유럽에서 제2차 세계대전이 일어났다.

③ 의미를 부여하는 틀framework로서의 내러티브
　㉠ 의미: 시간의 변화 속에 일어나는 무질서하고 의미 없어 보이는 일련의 사건 간에 존재하는 관련성을 드러내어 의미를 부여하는 틀
　㉡ 특징
　　• 자연과학과는 차별적인 역사학의 고유성
　　• 이야기로서의 내러티브보다 넓은 범위(과거를 분석하는 사회과학적 설명과 인물 중심의 당대 재현 둘 다 포함)
　　• 원래 인간이 세계를 인지하는 방식 중 가장 원초적인 방식의 하나
　㉢ 종류
　　• 과거 재현으로서의 내러티브
　　• 증거에 기초한 역사가의 논증으로서의 내러티브
　㉣ 논의 전개
　　• 1940년대 분석철학 논쟁: 헴펠의 포괄 법칙 주장 vs 드레이의 합리적 행위 이론 → 이 가운데 내러티브성이 주목◇
　　• 이후 논의에서 내러티브성은 '의미를 부여하는 틀'에 중심: 역사가가 판단하는 역사적 중요성에 따른 의미 부여와 시간을 강조 → 내러티브는 시간 속에서 변화(연속성)하는 과거에 의미를 부여하는 역할
　　• 내러티브는 '과거 재현'을 가능하게 해 주는 도구인가, '과거를 재료로 역사를 창조'해내는 것인가를 두고 논쟁 대두

◇ 내러티브성

단토A. Danto는 '역사학은 인간 세계의 시간적 변화를 서술하는 것'이라며 역사학의 내러티브성을 주장하였다. 이러한 가운데 내러티브는 역사 연구와 서술의 고유한 특성으로 자리매김하였고 헴펠이 불을 붙인 과학 대 역사 논쟁은 잦아들었다. 과거의 모든 사건을 직접 목격하고 모든 사건에 대한 자세한 서술을 남긴 이상적인 연대기 작가ideal chronicler가 존재한다고 할지라도, 단토는 이 작가의 서술은 역사 서술이 가지는 내러티브적 특성을 나타내지 못한다고 보았다. 사건에 의미를 부여할 수 있는 시간적 위치를 확보하지 못한 채 서술이 이루어지기 때문이다.

◇ **화이트가 말한 내러티브**

화이트는 내러티브가 일련의 사건을, 시간에 따라 전개되는 전체성으로서의 사건에 대한 담론으로 변형시킨다고 하였다. 즉 시간적인 사건 목록의 연대기를, 내러티브는 사건의 해석인 역사로 변화시킨다는 것이다.

◇ **앤커스미트의 양상aspect**

앤커스미트는 과거와 역사가 사이에 양상이라는 새로운 제3의 개념을 제시했다. 양상은 과거 대상과 역사 서술 사이에 존재하는 논리적 공간에 위치하는데, 역사 재현은 과거 대상, 양상, 역사 서술의 삼자 관계 속에서 일어난다. 즉 역사 서술은 과거 자체의 재현이 아니라, 과거를 바라보는 역사가의 관점이 반영된 양상의 재현이다. 역사 서술이란 결국, 역사가의 해석을 거쳐 과거를 재현하는 것이며, 내러티브는 해석이라는 불투명한 통로를 거치는 과거 재현의 과정이자 결과물이다.

◇ **비재현주의**
non-representationalism

이러한 입장은 과거 재현을 내세우지 않으므로 비재현주의라 불리기도 한다. 재현을 역사의 본질적 목적이자 핵심으로 받아들이지 않는다는 점에서 과거의 존재를 부인하는 극단적 입장이라는 오해를 받지만, 과거 존재 자체를 부인하거나 역사가가 실재했던 과거를 대상으로 작업을 한다는 사실을 부인하는 것은 아니다. 다만 역사가의 작업은 과거를 거울로 비추듯 재현하기보다는 과거 사실과 사실의 해석을 기초로 논증을 하는 것이라는 입장이다. 이때의 논증은 한두 개의 문장이 아닌 책한 권을 관통하는 수준의 것으로 홉스봄 E. Hobsbawm의 '단기短期 20세기' 주장, 클라크C. Clark의 '1차 세계대전의 주역들은 몽유병자들이었다'는 주장 같은 것들이다.

◇ **설명과 묘사**

설명explanation은 인과관계 파악을 위해 자연과학에서 활용하는 고차원적 서술 방식이며, 묘사description은 설명에 비해 단순하고 개별 사건에 국한된 것으로 다소 문학적이고 정교하지 못한 서술 방식으로 인식되는 경향이 있어, 내러티브의 과학성에 의문이 제기되었다. 설명은 원인을 밝힘으로써 일반화와 보편화를 지향하는 것인데 내러티브의 속성인 묘사는 이에 미치지 못한다는 것이다.

④ 증거에 기초한 논증으로서의 내러티브

㉠ 내러티브 이론narrativism
- 1970년대 이후 역사학을 바라보는 하나의 관점 또는 이론적 경향으로 대두
- 논점: 과거 실재reality를 재현representation하는 것과 역사 내러티브가 어떤 관계를 맺고 있는가
- 의의: 역사 연구와 서술의 관계, 경험을 문자로 표현하는 문제, 역사 재현의 본질, 진리와 객관성 등 역사학을 수행하는 데 등장하는 주요 이슈들에 대한 회고

㉡ 역사 서술은 과거의 단순한 재현인가?
- 화이트: 역사가들의 작업은 '사실'을 '허구'로 번역하는 일, 역사 서술은 '과거 사실의 재현'이 아니라 '역사가의 구성물'로 소설과 별 차이가 없다고 주장◊
- 역사 서술의 목적은 과거 실재를 담아내는 것이 아니라는 새로운 인식 대두
- 역사는 과거 사건에 의미를 부여하여 역사가의 주관이 반영된 창조물: 과거 자체에는 내러티브 구조가 없지만 이를 재현한 내러티브에는 사건의 시작, 중간, 끝이 있으며 이를 통해 사건의 완전성이 추가되고 의미가 더해짐

㉢ 포스트 내러티비즘
- 역사 내러티브란 완벽하지는 않아도 일정 정도 과거를 재현한다는 입장: 과거와 텍스트 사이의 복잡성에 주목, 과거와 역사라는 일대일 대응 구도에서 나아가 그 사이에 존재하는 역사가의 관점·해석 강조◊
- '역사하기'에 있어서 과거의 재현보다는 역사가가 행하는 공동의 실천과 습관, 또는 역사가가 구성하는 논증argument, 추론reasoning에 초점을 두는 입장: 역사 내러티브란 일어난 과거에 대한 해석, 곧 증거를 면밀하게 해석하여 과거에 대한 논증을 구성하는 과정과 결과물◊

(4) 내러티브를 둘러싼 쟁점

① 내러티브에 대한 비판론과 반론

㉠ 과학적이지 못하며 설명적이지 않다◊
- 내러티브는 상황에 대한 묘사를 통해 중심 주제를 축으로 사건 간의 인과관계를 보여줄 수 있음
- 내러티브 구성 요소들을 사건의 필연적 조건으로 연결해나가면 분석적 설명이 아니어도 사건의 계속성과 의미를 파악할 수 있음
- 역사 서술에는 묘사적·설명적·논쟁 혹은 정당화·해석적 방법이 서로 연관되어 있음

㉡ 구조에 대한 서술이 어렵다
- 내러티브는 구조보다는 역사속의 인물, 그들의 의도와 행위를 드러내어 개별적이고 특수한 사건들을 설명하는 방식임
- 최근에는 구조와 인간 행위를 상호 작용하는 의존적 관계로 파악하기도 함

- ⓒ 이데올로기적 한계를 갖고 있다
  - 내러티브는 사건을 서열화한 주체의 욕구, 법률·합법성·정당성같은 권위있는 주체와 연결된 것이라는 비판(화이트)
  - 주관성이 역사학의 가치를 훼손하는 것은 아니며, 역사 서술에서 화자의 위치를 적극적으로 드러내고 비판적 읽기를 수행하면 됨
- ⓔ 과거의 상을 제대로 재현하기 어렵다
  - 재현, 즉 실재성은 내러티브의 본질이 아님
  - 기본적인 이야기의 재료들이 실재적 배열과 표현으로 담기는 양상, 그렇게 배열되고 표현된 사건의 의미가 중요한 것(핍진성逼眞性이 본질)

② 전통적으로 거론되는 내러티브의 효용성
- ⊙ 내러티브는 아동들에게 수용될 수 있는 역사 이해의 발판
  - 역사가뿐 아니라 학생들에게도 친숙한 역사 서술의 형태, 흥미 유발
  - 역사 고유 개념이라 할 수 있는 다른 시대, 장소, 사건들에 대한 이해를 촉진
  - 구체적인 인간 행위와 의도, 그 결과를 다룸으로써 인간 경험에 대한 이해를 촉진
  - 아동들은 내러티브의 시간적 전후관계를 통해 역사 사건의 인과관계를 인식
- ⓒ 역사 수업에서 다양하게 활용
  - 수업 소재: 호기심을 자극하고 지적 만족감을 줄 수 있음
  - 전달 수단: 교사가 알고 있는 사건을 수업 내용으로 변환(담론의 형태, 언어를 통한 변형)
  - 수업 방법: 내러티브를 읽고 토론하는 것은 역사 서술에 대한 해석과 분석 촉진, 인간의 동기 및 역할 파악에 용이
  - 수업 내용: 내러티브는 교사가 갖고 있는 내용지식이 변형된 형태이므로 그 자체가 가르치는 데 직접 활용되는 내용(어떤 것을 선택하고 배제할 것인지와 관련)
  - 역사인식 도구: 역사의 기본적인 인지 도구(밍크)이자 역사 서술 방법
- ⓒ 역사 학습에 활용할 경우의 문제점
  - 자의적인 진실성 부과: 특히 일인칭 내러티브의 경우 저자가 잘 만든 이야기good story가 역사적 사건의 실체적 정확성을 압도하여, 학생들이 화자의 권위에 대해 비판적으로 분석하지 못함
  - 이데올로기적이며 권위적: 내러티브는 특정 문화나 집단의 중요도에 따라 사건을 서열화하려는 욕구에서 비롯된 것이며(화이트), 학생들은 도덕적·정치적·사회적 판단의 정당성을 수용하고 자신의 주체적 가치판단을 유보함
  - 공상적 꾸밈fanciful elaboration: 정확하지 않은 공상을 역사적 사실과 뒤섞음
  - 학생들이 전후 관계와 인과관계를 혼동하는 문제
  - 상상력 고취에는 효과적이나 분석력·탐구력 제고에는 부적합
  - 내러티브 구성 과정에서 구성력의 부족으로 역사 이해의 기본 요소(원인, 증거, 변화, 해석)를 담지 못하며, 진보를 역사 발전 방향과 서술 기준으로 삼기 쉬움
  - 소음noise없이 순조로움: 내러티브가 응집성과 일관성을 갖기 위해 단순화되고, 표현할 대상으로서의 과거를 선택하는 문제

◇ **아동의 내러티브 이해**
아동이 내러티브를 쉽게 받아들인다는 연구 결과는 많다. 렙스틱은 7~8세 아동들도 이야기 형태로 역사를 이해할 수 있다고 하였고, 파파스C. C. Pappas와의 공동 연구에서 초등학생이 역사 이야기를 이해하고 다시 구성할 수 있음을 확인하였다. 이건 K. Egan도 초등학생들이 이야기식 역사에 흥미를 느끼며 비판적 분석을 위한 준비가 되어 있음을 확인하였다.

◇ **내러티브와 인과관계 인식**
영역 고유 인지 이론 연구에 의하면 개념 획득의 핵심은 인과관계 이해인데, 내러티브는 바로 시공적·인과적 요소가 들어간 역사 서술이다. 내러티브는 인과관계 이해에 큰 도움을 주며, 역사를 맥락화해 줄 수 있다.

◇ **내러티브의 다성성多聲性**
이영효는 학생들이 역사 서술을 더 이상 과학적 탐구 과정을 거친 일반화 또는 논리적 설명으로 여기지 않는다면서, 내러티브는 일인칭·삼인칭 등 다양한 화자의 목소리를 드러냄으로써 역사가 역사가의 해석에 의해 구성된 것임을 인식하게 한다는 견해도 소개하였다. 학생들은 나름대로의 해석과 가치판단을 통해 내러티브에 개입되어 있는 이데올로기를 해체하며, 더 나아가 스토리를 통해 세계를 이해하고 발견하며 재창조한다는 것이다. 따라서 내러티브를 통한 '독자의 부활'은 역사 텍스트 읽기를 '세계 만들기world-making'로 정의하게 하고, 내러티브는 세계와 주체를 잇는 매개이며, 이야기를 이해하고 표현하는 행위는 세계와 연관된 존재로서 자아를 탐구하는 성찰적 세계 인식의 과정이라고 하였다.

2 내러티브와 역사교육

(1) 내러티브 연구와 역사 교수·학습

① 역사 교수·학습에서 내러티브 활용과 연구의 구분

좁은 의미의 내러티브	넓은 의미의 내러티브
· 인물과 사건 중심의 이야기 story · 역사 서술과 같은 담론 discourse(말 또는 글 형식)	· 시간 변화 속 의미를 구성하는 틀 framework · 사고방식 mode of thought
· 서술 방식을 바꾸어 역사 교수·학습을 증진하려는 측면에서 연구 · 역사 교과서 서술 개선 측면에서 활발한 연구	· 역사 이해가 어떻게 이루어지는지를 탐구하는 측면에서 연구 · 학생들이 역사를 이해할 때 이루어지는 사고에 중점

② 담론으로서의 내러티브 연구와 학생의 역사 이해: 주로 교과서 연구

㉠ 교과서 서술(내러티브) 분석 및 비판
- 서술 주체와 관점을 감춘 특별한 내러티브
- 메타 담론이 나타나지 않음
- 학생들은 교과서 비판적 읽기가 사실상 불가능
- 역사에서의 해석을 교수·학습하는 데에 교과서 서술은 부적합

㉡ 교과서 서술 개선 및 새로운 서술 방안 제안

서술에서 목소리를 부각시킨 방식	· 인물 주어를 강조, 등장인물의 목소리나 대화를 서술에 포함 · 설명체에서 탈피하여 부드럽고 흥미진진한 이야기체(일상 표현과 구어체) 활용 · 학생들은 자유롭고 적극적인 반응, 텍스트 읽으면서 상호작용을 나타냄 · 학생들이 이해를 더 잘했다는 학술적 증거는 부족
서술의 주체와 관점을 명확하게 드러내는 서술	· 서술 주체인 화자話者(저자)의 목소리가 선명하게 드러난 글 · '나', '여러분', '우리' 등이 등장하여 특정인의 저작임을 명시 · 서술 주체가 전지적 존재는 아니며 관점이 드러나는 해석을 포함 · 메타 담론('~것 같다', '~알지 못한다')을 다수 사용 · 학생들이 텍스트 읽기에 적극적인 상호작용을 보임 · 독해를 넘어서 탐구나 사고 증진에 미치는 영향 정도는 규명되지 않음
역사가의 탐구 과정이 드러나는 서술	· 역사가들이 과거에 대한 질문을 던지고 사료를 읽으며 탐구하고 논증하는 과정을 드러내는 서술(역사 서술은 사실 전달이 아님을 보여줌) · 탐구 질문이 선명하게 부각, 질문에 대한 답변이 다른 질문으로 이어지는 역사 탐구의 한 측면을 보여줌 · 학생들이 서술에 나타난 역사적 추론 과정을 인지하고 초보적이지만 역사적 사고를 활용하여 추론하는 방식으로 읽기 진행 · 학생들이 본문에 주어진 증거에 대해 질문하고, 해석하려는 노력 · 읽기 방식의 차이는 있으나, 주제에 대한 주요 내용 지식 습득의 차이는 불분명

◇ **두 종류의 내러티브**

내러티브는 그 자체가 사고하는 방식이자 그것을 표현해가는 수단(담론)이라는 점에서 '역사의 본질적 구성요소'이다. 따라서 일반적으로는 두 측면의 내러티브가 혼재해서 나타난다. 증거에 기초한 논증으로서의 내러티브는 아직 우리나라 교수·학습 측면에서 본격 적용되지는 않고 있다. 브루너도 양자를 명확하게 구분하기는 어려우며, 담론과 사고방식은 서로 연결되어 있으므로 이를 완벽하게 배타적으로 구분하려 한다거나, 양자 중에서 무엇이 더 기초적이고 근원적인가를 다루는 논의는 성과가 없을 것이라 하였다. 김한종은 역사 수업에서 도구로 활용되는 내러티브를 ① 수업 소재, ② 전달 수단, ③ 수업 내용, ④ 역사인식 도구로 구분하였다. 이 역시 많이 활용되는 구분법이지만, 역사교육에서 이루어진 내러티브 연구는 수업을 전제로 하지 않은 경우도 있으므로 보다 포괄적인 두 종류의 구분도 유용하다.

③ 사고방식으로서의 내러티브 연구와 그 의의
  ㉠ '내러티브 템플릿'(교과서 서사, 역사 내러티브)

의미	• 역사를 학습하고 이해하는 과정에서 작용하는 내러티브 • 역사를 이해하는 하나의 문화적 도구로, 학생들이 역사를 배울 때 여러 사실을 엮어서 이해하는 과정에서 여러 사실을 엮어주는 틀 • 국가의 경우 시대 및 지역에 따라 다양한 내러티브를 분해하면 드러나는 동일한 기본 골자(미국사의 경우 '자유와 진보의 국가', '완벽하지는 않아도 최고의 국가' 등으로, 일종의 거대 서사 grand narrative)
특징	• 학생들은 템플릿에서 벗어나는 사건을 접하면 템플릿에 끼워 맞추어 의미를 이해 • 세부 사실을 통합적으로 이해하는 데 도움 • 서로 다른 맥락이 중첩되는 가운데 벌어진 사건을 지나치게 단순화하거나 왜곡 • 한국사 이해에 있어 '고통과 시련-저항과 극복-국가의 발전'이라는 템플릿을 사용하고, 이에 맞추어 특정 사건의 '일부 내용을 생략하거나 과장'하기도 함 • 다양한 템플릿 존재: 미국 내 소수자를 위한 템플릿으로 '끊임없는 억압과 차별의 변주 속 자유와 평등을 위한 투쟁'

  ㉡ 교과서 서사◇
    • 사회문화적 맥락이 다른 국가나 사회는 서로 다른 내러티브 템플릿을 사용, 주로 교과서가 관통하고 있는 서사
    • 완결성과 닫힌 구조로, 새로운 해석을 제시하기 어렵게 만들기도 함(교과서에 명시적으로 서술되지 않는 경우도 있다는 점에서 교과서 서술과는 다름)
    • 담론으로 표현되지는 않지만 서술을 관통하고 개별 사건, 인물, 사실을 엮어 의미를 부여하는 설명틀이자 인식틀
  ㉢ 역사 내러티브: 일반적인 이야기 storytelling를 바탕으로 역사를 이해
    • 이야기로서의 내러티브가 사고방식의 형태로 학생의 역사 이해에 영향을 미치는 것
    • 통사 역사교육 받기 전 초등학교 4학년 학생들도 사실을 뒤섞거나 부족한 부분을 상상으로 메워가며 내러티브를 역사를 이해하는 사고의 틀로 적극 활용(반슬레이드라이트&브로피)

(2) 역사 수업 계획·실행·평가에서의 내러티브 활용
  ① 좁은 의미의 내러티브(인물과 사건 중심의 이야기로서의 내러티브)

기대	실제 효과
학습자의 흥미 유발	독해를 넘어선 역사 이해에 도움을 주는지 성과 불분명
'역사하기'에 적합한 방법	'역사하기'는 의미를 부여하는 틀로서의 내러티브가 더 적합, 오히려 지식 소환과 암기 방식의 학습을 강화할 우려
수행평가로 내러티브 작성하기 활용(일기 쓰기)	일기 쓰기의 역사성 여부가 문제, 오개념 내용의 일기에 대한 피드백과 평가 문제

◇ 교과서 서사

김민정은 일제 강점기 교과서 서술을 관통하는 '침략과 저항의 서사', 현대사의 '반공 이데올로기에 입각한 서사'처럼 '주요 역사 학습 내용을 통념적으로 연관 지어 설명하는 정전적 설명틀'을 교과서 서사로 명명했다. 교과서가 가진 영향력으로 인해 이와 같은 교과서 서사는 여러 다른 역사적 사실을 받아들이고 이해하는 데 있어 중심이 되는 틀을 제공한다.

◇ **내러티브 논의가 가져온 이해**

의미를 부여하는 틀로서의 내러티브에 대한 논의는 역사학 공동체의 숙고 속에서 역사 서술은 변화한다는 점, 역사를 이해하는 데에는 사고의 틀로서의 내러티브가 작용한다는 점, 역사 내러티브의 핵심은 증거에 기초하여 구성되는 논증이라는 점을 부각시켰다. 이런 관점에서 볼 때 역사란, 역사 내러티브를 분석하고 해석하며 내러티브 사고틀을 활용하여 이해하고 소통하며 변화해나가는 것이라 할 수 있다.

◇ **작품적·비판적·해체적 읽기**

'작품적 읽기'란 '교과서 서술이 제대로 담지 못하거나 왜곡할 수밖에 없는 사건의 중첩과 인과관계의 다면성'을 읽어내는 것이며, '비판적 읽기'는 학생들이 '자신의 관점에서 역사를 이해하고 해석하며, 이를 바탕으로 자신의 역사를 구축'해가는 읽기이다. '해체적 읽기'는 통념적인 교과서 서사를 되짚어볼 수 있는 탐구적 읽기이다. 예를 들어 "서희의 담판으로 강동 6주를 얻었다"라는 설명이나 인식에 내포된 의미가 무엇인지를 질문하고, 이러한 설명이나 인식이 왜 지속되는지, 이를 어떻게 바라봐야 하는지를 역사적 증거에 기초하여 면밀하게 읽어나가는 것이다. 이전부터 역사 교수·학습에서 강조하던 '저자의 관점과 의도를 파악하면서 읽기'를 포함하지만, 특정 사료나 서술을 비판적으로 읽는 것을 넘어서, 증거와 서술의 관계인 논증 부분에 주목한다는 점에서 최근 내러티브 논의를 반영한다.

◇ **사료 기반 문항 Document-Based Questions의 평가 요소**

미국의 대학선이수Advanced Placement 세계사 과목 2019학년도 평가 문항의 채점 요소로, 다음의 내용을 평가한다.
- 주장: 역사적으로 타당한 주장을 바탕으로 논증을 전개하는지(1점)
- 맥락: 관련성 있는 역사적 맥락을 설명하는지(1점)
- 증거: 문항에 대한 답을 하는데 있어 최소 3개 사료의 내용을 활용하는지(1점), 자신의 주장을 최소 6개 사료를 활용하여 뒷받침하는지(1점), 추가 증거를 활용하는지(1점)
- 분석과 추론: 사료 비판을 하는지(1점), 역사적 주장을 구성하는 데 있어 다양한 요인과 관점을 고려하는지(1점)

② 넓은 의미의 내러티브(의미를 부여하는 틀로서의 내러티브)◇

㉠ 역사 학습에서의 읽기와 쓰기가 나아갈 방향성 제시

읽기	· 작품적·비판적·해체적 읽기가 중요◇ · 역사 서술에 대한 타당한 질문을 던지고, 역사적 증거에 기초하여 역사 내러티브를 탐구하는 것 · 역사 내러티브를 읽을 때 증거와 내러티브의 관계를 면밀하게 검토하는 연습 필요 · 교과서를 읽을 때에도 교과서 서술의 증거가 무엇인지, 서술은 증거로부터 타당하게 도출된 서술인지 염두에 두어야 함
쓰기	· 학생들이 역사 내러티브가 어떻게 구성되는 것인지 파악하고, 직접 역사적 증거에 기초한 논증하기를 경험할 필요 · 주어진 증거(부족하거나 충돌할 수도 있는)로부터 다른 사람들이 납득할 수 있는 논증 과정을 거쳐 의미 있는 역사적 질문에 대한 잠정적 답으로 하나의 내러티브를 구성해보는 글쓰기 · 알고 있는 '역사적 사실'이 선택과 배제의 과정을 거쳐 자신들이 배우는 '역사'로 자리잡는 과정
쓰기 평가 사례	· 외국에서는 오랜 기간 훈련 끝에 공교육 마무리 시점에서 '증거에 기초한 논증적 역사 글쓰기'가 중요 평가 형식으로 활용 · 익숙치 않은 여러 사료를 제공하고 '주장', '맥락', '증거', '분석과 추론'이라는 네 영역을 평가◇ · 역사적 사료를 증거로 활용하여 주장을 만들어내고, 이를 사료로 뒷받침하는 논증을 할 수 있는지에 대한 평가

㉡ 활용 사례
- 교과서 사료 학습: 교과서 사료 대부분은 본문 내용 확인 목적으로 편집한 것이므로 학생들에게는 암기 대상 → 교과서에 제시된 사료의 원사료를 찾아 앞과 뒤를 포함하여 맥락적 읽기 추구, 추가 사료 확인
- 교과서 내러티브 검토: 교과서 내러티브에 담긴 주장이 어떤 증거로부터 도출되었고 어떤 방식으로 구성되었는지 검토(일상 생활에도 활용 가능한 역량)

> **매켄지F. Mackenzie의 의병 사진 및 기사의 사례**
> 교과서에 주로 인용되는 의병 관련 자료
>
> > "일본을 이길 수 있다고 생각합니까?"
> > "이기기 힘들다는 것은 알고 있습니다. 어차피 싸우다 죽겠지요. 그러나 일본의 노예가 되어 사느니 자유민으로 죽는 것이 낫습니다."
> > 한국인은 비겁하지도 않았고 자기 운명에 대해 무심하지도 않았다. 한국인들은 애국심이 무엇인지 몸으로 보여주고 있었다.
> > – 매켄지,『한국의 독립운동』 –
>
> 원 사료
>
> > 나는 그들(매켄지 숙소를 찾아온 의병 7명)을 보면서 불쌍하다는 생각을 했다. 아무런 희망이 없는 싸움을 하다가 죽을 목숨들이었다. 그러나 오른쪽에 서 있던 중사의 반짝이는 눈과 미소는 마치 나를 꾸짖는 듯했다. 동정! 나의 동정은 헛된 것일지도 모른다. 아무리 잘못된 방식이라고 하더라도 적어도 그들은 동포들에게 애국심의 모범을 보여주고 있었다. …… 나는 그(의병 7명이 매켄지를 찾아왔던 날 일본군과의 싸움을 지휘했던 의병)에게 의병 부대의 조직을 자세히 물어봤다. 의병은 어떻게 구성되어 있는가? 그의 이야기에 기초해볼 때, 의병에는 조직이 사실상 존재하지 않음이 분명했다. 각각의 여러 무리가 느슨하게 연결되어 있었고, 각 지역의 부자들이 자금을 댔다. 그는 이를 1~2명의 의병에게 비밀리에 전달했고, 자금을 전달받은 이들 주변으로 의병이 모이는 방식이었다. 그는 의병의 전망이 밝지 않다는 점을 인정했다. 그는 "우리는 죽을지도 모릅니다"라고 말했다. "그렇게 된다면 죽어야죠. 일본의 노예로 사는 것보다 자유민으로 죽는 것이 훨씬 낫습니다." …… 한국인들이 '겁쟁이'라든지 '무관심'하다는 비난은 그 힘을 잃어가고 있었다.
> > – Korean's Fight for Freedom –
>
> - 교과서에 제시된 사료는 원 사료와 의미 전달이 완전히 다름
> - 교과서 서술 자체가 증거에 기초한 논증이라기보다는 집단기억의 생성 발판이자 증폭제 역할
> - 이러한 사료를 증거라는 측면에서 어떻게 읽고 수업에서 어떻게 활용할 것인가에 대한 고민 필요

ⓒ 역사교육에의 유용성
- 교과서 서술의 특징 파악하는데 유용
- 증거와 내러티브의 관계를 확인하는 읽기와 쓰기의 중요성을 알려줌
- 학생들이 내러티브를 읽거나 작성할 때 증거에 기초하여 논증하는 역량의 필요성 보여줌
- 이야기체 내러티브의 흥미 자극을 넘어, 역사 서술이 단지 과거를 전달해주는 도구가 아니라 과거에 의미를 부여하는 틀로써 작용함을 알려줌
- 과거 실재-증거-역사 서술 간의 관계, 역사가와 역사 서술의 관계는 내러티브 논의의 핵심 영역 → '역사하기'의 핵심 활동인 읽기와 쓰기에서 증거에 기초한 논증으로서의 내러티브는 중요한 방향성 제공

III.

역사교육의 실제

CHAPTER 01
교육과정

CHAPTER 02
역사교육의 목적과 목표

CHAPTER 03
역사교육의 내용 구성

CHAPTER 04
역사교육의 교재

CHAPTER 05
역사 수업의 방법

CHAPTER 06
새로운 역사 수업 모색

CHAPTER 07
역사 학습의 평가

CHAPTER 01 교육과정

1 국가 교육과정

(1) 교육과정의 의미

① 어원
  ㉠ 교육과정 curiculum 은 경마장의 코스를 의미하는 쿠레레 curere 에서 유래
  ㉡ 어떠한 목적을 달성하기 위해 따라야 할 '코스', 특히 학위나 자격을 얻기 위해 이수해야 할 학과의 과목 혹은 내용의 목록

② 개념의 확장
  ㉠ 학교 교육이라는 측면
   - 학생을 교육하기 위해 학교 안에서 미리 세운 모든 교육계획
   - 학교에서 가르치는 교과의 목록, 한 강좌의 수업 계획서
   - 특정 목적 달성에 필요한 기능을 숙달하기 위해 수행해야 할 일련의 과업
   - 학생들이 학교 교육을 통해 결과적으로 달성해야 할 학습 수준을 사전에 정해놓은 성취 기준들의 집합
   - 학생들이 수업 현장에서 교사와 상호작용하면서 겪게 되는 생생한 경험 자체
   - 학교의 지도하에 일어나는 학생들의 온갖 경험
  ㉡ 개인과 사회의 측면
   - 사람이 자신의 일생을 만들어가는 과정에 영향을 준 모든 것
   - 현재의 정치·경제·문화적 체제를 다음 세대에 재생산하는 수단
   - 학교가 학생들을 의식화시켜 사회를 개조할 수 있는 능력과 신념을 길러주는 수단

③ 교육과정에 대한 정의 분류
  ㉠ 교육의 내용과 활동을 위한 '계획 plan'을 중시하는 입장
  ㉡ 학생과 교사가 상호작용하는 '과정 process'을 중시하는 입장
  ㉢ 교육적 상호작용을 통해 최종적으로 학생들이 성취하게 된 '결과 product'를 중시하는 입장

④ 학교 교육의 측면에서, 구현되는 단계에 따른 분류
  ㉠ 계획된·의도된 교육과정
   - 교육부, 지역 교육청, 학교 등에서 사전에 계획하고 의도한 교육과정
   - 통상적으로 교육의 목표, 내용, 교수·학습 방법, 평가 등에 관한 사항을 포함
   - 일반적으로 계획은 문서로 작성(문서로서의 교육과정)
   - 이후 진행될 교육 활동을 통해 기대하는 바를 담고 있음 → 실행을 위한 지침 역할
  ㉡ 실행된 교육과정
   - 교사들이 학교에서 실제로 전개한 교육과정, 즉 교사의 실천적인 수업 행위
   - 교사 자신의 가치나 신념, 관점을 토대로, 자신이 처해 있는 교실의 맥락, 특히 학생들의 다양한 배경과 능력을 고려하여 실행

ⓒ 경험 및 학습된 교육과정
- 제공된 교육의 결과 학생들이 획득하게 된 경험, 학습 성과나 성취, 태도
- 교육과정 계획에서 의도한 바를 경험하고 성취하지 않은 경우도 있음 → 계획되고 실행된 교육과정의 성과를 판단하는 근거로 기능

(2) 교육과정의 수준
① 개발 주체에 따른 구분
  ㉠ 중앙 집중적 교육과정 개발
  - 중앙 정부가 개발
  - 한국·일본·프랑스·영국 등
  - 장점: 학교 교육의 수준과 질 조절 가능
  - 단점: 학교 교육의 획일화, 교사 배제(교사는 주어진 교육과정 실행자로 전락)
  ㉡ 지방 분권적 교육과정 개발
  - 주州 또는 학교 수준에서 개발
  - 캐나다·독일 등
  - 장점: 지역 혹은 학교의 상황과 여건에 맞는 개발 가능
  - 단점: 교육과정의 질 관리 곤란, 지역·학교 간 격차 발생

② 우리나라의 교육과정
  ㉠ 초·중등 교육법 제 23조 제1항, 제2항: 학교는 교육과정을 운영해야 하며, 교육과정의 기준과 내용에 대한 기본적인 사항은 교육부장관이 정함
  ㉡ 교육과정 문서로 고시: 총론과 교과 교육과정으로 구성
  - 총론: 추구하는 인간상, 학교급별 교육 목표, 학교급별 편제와 시간 배당 기준, 교육과정 편성·운영 기준 등을 제시
  - 교과 교육과정: 성격, 목표, 내용 체계 및 성취기준, 교수·학습 및 평가의 방향 등을 제시
  ㉢ 6차 교육과정 이후 분권화 추세
  - 국가 수준 교육과정 존재
  - 지역 수준 교육과정: 시·군·구 지역 교육청에서 학교 교육과정의 편성·운영에 참고할 수 있는 장학 자료 작성
  - 학교 교육과정: 각 학교의 실정, 학생들의 특성 및 요구 등을 고려하여 편성·운영

(3) 역사과 국가 교육과정의 역할
① 학교 역사교육의 전체적인 틀과 체계를 결정하여 제시
  ㉠ 초·중·고 학교급별 과목 편성, 과목에서 가르칠 내용, 필수·선택과목 여부, 고등학교 선택과목 결정, 기준 시수 등
  ㉡ 학교 역사교육을 위한 기본적인 설계도 역할
② 학교 역사교육의 교수·학습 내용을 규정하는 전국 공통 기준으로서의 역할
  ㉠ 법률에 의거하여 교육부장관이 고시 → 학생의 학습권 보장, 교사의 책무성 달성 목적
  ㉡ 교수·학습 내용을 성취 기준의 형태로 제시 → 내용 기준 content standards 으로 기능

◇ **고등학교 한국사 과목의 사례**

한국사 과목에서 추구해야 할 목표가 무엇인지, 어떠한 내용을 가르쳐야 하는지, 이를 어떻게 가르치고 평가할 것인지와 관련된 내용과 지침들이 제시되어 있다. 특히 성취기준에는 학생들이 해당 과목을 통해 배워야 할 구체적인 내용과 이를 통해 수업 이후 할 수 있거나 할 수 있기를 기대하는 능력이 제시되어 있다.

◇ **역사의 사례**

국가 교육과정 총론에서 제시한 '편제와 시간 배당 기준' 및 해당 시·도 교육청의 지침을 토대로 역사 과목 중 어떤 과목을 편성할 것인지, 이들 과목을 몇 학년에 배치할 것인지, 몇 시수 혹은 몇 단위(학점)로 편성할 것인지를 결정하고, 각 과목별 진도 계획 및 평가 계획 등을 수립하여 제시한다. 예를 들어 중학교의 경우, 학교에 따라 '역사' 과목을 2학년에 주당 3시간, 3학년에 2시간 편성할 수도 있고, 1학년에 2시간, 2학년에 3시간 편성할 수도 있다.

③ 역사 교과서 집필의 토대
  ㉠ 국가 교육과정의 준수 여부는 검정 교과서를 심사하는 가장 중요한 기준 중 하나
  ㉡ 내용 기준으로 기능하고 있다는 점과 관련
④ 학생의 학업 성취를 평가하는 기준 achievement standards의 역할
  ㉠ 성취 기준을 통해 수업 이후 학생이 필수적으로 달성해야 할 지식, 기능, 가치, 태도 등을 규정 → 성취 기준은 교사가 가르쳐야 할 내용뿐만 아니라 학생의 성취를 평가하는 기준
  ㉡ 단위 학교의 정기고사 및 대학수학능력시험과 같은 국가 단위의 평가를 위한 출제 근거

2 광복 이후 역사과 교육과정의 변천

(1) 광복~교수요목기(1946~1954년)

① 국사 교재 간행
  ㉠ 1945년 12월 국민학교 교재 간행
  ㉡ 1946년 5월 진단학회, 중학교 『국사교본』: 우리나라에서 만든 최초의 역사 교과서
  ㉢ 검정제 교과서
② 교수요목(1946, 1947) 제정
  ㉠ 특징
    • 사회생활과 내 역사·지리·공민을 하나로 묶어 편제
    • 민주 시민 교육 목적(미국 교수요목 모방), 경험 중심 교육과정
    • 국사: 식민사학 영향으로 왕조사·고대사 중심
    • 세계사: 미국 진보주의 영향으로 주제를 설문식으로 제시
  ㉡ 편제
    • 초등학교 5~6학년: 초보적인 국사의 통사
    • 중학교 1학년: 이웃나라의 생활(동양사)
    • 중학교 2학년: 먼 나라의 생활(서양사)
    • 중학교 3학년: 우리나라의 생활(국사)
    • 중학교 4학년: 인류문화사(세계사)
    • 중학교 5학년: 우리문화사(국사)

◇ 검정 교과서 제도
현재 역사 과목은 초등학교에서 고등학교까지 모든 교과서가 검정제로 발행되고 있다. 검정제는 교육부가 교육과정 기준에 의거하여 검정기준을 미리 제시하고, 검정 기준을 바탕으로 민간 출판사가 교과서를 제작한 뒤 교육부와 위탁기관이 이를 심사하여 통과 여부를 결정하는 제도이다. 검정 교과서를 집필할 때에는 교육과정에 제시된 성격과 목표, 내용 체계 및 성취 기준, 교수·학습 방향, 평가를 충실히 반영해야 하며 교육과정에 제시된 학습 내용을 중심으로 내용을 구성해야 한다.

◇ 평가 기준과 성취 기준
교사는 평가 활동을 할 때 '평소 학교에서 가르친 내용과 기능에 대하여 학생 개개인의 교과별 성취 기준·평가 기준에 따른 성취도와 학습 수행과정을 평가'해야 한다. 여기서 평가 기준은 '평가 활동에서 학생들이 어느 정도의 수준으로 성취 기준에 도달했는지를 판단'하는 기준의 역할을 하는 것으로, '성취 기준에 도달한 정도를 상/중/하 세 단계로 구분하고 각 단계에 속한 학생들이 무엇을 알고 있고, 할 수 있는지를 기술한 것'이다. 평가 기준은 학생이 성취 기준에 도달한 정도를 판단하는데 활용될 뿐만 아니라, 평가 문항을 만들고 이에 대한 채점 기준을 수립하는 근거로 활용되기도 한다.

(2) 제1차~제7차 교육과정기

① 제1차 교육과정기(1955~1963년)

교과서	· 검정제 교과서
특징	· 교육과정 시간배당 기준령(1954), 교과과정(1955) 공포 · 교과 중심 교육과정, 분과주의 · 교과 내용은 생활 중심(미국 진보주의 영향) · 전쟁 후 정부 이념에 따라 도덕 교육 강조, 민주주의·반공·경제 발전 등이 주요 이념
편제 / 과목	· 중학교 1학년: 우리나라의 역사(국사) ⊂ 사회생활과 · 중학교 2~3학년: 세계의 역사(동양사·서양사) ⊂ 사회생활과 · 고등학교 국사, 세계사 ⊂ 사회과
편제 / 학제	· 고등학교 2학년 또는 3학년 또는 2·3학년에 국사, 세계사 학습 · 고등학교 국사 = 필수 · 고등학교 세계사 = 선택(→ 이후 세계사 교육 약화)

② 제2차 교육과정기(1963~1973년)

교과서	· 검정제 교과서
특징	· 경험 중심(생활 중심) 교육과정 · 교과 목표 설정 · 처음으로 단위 수 사용 · 비교사적 관점에서 융합형으로 내용 조직 −중학교 사회Ⅱ 한 단원에 국사와 세계사 통합 −고등학교 세계사 한 단원에 동양사와 서양사 통합 · 용어 및 학설 통일 시도 · 근현대사 비중 높아지고, 광복 이후 연구성과 반영 −구석기 시대·청동기 시대가 선사 시대에 포함 −조선 후기 한국사회 내부의 자생적 발전 상황 포함 · 국사교육강화위원회 구성(1972)
편제 / 과목	· 중학교 2학년: 사회Ⅱ(역사) ⊂ 사회과 cf. 사회과: 사회Ⅰ(지리), 사회Ⅱ(역사), 사회Ⅲ(일반사회) · 고등학교: 국사, 세계사 ⊂ 사회과
편제 / 학제	· 중학교 사회Ⅱ(역사), 1969년 부분 개정: 1~6단원 국사, 7~10단원 세계사 · 고등학교 국사(6단위) = 공통필수 · 고등학교 세계사(6단위) = 선택필수

③ 제3차 교육과정기(1974~1981년)

교과서	· 중학교 국사·세계사: 국정 · 고등학교 국사: 국정 · 고등학교 세계사: 검정(한 종류) · 1978년 이후 모두 1종 cf. 1978년 교과서 제도 개정: 국정·검정·인정 → 1종·2종·인정
특징	· 1973년에 중학교, 1974년에 고등학교 교육과정 공포 · 학문 중심 교육과정, 국민교육헌장 이념의 구현을 표방 · 중·고등학교 국사가 필수과목, 국사과로 독립 · 『시련과 극복』이라는 중·고교 독본용 교재를 정치적으로 이용(1978년 폐지) · 세계사는 세계 속의 한국·아시아사 강조 · 국사에서 '고대-고려-조선-근대'로 시대구분 용어와 왕조명 혼용

편제	과목	· 중학교 2~3학년: 국사 ⊂ 국사과
		· 중학교 2학년: 세계사 ⊂ 사회과
		  cf. 사회과: 지리, 세계사, 일반사회
		· 고등학교 국사 ⊂ 국사과 / 세계사 ⊂ 사회과
		  cf. 사회과: 국토지리, 인문지리, 세계사, 정치·경제, 사회·문화

	학제	· 중학교 국사는 정치사·일반사 중심의 통사적 내용 · 고등학교 국사는 문화사 중심, 주제 중심 구조 · 고등학교 세계사 = 선택

④ 제4차 교육과정(1982~1987년)

교과서	· 중학교 국사, 사회1~3: 1종 · 고등학교 국사 상·하: 1종 · 고등학교 세계사: 2종(5종 교과서)
특징	· 1981년 12월에 초·중·고등학교 교육과정 고시 · 특정 교육과정 이념이 아닌 종합적·복합적 성격을 지향하는 교육과정 표방 · 인간중심 교육과정 이념 수용하되 교과중심·경험중심·학문중심 교육과정 포함 · 국사과의 '국사', 사회과의 '세계사'라는 이원적 체제 유지 · 세계사 교과서에서 아시아사를 유럽사보다 먼저 서술, 아시아 각국의 자생적 근대화 강조 · 고등학교 세계사에 동남아시아·서아시아·남아시아·일부 아프리카사 포함 · 고대사 서술에 대한 비판론 제기: 고조선사 축소·왜곡, 삼국 초기사 누락 등 · 이데올로기적 편향성 비판 제기: 정권 이데올로기 내포, 민중사에 소극적, 사회주의계 독립운동 배제 등 · 1982년 일본의 역사교과서 왜곡 → 국사 교과서 서술에 나타난 식민사학 잔재 비판 대두 → '국사교육심의위원회' 구성(1986), '국사교과서 편찬 준거안' 및 '국사교과서 내용 전개의 준거안' 마련

편제	과목	· 중학교 2~3학년: 국사 ⊂ 국사과
		· 중학교 2~3학년: 사회2(지리·세계사), 사회3(세계사·일사) ⊂ 사회과
		  cf. 사회과: 사회1(지리·일사), 사회2, 사회3 → 사회과 통합 움직임
		· 고등학교 국사 ⊂ 국사과 / 세계사 ⊂ 사회과
		  cf. 사회과: 사회1, 사회2, 지리1, 지리2, 세계사

	학제	· 중학교 국사는 시대사 중심 통사, 19세기 이후 민족의 수난사와 투쟁사 보강 · 고등학교 국사는 사회·문화사 중심, 시대 구분(고대, 중세, 근세, 근대, 현대) · 고등학교 세계사 = 인문계(4단위)·자연계(2단위) 필수

⑤ 제5차 교육과정(1987~1995년)

교과서	・변화 없음
특징	・1987년에 중학교, 1988년에 고등학교 교육과정 고시 ・교육과정의 지역화, 학교장 운영 재량권, 교육과정의 효율성 강조 ・국사과의 '국사', 사회과의 '세계사'라는 이원적 체제 유지 ・계열화 강조: 국민학교 주제 중심 생활사 　　　　　　　중학교 정치사 중심 시대사·왕조사 　　　　　　　고등학교 문화사·사상사 중심 통사와 분야사(주제사) ・교과서의 이데올로기적 편향성을 제한적으로 극복: 민중사 강화, 일제하 무장투쟁·사회주의 운동, 북한정권 수립에 대해 서술
편제	과목	・중학교 2~3학년: 국사 ⊂ 국사과 ・중학교 2~3학년: 사회1(지리·세계사), 사회2(세계사·일사) ⊂ 사회과 　cf. 사회과: 사회1, 사회2, 사회3(일사·지리) ・고등학교 국사 ⊂ 국사과 / 세계사 ⊂ 사회과
	학제	・중학교 국사는 왕조별, 고등학교 국사는 이행단원(중세사회로의 이행, 근세사회로의 전환, 근대사회로의 지향 등)으로 구분 ・고등학교 세계사는 고·중세사는 문화권, 근·현대사는 주제 중심 ・중학교 국사 2, 3학년에 각 2시간 ・고등학교 국사 6단위 ・고등학교 세계사 = 인문계(4단위)·자연계(4단위) 필수

⑥ 제6차 교육과정(1996~1998년)

교과서	・변화 없음
특징	・1992년 6월에 중학교, 10월에 고등학교 교육과정 고시 ・교육과정 결정의 분권화, 교육과정 구조의 다양화, 내용의 적정화, 운영의 효율화 ・교육과정 개정 연구위원회, 2000년대 이상적 사회 건설을 위한 교육과정 개정의 방향 및 방침 중의 하나로 '민주시민 공동체 의식의 함양'을 내세움 → 사회과 강조 ・독립교과로서의 국사과 폐지, 사회과 내에 국사·세계사 편제 ・국사는 독립된 교과서로 별도의 수업 시수 배정 ・고등학교 공통사회 신설 → 필수(사회과 통합 강화) ・계열화 강조: 초등학교 주제 중심 생활사, 중학교 정치사 중심 통사, 고등학교 분류사 중심 원칙(문화사 중심에 사회경제사 강조)
편제	과목	・중학교 2~3학년: 국사 ⊂ 사회과 ・중학교 1~2학년: 사회1(지리·세계사), 사회2(세계사·지리·일사) ⊂ 사회과 　cf. 사회과: 사회1, 사회2, 사회3(일사·지리) ・고등학교 국사·세계사 ⊂ 사회과
	학제	・중학교 국사는 시대 중심의 개념 체제, 향토사 학습 및 다른 영역과 관련, 대단원을 없애고 왕조명을 사용하지 않음 ・중학교 1~2학년에 공간(지리)과 시간(역사) 학습 분배 ・사회과는 '생활 주변-지역-국가-세계'로 내용 확대 ・고등학교 국사는 시대구분 강화, 첫 중단원은 시대 성격 언급 ・고등학교 세계사는 고·중세사 문화권, 근·현대사는 주제 중심 ・고등학교 국사 6단위 = 필수, 고등학교 세계사 = 선택

⑦ 제7차 교육과정(1998~2004년)

교과서	· 중학교 국사 국정, 사회 검정 · 고등학교 국사 국정, 선택 과목 검정	
특징	· 1997년 12월 고시, 2000년 초등학교부터 순차적 시행 · 학년제 개념 도입: 국민공통 기본교육과정(1~10학년)과 심화선택과정(11~12학년) · 수준별 교육과정 표방(단계형, 심화·보충형, 심화선택형) · 신자유주의적 이념에 입각하여 교육을 경제적 논리로 다룸	
편제	과목	· 중학교 8~9학년: 국사 ⊂ 사회과 · 중학교 7~8학년: 사회1(지리·역사), 사회2(역사·일사) ⊂ 사회과 cf. 사회과: 사회1, 사회2, 사회3(일사·지리) · 고등학교 국사, 세계사 ⊂ 사회과
	학제	· 중학교 8학년 고려까지 1시간, 9학년 조선 이후 2시간 · 중학교 국사 사회경제사와 문화사 축소, 왕조명 단원명으로 환원 · 고등학교 국사는 전근대사 중심, 전면 분류사(정치·경제·사회, 문화사) · 중학교 세계사에 '인간사회의 역사' 단원 신설 · 고등학교 세계사에 지구촌적 내용 구성 취지로 약소국 내용 보완 → 사하라 이남 아프리카사, 남·북아메리카 고대사·중세사 서술 · 고등학교 10학년 국사 4단위 = 필수 · 고등학교 11~12학년 한국근·현대사, 세계사 = 선택

(3) 제7차 교육과정 이후 교육과정의 변화

① 교육과정 개정 체제의 변화
  ㉠ 제1~7차 교육과정은 주기적 개정, 2007 개정 교육과정 이후로 수시·부분 개정
  ㉡ 끊임없이 수정·보완, 적용 시점도 복잡하게 운영

② 2007 개정 교육과정(총론·교과)

교과서	· 모든 교과서 검정	
특징	· 2007년 2월 28일 초·중등학교 교육 과정 개정 고시 · 단위 학교별 교육과정 편성·운영의 자율권 확대: 재량활동 운영, '교과 집중이수제' 도입 · 교과별 교육 내용의 적정화 추진: 학습량 및 수준 적정화, 학교급·학년·교과 간 내용의 연계성 강화 등 · 수업시수 일부 조정: 주 5일 수업제 월 2회 실시에 따른 수업시수 조정 등 · 국가·사회적 요구사항의 반영으로 과학교육 및 역사교육 강화 · 주변국들의 역사 왜곡에 능동적으로 대처, 세계화 시대에 적합한 역사교육	
편제	과목	· 중학교 8~9학년: 역사 ⊂ 사회과(역사과) · 고등학교 역사 ⊂ 사회과 · 고등학교 한국문화사, 세계 역사의 이해, 동아시아사 ⊂ 사회과
	학제	· 사회과 내에서 중등 '역사' 과목(국사+세계사 병렬) 독립(3~2시간) · 고등학교 10학년 역사 = 필수, 수업시수 확대(2시간 → 3시간)

학교	초등학교		중학교			고등학교	
학년	5학년	6학년	1학년	2학년	3학년	1학년	2, 3학년
명칭/과목	사회			역사	역사	역사	한국문화사/세계 역사의 이해/동아시아사
내용	한국사(인물사·생활사)			한국 전근대사·세계사	한국 전근대사·세계사	한국 근현대사(세계사 속에서 이해) 중심	
시수	주 3(102)			주 3(102)	주 2(68)	주 3(102)	각 102
구분	국민 공통 기본 교육과정					선택 교육과정	

③ 2009 개정 교육과정(2009 총론·2011 교과)

교과서	· 모든 교과서 검정
특징	· 2009년 12월 23일 '2009 개정 교육과정' 고시, 2010년 5월 12일 역사과 교육과정 수정 고시 · 공통 교육과정을 중학교 3학년(9학년)까지로 단축, 고등학교 전 과정을 선택 교육과정으로 전환 · 우리 역사에 대한 자긍심을 키울 수 있는 긍정적·미래지향적 내용 강화 · 필수 학습요소 중심으로 학습량 적정화, 학교급별 중복 및 내용 위계성 조정
편제 - 과목	· 중학교 2~3학년 역사(상·하) · 고등학교 한국사 · 고등학교 2~3학년 '동아시아사', '세계사'
편제 - 학제	· 중학교 역사(하)에 한국 근·현대사 보강 · 고등학교 1학년 한국사 = 선택 과목(→ 2011 개정시 필수 전환) · 고등학교 한국사에 '전근대:근현대=3:3' · 고등학교 2~3학년 동아시아사, 세계사 = 선택 과목 · 고등학교 동아시아사는 지역 단위, 세계사는 지구사(상호연관성) 중시

학교	초등학교		중학교			고등학교	
학년	5학년	6학년	1학년	2학년	3학년	1학년	2, 3학년
명칭/과목	사회		역사			한국사(사회경제사 중심 통사)	
내용	한국사(인물사·생활사)		한국사·세계사(정치사·문화사 중심 통사)				동아시아사 세계사 한국사(사회경제사 중심 통사) 동아시아사 세계사
시수	102		170			각 85	
구분	국민 공통 기본 교육과정					선택 교육과정	

④ 2015 개정 교육과정(총론·교과)

교과서	· 모든 교과서 검정	
특징	· 2015년 9월 23일 '공교육 정상화'를 위한 핵심과제로서, 창조경제 사회가 요구하는 핵심역량을 갖춘 '창의융합형 인재' 양성을 목표로 하는 '2015 개정 교육과정' 확정·발표 · 학교교육 전 과정에서 학생들에게 중점적으로 길러주고자 하는 핵심역량 설정◇ → 역사과 5대 핵심역량 설정◇ · 기초 소양 함양을 위해 고등학교 문·이과 공통 과목으로 통합사회·통합과학 신설(공통 과목: 국어, 수학, 영어, 한국사, 통합사회, 통합과학, 과학탐구실험) · 교과별 핵심 개념과 원리를 중심으로 학습 내용 적정화, 학생 활동 중심 수업을 위해 교수·학습 및 평가 방법 개선 · 단위 학교의 교육과정 편성·운영 자율성 확대: 다양한 선택 과목 개설, 자유학기제 전면 실시(2016) · '국정 교과서' 논란(2015)과 새 검정 역사교과서 편찬	
편제	과목	· 중학교 2~3학년 역사 · 고등학교 한국사 · 고등학교 2~3학년 '동아시아사', '세계사'
	학제	· 중학교 역사에서 세계사 축소 · 고등학교 한국사 = 수능 필수

⊙ 특징

중학교 역사	한국사	· 주제 중심으로 구성하여 학습 부담 경감 · 근·현대사 부분에 정치적 영향 반영, 내용 조절 및 왜곡
	세계사	· 한국사와 연관성이 높은 부분 중심으로 강조 · 전근대는 중국사와 서양사, 근현대는 비중 축소 · 서아시아, 인도, 동남아시아, 아프리카 역사 배제
고등학교 한국사		· 계열화 무시: 정치사 중심 학습이 반복 · 근·현대사 부분에 '대한민국 수립', '자유 민주주의', '경제 성장' 강조
고등학교 세계사		· 전근대사는 '지역' 단위로 서술 → 양차대전 후 관계사 중심 · 근현대사 서술 비중 축소 · 동남아시아, 유목 민족, 아프리카 역사 배제

◇ **핵심 역량**

2015 개정 교육과정은 교과, 창의적 체험활동, 학교생활 전반에 걸쳐 학생의 실제적 삶 속에서 무언가를 할 줄 아는 실질적인 능력을 기를 수 있도록 하기 위해 다음의 6가지 핵심역량을 제시하였다.
· 자기관리 역량: 자아정체성과 자신감을 가지고, 자신의 삶과 진로에 필요한 기초 능력과 자질을 갖추어, 자기 주도적으로 살아갈 수 있는 능력
· 지식정보처리 역량: 문제를 합리적으로 해결하기 위하여, 다양한 영역의 지식과 정보를 처리하고 활용할 수 있는 능력
· 창의적 사고 역량: 폭넓은 기초 지식을 바탕으로, 다양한 전문 분야의 지식·기술·경험을 융합적으로 활용하여 새로운 것을 창출하는 능력
· 심미적 감성 역량: 인간에 대한 공감적 이해와 문화적 감수성을 바탕으로 삶의 의미와 가치를 발견하고 향유할 수 있는 능력
· 의사소통 역량: 다양한 상황에서 자신의 생각과 감정을 효과적으로 표현하고 다른 사람의 의견을 경청하며 존중하는 능력
· 공동체 역량: 지역·국가·세계 공동체의 구성원에게 요구되는 가치와 태도를 가지고, 공동체 발전에 적극적으로 참여하는 능력

◇ **역사과 5대 핵심 역량**

· 역사 사실 이해 역량
· 역사 자료 분석과 해석 역량: 역사 자료를 읽고 이를 비판적으로 검토하여 역사 지식을 구성하는 능력
· 역사 정보 활용 및 의사소통 역량: 다양한 매체를 통해 얻은 역사 정보를 분석, 토론, 종합, 평가하는 능력
· 역사적 판단력과 문제해결 능력 역량: 과거 사례에 비추어 오늘날의 문제를 해결하는 능력
· 정체성과 상호 존중 역량: 우리 역사와 세계 역사에 대한 이해를 바탕으로, 우리의 관점에서 오늘날 요구되는 역사의식을 함양하고 타인을 이해하고 존중하는 태도를 갖는 능력

⑤ 2018 개정 교육과정(총론·교과)

교과서	· 모든 교과서 검정
특징	· 2018년 7월 27일 '2018 개정 교육과정' 고시 · 초·중·고 역사교육의 연계 도모 · 역사교육의 다양성·자율성 보장, 학생 참여 중심의 교수·학습 도모 · 초·중·고 역사과 교육과정 용어 통일
편제	과목	· 중학교 2~3학년 역사 · 고등학교 한국사 · 고등학교 2~3학년 '동아시아사', '세계사'
	학제	· 중학교 '역사1'은 세계사, '역사2'는 한국사 · 중학교 역사1에서 유럽 및 중국사 중심 수업 지양, 인도·서아시아·아프리카 역사를 추가하여 지역사·문화교류사 도모 · 중학교 '역사2'는 전근대 통사+근현대 주제사 · 고등학교 '한국사'는 전근대 주제사+근현대 통사(계열화 도모)

⑥ 2022 개정 교육과정(총론·교과)

교과서	· 모든 교과서 검정
특징	· 핵심 아이디어 강조 · 생태 전환 교육, 민주시민 교육 강조
과목	· 중학교 2~3학년 역사 = 공통 교육과정 · 고등학교 한국사 1·2 = 선택 중심 교육과정-공통과목 · 고등학교 세계사 = 선택 중심 교육과정-일반 선택 · 고등학교 동아시아 역사 기행 = 선택 중심 교육과정-진로 선택 · 고등학교 역사로 탐구하는 현대 세계 = 선택 중심 교육과정-융합 선택

○ 2022 개정 교육과정 교과목별 총론

공통 교육과정 '역사'

1) 교육과정 설계의 개요

 …… '한국사 1, 2'는 우리나라 역사의 흐름을 변화와 지속의 관점에서 이해하고, 오늘날 우리의 모습을 과거와 연관 지어 탐구함으로써 현대 사회를 통찰할 수 있는 안목을 기르는 과목이다. 중학교 '역사'의 한국사 학습에 이어 근현대 한국사를 중심으로 구성하였다.

 '세계사'는 인류가 출현한 시기부터 오늘날까지 인류가 걸어온 발자취를 탐구하는 과목으로 중학교 '역사'의 세계사 학습을 기반으로 심층적인 주제 탐구를 지향하며 이를 통해 학습자가 세계시민으로 살아가는 데 필요한 역량을 함양하도록 하였다. 역사적으로 형성된 각 지역 세계의 고유한 특성을 학습하는 한편 지역 세계 간 교류·갈등 등의 상호 연관성을 탐구하며, 인류가 직면하고 있는 다양한 문제를 해결하기 위한 방안을 모색하도록 한다.

 '동아시아 역사 기행'은 동북아시아와 동남아시아로 구성된 동아시아의 각 지역이 독자성을 갖고 과거부터 지속적인 교류나 갈등을 통해 유기적인 연관 관계를 맺으며 현대의 동아시아를 형성하였음을 이해하고, 동아시아 지역에서 전개된 인간 활동의 결과로 만들어진 유·무형의 문화유산 등을 학습하면서 자신의 진로를 탐색해 보도록 하였다.

 '역사로 탐구하는 현대 세계'는 현대 세계의 과제를 중심으로 내용을 선정하고 시계열성을 고려하여 국가, 지역, 세계의 역사를 상호 연관적으로 구성하였다. 현대 세계의 과제를 역사적 관점에서 파악하고 성찰하여 자기 삶과의 관련성을 인식하도록 하였다.

가. 성격

 '역사'는 인류가 살아온 과거의 다양한 모습을 폭넓게 이해함으로써 현재를 성찰하고 미래를 조망하는 능력을 기르는 과목이다. '역사'에서는 초등학교에서 학습한 역사의 기초 개념과 한국사에 대한 이해를 바탕으로 세계와 한국의 역사를 상호관련성 속에서 이해한다.

 '역사'는 세계와 한국의 역사로 구성한다. 세계의 역사는 각 지역 세계의 정치·사회·문화의 변화 과정을 서로 비교하고 연관 지어 이해한다. 한국의 역사는 고등학교와의 연계를 고려하여 근대 이전을 중심으로 구성하고, 정치 변동과 생활문화를 함께 파악함으로써 사회 변화를 종합적으로 통찰한다.

 '역사'를 통해 학습자는 자료의 분석 및 해석 과정에서 탐구 능력을 기르고 역사 지식을 형성한다. 또한 해석의 다양성과 역사의 논쟁성을 인식하고 타자를 이해하려는 태도를 함양한다. 과거를 공간적 다양성과 시간적 변화 과정에서 파악하여 다양한 정체성을 존중하는 태도를 익히고, 현대 사회가 당면한 과제의 해결 방안을 모색할 수 있는 통찰력을 갖춘다.

나. 목표

 '역사'는 한국과 세계의 역사를 체계적·종합적으로 이해하는 것을 목표로 한다. 탐구 과정을 통해 비판적으로 사고하고 판단하여 역사 지식과 역사관을 형성한다. 이를 통해 현대 사회의 다양한 문제들에 대한 통찰력을 갖추도록 한다.

'역사'의 구체적 목표는 다음과 같다.

① 한국과 세계의 형성 및 변천 과정을 체계적·종합적으로 이해한다.

② 자료에 대한 분석·해석 과정을 통해 역사적 탐구력과 역사적 판단력을 기른다.

③ 다양한 정체성과 가치를 존중하는 포용적 태도를 갖는다.

④ 역사적 주체로서 공동체에 참여하는 시민성을 함양한다.

선택 중심 교육과정(공통과목) '한국사 1·2'

가. 성격

'한국사'는 우리나라 역사의 흐름을 변화와 지속의 관점에서 이해하고, 현재 우리의 모습을 과거와 연관 지어 살펴보며 인간과 사회에 대한 심층적 이해를 바탕으로 현대 사회를 통찰할 수 있는 안목을 기르는 과목이다. 이 과목은 세계사와의 연관 속에서 우리 역사를 이해하면서 한국인으로서의 정체성을 함양하게 한다.

'한국사'는 중학교 '역사'의 한국사 학습에 이어 근현대 한국사를 중심으로 구성한다. 근대 이전 한국사는 전근대 시대별 주요 내용을 정치사 중심으로 살펴보고, 전근대의 국제 관계와 대외 교류, 경제, 사회, 문화의 주요 특징을 주제 탐구 중심으로 다루도록 하였다. 근현대 한국사는 세계사의 흐름 속에서 한국사를 주체적으로 파악하도록 하였다.

'한국사'를 통해 학습자는 자료의 분석·해석 과정에서 탐구 능력을 기르고 역사 지식을 형성할 수 있다. 또한 역사 해석의 다양성과 역사의 논쟁성을 인식하고 타자를 이해하려는 태도를 함양한다. 나아가 과거와 현재, 나와 타인의 삶을 성찰하고, 오늘날의 당면 문제를 해결하는 데 참여하는 시민의 자세를 가진다.

나. 목표

'한국사'는 근대 이전 한국사의 특징을 체계적으로 파악하고 근현대사를 다각적으로 탐구하여 현대 사회를 심층적이고 종합적으로 이해하는 것을 목표로 한다. 역사 사실에 대한 폭넓은 지식을 바탕으로 비판적으로 사고하는 능력을 기르며, 학습자 스스로 다양한 자료를 활용하여 역사를 탐구함으로써 현대 사회를 살아가는 데 필요한 시민으로서의 자질을 갖추도록 한다.

'한국사'의 구체적 목표는 다음과 같다.

① 근대 이전 한국사의 특징을 파악하고, 근현대사와의 연속과 변화를 파악한다.

② 근현대 한국사를 다각적으로 분석하여 심층적이고 종합적으로 이해한다.

③ 학습자 스스로 탐구 주제를 설정하고, 역사 자료를 분석하고 해석하는 탐구 과정을 통해 역사적 사고력을 기른다.

④ 한국 현대 사회가 당면한 문제의 역사적 연원을 분석하고 이를 바탕으로 해결 방안을 모색하는 자질과 태도를 기른다.

선택 중심 교육과정(일반 선택) '세계사'

가. 성격

'세계사'는 인류가 출현한 시기부터 오늘날까지 인류가 걸어온 발자취를 탐구하는 과목이다. '세계사'는 중학교 '역사' 학습을 기반으로 심층적인 주제 탐구를 제공한다. 학습자는 세계시민으로 살아가는 데 필요한 역량을 함양하도록 한다.

'세계사'는 역사적으로 형성된 각 지역 세계의 고유한 특성을 학습하는 한편, 각 지역 세계가 접촉하며 이루어진 교류·갈등 등의 상호 연관성을 입체적으로 탐구하도록 구성하였다. 또한 국민 국가의 형성을 역사적으로 살펴보고, 인류에게 제기된 과제의 해결 방안을 모색하도록 구성하였다. 이 과정에서 학습자는 인류가 추구한 인권·평화·민주주의·생태환경 등 오늘날의 보편적 가치들이 세계 역사 속에서 탄생한 역사적 구성물임을 확인한다.

'세계사'를 통해 학습자는 자료의 분석·해석 과정에서 탐구 능력을 기르고 역사 지식을 형성하며, 역사 해석의 다양성과 역사의 논쟁성을 인식하고 타자를 이해하려는 태도를 함양한다. 또한 학습자는 각 지역 세계의 역사적 맥락을 이해하면서 문화 다양성을 존중하는 태도를 지니며, 현대 세계의 과제를 이해하고 해결하기 위한 통찰력을 갖춘다.

나. 목표

'세계사'는 세계 여러 지역의 역사를 주제 중심으로 파악함으로써 인류의 발자취를 탐구하는 것을 목표로 한다. 자료를 비판적으로 탐구하며 포용적인 태도를 갖추고, 성찰적 역사 인식을 함양한다.

'세계사'의 구체적인 목표는 다음과 같다.
① 지역 세계의 형성 및 변화, 지역 세계 간 상호 관련성을 파악한다.
② 인권, 평화, 민주주의, 생태환경의 가치가 역사적 구성물임을 이해한다.
③ 자료의 분석·해석을 통해 능동적으로 세계사 인식을 형성한다.
④ 다양한 시기와 지역의 역사를 열린 자세로 이해하고 세계시민 의식을 함양한다.

선택 중심 교육과정(진로 선택) '동아시아 역사 기행'

가. 성격

'동아시아 역사 기행'은 동아시아의 생태환경과 이를 바탕으로 전개된 인간 활동, 그 결과로 남겨진 유·무형의 문화유산 등을 학습하며, 현재 동아시아 각 지역 간의 관계를 파악하고 자신의 진로를 탐색하는 과목이다. 이 과목에서는 동아시아의 각 지역이 독자성을 갖고 과거부터 지속적인 교류를 통해 유기적으로 연관 관계를 맺으며 현재의 동아시아를 형성해왔음을 이해한다.

'동아시아 역사 기행'에서 다루고자 하는 '동아시아'의 공간 범위는 지역 연관성에 기반하여 동북아시아와 동남아시아를 아우르는 넓은 의미의 '동아시아'이다. 동아시아 지역에서 전개된 교류와 갈등, 침략과 저항, 공존과 평화를 위한 노력 등을 탐구할 수 있도록 구성하였다.

'동아시아 역사 기행'을 통해 학습자는 자료의 분석·해석 과정을 통해 탐구 능력을 기르고 역사 지식을 형성한다. 또한 역사 해석의 다양성과 역사의 논쟁성을 인식하고 타자를 이해하려는 태도를 함양한다. 나아가 동아시아의 갈등을 평화적으로 해결하는 방안을 모색하고, 현존하는 생태환경 위기를 극복하기 위해 역사적 주체로서 참여하는 시민으로 성장한다.

나. 목표

'동아시아 역사 기행'은 학습자가 다양한 방법으로 유·무형의 문화유산 및 역사 현장을 탐구하여 동아시아의 과거와 현재에 대한 통합적이고 균형잡힌 역사 이해를 도모한다. 이를 바탕으로 동아시아의 평화와 지속가능한 발전에 기여하는 시민으로 성장하면서 자신의 진로를 탐색해 보는 것을 목표로 한다.

'동아시아 역사 기행' 과목의 구체적 목표는 다음과 같다.

① 유·무형의 문화유산 및 역사 현장을 탐구하여 역사적 가치를 인식한다.
② 동아시아 지역의 특징을 역사적 맥락에서 파악하고, 세계와의 연관 속에서 이해한다.
③ 역사 자료의 분석과 해석을 통해 동아시아 역사의 특징을 추론한다.
④ 동아시아 역사와 문화의 다양성을 탐구하고 타자를 이해하며 존중하는 태도를 갖는다.
⑤ 현존하는 동아시아의 문제 해결 방안과 지속가능한 발전을 모색하는 시민의 자질을 갖춘다.
⑥ 동아시아의 주요 현안을 심층적으로 이해함으로써 동아시아의 정치, 외교, 경제, 통상, 문화, 기후 환경 및 생태 관련 분야의 전문가로 성장하는 토대로 삼는다.

선택 중심 교육과정(융합 선택) '역사로 탐구하는 현대 세계'

가. 성격

'역사로 탐구하는 현대 세계'는 현대 세계의 과제를 역사적 관점에서 파악하고 해결 방안을 모색하여 미래를 능동적으로 살아갈 수 있는 역량을 기르는 과목이다. '역사로 탐구하는 현대 세계'는 고등학교 역사과 융합 선택 과목으로 타 교과와의 관련성을 고려하며 국가, 지역, 세계의 역사에 상호연관적으로 접근한다.

'역사로 탐구하는 현대 세계'는 현대 세계의 과제를 중심으로 내용을 선정하고, 시계열성을 고려하여 구성한다. '현대 세계와 역사 탐구', '냉전과 열전', '성장의 풍요와 생태환경', '분쟁과 갈등, 화해의 역사', '도전받는 현대 세계'를 영역으로 설정한다.

'역사로 탐구하는 현대 세계'를 통해 학습자는 자료의 분석·해석 과정에서 탐구 능력을 기르고 역사 지식을 형성하며, 해석의 다양성과 역사의 논쟁성을 인식하고 타자를 이해하려는 태도를 함양한다. 또한 학습자는 현재 상황이 당연한 결과가 아니라 역사 행위자의 선택과 실천이 만들어온 결과임을 인식하고 학습자 자신도 미래 사회를 만들어가는 주체임을 자각할 수 있도록 한다.

나. 목표

'역사로 탐구하는 현대 세계'는 학습자가 현대 세계의 과제를 탐구하고 성찰하여 자기 삶과의 관련성을 인식하는 것을 목표로 한다. 탐구 과정을 통해 현대 세계의 과제가 갖는 복잡성과 연관성을 파악하고 문제 해결 능력을 갖추도록 한다.

'역사로 탐구하는 현대 세계'의 구체적 목표는 다음과 같다.

① 현대 세계의 과제를 역사적 맥락에서 탐구하고 다원적 관점에서 이해한다.
② 현대 세계의 복잡성과 연관성을 고려하여 과제의 해결책을 모색한다.
③ 다양한 형태로 존재하는 역사 자료를 분석·해석하는 능력을 기른다.
④ 자신과 다른 견해를 존중하며 논쟁하는 태도를 갖춘다.

○ 2022 개정 교육과정 교과목별 핵심 아이디어

교과목	핵심 아이디어
공통 교육과정 '사회'	(9) 역사 일반 • 시대에 따라 지역, 교통·통신, 풍습 등 생활 모습이 달라진다. • 과거의 모습을 보여주는 자료는 역사의 증거로 활용된다. • 일상생활 속 과거에 관심을 가짐으로써 자신을 역사적 존재로 인식한다. cf. 성취기준 <table><tr><th>3~4학년</th><th>5~6학년</th><th>1~3학년</th></tr><tr><td>• 역사의 시간 개념 • 역사 증거 • 변화와 지속(지역, 교통·통신, 풍습)</td><td>• 역사 탐구 방법</td><td>• 역사의 의미와 역사 학습의 목적 • 역사 탐구의 절차와 방법</td></tr></table> (10) 지역사 • 문화유산은 과거와 현재를 이어주는 자료이다. • 지역의 박물관, 기념관, 유적지는 지역의 정체성을 보여준다. • 지역의 역사적 문제는 역사 자료를 분석·해석·평가하여 해결한다. (11) 한국사 • 각 시대의 모습에는 당시 사람들의 생활상과 사고방식이 반영된다. • 역사 정보나 자료의 분석·해석·판단을 통해 역사 지식을 형성한다. • 역사 문제를 해결하면서 역사적 주체로서 실천하는 태도를 갖는다.
공통 교육과정 '역사'	• 인류는 지역적·시대적 배경에 따라 다양한 형태의 정치체를 수립하였다. • 종교와 사상은 지역 세계의 문화와 유기적 관련을 맺고 있다. • 지역 세계는 상호 교류하고 충돌하며 변화하였다. • 역사 지식은 역사 자료에 대한 분석, 해석 등을 통해 형성된다. • 문화적 다양성을 포용하는 태도는 세계시민 의식의 기초가 된다.
선택 중심 교육과정 (공통 과목) '한국사1·2'	• 한국사는 국제 질서의 변동과 맞물려 변화하였다. • 제국주의 열강의 침략에 대응하며 근대 국가로의 전환을 모색하였다. • 역사 자료를 분석하고 해석할 때에는 역사적 맥락을 고려해야 한다. • 역사 학습은 인간의 삶을 이해하고 나의 삶을 성찰하는 과정이다.
선택 중심 교육과정 (일반 선택) '세계사'	• 지역 세계의 형성 및 역사 전개는 각각의 특징을 지닌다. • 이슬람 세계의 확대, 몽골 제국의 형성은 교역망의 확대를 가져왔다. • 국민 국가와 자본주의 체제는 다양한 경로를 통해 형성되었다. • 제1·2차 세계 대전 과정에서 인권과 과학 기술 등의 문제가 대두하였다. • 역사 지식은 역사 자료의 분석·해석을 통해 형성된다. • 증거에 기반한 논증은 역사 지식 형성에 필요한 과정이다. • 역사적으로 형성된 인권·평화·민주주의·생태환경 등의 가치를 포용하려는 자세가 필요하다.
선택 중심 교육과정 (진로 선택) '동아시아 역사 기행'	• 동아시아 지역의 다양한 생활 방식은 생태환경의 차이와 관련된다. • 동아시아 세계는 교류와 갈등 속에 형성되었다. • 제국주의 침략과 식민 지배는 동아시아에 사회·경제적 문제를 초래했다. • 동아시아의 평화와 공존을 위해 각국의 상호 협력이 필요하다. • 역사 자료를 분석하고 해석할 때는 역사적·공간적 맥락을 고려해야 한다.
선택 중심 교육과정 (융합 선택) '역사로 탐구하는 현대 세계'	• 평화 체제 구축을 위한 국제 사회의 노력이 전개되었다. • 세계 경제의 성장 속에서 생태환경의 문제가 심화되었다. • 세계 각지에서 분쟁과 무력 갈등이 발생했으나 극복 노력도 계속되었다. • 경제의 세계화 이후 사회·경제적 불평등이 심화되었다. • 역사 지식은 역사 자료의 비판, 분석, 해석 등을 통해 형성된다. • 문화적 다양성을 포용하는 태도는 세계시민 의식의 기초가 된다.

○ 역대 교육과정기 중·고등학교 역사교과 편제

시기 \ 구분	교과	중학교 1	중학교 2	중학교 3
광복 직후		역사·지리	역사·지리	역사·지리
교수요목기	사회생활과	이웃 나라의 역사	먼 나라의 역사	우리나라의 역사
1차(1955)	사회생활과	우리나라의 역사	세계의 역사	세계의 역사
2차(1963)	사회과	사회1 (지리)	사회2 (역사)	사회3 (일사)
3차(1974)	국사과		국사	국사
	사회과		세계사	
4차(1981)	국사과		국사	국사
	사회과	사회1 (지리·일사)	사회2 (지리·세계사)	사회3 (세계사·일사)
5차(1987)	국사과		국사	국사
	사회과	사회1 (지리·세계사)	사회2 (세계사·일사)	사회3 (지리·일사)
6차(1992)	사회과		국사	국사
		사회1 (지리·세계사)	사회2 (지리·세계사·일사)	사회3 (지리·일사)
7차(1998)	사회과		국사	국사
		사회1 (지리·역사)	사회2 (역사·일사)	
2007	사회과		역사	역사
2009	사회과		역사	역사
2015	사회과		역사	역사
2018	사회과		역사	역사
2022	사회과			

○ 역사 교과서 편찬 제도 변천

시기 \ 구분	중학교 국사	중학교 세계사(사회)
교수요목~2차	검정	
3차	국정	국정
1979~	1종	1종
4차	1종	1종(사회)
7차	국정	검정(사회)
2007	검정(역사)	

교과	고등학교		
	1	2	3
사회생활과	(중 4)역사·지리		
	(중 4)인류문화사	(중 5)우리문화사	
사회과		국사	
		세계사(선택)	
사회과	국사		
	세계사(선택 필수)		
국사과		국사	
사회과		세계사(선택)	
국사과		국사	
사회과		세계사(인문·자연 필수)	
국사과		국사	
사회과		세계사(필수)	
사회과		국사	
		세계사(선택)	
사회과	국사	한국근·현대사(선택)	
		세계사(선택)	
사회과	역사	한국문화사(선택)	
		동아시아사(선택)	
		세계 역사의 이해(선택)	
사회과	한국사(선택)	동아시아사(선택)	
		세계사(선택)	
사회과	한국사	동아시아사(선택)	
		세계사(선택)	
사회과	한국사	동아시아사(선택)	
		세계사(선택)	
사회과	한국사 1, 2	세계사(일반선택)	
		동아시아 역사 기행(진로선택)	
		역사로 탐구하는 현대 세계(융합선택)	

고등학교	
국사	세계사
검정	
국정	검정(1종류)
1종	1종
1종	2종
국정	검정(모든 선택과목)
검정(역사, 한국사)	검정(모든 선택과목)

3 교사 교육과정

(1) 교사 교육과정의 의미

① 용어 사용의 배경

㉠ 역사과 교육과정 논의
- 사회과 통합 문제, 계열성 문제, 내용 조직 문제 등은 대개 교육과정 중심
- 국가 교육과정은 개괄적·추상적이어서 학교나 학생 상황 고려가 부족
- 국가 교육과정이 '제대로' 만들어지면 학교 역사교육은 '제대로' 이루어질 수 있는가?

㉡ 학교 현장에서 교사의 자율성과 전문성 논의
- 국가 교육과정은 교실에서 교사에 의해 실행될 때 비로소 의미를 가짐
- 2015 개정 교육과정의 성취 기준은 대강화 大綱化 simplification → 교사가 교실의 구체적 맥락을 고려하여 교실 교육과정을 설계·계획할 필요
- 교사는 국가 교육과정의 '실행자'가 아니라 학생의 교육적 성장을 위해 교육과정을 구성하는 주체라는 인식

② 교사 교육과정이란?

㉠ 의미: 교실 상황(수준)에서 운영되는 실제적인 교육과정
- 교과서의 재구성
- 국가 성취 기준을 토대로 한 내용 구성
- 성취 기준의 순서 변경 및 추가·삭제
- 국가 교육과정의 틀에서 벗어난 독자적인 교육과정의 구성

㉡ 구성: 일정한 주제나 시기를 대상으로 학습 내용 체계와 평가 계획 등을 구상하는 것
- 지속 기간(크기): 차시·단원·학기 단위로 다양하게 계획
- 내용의 통합, 순서 변경, 타 과목과의 융합 등으로 구체화
- 연간 계획표, 배움책·학습지·활동지 작성 등으로 나타남

(2) 교사 교육과정 구성 사례

① 교과서를 재구성하는 경우

㉠ 교사는 교과서에 따라 수업 내용, 평가 문항 등을 결정 → 교과서가 국가 교육과정의 역할, 소극적 형태의 구성

㉡ 교과서란, 추상적이고 개괄적인 수준에서 진술된, 국가 교육과정을 수업에서 실행할 수 있도록 교수·학습이 가능한 자료 수준으로 구체화한 교육과정 자료 curriculum materials의 하나
- 검정 발행제에서 국가 교육과정의 규정력이 가장 크게 미치는 교재
- 집필자의 국가 교육과정에 대한 해석 및 역사 해석이 반영됨
- 교사가 국가 교육과정의 성취 기준을 직접 읽고 분석할 필요

◇ 교육과정의 재구성

그간 교사의 설계와 계획을 교육과정의 '재구성'이라고 표현해 왔다. 김성자는 이 표현에 대해 다음과 같은 문제를 제기하고, '교사 교육과정'이라는 용어를 사용하였다.
- 재구성의 대상: 교육과정인가, 교과서인가?
- 재구성의 범위: 교사가 특정 성취기준을 삭제하거나 추가하는 것이 가능한가?
- 교육과정의 실체성: 교육과정은 위에서 전해주는 고정된 '실체'인가? 교사가 새롭게 창조하는 '무엇'인가? 즉, 교사는 교육과정의 설계자·개발자·조직자·실행자이지 않은가?
- 교실 교육과정은 국가 교육과정에 후속하여 일어나는 것인가?

> **교과서의 서술 차이**
> - 2015 개정 교육과정의 성취 기준 [9역09-03] '원 간섭기 고려 사회의 변화를 파악하고, 개혁 정책의 특징과 신진 사대부의 성장을 이해한다.'
> - 국가 교육과정에 명시된 공통 학습요소: 정동행성, 권문세족, 공민왕의 개혁, 신진 사대부
> - '공민왕의 개혁'에 대한 서술 사례 차이
>   ㉠ 반원 자주의 성격을 지닌 것으로 서술하는 경우
>   ㉡ 고려의 자주성 회복을 위한 개혁으로 서술하는 경우
>   ㉢ 자주성 회복과 왕권 강화를 위한 개혁으로 서술하는 경우(공민왕의 개혁을 군주권 확립 시도로 해석하는 최근 연구성과 반영)

② **교사 자신의 수업 철학이나 역사 이해를 중심으로 구성하는 경우**

㉠ 배경: 국가 교육과정이 교사의 자율권을 제한하고 역사교육을 획일화한다고 인식
- 방법적 지식이나 역사적 사고 기능을 가르치는 것이 중요하다고 생각°
- 역사적 사실을 중시하더라도 어떤 내용 요소가 가르칠 가치가 있는가에 대한 차이
- 국가 교육과정에 내재된 역사 서사나 해석에 동의하지 않는 경우
  ex. 국정 교과서의 단일한 역사 내러티브에 대항한 대안 교과서 서술

㉡ 비판: 가르쳐야 할 것에 대한 공통된 기준 없이 모든 교사들이 각자가 중요하다거나 옳다고 생각하는 것을 자유롭게 가르치는 것이 과연 교육적인가 혹은 바람직한가
- 자의적·편향적 교육, 교육 수준의 질 저하 우려°
- 학생들을 상대주의에 빠지게 하거나 특정 역사적 현실을 외면하게 할 우려

㉢ 반비판: 교사의 교육과정 구성과 실행은 동료 교사, 학교 관리자, 학생, 학부모 등의 요구와 주장을 수용·타협·저항하는 과정을 거치면서 이루어짐 → '교사를 둘러싼 사회적 관계망'이 교사의 교육과정을 제어

③ **국가 교육과정을 토대로 구성하는 경우**

㉠ 국가 교육과정을 교사 교육과정 구성의 준거로 인식
- 국가 교육과정은 교사들의 다양한 교수·학습과 평가를 가능하게 하는 동시에 역사 교육의 질을 일정 수준 이상으로 관리할 수 있는 '기준' 역할을 해야 한다는 입장
- '기준'은 교사 수준의 다양성을 보장해야 함

㉡ 현행 국가 교육과정의 체제와 형식 변화가 필요
- 학습 내용의 상세한 제시 지양
- 역사 과목의 '교육적 가치와 철학적 지향'을 토대로 추구해야 할 방향과 교육과정 운영에 필요한 기본 방침 안내 정도

◇ **방법적 지식**

'방법적 지식knowing how'은 '역사적 사실을 아는 방법'을 의미하며, 역사적 사실을 의미하는 '명제적 지식knowing that'과 구분된다. 연구자에 따라 절차적 지식 procedural knowledge, 구문론적 지식syntactic knowledge, 전략적 지식 strategic knowledge 등으로도 불린다.

◇ **벨기에의 사례**

벨기에는 분권적으로 교육과정을 운영하던 나라이다. 그런데 일부 역사 수업에서 신화와 역사를 구별하지 않고 가르친다거나, 유럽 중심적 혹은 인종차별적 시각과 내용으로 가르친다거나, 사회 변화나 연구성과 축적과 관계없이 관행적으로 가르친다는 비판이 제기되었고, 이에 2017년 이후 국가 교육과정을 개발하여 교육의 질 관리에 나섰다.

(3) 역사과 교사 교육과정의 구성

① 고려 사항

  ㉠ 교사 자신의 수업철학을 명료하게 정리
  ㉡ 국가 교육과정과 교과서에 대한 분석, 역사학계의 연구사 정리
  ㉢ 수업 후 학생의 역사 이해 파악, 성찰 → 차후 교육과정 구성에 반영

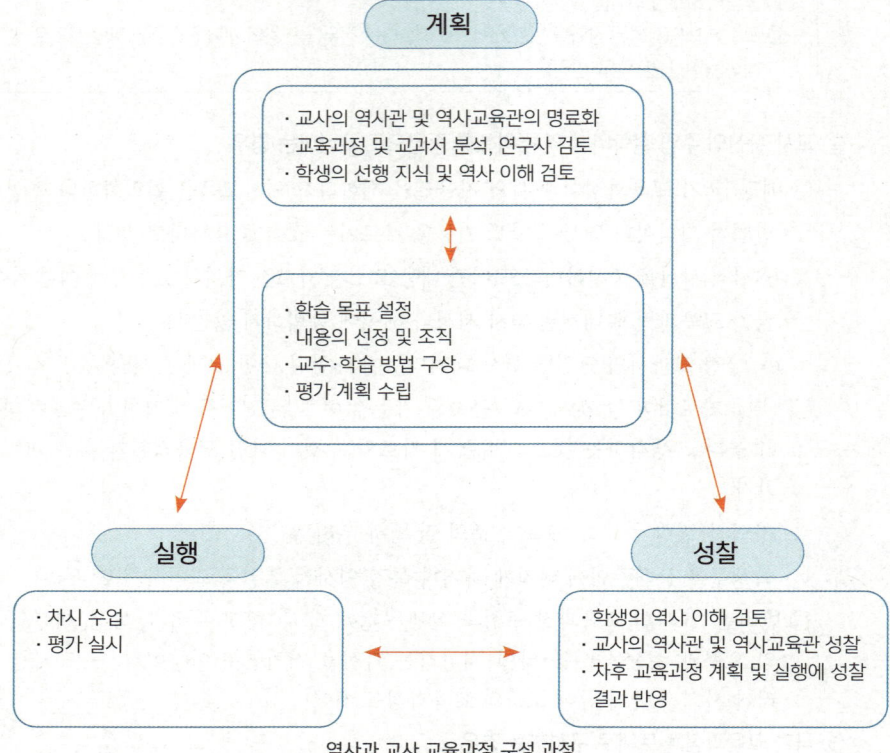

역사과 교사 교육과정 구성 과정

② 교사의 수업철학(역사관 및 역사교육관)의 명료화

  ㉠ 필요성: 교사의 교육과정 구성 과정에서 발생하는 다양한 의사 결정의 준거로, 교사 교육과정의 방향 및 전체적 얼개에 영향
  ㉡ 교사의 역사관(역사학에 대한 인식)
  • 역사학의 본질이 무엇인가에 대한 교사의 이해 방식°
  • 교사의 역사학에 대한 인식과 교사가 구성하는 수업의 방향이 항상 일치하지는 않음 → 교사의 역사학에 대한 인식과 역사 교과에 대한 인식이 불일치하기 때문
  • 대표적인 역사관 사례

사실	역사는 과거에 있었던 사실이며, 역사가는 남아 있는 증거에 입각하여 사실로서의 역사를 서술한다는 입장
해석	역사는 과거를 해석한 것이며, 어떤 해석이 더 정확한지를 판단할 수 있는 객관적인 기준은 존재하지 않는다는 포스트모던적 역사 인식 입장
절충	역사는 과거를 해석한 것으로 시대와 상황에 따라 해석이 바뀌기는 하지만, 더 설득력 있는 해석은 존재한다는 입장

◇ 학자들의 다양한 의미 규정

김한종은 '역사교육관'을 '역사교과의 성격이나 목적에 대한 관점(역사를 왜 가르치고 배워야 하는가에 대한 생각)'으로 정의하고, 교사의 역사교육관에는 '역사학에 대한 관점', '역사적 사고방식', '역사적 사실에 대한 인식('역사를 안다'는 의미를 무엇으로 생각하는가)', '역사적 사실의 객관성에 대한 견해', '역사 전반 외에 정치·경제·사회·문화와 같은 역사의 한 분야에 대한 관점'이 영향을 미친다고 보았다. 백은진은 '역사교육의 목적'을 역사 교사가 '자신의 역사 수업을 통해 학생들에게 어떠한 변화를 기대하는가'라는 물음에 대한 역사 교사의 답으로, 역사 교사가 학교에서 '역사 과목을 가르칠 때 가지는 교육적 의도'로 개념화했다.

ⓒ 교사의 역사교육관(역사 교과에 대한 인식)
- 교과로서의 역사에 대한 인식으로, 역사학과 학생에 대한 이해가 종합되어 나타나는 인식
- 역사교육관, 역사교육의 효용성, 역사교육의 목적 등으로 표현
- 학생들이 알아야 할 역사가 무엇인가, 가르칠 가치가 있는 내용은 무엇인가에 대한 교사의 관점
- 대표적인 역사교육관 사례

내용 이해	• 역사의 전체적인 흐름과 내용에 대한 이해를 중요하게 여기는 입장 • 내용 지식의 습득이나 정체성의 고취를 강조 • 지식 위주 암기 수업 우려, 내용 검색이 손쉬운 21세기 사회에 부적합
학문 구조	• 역사학이라는 학문의 지식이 구성되는 방식 또는 역사 지식의 구성적·해석적 성격을 강조하는 입장 • 학생들이 역사가의 연구 과정이나 역사적 사고를 경험할 수 있도록 교육과정을 구성해야 한다고 생각 • 사고를 기능화할 우려가 있으며, 학생들에게 어렵고 흥미를 주지 못함
민주시민	• 민주 시민으로서의 소양을 함양하는 것을 중요하게 여기는 입장 • 역사 수업과 학생의 삶의 연관성을 강조하며 현재 사회의 문제 해결을 중시하는 경향 • 역사교육이 시민교육의 도구가 될 우려, 목적론적 역사 해석 및 현재주의 우려

ⓔ 역사관과 역사교육관 외 역사인식, 개별 과목에 대한 인식, 학생관, 수업관 등도 영향

③ **역사과 국가 교육과정 및 교과서 분석**
  ㉠ 필요성: 국가 교육과정 문서에 대한 검토, 학생의 학년별 학습 경험, 다른 교과에서의 학습 경험 등을 종합하여 '교육과정 지식curricular knowledge' 축적 필요
  ㉡ 주요 확인 요소
   - 초·중·고 역사 과목의 내용 체계를 파악하여 역사교육의 전체적 틀 이해
   - 현행 교육과정의 특징 검토
   ex. 2015 개정 교육과정의 '역량'에 대해 검토
   - 역사 과목의 목표와 내용 체계에 대한 구체적인 분석
   - 내용 체계가 어떠한 조직 원리에 입각한 것인지 파악
   ex. 2015 개정 교육과정 세계사는 이전의 간지역적inter-regional 접근과 달리 지역별로 대주제를 구성
   - 성취 기준에 대한 검토: 단원별 교육 목표·학습 방향·다루어야 할 주제와 개념 결정
   - 해당 시기 혹은 주제와 관련하여 역사학계에서 이루어진 연구 성과 검토를 병행

④ 학생의 역사 이해에 대한 고려
  ㉠ 필요성: 교사 교육과정은 국가 교육과정과 달리 학생을 고려하여 구성 가능
  ㉡ 주요 고려사항: 선행지식, 역사 교과에 대한 태도, 특정 내용을 이해하는 방식, 특정 활동에 대한 반응 등
  ㉢ 교사가 학생을 고려하는 방식 사례

학생들의 이해 수준 고려	· 내용을 빼거나 더하여 구성 → 단, 어려워하는 이유 분석 필요, 의미있는 내용을 삭제하는 것은 교육적인 선택인가 고민 · 내용을 재조직, 학습 순서를 조정
선행 역사 지식, 역사 인식 검토	· 교실 밖에서 접한 역사 지식과 인식이 쉽게 변치 않음을 고려 · 학생의 역사인식에 균열을 일으키고 지적 갈등을 겪게 하여 자신의 인식에 대해 비판적으로 사고할 수 있게 노력

  ㉣ 교사의 직관적 경험에 의존하기보다는 의식적이고 적극적인 방식(사전 설문조사, 글쓰기, 활동 및 수행평가 결과 분석 등)으로 노력할 필요

⑤ 교사 교육과정에 대한 성찰
  ㉠ 자신의 교육과정에 대한 성찰과 개선은 교사 전문성 향상의 토대
  ㉡ 해당 교육과정에서 의도했던 바를 학생들이 경험하고 성취했는가
  ㉢ 교사 자신의 의도와 목표, 신념이나 인식의 타당성, 자신이 추구하는 가치에 대해 끊임없이 질문 → 대안적 행위와 가치를 모색
    • 학생은 의사와 무관하게 교사가 신념을 토대로 구성한 교육과정을 수용하는 입장
    • 학생은 교사 교육과정 이외의 다른 교육과정을 접할 기회가 없으므로, 상대적으로 잃게 될 경험과 역사 이해에 대한 고민 필요

역사교육의 목적과 목표

1 역사교육의 목적

(1) 목적의 의미와 '목적론'

① **목적의 의의**: 교육처럼 명백히 의도된 행위에 있어 정당한 의미를 부여하는 것

② **역사교육의 목적론**: "역사를 왜 가르치고 배워야 하는가?"

　㉠ 필요성
　　• 교과로서의 가치 정당화와 연결
　　• 사회과 통합 논의와 독립 교과 설정의 문제
　　• 내용 선정 및 조직에 일정 정도 영향

　㉡ 목적론의 한계
　　• 목적은 다양하며, 가치 문제와 민감하게 관련
　　• 공교육 내 역사 교과의 설정이 국가적 명분과 분리될 수 없으므로, 내재적 가치를 내세워 역사교육의 독자성이나 목적의 가치중립성을 확보하는 데에는 한계 ('화이트 vs 리' 논쟁)

　㉢ 역사교육 목적 논의의 허실(양호환)
　　• 역사교육의 근본적인 문제점과 해결책을 목적론으로 단순화하는 문제: 문제의식은 '무엇을 가르칠 것인가'에 있으며, 목적을 정하고 가르칠 내용을 구성한다는 발상은 가르침의 결과를 사전에 정당화하는 행위
　　• 목적을 정하는 절차와 방식은 하향식 내용 결정을 전제한 것: 교실 현장과 교사에 대한 고려가 없으며, 목표 달성 여부를 평가하는 것도 교과서 기준일 수밖에 없고 교사는 전달자 역할로 평가 대상이 됨
　　• 우리나라 교육과정 개발 방식에서 '역사교육 목적' 제시를 통해 교과 가치를 정당화하는 것은 불가능: 학문과 교과 구별, 탈학문적 통합교과 구상, 교육과정 연구자의 전문성이 성역화된 현실
　　• 역사를 가르친다는 것의 의미에 대한 재고 필요: 지식 생산, 서술된 역사에서의 포함과 배제, 평가의 규칙 등을 통제하는 관행에 대한 문제제기로, 목적론 자체를 비판하고 쟁론화할 필요가 있음

(2) 전통적으로 중시하는 역사교육의 목적

① **교훈의 획득**: 과거의 사례로부터 교훈을 얻고 합리적인 의사 결정을 내리는 데에 참고

　㉠ 유용성
　　• 교훈을 얻는 과정에서 역사는 선악이나 진위의 판단 기준으로 작동
　　• 교훈을 통해 현재 문제 해결을 위한 지표로 삼을 수 있음

◇ **교훈을 중시한 동서양의 사례**
• 『논어』: 온고지신溫故知新, 과거를 돌아보고 그것을 현재에 조명
• 『자치통감』·『동국통감』: 과거를 거울로 삼는다는 교훈성을 드러내기 위해 '감鑑' 사용
• 헤로도투스: 페르시아 전쟁으로부터 민주주의의 승리라는 교훈을 역설

- ⓒ 비판
  - 사건의 일회성과 특수성을 중시하는 역사학에서 현재와 똑같은 사례는 존재하지 않음
  - 역사에서 교훈을 얻으려는 시도는 지배층 중심의 역사 서술을 초래할 위험성 내포
  - 과거 사건에 대한 관점이나 평가가 다양할 수 있음
- ⓓ 극복
  - 역사가 특수성을 기술한다 해도 유사점은 분명히 존재
  - 소외된 사람들 중심으로 역사를 서술하는 추세에서 교훈은 여전히 유용함

② **유산의 전승**: 역사는 유산 전승에 효과적인 수단으로 활용됨
  - ⓐ 유용성
    - 사회와 국가는 타자와 구별되는 공통된 유산이나 전통을 역사를 통해 구현함
    - 사회 구성원에게 공동 유산을 이해시키고, 민족적 정체성과 자부심, 애국심을 함양시킴
  - ⓑ 비판
    - 민족적 정체성, 시대에 따라 변화하는 '유산'의 실체를 파악하기 어려움
    - 유산을 맹목적으로 강조하면 민족주의 과잉으로 역사교육이 자칫 실패할 수 있음
    - 사회적, 정치적으로 실용적 목적을 위해 과거를 이용한다는 측면
  - ⓒ 극복
    - 민족적 정체성이라는 것은 역사성을 지니고 있어, 계속적인 연구 작업을 통해 확인할 수 있으며 잠정적으로는 어느 정도 합의에 이를 수 있음
    - 오늘날의 세계화와 신자유주의 시대에 국가와 민족이 자존하기 위해서는 오히려 민족주의를 바탕으로 한 역사교육을 강화할 필요 있음
    - 역사교육을 정권 차원에서 이용하는 것은 경계해야 하지만, 문화유산이 지니는 가치를 올바로 인식하고 그것을 세계사적 보편성과 관련시키는 역사교육은 현실적으로 필요

③ **현재의 이해**: 현재 현상의 기원, 인간의 행위 등에 대한 이해
  - ⓐ 유용성
    - 과거 사실을 인지함으로써 현재의 현상 이해를 세밀하게 수행할 수 있음
    - 역사 이해 과정을 통해 다른 과정이나 사실을 추측할 수 있는 준거틀 형성 가능
    - 역사 사건 각각이 독립적일지라도 인과관계와 개연성을 추찰하면서 미래 예측 가능
  - ⓑ 비판
    - 현재와 관련있는 과거의 역사적 사실을 알아내기는 어려우며, 막연한 관련성만 지적 가능
    - 사료의 부족, 해석의 한계 등으로 인해 과거를 면밀히 파악하는 것은 불가능
    - 현재 문제 대처라는 과제는 역사학보다는 사회과학이 더 유용함

ⓒ 극복
- 과거 사례의 직접 적용은 어려우나 역사적 경험을 통해 가능성을 가늠할 수 있음
- 여러 문제의 원인을 다양한 각도에서 파악하고 비판적으로 검토하는 데는 사회과학보다 역사가 유용

④ **인격과 교양의 육성**: 전통적으로 지성인 및 사회 지도층이 갖추어야 할 교양

ⓐ 유용성
- 역사적 사유 과정은 타 학문에 유용하게 적용 가능
- 역사적 사유를 통한 지적 능력(다양한 사고력, 비판 능력, 선악 구별 능력 등) 함양

ⓑ 비판
- 역사가 필수 교양이라는 인식은 지극히 엘리트주의적 발상
- 역사는 실용적이라기보다는 학술적이며, 이는 엘리트들의 지적 과시 수단에 불과

ⓒ 극복
- 오늘날 역사는 일반인의 관심사, 보통 사람이 주인공
- 의식주와 관련 없지만 개인 발달에 기여, 가치 있는 삶에 이바지
- 다원화되고 상호 의존적인 세계에서 필요한 공동체 의식·시민 의식을 함양

⑤ **역사의식과 역사적 사고력의 함양**◇

ⓐ 유용성
- 역사의식은 개인의 시공時空상의 좌표를 결정해주고, 민족·국가·인류의 미래상을 형성하는 데 도움, 다음과 같은 의식 함양
  ① 역사관: 역사의 본질에 대한 견해나 관점(역사란 무엇인가?)
  ② 자아의식: 역사 속에서 자신의 실체에 대한 의식(나는 누구인가?)
  ③ 존재의식: 역사 속에서 자신의 위치에 관한 의식(나는 어떤 상황에 처해 있는가?)
  ④ 시간의식: 역사 속에서 시간의 존재와 시대의 차이에 대한 의식(역사에서 시간이 갖는 의미는 무엇이고, 한 시대는 다른 시대와 어떻게 다른가?)
  ⑤ 변화(발전)의식: 역사의 변화와 발전에 대한 의식(역사는 어떻게 발전해왔고, 앞으로 어떻게 변화해 갈 것인가?)
  ⑥ 문제(실천)의식: 역사 속에서 인간과 현상의 문제와 실천에 관한 의식(무엇이 문제이고, 어떻게 해결할 것인가?)
- 역사적 사고력은 어떤 문제나 상황에 처했을 때 역사학의 특성에 근거해 생각하는 능력으로, 역사 지식을 이용해 가설을 세우거나 해결 방안을 모색하는 의도적·복합적 정신 능력을 의미, 다음과 같은 능력 함양
  ① 연대기 파악력: 시간에 따른 변화를 중시, 인간의 삶과 현상을 연대기 속에서 이해
  ② 역사적 탐구력: 사료를 근거로 과거 사건이나 행위를 해석, 설명함으로써 이해를 도출
  ③ 역사적 상상력: 사료의 불완전성을 보완하기 위해 관련 근거로 증거의 간극을 확충(추체험)
  ④ 역사적 판단력: 증거의 중요성을 판별, 자료를 해석 및 추론함으로써 편견을 제거하고 균형 잡힌 결론을 도출

◇ **역사의식과 역사적 사고력의 관계**

앞서 여러 차례 언급한대로, 두 개념은 정의가 불분명하다. 최상훈은 둘의 관계에 대해, 역사의식이 역사와 역사 문제가 무엇인지에 관한 마음가짐이나 감각이라면, 역사적 사고력은 역사 문제를 해결해나가는 정신 활동이라 하면서 역사의식이 역사적 사고력의 토대라 할 수 있다고 했다. 역사의식의 수준에 따라 가능한 역사적 사고력의 범위가 있으며, 역사적 사고력의 신장을 통해 역사의식이 성장할 수 있다는 것으로 즉, 역사의식과 역사적 사고력은 상호작용하면서 성장 가능하다는 것이다.

(3) 역사교육 목적의 다양성

① **파팅톤** G. Partington

㉠ 전통적 역사교육 목적을 세 가지로 정리하고 비판
- 문화유산의 전승 → 배타적인 자민족 중심으로 흐를 수 있음
- 도덕 교육 → 현재의 도덕 혹은 정치적인 사정에 따라 과거의 도덕적 교훈을 무리하게 이끌어내고 그것을 학생들에게 주입하는 문제
- 현재와 미래에 대한 이해의 증진 → 얼마만큼의 과거 혹은 어떤 과거를 돌아보아야 할지가 분명하지 않음
- 이러한 역사교육 목적의 타당성이 선험적인 전제로부터 논리적으로 도출된 것인지, 아니면 경험적 증거를 가지고 있는 것인지도 확실하지 않음

㉡ 교육과정 이론가들의 비판 소개하고 반비판
- 비판: 역사 수업의 비활동성, 고차원 사고 기능에 대한 관심 부족, 학생의 관심과 흥미로부터의 괴리, 역사 수업에서 주요 개념이나 근본 구조의 결여, 역사 그 자체의 난해함 등 → 역사교육의 가치와 목적, 당위에 대한 근본적 문제
- 반비판: 역사 학습의 특성은 다름(예를 들어, 고차원적 사고 기능 활성화를 위해 교육 목표 분류를 광범하게 이용해야 하나, 역사 이해는 행동 목표로 측정 불가한 종합적 기능이 필요함)

㉢ 결론: 역사를 가르치는 이유
- 외재적·도구적 근거에 기반하여 정당화하는 것은 적절치 않음
- 역사를 배운다는 것은 인간의 경험에 대한 특정적 사고방식을 개발하는 것, 이러한 사고 과정 자체, 역사 이해 증진이 내재적 가치임

② **이인호 vs 정현백 논쟁**

㉠ 배경과 논점
- 배경: 1990년대 초 교육과정 개편에 따른 사회과 통합론 대두 → 역사교육 강화 주장
- 논점: 가르치는 방식, 역사교육의 가치 논쟁

㉡ 주장

이인호	• 역사교육은 인문교육의 토대 • 목적: 바람직한 인간성 함양과 정신적 공간 확대 • 방식: 설화 또는 이야기로서의 역사가 적합
정현백	• 역사교육의 사회비판적 기능 강조 • 목적: 인간 해방, 이데올로기 측면에서 비판적으로 사고할 수 있는 능력 배양, 역사 발전이 변증법적 과정임을 인식시켜야 함 • 방식: 사회과학적 이론과의 관련 속에서 전체 사회사적인 결정요인들을 설명

③ 화이트 vs 리 논쟁
  ㉠ 논점: 교육의 일반 목적과 역사교육 교과 목적의 관계
  ㉡ 주장

화이트	· 학교 교과로서의 역사는 역사 연구 자체보다 학교 교육 목적이 중요 · '민주시민의 덕목을 기르는 교육citizenship education' 목적에 부합해야 함
리	· 역사는 내재적 가치를 가지고 있음 · 외재적·정치적(시민교육 포함) 목적에 이용되면 역사의 본질적 특성인 객관성과 이탈성 (공평성)detachment이 훼손 cf. 화이트의 반박: 리가 주장하는 '변형적 목적transformative aim'(학생 스스로의 판단을 중시하는 가치중립적 목적) 역시 개인이 속한 사회의 가치를 반영한 것에 불과

2 역사교육 목표의 필요성과 분류

(1) 교육목표의 특성
① 목적과 목표
  ㉠ 목적: 교육이 지향해야 할 기본적인 방향 제시, 포괄적·이념적·궁극적
  ㉡ 역사교육 목표
    • 역사교육의 목적을 달성하기 위해 필요한 하위 요소를 구체적·명시적으로 제시한 목록
    • 교육목표는 교육 이념과 교육 목적에서 파생(교육기본법에 제시)
② 위계화
  ㉠ 의미: 교육목표를 추상성과 포괄성의 정도에 따라 단계별로 분류하는 것
  ㉡ 단계: 학교 교육목표 - 교과목표 - 학년목표 – 단원목표 – 수업목표(학습목표)
    • 수업목표를 제외한 교육목표는 모두 국가 교육과정에 제시
    • 수업목표는 교사가 상위 목표를 실제 교육현장과 연결하는 직접적·구체적인 목표
    • 수업목표는 교사가 국가 교육과정을 참조하는 선에서 자신의 교육관에 따라 설정
③ 상세화
  ㉠ 의미: 목표가 의미하는 바가 구체적으로 무엇인지 분명하게 진술된 상태
  ㉡ 방법
    • 수업목표가 수업과 평가의 구체적인 지침이 될 수 있도록 제삼자가 관찰 가능한 행위동사를 이용하여 목표의 수준을 구체적으로 나타내야 함
    • 행위동사를 진술할 때에는 내용과 행동을 함께 진술해야 함
    • 교사의 행동이 아닌 학생의 행동으로 진술해야 함
  ㉢ 행위동사의 사례
    • 인지적 영역: 정의하다, 열거하다, 선택하다, 확인하다, 요약하다, 비교하다, 분류하다, 설명하다, 추론하다, 증명하다, 분석하다, 종합하다, 평가하다, 일반화하다 등
    • 정의적 영역: 관심을 갖다, 선택하다, 토론하다, 해결하다, 실천하다, 자세를 갖다, 태도를 갖다 등

ⓔ 교육적 효용성
- 교사가 가르쳐야 할 내용과 행동을 분명히 파악해서 수업을 체계적으로 조직·전개할 수 있음
- 학생은 무엇을 어떻게 공부해야 할 것이지 명확해지고 학습동기를 일으킬 수 있음
- 평가 문항 작성이 쉬워지고 평가의 타당도와 신뢰도를 높일 수 있음

(2) 역사교육 목표 설정의 필요성 논의

① 찬성
  ㉠ 세밀한 목표가 미제시될 경우 교과 내용 선정, 교수 과정의 타당성 및 일관성 상실 우려
  ㉡ 교육목표는 교육 방향 전반을 규정하는 기준이자 동시에 교육 활동의 성과를 평가하는 준거
  ㉢ 교육목표 제시를 통해 학습 내용 선정 및 조직이 용이해짐

② 반대
  ㉠ 복잡한 사회과학이나 역사 분야에서는 교육 내용 확정이 어려움
  ㉡ 실제 수업에서 나타나는 변수를 예측하기 어렵기에 고정된 목표는 무의미함
  ㉢ 교사 대부분은 학생의 성취도보다는 교수법에 관심이 많으며, 이러한 추이 속에서 교육목표가 가지는 의미는 퇴색될 수밖에 없음 → 실제 국가 교육과정 개발 과정에서도 목표선정-내용선정 단계보다는 우선 내용을 선별한 이후, 그에 부합하는 교육목표를 제시하고 있음

③ 결론
  ㉠ 교육목표가 미제시될 경우 교육의 방향이 상실되고 지식 중심 교육에 치중할 우려 존재
  ㉡ 명시적이든 암묵적이든 나름의 교육목표를 상정할 필요성 존재

(3) 역사교육 목표의 분류

① 블룸의 교육목표 이원 분류

  ㉠ 인지적 영역 cognitive domain
  - 지식(기억) Remembering: 학습한 용어나 개념 등을 기억하는 단계
  - 이해 Understanding: 개념이나 이론을 이해하고 설명할 수 있는 단계
  - 적용 Applying: 학습한 지식을 실생활이나 현장에 적용할 수 있는 단계
  - 분석 Analyzing: 학습한 개념이나 이론을 분석하고 다른 것들과 관계를 파악할 수 있는 단계
  - 평가 Evaluating: 학습내용을 판단하여 평가할 수 있는 단계
  - 창조 Creating: 학습한 지식을 바탕으로 새로운 것으로 발전시키는 단계

  ㉡ 정의적 영역 affective domain: 감수(수용) – 반응 – 가치화 – 조직화 – 인격화

  cf. 심리운동적 영역 psychomotor domain

② **콜담&파인즈** J. B. Coltham&J. Fines**의 역사교육 목표 분류**

㉠ 내용

역사 학습에 대한 태도	역사에 대한 관심을 갖게 하고, 역사적 상상을 자극하는 것
	• 주의: 역사적 내용을 가진 이야기, 현재에 내포된 역사 내용에 대해 관심 갖기 • 반응: 관찰이나 경험 내용을 다른 사람에게 전달하기, 관련 자료를 수집하기 • 상상: 이야기 만들기, 역사적 증거에 입각하여 극적인 형태로 감정과 행동을 표현하기, 역사상의 인물과 자기를 동일시하기
교과의 특성 (본질)	증거자료와 절차 및 방법 측면에서 역사적 탐구의 특성을 인식하는 것
	• 자료 특성: 1차 자료로 이용될 수 있는 유물·문서 등의 자료를 알기, 2차 자료에 나오는 이름과 용어들을 역사적 맥락과 관련지어 알기 • 절차 조직: 1·2차 자료로부터 나온 증거들을 수집하기, 증거에 대해 문제를 제기하기, 증거 내 허점을 인식하기, 1·2차 자료들을 분석하고 종합하기 • 결과: 두 개 또는 그 이상의 진술·모델·그림들을 서로 비교하기, 자료들에 나타난 사실들에 대해 설명·해석하기
기능과 능력	역사교육에서 요구하는 구체적 기능 목표 제시
	• 용어 획득: 역사에서 이용되는 일상 용어, 특수 용어, 시간 개념 등을 이해하고 이용하기 • 참고 능력: 빠르고 정확하게 참고서를 이용하기, 관련 정보를 찾기 위해 자료를 정밀하게 조사하기, 색인 이용하기, 가장 적합한 정보 자원 선택하기 • 기억: 주제와 관련된 특수한 이름, 전문 용어, 연대, 사건들을 상기하기 • 이해: 증거에 나타난 특징을 기술하기, 사건의 경험을 이용하여 인물의 행동을 설명하기 • 번역: 그림 대상 혹은 지도의 특징을 말로 정확하게 기술하기, 말로 된 자료를 통계·모델·다이어그램·지도 등으로 제시하기 • 분석: 구성된 부분들이 무엇인가를 나타내기, 증거 내 불일치를 알아내기, 두 증거들 사이의 유사성과 차이점 진술하기, 요소들 사이의 연결 고리 확인하기 • 외삽: 증거를 음미한 후에 믿을 만한 추론을 이끌어내기, 증거 내의 허점을 메꾸기 위해 믿을 만한 제안하기, 합리적인가설을 형성하기 • 종합: 자료 연결을 위해 조직 원리 이용, 특수한 시기의 생활 조건에 대해 정확하고 상세한 묘사하기, 모든 형태의 관련 자료를 수합하기 • 판단과 평가: 적절한 평가 기준 이용, 결론 논의, 자료에 대한 몇 가지 가능한 해석, 다른 시기의 가치를 구별하고 당대의 가치에 근거하여 자료 이해, 결론의 수용 또는 거부 • 전달 능력: 중요한 특징을 강조하기 위해 다이어그램이나 그림으로 표현하기, 적절한 신체·이야기·극이나 말 혹은 글 등으로 나타내기, 논리적 순서로 논의 사항을 제시하기, 적절한 형식을 이용해서 탐구의 결과를 제시하기
학습의 교육적 결과 (효과)	역사교육의 궁극적 목표가 올바른 역사적 통찰력과 가치 인식 및 합리적 판단 능력을 배양하는 데 있음을 제시
	• 통찰: 자신의 문화에서는 정상적으로 수용하기 어려운 행동들을 공감적으로 말하기, 다른 신념·문화·의견·관념들을 받아들이기, 변화를 인간 생활의 정상적이고 계속적인 부분으로 인식하기 • 가치에 대한 인식: 사실과 가치판단 구분, 특정 가치에 대한 지지가 행동을 결정하며 특수한 결과를 가져온다는 사실을 인식, 가치 선택을 결정하고 강화하는 것을 돕는 요소들의 범위 인식 • 합리적 판단: 현 상황의 복잡성 인식, 보고된 자료 내에서의 편견 확인, 보고된 증거 내에 존재하는 갭 확인, 현재 상황에 대해 판단

ⓒ 비판
- 역사교육의 목표를 인지적 영역과 정의적 영역으로 단순히 분류
- 계열성을 고려하지 않고 동일·유사한 수준의 목표를 반복
- 사고의 과정보다 결과를 강조
- 블룸의 분류에 비해 위계성이 보이지 않음

③ 1998년 대한민국 역사교육 교육목표(목표 영역 설정이라는 측면에서 참고)
- 역사적 사실과 개념에 대한 지식: 한국사를 시대 구분하여 각 시대의 정치, 사회, 경제, 문화에 대해 세계사적 보편성과 관련하여 기본적인 개념을 숙지
- 역사적 자료에 대한 해석: 역사적 자료를 수집, 정리하여 그것을 분석, 종합함으로써 타당한 역사적 해석 작업을 수행
- 역사적 상황에 대한 이해: 각 시대의 정치, 사회, 경제, 문화 영역에서 역사적 상황을 세계사적 보편성과 관란하여 종합적으로 이해
- 역사적 문제에 대한 인식과 해결: 역사적 문제 상황을 당시의 사람들의 처지에서 이해하고, 그들이 당시의 문제를 어떻게 해결하려 했는지를 비판적으로 생각
- 역사적 사실에 대한 평가와 태도: 민족사 및 민족문화에 대한 관심과 애착을 바탕으로 역사적 사실과 상황 및 그 속에서 행해진 역사적 실천을 자신과 관련시켜 생각하고 주체적으로 평가하면서 이해

④ 역사교육의 행동영역별 목표

지식·이해	역사의 기본적인 사실, 개념, 일반화 등을 기억하거나 이해하는 것
	① 역사적 사실의 이해 ② 역사의 주요 용어와 개념의 이해 ③ 일반화 및 원리의 이해 ④ 역사적 자료 및 탐구 방법의 이해
기능	어떤 것을 잘 할 수 있는 능력이나 재능, 학습을 수행할 수 있는 도구이며 수업시간에 배운 것을 다른 것에 적용하는 기본적 바탕
	① 문제의 확인 ② 가설의 형성 ③ 자료의 수집 및 분류 ④ 분석 ⑤ 평가 ⑥ 해석 ⑦ 추론 및 유추 ⑧ 상상 및 감정이입 ⑨ 의사 결정 ⑩ 종합 ⑪ 가설의 검증 및 일반화 ⑫ 적용 ⑬ 전달

◇ 영미권 국가 교육목표

① 1991년 영국의 국가 교육목표
  1. 연대기
  2. 역사 지식 이해의 범위와 깊이
  3. 역사 해석
  4. 역사적 탐구
  5. 조직과 전달
② 1994년 미국의 국가 교육목표
  1. 연대기적 사고
  2. 역사적 이해
  3. 역사적 분석 및 해석
  4. 역사적 탐구능력
  5. 역사적 쟁점 분석 및 의사결정

	학생들로 하여금 바람직한 가치관을 형성하게 하고, 역사 및 사회 발전을 위하여 필요한 태도를 가지게 하려는 것
가치 · 태도	① 역사에 대한 관심과 반응 ② 객관적 태도 ③ 개방적 태도 ④ 민주적 제가치의 존중 ⑤ 의사 결정 과정에 적극적으로 참여하는 태도 ⑥ 민족사 및 민족문화에 대한 발전적 태도 ⑦ 국제 협력의 자세

3 역사교육 목표의 설정

(1) 역사교육 목표의 설정 준거와 계열화의 원칙

① 목표 설정의 준거

㉠ 학문적 측면: 교과 전문가의 견해
- 지식·이해, 기능, 가치·태도로 구분
- 정치사, 사회경제사, 문화사 등 다양한 분야사 섭렵
- 지나칠 경우 학생들의 관심사에서 멀어짐

㉡ 사회적 측면: 현대사회에 관한 사실
- 국가 교육과정 개발 과정에서 고려
- 유산의 전승과 공동체 의식 함양에 부합하도록 목표 설정
- 지나칠 경우 도덕 교육으로 전락

㉢ 학습자 측면: 학습자에 관한 사실
- 학교 수업 측면에서 더욱 강조되는 부분
- 학생들의 수준이나 흥미를 고려하여 적절한 역사교육 목표를 설정
- 지나칠 경우 흥미 위주로 흐를 우려

② 역사교육 목표의 계열화

㉠ 의미: 선행 경험이나 내용을 기초로 하여 다음 경험이나 내용이 점점 깊이와 넓이를 더해가도록 체계화하는 과정

㉡ 목표의 계열화
- 내용의 계열화: '초등학교 생활사 - 중학교 정치사 - 고등학교 문화사'의 내용 계열화가 3차 교육과정 이후의 근간
- 내용뿐 아니라 목표에서도 초·중·고등학교의 학교급별로 계열화될 필요가 있음
- 교육목표의 준거를 고려하고, 일관성을 유지하면서도 수준별 차이가 드러나도록 체계화하는 것이 중요

(2) 역사 학습에서 행동목표와 구현목표

① 행동목표(목표모형에서의 교육목표) behavioral objectives

㉠ 의미: 교육을 통하여 학생들의 변화를 바라는 방향, 즉 학생들에게 기대하는 사고, 감정, 행동의 변화 방향을 분명하고 간결하게 서술한 것

◇ 내용 계열화의 장점

내용의 반복을 피할 수 있고, 학생들의 인지발달 수준도 어느 정도 반영할 수 있으며, 정치사 중심의 학습에서도 벗어날 수 있다.

ⓒ 특징
　　　• 상세화 필요: 학습 결과가 제삼자에게 분명히 드러나도록 교육목표를 명시적 행동 용어(행위동사)로 제시해야 함
　　　• 학습자가 학습의 결과로 행동할 수 있는 것을 기술
　　　• 학습자가 행동하는 것을 보고 관찰자(교사)가 목표의 달성 여부를 판단할 수 있는 것을 기술
　　　• 학습자의 도달점을 기술할 때 학습자가 목표를 달성하려면 어떤 교육이 필요한지를 명시
　　ⓒ 문제점
　　　• 학생의 이해나 사고 수준을 관찰 가능 행동으로 표현하기 위해서는 매우 상세한 내역이 필요하나, 학습 목표를 명시적 용어로 제시할 수 있는 경우는 매우 제한적이고 하찮은 경우가 다수
　　　• 명시적인 행동목표는 특별한 행동을 교육 경험의 산물로 상술해 관련된 사고 과정보다는 결과나 최종 산물만을 강조
　　　• 지식이나 관찰 가능한 기능에 관한 학습목표 제시에는 용이할지라도, 역사적 사고력과 같은 추상적 능력에 관한 학습목표 제시에는 부적절함
② **구현목표** expressive objectives(아이스너 E. W. Wisner)
　　㉠ 의미: 교사가 학생들을 이끌어가는 특별한 목표나 행동 형식이 아닌, 학생 스스로 '사고 – 감정 – 행동'의 형식을 이끌어가도록 의도한 것
　　ⓒ 특징
　　　• 수업에서 도달할 목표를 분명히 규정하지 않은 채 수업의 범주만을 규정
　　　• 학습의 결과보다는 과정에 초점을 맞춤
　　　• 교육 활동 후 할 수 있는 활동이 아니라 접해야 하는 만남의 형태를 제시
　　ⓒ 문제점
　　　• 행동목표와는 달리 도달 지점이 명시적인 행동 용어로 제시되지 않아 학습 주제로 착각될 수 있으며, 평가의 준거로 삼기에는 부적절해 보임◇
　　　• 개념이 체계화되지 않았고, 평가 준거도 명확하게 제시되지 않았음(명시적 행동목표의 대안 정도로 고려)
③ **방안**: 역사의식이나 역사적 사고력의 육성을 위한 역사 학습을 구성하기 위해서는 목표모형의 행동목표보다는 포괄적으로, 구현목표보다는 구체적으로 학습목표를 제시할 필요가 있음

> **행동목표와 구현목표의 수정 사례**
> • 행동목표: '주어진 항목 중에서 조선후기 서민문화의 특성을 세 가지 골라낼 수 있다'
> 　　　　　'주어진 자료 중에서 서민문화와 관계 있는 것을 지적할 수 있다'◇
> • 구현목표: '서민문화와 관련된 자료를 살펴보고 토론하기'
> • 수정목표: '서민문화와 관련된 자료를 바탕으로 서민문화의 특성을 추론할 수 있다'
> 　　　　　'서민문화와 관련된 자료를 살펴보고 서민문화의 특성에 관해 토론할 수 있다'

◆ **구현목표의 활용 방법**

　구현목표를 제시할 경우 교사는 예술가처럼 학생들의 학습 결과를 비평함으로써 평가할 수 있다. 이를테면 음악 교사나 미술 교사가 학생의 실기능력을 평가하는 것처럼 역사 교사도 학생의 수업 과정을 관찰하거나 발표 내용을 듣고 평가할 수 있는 것이다. 그러므로 학습목표의 진술과 평가라는 차원에서 목표모형의 수업목표는 객관성을 강조한 것이라고 볼 수 있고 구현목표는 주관성을 인정한 것이라고 볼 수도 있다.

◆ **많이 통용되는 명시적 행동목표**

이와 같은 명시적 행동목표가 제시될 수 있으나 이는 학습 내용 중에서도 단편적·지엽적이며 사고력보다는 지식 습득에 해당하는 목표이기 때문에, 지식보다는 서민문화가 발달한 배경과 의의를 이해하고자 '서민문화의 발달 배경을 설명할 수 있다', '서민문화의 의의를 설명할 수 있다'와 같이 다소 모호하게 수정한 것이 실제 널리 통용된다.

CHAPTER 03 역사교육의 내용 구성

1 역사교육 내용의 개념과 요소

(1) 역사교육 내용의 의미

① 교육 내용
- ㉠ 의미: 교육의 대상으로 각 교과에서 다루거나 교사가 가르치는 내용
- ㉡ 특징
  - 교육목표에 명시된 가치를 구현한 것
  - 교육 내용에 따라 교수방법이나 수업 전략, 구체적 학습 과정이 달라짐

② 역사교육의 내용
- ㉠ 의미: 모 학문에서 추출된 지식과 사고
- ㉡ 특징
  - 역사적 사실과 개념을 활용해서 역사와 관련된 현상을 이해하는 안목 또는 활동
  - 학생들이 역사 교과를 이해하는 중간 언어이자 역사학습의 의미를 깨닫게 하는 매개체
- ㉢ 종류
  - 과거 사실
  - 과거 사실에 대한 기록과 서술, 이야기
  - 객관적이고 확정된 지식만이 아니라 인식의 결과물인 해석과 담론◇
  - 사실 뿐 아니라 사실 이해에 기초하여 역사를 해석하고 인식하는 과정
  - 사실의 의미와 가치를 깨닫는 방법, 역사가의 판단과 인식

(2) 역사교육 내용의 범위

① '역사'에 대한 인식 변화
- ㉠ 역사는 역사가들이 서술한 기록, 서술자의 상상력이 개입된 문학의 성격
- ㉡ 랑케가 실증적 연구를 통해 과학성·합리성 추구
- ㉢ 아날학파 역사가들이 '문제로서의 역사', 구조사 및 전체사 지향
- ㉣ 언어는 과거의 실재를 표상할 수 없으며, 역사서술은 비판과 검토 대상인 텍스트에 불과

② 역사교육 내용 범위
- ㉠ 역사가들이 다루는 과거: 원론적으로 전 시대에 걸친 과거 인간 활동의 총체
  - 지역: 지역사, 국가사, 대륙사, 세계사
  - 시대: 고대사, 중세사, 근대사, 현대사
  - 분야: 정치사, 경제사, 문화사
  - 주제: 독립운동사, 산업혁명사, 기술발달사, 문화교류사

◇ **역사담론**

역사담론이란 과거의 수많은 사실들 사이에 어떤 질서를 상정하여 논리적으로 일관되게 설명하는 것으로, 사실과 사실을 꿰어 가장 그럴듯한 이야기를 만들어내는 것이다. 다시 말해서, 역사담론은 역사적 사실에 의미를 부여하는 행위라고 볼 수 있다.

㉡ 역사가들이 내린 다양한 해석: 역사가들이 서술한 기록 또는 담론
　　　㉢ 역사가들의 해석 및 설명, 사료 및 사료탐구 방법
　③ 유의점
　　　㉠ 역사가 교육 내용으로 기능하기 위해서는 역사 범위와 심도를 적절하게 조정할 필요
　　　㉡ 역사의 본질, 역사 학습목표, 교수 상황, 학습자의 발달 단계, 사회적 요구 등 다양한 요건을 고려하여 역사교육 내용 범위를 설정하고 조직해야 함

(3) 역사교육 내용의 요소

① 역사 지식°

㉠ 사실

의미	· 증거를 가지고 밝힌 구체적 사건에 대한 서술 · 역사에 등장하는 인물, 지역, 연대, 사건 등 비교적 단순한 사실 · 역사교육 내용을 이루는 재료 역할
특성	· 역사적 사실은 그 자체로의 가치가 있음 · 나아가 일반적 주제나 개념과 연결될 때 교육적으로 유의미함 　ex.『목민심서』,『반계수록』은 '실학'과 연결될 때 유의미 · 사실의 적합성을 판단하게 해주는 지식, 사실을 번역하는 지식, 사실의 적용하는 방법에 관한 지식이 요구됨

㉡ 개념

의미	· 어떤 공통적인 특징(속성attribute)을 지니는 사물이나 사실들을 하나의 범주로 묶어 표현한 일반적 아이디어 · 사물, 사건, 행동에 의미를 부여하기 위해 만들어 낸 것으로, 구체적 사실들을 동질적인 것들끼리 분류한 것
규정 방법	· 내포적 정의intensive definition: 내적 측면으로, 개념이 지닌 속성 　ex. 정복 왕조: 북방 유목민족이 중국을 정복하여 세운 왕조 · 외연적 정의extensive definition: 외적 측면으로, 개념에 해당하는 사례 　ex. 정복 왕조: 요, 금, 원, 청 왕조
종류	· 기본 개념: 교과 지식 구조를 보여주는 개념, 전 학년에 걸쳐서 반복적으로 배우는 공통 요소 　ex. 혁명 · 조직 개념 : 상호 관련된 역사 개념의 복합체, 학년에 따른 교육 내용 배열에 유용하게 적용 가능한 요소 　ex. '혁명 이념', '혁명 집단', '민족혁명', '산업혁명'
대표적 사례	· 역사의 구체적 사실과 관련된 개념: 노예제, 봉건사회, 종교개혁, 절대주의, 호족, 실학 운동 등 · 역사학의 본질 및 방법과 관련된 개념: 인과관계, 변화, 계속성, 시대, 발전 등 · 사회과학에서도 사용되는 개념: 문화, 문명, 가치, 갈등, 개혁, 계급 등

◇ **지식의 종류**

과거 사실에 대한 지식은 역사 이해의 출발점이자 역사 교육내용의 기본이다. 물론 역사에 관한 지식이나 개념의 이해는 바람직한 역사적 사고와 태도를 형성하는 데 도움이 될 때 비로소 의의가 있다. 따라서 역사 교과의 내용을 구성하는 요소는 역사 지식뿐만 아니라 역사적 사고 그리고 역사적 태도라고 할 수 있다. 역사 지식은 구체적 사실은 물론 개념이나 일반화, 원리 등으로 구성된다. 지식을 명제적 지식knowing that과 방법적 지식knowing how으로 구분할 경우, 역사적 사실은 명제적 지식에 해당하며, 역사적 사실을 아는 방법은 방법적 지식에 해당한다. 명제적 지식이 이해를 통해 얻어진다면, 방법적 지식은 활동과 실천을 통해 습득된다. 후자는 역사적 사고와 관련 있다.

효용성	· 개념이 제시하는 구체적인 특징, 특성을 통해 사건을 구분할 수 있음 · 여러 특수한 사실과 아이디어들을 조직하고 통합하는 데에 유용 · 개별 정보들을 일정한 범주로 묶어주는 역할 · 개별적인 역사 사실을 모두 알지 못하더라도 개념을 통해 유사적 역사적 상황을 이해하고 의미를 부여할 수 있음 · 반복 학습의 비효율을 줄이고, 다양한 현상을 이해할 수 있는 통찰력을 기름
주의점	· 개념은 구체적 역사 사실과 사례들이 뒷받침되어야만 교육 내용 선정에 직접적인 도움을 줄 수 있음 · 개념은 어디까지나 역사를 이해하는 하나의 수단, 역사교육은 개념이나 일반화를 가르치는 것이 아님

ⓒ 일반화 generalization

의미	· 두 개 이상의 사건이나 현상 혹은 개념들 사이의 관계를 나타내는 진술 · 개별적 사건들의 경험 자료를 바탕으로 여러 역사 사실 간의 관계, 사실과 개념의 관계, 개념과 개념의 관계를 보편화하여 일종의 법칙과 유사하게 서술 · 개념과 함께 여러 가지 역사적 개별 사실들을 조직하는 핵심 요소로 이용 · 인간의 행동과 그 관계를 설명하고, 모델이나 이론을 만드는 역할
종류	· 제한된 일반화: 일정한 시기와 지역에 국한 　ex. 동학 농민 운동은 반제국주의적, 반봉건적인 농민 운동이다. · 보편적 일반화: 시대와 지역을 초월하여 적용 　ex. 과거 사실에 대한 역사가의 견해는 자신이 살고 있는 시대환경에 따라 영향을 받는다.
효용성	· 역사 속 개별 사실에 의미를 부여 · 사실과 개념들을 활용하여 추론하는 것이므로 학습자의 사고 차원을 향상 · 일반화 학습을 통해 비판적 사고와 판단 능력을 기를 수 있음 · 일반화를 이해함으로써 학습자는 과거, 현재, 미래의 유사한 사실들을 예상하거나 그것을 설명, 분류, 조직할 수 있음 · 역사 모델이나 이론을 만드는 역할을 수행
주의점	· 일반화의 서술은 추상적이더라도 구체적인 사실이 수반되어야 함

ⓔ 이론

의미	· 구체적인 사실들 사이의 관계를 정교하게 일반화하는 데에 그치지 않고, 그 관계를 논리적으로 정립하여 나타낸 것
특징	· 일반화보다 훨씬 더 보편적이고, 적용 확률이 높은 진술 · 수많은 경험적 현상을 설명할 수 있는 포괄성을 지님
종류	· 부분적인 이론 partial theory: 보편성이 제한되어있는 비교적 낮은 차원의 이론 · 거대 이론 grand theory: 시공을 초월하여 적용되는 보편성을 지닌 이론
주의점	· 변인과 개념 간의 관계를 명확히 설명해야 하고, 논리적 일관성이 있어야 하며, 경험적으로 증명 가능한 가설이 제시되어야만 함 · 이론은 폐기되거나 생성될 수 있음을 인지 → 전통적인 이론과 수정주의 이론을 비교하여 유사성과 차이점을 분석하게 해야 함(대안이론을 만들어 보게 할 수 있음) · 가장 고차원적인 지식이므로 교사뿐 아니라 학생들도 기본적인 역사 사실과 개념들에 대한 이해가 필요함

② 역사적 사고
  ㉠ 필요성
    - 역사 내용은 사실과, 그 사실을 도출한 역사가의 일반화 및 탐구 과정이 포함된 것
    - 역사의 일반화 및 탐구는 그 자체에 사고 과정과 탐구 활동을 내포
    - 학습이란 사고의 산출물 뿐 아니라 사고하는 능력(모학문의 연구 방법)을 배우는 것
  ㉡ 역사적 사고 능력
    - 역사에 대한 가설과 질문에 대한 답을 찾기 위해 정보를 투입할 수 있는 능력
    - 새로운 문제에 직면했을 때 문제를 분석하고 해석하며 정보를 새롭게 조정하는 확장적 정신작용
    - 역사 지식의 응용, 비판적·창조적 사고, 메타 인지 meta-cognition 등으로 심화·발전
  ㉢ 역사적 사고 능력의 종류

이해 능력	· 자료의 내용과 문맥을 파악하는 능력 · 주요한 사실과 개념을 명확하게 파악하고 핵심 요소를 찾아낼 수 있는 변별력
분석 능력	· 문헌자료를 비롯하여 도표, 지도, 연대표 등 다양한 정보와 자료를 분석하고, 각 자료의 핵심 내용을 포착하고 해당 내용의 타당성과 적절성을 분별하는 능력
해석 능력	· 관련 자료의 의미를 파악하여 자료의 공통성, 경향성, 규칙성 등을 읽어내는 능력
비판 능력	· 역사 지식의 정확성과 신뢰성 여부를 평가하고 사실의 진위 및 유사성과 차이점 등을 구분하는 능력 · 진술이 사실인지 가치인지 구분, 진술 뒤에 숨은 가정을 파악, 진술의 논리적 모순이나 편견 지적 등
판단 능력	· 다양한 가치를 구분·선택하는 분석과 명료화의 과정을 통해 대상이나 진술이 맞는지 틀린지, 옳은지 그른지를 판단하고, 동시에 가치판단의 타당한 근거를 제시하는 능력 · 사실 정보와 결합됐을 때 생기는 지식·능력으로 저절로 생기지 않고 학습을 통해 길러지는 능력 · 역사 교사는 학생이 잘못된 역사 지식이나 부족한 역사 정보에 기초한 역사적 판단으로 왜곡되거나 편향된 역사 인식에 빠져들지 않도록 특정 사건뿐만이 아니라 관련 역사 사실에 관한 해박한 이해를 갖추어야만 함
메타 인지	· 학습자 스스로 사고의 과정과 결과를 검토하여 반성하고 오류를 수정하는 정신작용 · '사고의 사고 thinking about thinking'라 할 수 있으며, '초인지' 혹은 '상위인지'라 명명되기도 함 · 학생은 자신의 사고 과정을 객관적으로 바라보며 자신의 사고 행위를 반성할 수 있음
기타	· 인증적 사고, 상상적 이해, 감정이입, 추체험 등도 사료 간의 간극을 메우기 위해 요구되는 역사적 사고 능력

③ 역사적 태도
  ㉠ 의미
    - 역사 사실을 통해 역사를 보는 올바른 안목을 기르고 바람직한 가치와 태도를 함양하는 것
    - 눈에 보이지 않지만 학습자의 인지적·정의적 영역에서 일어나는 변화

ⓒ 종류
- 인간의 가치와 존엄성을 중시하는 태도
- 삶의 다양성을 이해하고 포용하는 태도
- 사회 모순과 갈등을 인지하고 극복하려는 태도
- 현재 삶에 정체되지 않고 변혁을 추구하는 태도
- 자신을 역사 변화의 주체로 인식하는 태도

ⓒ 주의점
- 역사적 태도의 함양은 흔히 역사교육의 목표로 제시되며, 그에 근거하여 역사교육 내용을 선정하도록 안내될 필요가 있음
- 교육과정 차원에서는 제시되지만 교과서 차원에서는 거의 보이지 않으므로, 역사 교사는 자신의 역사관을 제시하면서 학생들에게 바람직한 역사적 가치와 태도를 형성할 것을 요청해야 함

2 역사교육 내용의 체계

(1) 교육 내용의 구성 단계

① 교육과정 수준의 내용 구성
- ㉠ 국가 수준의 교육과정은 각 교과의 기본적인 내용 구성(단원)을 제시
- ㉡ 초등학교는 문화사 중심의 주제학습, 중학교는 정치사 중심의 개념학습, 고등학교는 사회경제사 중심의 시대학습 등
- ㉢ 이외에도 단원조직의 유형과 실제로 다룰 내용을 규정

② 교과서 수준의 내용 구성
- ㉠ 교육부가 개발한 교육과정에 기초하여 교육 내용을 학년별로 제시
- ㉡ 역사적 사실을 여러 가지 자료와 표현방식을 통해 다루며, 각 교과서는 동일한 역사적 사실과 사건을 다른 자료나 학습활동을 통해 제시하거나, 동일한 역사적 사실과 자료를 서로 다른 학습목표에 이용하기도 함

③ 수업 수준의 내용 구성(교사 교육과정)◇
- ㉠ 국가 교육과정 및 교과서를 토대로, 수업을 담당하는 교사의 내용선정 및 조직이 추가
- ㉡ 교사는 선행 학습 내용, 학생의 인지적·정의적 수준을 바탕으로 수업 내용을 선정하고 학습 활동을 조직

(2) 교육과정 수준의 내용

① 특징
- ㉠ 가장 광범위한 계열에 속하는 역사 내용으로 국가가 정한 역사교육 내용
- ㉡ 크게 초등학교 교육과정과 중등학교 교육과정으로 구분

② 교육과정의 모형
- ㉠ 내용모형: 내용을 곧 학문이자 교과로 간주하고 목표보다 내용을 우선시
- ㉡ 목표모형: 목표 설정부터 평가에 이르기까지 일련의 과정을 목표에 따라 일관성 있게 조직 → 교육 내용은 목표 달성을 위한 수단

◇ **교사 교육과정**
최근 학교 현장에서는 교육과정 개발과 실행에 있어 교사의 자율성과 전문성을 요구하는 목소리가 높아지고 있다. 교사를 국가 교육과정의 단순한 실행자로 보는 것이 아니라, 학생의 교육적 성장을 위해 교육과정을 (재)구성하는 주체로서 교사의 역할을 강조하게 된 것이다. 이러한 입장에서 최근 지칭되는 용어가 '교사 교육과정'이다.

③ 교육과정 차원에서 논의되는 내용
  ㉠ 대강화: 교육과정 내용의 요소 구체화 정도
    - 국가 수준 교육과정이 지나치게 구체적일 경우 교육 내용의 획일화 초래 우려
    - 특정 사실이나 사건보다는 학생들에게 바람직한 역사적 사고와 태도를 제시할 것
  ㉡ 계열화: 초중고 교육과정에 따른 시대, 분야, 주제 배치와 선후 강조 문제
    - 초등학교는 생활사, 인물사, 문화사 중심의 주제 배치, 중등학교는 시대 순서에 따른 역사의 기본구조 전달
  ㉢ 관점
    - 종적 관점(발전적 관점): 역사의 연대나 시간 개념을 강조하며, 역사의 본질을 발전으로 보고 '변화상'에 초점
    - 횡적 관점: 역사 공간과 시야의 확장을 통해 여러 양상의 연관 관계 파악하는 데 유용하며, 동일한 시대의 상이한 역사에 초점
    - 융합: 시대의 변천에 따라 한 분야, 한 주제의 역사 발전을 살핌

(3) 교과서 수준의 내용
  ① 교과서의 특징
    ㉠ 교육과정의 기본 목표를 구현할 목적으로 선정·조직된 내용을 학생의 발달 수준을 감안하여 정선하고 재조직한 학습의 기본 교재
    ㉡ 교육과정에 제시된 교육 내용을 구체화한 것이자, 동시에 여러 교육 매체 중 하나로 교육 내용을 효과적으로 전달하는 수단
  ② 교과서의 역할
    ㉠ 관점
      - 교과 중심 교육과정: 지식 체계 전달을 강조 → 교과서는 교육과정의 주요 전달 매체
      - 학문 중심 교육과정: 지식의 기본구조와 탐구과정을 중시 → 교과서는 학습 참고 자료
    ㉡ 일반적 역할
      - 학습 내용의 조합·배열로 지식을 전달하고 학습 자료와 과제 제시, 교수·학습 활동 안내
      - 교사의 자료 개발 근거, 학습평가의 기준, 학습 정리 및 색인 기능
  ③ 역사 교과서 내용 선정 문제
    ㉠ 표준 역할
      - 역사학에서 다루는 역사 지식을 교육적 배려를 위해 변환한 내용
      - 역사학계의 연구 성과가 공적인 영역으로 전환된 것
      - 교과서 지식은 객관적 지식으로서 강제성을 가짐
    ㉡ 타당성 논쟁
      - 역사 서술의 일종이므로 주관적인 역사 해석 및 담론이 포함
      - 주관적인 역사 지식이 객관적이고 공적인 교과서 형식으로 변환된다는 모순

ⓒ 공적 성격으로 인한 논란
- 역사 교과내용 선정과 구성에 관한 논의의 결과물이자 구현물, '교과관'에서 비롯
- 정오의 문제인 '사실'과, 설득력의 문제인 역사가의 '관점'을 구분해야 함

④ 유의점
ⓐ 담론이 얼마나 조리 있고 정합성 및 설득력을 지녔는지를 기준으로 선정함이 바람직
ⓑ 학생이 여러 관점과 해석을 탐색·비교할 능력을 기르기 위해 해석과 담론의 특성과 한계 모두를 명시할 필요
ⓒ 교사는 교과서 내용을 '가르쳐야 할 교육 내용'으로 수용해서는 안 됨 → 해당 내용이 어떠한 의미와 관점을 함의하고 있는지를 판단하고 학생에게 전달해야 함

(4) 수업 수준의 내용
① 수업: 역사 교과 내용 구성의 최종 단계이자 역사교육의 실질적 표상
② 교사
ⓐ 역할
- 역사 지식을 만들고 가르치는 과정에서 적극적으로 개입하는 존재
- 자신의 이념과 가치에 기반해 역사 담론 및 역사 인식을 생산, 내용을 선택
ⓑ 교사와 내용 선정
- 교사의 판단, 역사관, 교육관이 내용 선정에 중요한 영향◇
- 교사의 역사 교과에 대한 지식 숙달 정도가 중요(교사가 교과서 내용을 수업 내용으로 변환)

3 역사교육 내용의 선정

(1) 선정의 의미
① 선정과 조직
ⓐ 선정 choose: 어떤 내용을 학습할 것인가(역사 학습의 범위 scope 결정)
ⓑ 조직 organize: 어떤 순서로 학습할 것인가(역사 학습의 계열 sequence 결정)
② 고려 사항◇
ⓐ 역사의 개별성과 특수성: 역사적 사실과 역사를 설명하는 개념, 용어 및 이론, 그리고 역사적 사고 및 태도를 함양하는 내용까지 포함
ⓑ 학습자의 인지 수준을 고려하여 학교급별, 학년별로 교육 내용을 다르게 설정
ⓒ 사회적 요구와 관련된 학습 목표를 고려

(2) 역사교육 내용 선정의 원리
① 학문적 측면
ⓐ 특징
- 해당 교과 학문의 중요한 내용을 선정해 학습시켜야 한다는 주의
- 고학년에게 강조되는 측면

◇ **교사의 교육관에 따른 내용 선정**

역사 학습을 역사적 안목, 즉 역사 현상을 보는 눈을 기르는 것이라고 생각하는 교사는 역사 지식을 역사에 관련된 현상들을 이해하는 데 필요한 도구로 볼 것이다. 이 교사는 교과서 내용이나 역사 자료를 있는 그대로 설명하여 학생들이 이해하도록 가르치기보다는 역사 사실과 사건 및 상황에 대한 역사인식을 돕기 위해 질문과 문제를 제기하는 방식으로 수업 내용을 구성할 것이다. 학생들이 주체적으로 구축하는 역사 학습을 중시하는 교사는 역사적 사실이나 사건에 대한 역사가들의 해석을 확고한 진리로 제시하지 않고 교과서 내용과 다른 해석이나 그 근거 자료를 수업 내용으로 다룸으로써 학생들의 적극적인 인지적 사고와 참여를 유도할 것이다. 이 경우 수업 내용은 교사의 정의에 의해 한정되는 것이 아니라 학생들의 학습활동을 통해 확장될 것이다.

◇ **강선주의 문제 제기**

강선주는 교육 내용 선정과 관련하여 몇 가지 고려해야 할 문제들을 거론하였다.
- '내용'과 '목표'의 구분과 관계에 대한 문제: 명제적 지식이 아닌 방법적 지식과 태도는 목표인가 내용인가. 심지어 포스트모던 역사학의 주장을 빌리자면, '구성'된 지식을 가르치는 것은 정당한가. 이처럼 지식관·역사관에 따라 역사교육의 내용 요소는 달라질 수 있다는 것이다.
- 내용 선정의 기준은 무엇인가의 문제: 역사적 사실은 그 자체가 학습 내용인가 부차적인 학습을 위한 소재인가. 가르쳐야 할 역사적 사실을 선정하는 주체는 누구인가. 역사적 사실이 복수일진대 어떤 교육의 관점에서 어떤 내용을 선정할 것인가.
- 내용 조직과 구성의 원리로서 계열화의 문제: 논리주의적 방법과 심리주의적 방법에 따른 계열화 외에도 정치적·실질적 방법까지 고려할 필요가 있음

◇ **중요성의 다양한 기준**

중요성의 문제는 사건과 인물의 평가에 그치지 않고, 시대와 주제에 대한 평가도 포함한다. 어느 시대의 역사가 다른 시대의 역사에 비해 더 교육 가치가 있는가, 어느 역사 주제가 다른 주제에 비해 더 중요한가 하는 점을 결정하여 이를 교육내용에 반영한다. 역사인식의 관점에서 내용 선정의 중요성이 고려되기도 한다. 사회구조의 이해 및 전체사를 강조하는 입장에서는 개별 역사 사실이나 사건들보다는 과거 사회 전체 모습을 구조적으로 파악하는 데 도움이 되는 내용을 선정한다. 역사 전개에 영향을 미치는 중요한 요소를 사회경제적 변화로 보거나 기후 및 생태와 같은 지리환경적 요인으로 볼 수도 있다. 또한, 역사에서 변화와 발전을 중요시하는 입장에서는 역사적, 시대적 전환기를 중요한 시기로 선정할 수 있다. 이 경우 역사의 지속과 관련된 내용보다는 변화 내용에 초점을 맞추거나 그러한 변화를 이끌어낸 요인, 변화 과정, 그리고 변화 의의 등을 중요한 내용으로 꼽을 것이다. 지배층 중심으로 전개되는 정치사보다는 일반 대중의 일상생활에 관심을 갖는 입장도 있다. 그러한 인식은 자연스럽게 역사의 다수를 차지했던 백성이나 민중의 삶을 중시하게 되고, 일상 생활사나 풍속사, 농민 운동과 같은 내용을 강조하여 교육 내용으로 선정할 것이다.

     ⓒ 선정 내용
      • 역사학의 구조 및 학문적 체계와 관련된 지식, 역사학의 기본 지식과 연구 방법, 보편성을 가진 역사 학설과 이론 등
      • 개별 사실들(역사 개념을 설명하기 위한 사례), 구조화된 지식(역사적 현상의 이해와 역사관 형성 목적)
     ⓒ 선정 원리: 중요성°
      • 도구적 중요성과 본질적 중요성

도구적 중요성	뒤에 계속되는 사건들이나 오늘날 우리 생활에 미치는 영향력(범위와 지속성)이 큰 사건을 선택할 때 적용되는 기준
본질적 중요성	사실 그 자체가 갖고 있는 본질적(내재적) 가치 때문에 채택되는 기준

      • 가치

현재의 가치	• 현재의 입장에서 중요하다고 판단되는 내용 선정 • 역사의 현재적 효용성 중시 • 실용주의에 빠져 역사적 사실의 선택과 해석의 기준을 오로지 목적의 적합성에서만 찾을 우려
과거의 가치	• 과거 사람들이 중요하다고 판단한 내용 선정 • 과거의 가치를 중시 • 역사가 단순히 과거의 재구성 작업으로 인식되어 의미있는 통찰력을 제공하지 못할 우려

      • 보편타당한 지식은 없음 → 역사가·역사 교사 다수가 공유하는 기준을 적용할 필요
    ② 학습자 측면(심리적 측면)
     ㉠ 특징
      • 학생의 인지적·정의적 발달 단계 및 수준에 맞는 내용을 다루어야 한다는 것에 초점
      • 저학년에게 강조되는 측면: 초등학생의 경우 역사적 사실을 이해하기 어려우므로 학생의 호기심과 관심을 유발하는 데에 초점
     ⓒ 선정 내용
      • 학습자의 인지 발달에 적합하고 능동적 학습활동을 유도할 수 있는 내용
      • 학습 동기와 흥미를 유발하는 내용
      • 인지 발달 단계를 고려하여 역사적 내용의 범위와 깊이, 학습활동의 수준까지 결정
     ⓒ 현실적 문제
      • 실제로는 역사교육 내용이 학문적·사회적 요구에 따라 결정되는 경우가 많음
      • 고등학교와 중학교의 역사교육 내용 선정 및 진술 방식에 별 차이가 없음
      • 학생의 역사의식 발달 단계에 관한 연구가 부족함
     ㉣ 발달심리학 이론의 한계
      • 발달심리학에서 말하는 사고력은 일반적인 능력을 의미하므로, 각 교과 교육의 특성을 반영하지 못함

- 발달심리학에서는 구체적이고 경험 가능한 내용은 쉽게 학습하며 추상적이고 경험할 수 없는 내용은 학습하기 어렵다고 주장하나, 실제로는 상이할 때가 많음
- 발달심리학 이론을 교과교육에 적용한 연구들은 각 교과의 내용을 매개로 하지 않거나 과도한 일반화를 이끌어내는 경우가 많음
- 역사교육 내용이 학생의 의식 발달 수준에 맞는 내용으로 구성되어야 한다는 이론은, 각 연령 단계에서 학생들의 역사의식 수준을 제시하나 구분할 뿐 발달 근거를 밝히지 않고 있으며, 역사의식의 단계 구분 역시 애매해 내용 선정의 기준으로 활용하기 어려움

③ 사회적 측면
  ㉠ 특징
  - 시대적·사회적 요구를 반영해 역사교육 내용을 선정
  - 국가 교육과정 목표와의 관련성 및 국가나 민족의 이해에 도움이 되는지를 고려
  - 특히 한국사 영역에서 두드러지는 경향

  ㉡ 선정 내용
  - 인간 경험의 다양성을 보여주는 내용 → 모든 사회 현상을 역사적 안목으로 볼 수 있는 능력 배양
  - 사회와 국가 발전과의 관련성, 공공사회의 목표 달성, 국제사회 이해의 필요, 실생활의 실용성
  - 한국사의 경우 민족 및 민족문화의 주체성·정통성·자주성·독자성·우수성을 강조하는 사실
  - 사회적 변화에 적응하는 내용, 현재의 문제 해결에 적용할 수 있는 내용

  ㉢ 한계
  - 국가나 민족의 필요, 사회적 변화는 유동적이며, 다양한 사회적 요구가 산재함
  - 특정 입장만을 반영할 경우 편향된 이데올로기를 강요할 위험 존재
  - 반대 급부로 인간 생활사의 실상이 등한시되고, 과거인들에 관한 이해도 떨어짐
  - 역사교육에 투영되는 국가적·사회적 요구는 객관적·비판적 역사의식 및 역사적 사고 함양이라는 역사교육 본래의 내재적 가치와 모순되지 않는 범위 내에서 추구되어야 함

(3) 역사교육 내용의 선정 기준◇

① **중요성**: 역사 교과에 기본이 되는 지식인가? 역사의 전체적인 흐름을 잘 설명하고 있는가? 인간 활동의 중요한 국면들을 다루고 있는가?
② **타당성**: 보편타당한 역사 교과 지식인가? 역사교육 목표를 달성하는 데 적합한 내용인가?
③ **지속성**: 오래 지속될 수 있는 지식인가?
④ **균형성**: 적절한 범위와 깊이를 함께 갖춘 내용인가? 지식뿐 아니라 역사적 사고와 태도 함양에도 도움이 되는 내용인가?
⑤ **적절성**: 학습자의 필요나 흥미, 그리고 발달 단계에 적절한가?
⑥ **적용성**: 다양한 범위와 목적에 적용될 수 있는가? 현재 사회 문제를 설명하고 해결하는 데 도움을 줄 수 있는가? 시대적, 사회적 요구에 맞는 내용인가?

◇ **선정 기준의 의미**

이러한 기준은 교육과정을 계획하는 사람의 교육관에 따라 그 비중이 달라진다. 학문 중심 교육과정의 설계자라면 중요성과 타당성을 선호할 것이고, 경험 중심 교육과정 설계자라면 적절성과 적용성을 선호할 것이다. 하지만 이 기준들은 서로 배타적이지 않고, 보완관계에 있다. 결국 역사교육에서 중요한 내용이란 역사교과에 기본이 되고, 타당성이 있으며, 오래 지속될 수 있고, 학습자의 필요나 발달 단계에 적합하고, 사회적 요구에 부합하는 내용이라고 할 수 있다.

> **제7차 교육과정 세계사의 내용 선정 기준**
> ① 세계사 교육목표 달성에 적합한 내용 선정: 세계사의 흐름을 종합적, 체계적으로 이해하는 데 필요한 내용, 세계사의 중요한 주제와 각 시대의 성격을 파악하는 데 도움이 되는 핵심적 내용, 현대사회의 형성과 직결되는 근현대사를 중심으로 내용을 선정한다.
> ② 세계사의 기본적 내용을 중심으로 한 내용 선정: 단순한 인명, 지명, 왕조명, 작품명 등 단편적인 사실의 제시는 과감하게 생략하고, 학습주제나 시대의 성격을 이해하는 데 꼭 필요한 사실을 중심으로 내용을 선정한다.
> ③ 학생들의 사고력 함양과 관계있는 내용 선정: 역사의식, 기능, 태도를 훈련시키는 데 도움이 되는 내용 등을 선정한다. 특히 학생들의 지적 호기심과 탐구심을 유발하고 탐구기능을 신장시키는 데 도움이 되는 내용을 집중적으로 선정하도록 한다.
> ④ 균형 있는 내용 선정: 중국, 서유럽 중심의 내용 선정 방식에서 탈피하여 지구촌적 관점에서 세계 각 지역의 역사를 좀 더 균형 있게 선정한다.
> ⑤ 학생들의 발달 단계를 고려한 내용 선정: 중학교 수준에서 세계사는 기초적인 사실을 중심으로 세계 지리와 연관시켜 통합적인 시각에서 내용 선정을 한다. 고등학교에서는 세계사의 흐름에 대한 종합적이고 구조적인 이해를 목표로 문화사를 중심으로 한 내용 선정이 되도록 한다.

◇ **학습자 중심 교육과 내용 조직**

교육내용 선정과 조직에서 중요하게 나타나는 흐름은 학습자 중심 교육인데, 이 이론은 교육 내용을 선정하고 조직할 때 지식의 일방적 전수가 아니라 학습자 스스로 지식을 발견하고 구축할 수 있도록 해야 한다고 본다. 따라서 교육 내용을 조직할 때 교수·학습 상황에서 학습자가 학습 내용에 개입하여 학습 활동을 주체적으로 전개할 수 있도록 내용을 배치할 필요가 있다. 역사 학습의 경우, 학생들이 접촉할 수 없는 과거 사람들의 사상과 행위를 이해했을 때 학습자의 자발적인 지식 구성이 가능하다. 그러므로 학생들의 감정이입과 추체험이 가능하도록 과거 사실에 생동감과 의미를 부여하는 내용 진술 형태를 고려해야 한다.

◇ **계열화 논의의 출발**

'계열성'은 타일러가 교육과정 구성상 내용 조직 일반 원리의 하나로 제시한 것으로, 학교급별 내용 차별화를 의미하는 '계열화'와는 성격이 다르다. 그러나 우리나라 역사교육계에서는 계열화의 필요와 이유에 관해 별다른 이의가 제기되지 않은 채, 계열성 연구가 주로 교육 내용을 선정하고 조직하는 일률적인 원칙을 모색하고 교육과정과 교과서에서 그 방안을 구체화하는 데 치중되었다. 계열성을 역사교육 문제로 특화한 것은 버스톤W. H. Burston이었다. 그는 교수요목, 즉 과목의 내용과 순서에 관한 진술을 위해 '과목의 구조'와 '학생의 지적 성숙도'를 고려해야 한다고 하여 이른바 '논리주의적 접근'과 '심리주의적 접근'을 거론하였다. 김한종은 이 원리에 따라 조직 개념과 그것의 하위 개념을 나누고 각 개념을 초·중·고교 수준에서 학습할 수 있는 내용 요소로 구체화하였다. 김한종의 연구는 선행과 후행 학습 순서에 따라 동일한 개념을 계속 반복하되 확대·심화 학습하도록 했다는 측면에서 계열성의 원리를 구현했다고 평가할 수 있지만, 조직 개념의 범주화 방식이나 개념 간 위계 설정 방식이 학문의 구조를 반영했는가를 검토할 수 있는 근거가 없다는 등의 문제가 있다.

4 역사교육 내용의 조직

(1) 교육 내용 조직의 의미

① **의미**: 역사 내용 선정 이후 전달 목적에 맞게 내용을 조직하는 작업

② **특징**

㉠ 상세화 과정
- 선정된 교육 내용을 특정 학년이나 단원에 적합하도록 계열화·체계화하는 과정
- 단순히 교육 내용을 더 자세하게 제시하는 것뿐만이 아니라 실제 수업에 사용할 수 있도록 재구성하는 작업

㉡ 학습목표 설정, 교수 방법 선택, 학습평가 과정과 밀접하게 관련

㉢ 교육 내용 진술은 교육목표와 내용을 밀접하게 관련시키고 학습을 통해 성취해야 할 능력을 표현

③ **조직 과정**

㉠ 선정 내용 중 잘못된 부분 확인, 선별

㉡ 정확하고 체계적으로 전달하도록 조직: 공통 조직 요인, 전체 구성, 연관관계 등 고려

㉢ 해당 단원이나 주제와 관련된 정보의 분류, 편집, 사료 보충 등으로 전달력 제고

(2) 역사교육 내용 조직의 계열화 원리

① **계열화sequence란?**

㉠ 의미: 선행 학습을 기초로 후속 학습을 전개하되 점차 내용을 확대, 심화, 향상하는 것

㉡ 특징
- 계속성(이전 학습과 연결), 차별성(이전 학습과 다르게 구성)을 가짐
- 단순하고 구체적인 것에서 복잡하고 추상적인 것으로, 가까운 곳에서 먼 곳으로, 부분에서 전체로, 주관적인 것에서 객관적인 것으로 확대

ⓒ 역사교육 계열화의 실제
- 어떤 역사 내용을 어느 학년에 배치할 것인가 하는 과목 편제 문제로부터 시작
- 단순히 역사적 사실의 외연을 넓히거나 병렬적으로 배열하는 것이 아니라, 범위와 깊이 차이를 전제로 하되 관점이나 접근 방식에 차이를 두는 것이 필요
  ex. 하급 학교: 기본적인 사실, 용어 및 개념 정의, 기초적 역사 탐구 방법
  → 상급 학교: 내용을 이해하는 배경 지식, 자료 해석이나 분석
- 계열화의 준거는 역사 해석과 담론 구성 과정에 따른 수준 혹은 담론 간의 질적 차이에 주목하여 설정하는 것이 바람직

ⓔ 계열화 적용 방법(버스톤의 접근)
- 교과나 학습 내용의 체계에 기초: 논리주의적 접근, 교과서 서술의 이론적·실질적 근거
- 학습자의 인지적·정의적 발달 단계에 기초: 심리주의적 접근, 학생들의 발달 단계와 경험의 확대 과정을 고려하여 조직
- 사실 이는 상식의 문제로, 실제적으로는 교사의 판단이 중요

② 교과 내용 체계에 따른 내용 조직(논리주의적 접근)
ⓐ 방법: 교과가 가지고 있는 위계적 구조나 학습 과제를 해결하는 데에 필요한 논리적 절차에 따라 내용을 구성
ⓑ 사례
- 학습목표 달성 절차에 따라 학년별 내용 조직

  - 학습목표: 문화재의 성격을 역사적 맥락 속에서 인식하기
  - 논리적 절차: 문화재의 개념 인식 → 문화재의 제작 시기와 작자 파악 → 문화재의 특성 분석 → 시대적·역사적 맥락 속에서 문화재의 성격 인식
  - 학교급별 계열화
    - 초등학교: 미술사 자료나 문화재의 개념과 종류
    - 중학교: 각 시대의 대표적인 미술사 자료 또는 문화재 학습
    - 고등학교: 미술사 자료에 대한 분석, 다른 역사적 사실과 연결

- 나선형 교육과정의 원리에 토대를 둔 내용 조직

  - 핵심 개념: 지속과 변화
  - '변화'의 조직개념 설정: 발전/퇴보, 원인/결과, 고유성/일반성
  - 구체적 사실 선정: 과학기술의 발전과 퇴보, 전쟁의 원인과 결과, 근대화의 유형
  - '변화' 영역과 관련된 역사적 사고: 역사적 사건의 원인과 결과 추론, 역사적 사건들의 일반성과 특수성 파악, 역사적 사건들 간의 유사점과 차이점 식별
  - 학년별 성취 수준의 계열화
    - 과거 사건들을 연대기 순서로 배열한다.
    - 시간에 따른 변화를 기술한다.
    - 시간에 따라 변하지 않은 것과 변한 것이 있다는 사실을 안다.
    - 여러 형태의 역사적 변화들 사이의 차이를 구분한다.
    - 역사의 지속과 변화의 배경을 이해한다.

◇ 우리나라 교육과정의 사례 및 문제점

우리나라 교육과정의 계열화 경향은 이미 제3차 교육과정에서 초등학교는 생활사, 중학교는 연대사, 고등학교는 문화사와 사회경제사로 계열을 정한 이후, 제7차 교육과정까지 큰 변화 없이 지속해왔다. 제7차 교육과정에서 역사교육은 3학년에서 6학년까지 인물사와 생활사 중심으로, 8~9학년에는 정치사 중심으로, 그리고 10학년에는 분류사로 정리하는 체계를 표방했다. 그러나 실제 적용 과정에서 학교급별 특성을 뚜렷이 부각시키지 못하여 같은 내용을 반복해 가르치는 문제가 드러났으며, 분야사 구성 방식은 상호 연관시켜 이해해야 할 역사 지식을 분절하는 결과를 초래했다. 무엇보다 학교급별 계열화의 준거에 따라 생활사와 인물사를 먼저 가르치고 정치사, 사회경제사, 문화사의 순서로 가르치는 것이 적절한지 여부는 이론적으로 명확한 근거가 없다.

◇ 계열화를 적용하지 않고 특수와 보편에 입각한 역사 내용 조직
- 역사의 고유성 강조: 일반 법칙에 따른 역사 내용 분류에 반대, 개별 사건은 그 독특성을 존중하여 설명해야 한다는 입장
- 보편인 포괄법칙 강조: 역사 내용의 사례에 따라 부분적인 일반화·분류, 유사한 목적이나 동기의 사건을 범주로 묶어 분류

◇ 나선형 교육과정

각 교과에서 핵심 개념이나 원리를 학년이 올라감에 따라 심화, 확대하는 방식이다. 이 경우 핵심 개념과 원리는 유형화하여 그대로 둔 채 구체적인 사실인 내용 요소만 바꿈으로써, 학생은 핵심 개념이나 원리를 시간이 지날수록 심화하여 이해하는 것이 가능하다. 단, 역사 교과는 중심 개념이 명료하지 않으며 역사학 고유의 개념 또한 많지 않으므로, 개념 중심의 지나친 일반화는 역사적 특수성을 도외시하게 만들거나 역사적 내용이 개념 이해의 도구로 전락할 수 있다는 점에 유의해야 한다. 역사교육의 목적은 개념 학습이 아닌 과거의 사실과 과거에 대한 담론을 가르치는 데에 있다.

ⓒ 한계
- 역사학습의 경우 자연과학처럼 더 의미있는 역사인식에 이르는 과정을 규정하기가 어려움
- 학교급별 학습목표를 위계화하는 데에 이용되는 계열성은 평가 도구의 성격일 뿐임
- 블룸의 교육 목표 분류에 따른 성취기준은 역사 교실에서 단선적으로 적용되지 않음
- 역사는 논리적으로 전개되지도 않고 그렇게 해석되기도 어려움

③ 학습자의 발달 단계에 따른 내용 조직(심리주의적 접근)
ⓐ 방법: 학생들의 인지적·정의적 발달에 근거하여 쉬운 것에서 어려운 것으로 넓혀가는 방법
ⓑ 사례

환경확대법 (지평확대법)	· 학습영역을 가족이나 이웃과 같이 학습자의 생활 주변 소재에서부터 출발하여 지역사회, 국가, 국제사회로 범위를 확대해가는 방법(공간적 계열화) · 학습자의 인지 발달이 주변에 있는 사물에서 시작하여 먼 곳의 추상적인 대상으로 확대된다는 이론에 근거 · 학습자가 주위 소재에 더 관심을 갖는다거나 주변의 구체적이고 경험할 수 있는 것이 더 쉽다는 전제는 논란의 여지가 있음
시간 개념 발달 고려	· 학교급별로 시간의 범위가 점차 확대되는 방향으로 내용을 계열화 · '옛날', '지금'으로 과거와 현재를 구분하는 초보적인 단계 → 연표 작성 등의 활동을 통해 시간 개념을 확장하고 사건의 전후를 파악하는 단계 · 연대기적 내용 구성의 통사 조직 → 시대를 생략하거나 특정 시대를 횡적으로 집중 조망 · 현재에서 과거로 시간을 거슬러 올라가는 방식
역사의식 및 역사적 사고 발달에 근거	· 시원의식 - 고금상이의식 - 변천의식 - 인과의식 - 시대의식 - 발전의식 · 역사교육 내용을 계열화할 때 필수적으로 고려할 요소

ⓒ 한계
- 학생들이 어떤 것을 쉽게 생각하는지 불분명
- 심리적 방법보다는 역사학습 내용의 개별성과 특수성에 바탕을 두고 논의할 필요
- 역사학습의 독특한 성격들은 자연과학과 다르고, 역사적 사고와 추론은 독특한 영역
- 학교급별 이해 양상을 안다 해도 이를 근거로 교육 내용을 차별화하는 것은 어려움
- 이해와 흥미를 고려하는 것이 과연 교육적인 선택인지 논의 필요

④ 계열화 논의에 대한 비판
ⓐ 내용 선정이 조직보다 우선
- 목적을 위해 내용이 선정되어서는 안 되는 것처럼 '조직'을 염두에 두고 내용을 선정해서는 안 됨
- 계열성은 '계속성continuity', '통합성integration'과 함께 내용 조직을 위한 교육학의 일반론적 원리이며, 내용을 차별적으로 배열하는 형식 논리임

- 핵심 내용을 선정하고 그것을 심화·확대하는 방법을 논의하는 것이 순서(내용 선정을 먼저 한 후 어떻게 조직할지 고민해야 함)
ⓒ 역사교육의 고유성 문제
- 역사교육은 역사의 인식 절차와 방법에 관한 것이므로 계열성의 원리를 통해 구현되기 어려움 → 인식적 상승epistemic ascent을 도모할 수 있는 학습 순서와 구성을 고민할 필요
- 역사의 내용에 관한 실질 개념은 위계적이라기보다 누적적인 성격임(카운셀C. Counsell)
- 어떠한 실질 개념은 학습 효과가 바로 나타나지만 일부 실질 개념은 더 장기적으로 역사 이해의 바탕에 작용
- 2차 개념은 선개념의 수준에 따라 진전적으로 발전하지는 않음(실질 개념보다 2차 개념이 더 진전된 것인지 불분명하며 양자의 통합적 사고가 필요)
ⓒ 논리주의와 심리주의의 문제: 양자 택일이 아님◇
- 인식론적 영역에 관한 논리적 구조만을 근거로 학습 경험의 내용과 순서를 결정하는 것은 무리
- 학습자의 역사이해나 역사의식을 조사한 결과는 교육 내용을 구성하는 데 고려 사항이 될 수는 있어도 그 자체가 근거가 될 수는 없음
ⓔ 국가 교육과정의 하향성 문제
- 우리나라에서 계열성 논의는 교육과정 담론의 하나임
- 국가 교육과정에서 계열성을 정하고 수업도 하기 전에 선제적으로 학교급별 차별화를 시도하는 것은 무리(교육과정 개발자의 편의적 의도일 뿐)
- 계열성 논의는 교과교육학의 자율성을 무시하고 총론 내 각론 역할에 불과
ⓜ 교사의 역할 문제
- 역사교육에서 계열성은, 교과서 서술이나 교실 학습 현장에 별 도움을 주지도 못하며 오히려 교사의 주체적 역할을 가로막는 요소
- 특정 학습 내용이 교사를 통해 학생들에게 전달될 때 그들의 이해에서 나타나는 개별성과 특징은 무엇인지를 파악하는 것이 우선
- 이러한 특징이 교수·학습 상황에서 학교급별로 어떠한 차이를 보이는가, 심화와 확대는 가능한가를 교사가 연구하여 학습의 순서를 정하면 될 일
- 교사의 경험과 현장에 따라서 적용할 필요가 있음: 교사는 검증과 평가 대상이 아니라 자신의 역사인식, 역사관, 교수 경험에 따라 수업을 구성하는 연구자로 인식되어야 하며, 교사를 고려한 교육과정이 필요

(3) 역사교육 내용의 조직 단계

① 교육과정의 내용 조직

ⓐ 횡적 조직과 종적 조직
- 횡적 조직: 동일한 학년 수준에서 여러 교육 내용을 서로 관련해 조직(통합성)
- 종적 조직: 학교 수준별 혹은 학년 수준별로 교육 내용을 조직(계속성·계열성)

◇ **버스톤의 제안**

계열성을 역사교육에 특화한 버스톤은 교수요목Syllabus 구성 시 과목의 구조(논리주의)와 학생의 지적 성숙도(심리주의)를 고려하여 내용과 순서를 정해야 한다고 주장하였다. 그러나 양호환은, 버스톤이 두 가지 구조를 통해 교육 내용을 조직하려는 차원은 국가 교육과정이 아니라 교사 수준의 교수요목이라는 점, 두 가지 구조를 별개로 구분하고 학습 내용과 순서를 결정하는 원리로 제시한 것이 아니라 내용의 특성을 논의하며 함께 고려해야 할 요소 간주했다는 점을 주목할 필요가 있다고 지적하였다.

◇ **계속성의 원칙**
중요한 내용이 계속 반복되는 것으로, 내용의 연속성을 강조하는 원칙이다. 변화, 지속, 시대, 발전, 교류, 인과관계와 같은 역사의 핵심 개념들은 초등학교에서 고등학교까지 반복해서 나타나는데, 이것은 계속성의 원칙을 적용한 것이다.

◇ **계열성의 원칙**
선행 경험과 내용을 기초로 하여 후속 경험과 내용을 전개하는 것을 말한다. 교과 내용을 단순한 것에서 복잡한 것으로 점차 심화, 확대하는 것은 계열성의 원칙을 따른 것이다. 초등학교는 생활사와 인물사를, 중학교는 정치사 중심의 통사를, 고등학교는 사회경제사와 분야사를 중심으로 내용을 구성하는 것도 계열화의 사례다.

◇ **통합성의 원칙**
내용을 상호 연결하고 통합해서 효과적인 학습이 이루어지도록 하는 것을 말한다. 내용 통합은 정치, 경제, 사회, 문화 분야의 지식을 통합하여 구성하는 것을 말한다. 역사에 대한 종합적인 인식을 목표로 주제 혹은 영역 간의 통합을 시도하는 것도 한 사례이다. 세계사의 맥락 속에서 한국사를 살피는 것이나, 문명과 문명의 상호교류 및 지역 간의 연계를 강조하는 것은 통합성의 원칙을 나타낸 것이다.

ⓒ 조직의 원리
- 계속성의 원칙◇
- 계열성의 원칙◇
- 통합성의 원칙◇

ⓒ 학교급별로 효율적으로 조직하는 방법
- 단원 편성을 다르게 하는 방법: 초등 인물·사례 중심 - 중등 통사 - 고등 주제 중심 분야사 등 → 적절한 내용이 담보될 필요 있음
- 내용 자체를 다르게 하는 방법: 중등 고대·중세사 - 고등 근대·현대사 등

② 교과서의 내용 조직
ⓐ 원칙
- 단원 편제, 서술 순서 등을 정할 때 내용의 구조화와 계열성 확보
- 관점과 시각을 먼저 정립하고 구체적 사실들을 연계지어 분류·조직
- 각 단원별 내용 범위를 정한 뒤 앞·뒤 단원과 내용을 연결하여 구성의 유기성을 높임
- 지식의 전이성이 큰 핵심 개념을 추출하고 학습자 수준을 고려하여 내용을 재조직
- 새로운 내용을 이미 학습한 내용과 연관지어 제시하여 학습을 교정하고 명료화

ⓑ 내용 구성 방법
- 설명형: 본문, 역사적 사실·개념·원리 등을 먼저 설명하고 구체적인 사례를 제시
- 탐구형: 역사적 사실과 사건의 다양한 사례들을 탐구문제와 함께 제시 → 학생 스스로 판단하고 평가, 탐구 과정에 능동적·주체적으로 참여
- 이야기형: 읽기 자료, 교과서 내용을 역사 인물이나 사건에 대한 이야기 형식으로 구성

ⓒ 내용 조직: 대단원, 중단원, 소단원으로 나누어 각 단원별로 내용의 범위와 순서 결정

ⓓ 교과서의 구성: 단원 제목, 학습목표, 도입 활동, 본문 학습 활동, 평가, 보충 및 심화 학습내용, 참고 자료, 용어 정리 등

ⓔ 역사 교과서 내용 조직 시 유의점
- 역사학의 학문적 연구 성과와 연구 동향(최근 해석과 평가 등) 반영
- 역사적 사고력과 탐구 능력 개발: 탐구 문제, 사료, 삽화·사진
- 학생들의 발달 정도를 고려하여 내용 요소를 수준에 맞게 해석하거나 설명하여 조직
- 사회과 및 타 학문과의 관련성(경제사, 인류학 관점, 지리적 특성 등)을 고려
- 단원별 내용의 특징을 고려하여 그에 적합한 자료와 방법으로 조직

③ 수업의 내용 조직
ⓐ 학년별로 단원 내 구성 요소나 학습활동을 달리하여 계열화 모색

> **고려 시대의 문화**
> ① 방법적 지식: 문화 및 문화재의 개념, 성격, 의의 등을 학습한다.
> ② 학습 활동: 고려 시대 문화재 분포 지도를 만든다.
> ③ 역사 인식: 고려 시대 문화에 대해 쓴 글을 읽고, 고려 문화의 성격을 이해한다.
> ④ 탐구 활동: 고려 시대 문화에 대한 사료를 읽거나 문화재 사진을 보고, 고려 문화의 특성을 해석한다.

⓵ 하나의 주제를 놓고 인식의 범위와 이해 수준을 점차 고양·확장하는 방식으로 계열화 모색

> **단군과 고조선**
> ① 단군신화를 먼저 이야기하고 외국 신화와 비교하여 신화의 공통적인 특징과 신화별 차이점을 찾기
> ② 신화를 선사시대와 역사시대의 연결고리로 파악하고, 특히 건국신화와 국가 성립의 관련성을 이해
> ③ 신화에 담긴 고대인들의 자연관과 우주관을 이해함으로써 신화의 상징을 파악하고, 더 나아가 신화의 현재적 의미를 파악

ⓒ 사례 중심으로 조직하는 방식
- 사례가 먼저 제시되고 일반적인 학습 내용이 이어지는 귀납적 방법의 내용 조직
- 사례(시대별·주제별 대표 사례)를 통해 학습 동기를 유발하고 주요 내용 요소를 제시하여 기존 지식과 경험을 연계 → 대표 사례 선정이 관건
- 사례를 중심으로 관련 지식이나 개념이 유기적으로 연결되게 함으로써 학습의 효율성과 지식의 실용성을 증대

> **사례 중심 수업의 조직**
> ① 핵심 사례 제시
> ② 사례와 학습 내용을 연결하는 질문 제시(학습의 방향 설정)
> ③ 학습 내용 제시
> ④ 학습을 위한 탐구활동(사례의 의미 파악)
> ⑤ 학습과제(학습 내용의 심화·확장)
> ⑥ 학습 내용 정리

(4) 역사교육 내용의 조직 방법

① **연대기적 방법(통사체)**

㉠ 특징
- 역사적 사실을 일어난 순서에 따라 조직하는 가장 일반적인 방법(종적 방법)
- 역사를 시간의 변화에 따라 살피되 학습 주제의 적절성 및 학습자의 역사의식 발달 단계 등을 고려하여 조직한 것으로 일종의 계통학습에 해당

㉡ 장점
- 학문적 성과를 종합하여 총체적인 역사를 제시하는 데 효과적
- 민족, 국가 발전과정이나 흐름을 이해하고 사건·사상·제도 등의 변천 과정을 파악하는 데에 유리
- 학생들이 시간 개념을 쉽게 이해할 수 있게 해 주고, 역사의 핵심 개념인 변화와 계속성을 파악하는 데 도움

㉢ 단점
- 심층적인 역사인식이 어려움
- 후속 사건의 원인이 마치 선행 사건에 있다는 인식을 심어주어 필연론적인 역사 인식으로 유도될 가능성
- 여러 학년에 배치될 경우 내용의 중복을 피하기 어려워 결과적으로 학습자의 관심과 흥미 저하를 초래

② 역연대기적 방법
　㉠ 특징: 시간 순서를 바꾸어 역으로 내용을 조직하는 방법
　㉡ 장점: 과거를 현재와의 연관 속에서 인식하는 데에 도움을 주고, 현대사를 강조하는 역사교육의 추세에 부합
　㉢ 단점: 시간의 경과에 따른 역사 변화를 파악하기 힘들고 지나치게 현재 중심의 실용적 역사관에 빠질 위험

③ 주제 중심 방법
　㉠ 특징
　　• 다양한 주제들을 중심으로 역사 내용을 조직
　　• 개별적인 사실들을 공통된 특징과 결부시켜 분류(단원명으로 사상과 종교, 전쟁과 폭력, 법과 질서, 인종 문제, 제국주의, 산업혁명 등)
　　• 주제에 관한 내용은 종적 혹은 횡적으로 조직◇
　㉡ 유의점
　　• 주제 선정의 목적과 이유가 분명해야 하며, 각 주제 간의 선후관계와 인과관계를 고려하여 내용 배열 순서를 정해야 함
　　• 주제를 다루는 데 적합한 사례들은 일정한 속성을 공유하며, 각 사례의 공통점과 차이점을 식별하면서 주제와 연관시켜야 함
　㉢ 장점
　　• 역사학의 논리를 반영하여 핵심 개념이나 원리를 다루기 쉬움
　　• 특정 문제나 주제를 다양한 관점에서 살펴볼 수 있음
　　• 학생들은 해당 주제와 관련된 사실을 체계적이고 일관성 있게 파악할 수 있고 개별 사실에 역사적 의미를 부여할 수 있음
　　• 특정 주제를 종적 시대 변화 속에서, 동시대의 횡적 현상 속에서 살펴보게 함으로써 역사적 통찰력과 사고 함양에 적합
　㉣ 단점
　　• 학습자의 관심과 흥미를 반영하기 어렵고, 학문적인 내용을 강조하여 학습자에게 너무 어려운 내용 구성이 될 수 있으며, 실생활에서 유용성을 인정받기 어려움
　　• 주제와 관련 없는 다른 중요한 사실들을 도외시하기 쉽고 동일한 시기 여러 사건 사이의 관련성을 무시할 우려도 있음
　　• 학생이 해당 학년이나 단계에서 성취해야 할 능력이 구체적으로 무엇이며 성취 수준이 어느 정도인지를 판별하기 어려움
　　• 학습목표와 학습자에게 적합한 주제가 무엇인지 판단하기 어려움
　　• 현재 사용되고 있는 교과서를 토대로 교수요목을 구성하기 어려움

④ 발전계열법
　㉠ 특징
　　• 주제 학습을 토대로 하되 시대의 흐름을 고려하여 조직(주제 중심 방법의 종적 조직)
　　• 통시대적 주제, 학습자에게 익숙한 주제를 다룸
　　• 특정한 주제가 시대에 따라 어떻게 변화·발전하고 사회에 영향을 끼쳤는지 학습

◇ **종적 조직과 횡적 조직**

종적 관점에서 조직(통시적, 발전계열법)된 내용은 동일한 주제도 시대에 따라 다르게 작용한다는 점을 보여준다. '교통의 발달'을 고대부터 현대까지 살피는 방식으로 내용을 조직하는 것은 종적 조직의 사례이다. 바퀴의 발명, 범선, 증기기관, 자동차의 발명, 도로·운하·교량의 발전과 같은 단원명을 정하고 역사의 발전상을 그려보게 한다. 반면, '조선시대 양반의 생활'이라는 주제를 정하고 조선시대에 살았던 양반의 생활을 관직, 의식주, 교육, 여가 등 다방면에 걸쳐 고찰하는 내용으로 구성할 경우, 이는 횡적인 내용 구성(공시적, 시대사 방법)이 될 것이다.

ⓒ 장점
- 어떤 주제에 대하여 깊이 다루면서도 역사적 인과관계에 대한 인식을 길러줄 수 있음
- 통사와 달리 모든 내용을 같은 정도의 깊이로 학습할 필요가 없고 한정된 시대와 관련된 역사적 사실을 탐구함으로써 통찰력을 얻을 수 있음
- 학생들이 여러 각도에서 문제를 바라보는 폭넓은 역사적 시각을 기르는 데 기여
- 흥미를 유발해 학습에 자발적으로 참여하게 할 수 있으며 사회적인 관심을 불러 일으키는 데도 효과적

ⓒ 단점
- 반드시 다루어야 할 주요 문제, 고유한 사건이나 대상에 대해 소홀하기 쉬움
- 국가나 세계 전체에 걸친 역사적 사건을 다루기 어려움
- 본격적 통사 학습 전 도입학습으로 활용하거나, 통사학습을 바탕으로 특정 주제를 심화하는 수단 정도로 활용하는 것이 바람직
- 어떤 역사적 주제나 토픽 중에는 실재하지 않지만 역사적으로 중요한 것도 있음 (연금술)

⑤ **시대사 방법(분절적 방법**patch method**)**

㉠ 특징
- 역사상 어느 한 시대나 시기를 택하여 당시 사람들의 생활상(풍속, 가족 제도, 생산 및 소비, 교육, 종교, 취미 생활, 학술, 예술 등)을 종합적으로 살펴보는 방식
- 특정 시대의 생활 전반에 대해 상세하게 이해할 수 있는 횡적 관점을 강조함

ⓒ 유의점
- 교육적으로 가치 있는 시기와 내용을 선택해야 함
- 그 시대의 특징을 상징적으로 부각할 수 있고 과거와 현재를 비교하기에 적합한 내용을 선택해야 함
- 교수·학습 활동에서도 해당 시대 사회상을 알아보는 심층적 학습이 되도록 다양한 자료를 활용해야 함
- 사회사적 측면이 중심을 이루므로, 광범한 사회사를 의미 있는 형태로 분절해야 함

ⓒ 장점
- 특정 시대의 역사를 다각적인 분야와 관점에서 이해하는 데에 유익
- 동시대의 다른 사실들과 사건들을 지역이나 문명권, 주제와 인물 등을 기준으로 대조하고 비교하는 데에 도움
- 학생들의 상상력을 최대한 자극하고 역사적 사실을 생동감 있게 파악하게 함
- 생활상과 관련된 많은 자료 활용을 통해 학생들의 탐구 기능 강화
- 감정이입적 역사 이해에 유리

㉣ 단점
- 사회 전체를 비교, 해석, 종합할 수 있는 능력을 갖춘 학생들에게 적합
- 특정 시기만 횡적으로 살펴보므로 역사의 종적인 변화와 발전 과정 파악 곤란

◇ **17세기 영국사**

예를 들어 17세기 영국사를 다룰 때 1603년 여왕의 서거부터 이야기를 시작해 정치적 사건과 내란, 루이14세와 올리버 크롬웰이라는 두 폭군의 대조, 과학과 지식의 혁명, 런던의 기업과 상업, 셰익스피어와 스튜어트 왕조의 예술가, 영국의 촌락과 신앙, 1688년 혁명 등 총체적인 주제를 다루는 것이다. 즉 17세기의 중요한 정치, 경제, 사회적 사건들뿐 아니라 종교 생활, 예술과 문학 활동, 촌락 생활, 일상 생활 등 다양한 사회사적 내용들을 포함한다.

⑥ 분야사 방법
  ㉠ 특징
    • 특정 역사 분야의 발달 과정을 순서대로 탐구할 수 있도록 내용을 조직하는 방법
    • 광범한 분야(정치사, 경제사, 사회사, 문화사)나 세분한 분야(인물사, 전쟁사, 외교사, 여성사, 노동사, 민중사, 제도사 등)로 나누고 관련 사실들로 구성
  ㉡ 유의점
    • 한 분야를 중심으로 다루되, 다른 분야의 역사적 사실들을 유기적으로 연계해 종합적으로 이해하게 해야 함
    • 역사적 사실을 각 분야로 나누어 단편적으로 다루어서는 안 되고, 사실들 간의 관계를 해당 분야의 관점에서 종합적으로 파악해야 함
  ㉢ 장점
    • 각 분야 역사의 변천을 파악하고 해당 분야 발전의 인과관계를 이해하는 데 유용
    • 학생들의 관심을 특정 분야에 집중시키고 학생들의 발달 단계에 맞추어 직접적이고 친밀한 내용을 선택 → 학습 동기 유발, 쉽고 흥미있게 진행
    • 시간 개념, 변천 및 계속성의 개념을 파악하고 탐구학습에도 유리
  ㉣ 단점
    • 시대상을 드러내거나 전체 역사상을 조감하는 데에는 적절하지 않음(제7차 교육과정 고등학교 한국사, 모든 분야를 분절적으로 망라)
    • 활용하기에 적절한 교재가 별로 없음

⑦ 문화권 방법
  ㉠ 특징
    • 일정한 문화권을 중심으로 교과 내용을 조직하는 방법
    • '문명', '문화권'은 지리적 지역 구분이 아닌 역사적·문화적 요소가 강조된 개념◇
    • 근접하거나 분산된 여러 지역의 문화가 중첩(오리엔트 문명, 동아시아 문화권, 불교 문화권 등)
  ㉡ 장점
    • 국가나 민족별로 분산되어 있는 역사 사실들을 문화적 특성을 기준으로 분류하여 더 체계적이고 일관성 있게 파악할 수 있음
    • 문화권 전체를 대상으로 삼고 있어 역사를 거시적으로 종합적으로 파악할 수 있음
    • 문명 또는 문화권이 지니고 있는 특수성과 보편성을 파악하는 과정에서 학생의 역사적 사고력이 신장됨
  ㉢ 단점: 문화권 내에서 각 민족이나 국가의 특수한 역사 발전이나 개별적 성격을 간과하기 쉬움

⑧ 사회과학적 방법
  ㉠ 특징: 사회과학적 개념이나 일반화에 맞추어 조직
  ㉡ 장점
    • 사회과학적 인식과 통찰력을 획득하고 현대 사회의 복잡한 문제를 파악하는 데 유용
    • 역사의 잡다한 사실들에 응집력 부여하여 사실을 보다 의미 있게 파악하게 해 줌
  ㉢ 단점: 각가 사실들이 내포한 고유한 성격과 의미를 무시할 수 있음

◇ **문화권 방법과 세계사 내용 조직**

세계사 내용 조직은 역사교육에서 매우 중요한 주제이다. 서구 중심의 보편사적 관점을 벗어나야 한다는 과제 아래 이미 1차 세계대전 직후 슈펭글러O. Spengler, 토인비A. J. Toynbee 등은 '문명'과 '문화'를 세계사 서술의 한 단위로 설정한 바 있는데, 유네스코에서는 1963년에 유라시아 주요 문명들의 공통적인 경험과 업적, 각 문화들이 이룬 성과를 비교사적 관점에서 서술한 『인류의 역사』 시리즈를 간행하기에 이르렀다. 우리나라에서도 6차 교육과정 이후로 문화권·문명권 중심의 세계사 교과서를 구성했다. 그러나 이는 문화권의 세분과 문화권 내 국가·왕조별 서술로 귀결되어 학습량을 가중시켰고, 심지어 무관한 사실들을 나열하는 사례까지 나타나게 됐다. 7차 교육과정에서도 문명 단위의 세계사 구성이 이루어져서 '유럽사'와 '아시아사' 중심의 구도가 형성되었으며, 고등학교 세계사에서 지구촌적 내용 구성을 도모한다는 취지로 사하라 이남 아프리카사, 남·북아메리카 고대 및 중세사가 더해지기도 했다. 이에 대한 반성으로 강선주는 '반구' 중심의 개념틀을 바탕으로 문화권을 넘어선 '상호 의존적' 세계사, '간지역적 접근'을 시도한 세계사 내용 구성을 제안한 바 있었다. 이는 벤틀리J. H. Bentley의 인식을 참고한 것이었는데, 벤틀리는 세계를 크게 동반구, 서반구, 오세아니아로 구분하고 이들 반구 사이에는 거의 접촉도 없고 각 지역의 역사 변화에 큰 영향을 미치지 못했으나 반구 내의 여러 사회나 문화권은 원거리 교역 등을 통해 상호 의존적 관계를 맺었다고 보았다. 그리고 상호 의존성이 확대되어가는 과정에 따라 시대를 구분했다. 2015 개정 교육과정에서 중학교 세계사는 한국사와 연관성이 높은 부분을 중심으로 서술이 이루어졌고 고등학교의 경우 전근대사는 지역 단위로 서술하되 동남아시아, 유목 민족, 아프리카 역사는 제외되었다. 2018 개정 교육과정에서는 지역사와 문화교류사를 다소 강조하는 쪽으로 개편되기도 하였다.

CHAPTER 04 역사교육의 교재

1 역사 교재의 개념

(1) 교재의 의미와 종류

① 교재란?
- ㉠ 교수·학습 활동이 이루어지는 과정 속에서 학습 내용을 이해하고 사고할 수 있도록 도와주는 일체의 자료
- ㉡ 학습 내용을 담고 있는 텍스트 또는 학습 자료
- ㉢ 수업목표를 구현하는 수단인 동시에 적절한 교수·학습 방법을 선정하고 평가하는 참고 자료

② '교재'라는 말이 가리키는 범위
- ㉠ 학습 내용
  - 교육 목적을 달성하기 위해 학습할 필요가 있다고 인정되는 내용
  - 구체적 사실, 문화적 소재, 이를 재구성한 내용, 사례와 용례, 사물·현상 등
- ㉡ 학습 내용과 학습 수단
  - 학습할 내용을 습득하기 위해 사용하는 일체의 수단, 교육 자료
  - 가장 일반적인 의미
  - ex. 사료에 담긴 내용 및 사료라는 형태 자체
- ㉢ 학습 내용과 학습 수단 및 교구
  - ex. 필름에 담긴 내용, 슬라이드 필름, 환등기

③ **학습 자료**: '교재'와 혼용되는 개념
- ㉠ 의미: 수업을 쉽고 효율적으로 진행하기 위해 사용하는 교육용 자료
- ㉡ 특징
  - 그 자체로 교재가 될 수 있으며, 교재 내용을 학습하기 위한 보조자료로도 이용
  - 일반적으로는 학습 소재를 담은 사료, 그림, 사진, 전자 자료 등의 자료를 지칭
- ㉢ 구분
  - 자료 출처: 1차 자료(원래 형태 그대로), 2차 자료(교육 목적에 맞추어 가공)
  - 표현 형식: 읽기 자료(문헌 사료, 글), 비읽기 자료(사진, 그림, 영상 등)
  - 존재 형태

문헌 자료	• 글이나 문서로 된 읽기 자료 • 사진과 그림 같은 시각 자료
지역사회 자료	• 지역에서 별도로 보관하고 있는 문헌, 지역 유적 및 유물, 구전 자료 등
시청각 자료	• 학습자가 감각 기관을 활용하는 자료 • 사진이나 그림, 슬라이드 필름, 동영상 자료 등

자료철	· 특정 사건이나 주제에 대한 개별 자료 모음 · 교사가 자체 제작 가능 → 수업 목적과 내용 등 교사의 수업 계획과 역사 인식이 종합적으로 반영 · 호적, 재판 기록과 같은 고문서, 보도 자료, 특정 사건 자료집 등

④ 역사 교재의 종류
  ㉠ 교재를 구성하는 자료의 종류를 토대로 분류
    · 출처 기준: 교과서, 사료, 현장 및 박물관 자료, 역사인물, 시사 교재 등
    · 형식 기준: 문헌 자료, 지도, 연표, 모형물, 멀티미디어 등
  ㉡ 교재가 담고 있는 사물이나 현상에 따라 분류
    · 체험교재: 학습자의 직접적인 경험이 학습으로 이어지는 경우, 활동 자체가 교재
      ex. 역사 체험학습, 박물관 체험프로그램, 지역단체 주최 문화제, 도자기 제작 행사
    · 경험교재: 감각이나 지각을 통하여 역사적 사실을 인식하는 교재
      ex. 자원 인사의 강연 내용 및 경험담, 견학이나 조사 활동의 대상, 다큐멘터리
    · 자료교재: 역사적 사실이나 현상을 다른 사람이 표현하거나 정리해 놓은 교재
      ex. 일반적으로 학습자료라 명명되는 자료, 실물, 모형, 사진, 그림, 지도, 그래프, 통계연표
    · 설명교재 : 역사적 사실을 해석하여 개념적·논리적으로 설명한 교재
      ex. 교과서, 논문, 역사 사전, 문화재 소개글

(2) **역사 교재의 선정**
  ① **좋은 교재의 요건**
    ㉠ 역사적 사고를 자극하는 자료
    ㉡ 새롭고 창의적인 역사 해석을 담고 있는 자료
    ㉢ 역사적 감동과 역사의식을 일 우는 자료
    ㉣ 최신의 교수매체를 활용한 참신한 자료
  ② **교재 선정 시 고려 사항**
    ㉠ 학습목표를 달성하는 데 부합하는가?
    ㉡ 학습내용에 적합한 자료인가?
    ㉢ 학습자의 수준에 맞는 난이도를 가지고 있는가?
    ㉣ 자료 구입 및 제작 가격이 학습의 효율성에 비추어 볼 때, 경제적인가?
    ㉤ 질적으로 양호한 자료인가?
    ㉥ 이용하기에 편리한 자료인가?
    ㉦ 자료의 내용이 오류와 편견에 치우치지는 않았는가?
    ㉧ 학습환경에 적절한 내용인가?

③ 교사의 역할
　㉠ 다양한 자료를 구비하고 분류·보관, 효과적인 방법으로 활용
　㉡ 교사 모임의 공동 작업, 교육 행정기관의 협조와 지원이 필요
　㉢ 교재 선정 및 활용
　　• 학습목표, 학습내용, 학습방법, 학생수준에 맞춰 자료를 선정
　　• 교재 성격과 핵심 내용을 파악하여 수업에 맞게 재구성하고 정리
　　• 사료의 경우, 학생들의 수준에서 이해할 수 있도록 다시 서술하고 편집을 하되, 원사료의 의미가 훼손되지 않으면서 수업의 목적에 부합할 수 있도록 고려
　　• 선정된 자료는 친근한 것부터 점차 어렵고 낯선 것을 다루도록 배열
　　• 학습교재의 출처를 검토하고 그 내용의 공정성과 객관성을 확인

2 역사 교재의 형태

(1) 역사 교과서
① 교과서의 성격
　㉠ 교육과정 상 학습목표에 따라 교과의 지식, 경험, 체계를 쉽고 명확하게 편집한 것
　㉡ 교육이념이나 목적의 달성을 목표로 함
　　• 정책적 의지가 일정 수준 개입, 국가적·사회적으로 추구하는 가치와 밀접한 관련
　　• 의도나 목적, 적절성을 두고 논란이 벌어지기도 함
　㉢ 교육제도나 각종 규칙에 의해 통제되는 제도 매체임◇
　㉣ 학습 자료로서의 교과서
　　• 학문 내용을 교육 목적이나 환경에 맞추어 편집 및 변형한 자료
　　• 교사용 교과서: 우리나라는 제7차 교육과정부터 일부 교사용 지도서를 교과서로 인정
② 역사 교과서의 특성
　㉠ 역사 교과서 인식
　　• 전통적 교과서관: 역사는 전형적인 암기 과목으로, 역사 수업을 교과서에 크게 의존
　　• 새로운 도구적 교과서관: 역사 서술은 사실에 대한 해석 또는 담론이라는 관점, 기록성보다는 작품성에 주목 → 저자의 해석이나 관점이 들어있으므로 학생의 다양한 해석을 이끌어낼 수 있는 여지를 열어두어야 함
　㉡ 역사 교과서의 다양화
　　• 제7차 교육과정 이후 검정교과서: 텍스트 중심, 다양한 읽기 자료와 활동 중심, 학생 탐구활동 중심 등 다양한 형태로 제작
　　• 2007년 개정 교육과정: 대단원만 구분 짓고 내용의 대강만 제시 → 집필자 역할 증대
　　• 교과서가 텍스트 역할을 넘어 자료집, 워크북workbook 역할을 수행

◇ **우리나라의 교과서 통제**
• '교육기본법'과 '교과용 도서에 관한 규정': 교과용 도서를 '교육부가 저작권을 가졌거나 검정 또는 인정한 것'으로 지정하고 학교 수업용 교과서에 독점적 권한을 부여
• '교육과정': 교과의 단원 구성과 내용을 구체적으로 적시, 교과서의 내용 또한 제도적으로 통제
• 최근에는 검인정 교과서의 수가 늘어나고 있으며, 교육과정 내용 역시 간략화되면서 교과서의 자율성이 증가하고 있는 추세

◇ **국정 교과서의 문제**

국정(1종)으로 발행되어 온 국사 교과서는 여러 측면에서 비판을 받았다. 국정 국사 교과서가 학생들의 다양한 역사인식을 가로막는다는 비판이 대표적이다. 또한 국정 국사 교과서의 역사인식이 공식 역사관이 됨으로써 학생들에게 특정한 역사관만을 강요할 수 있다는 우려도 계속되었다. 국사 교과서가 특정 이데올로기를 뒷받침하거나 정부의 홍보에 이용되고 있다는 비판도 끊임없이 제기되었다.

◇ **국정과 1종**

국정과 검정은 연구 개발을 하지 않는 것에 비해, 1종 도서는 발행과 공급은 국가기관이, 연구 및 개발은 전문 연구기관(역사의 경우 국사편찬위원회)에서 담당한 도서이다. 그러나 교과서 구성 요건을 국가가 지정했다는 점에서 1종 도서는 기본적으로 국정 교과서라고 할 수 있다.

③ 교과서의 편찬과 발행

㉠ 교과서 편찬 및 발행 방식 구분

국정제	교과서의 발행권과 공급권을 국가나 국가기관(교육부 장관)이 가지며, 구성 요건 역시 국가에서 지정
검정제	민간 출판사가 교과서를 발행하고 공급하지만, 교과서의 구성 요건(검정 기준)을 국가나 국가기관에서 미리 정하고 그 기준에 적합한지 심사(교육부)해서 통과해야 사용
인정제	교과서의 발행과 공급, 내용 구성을 민간에서 담당하며 국가나 공공기관(교육청)에서 이를 심사하여 통과하면 사용 가능
자유발행제	일반 도서와 마찬가지로 교과서의 발행과 공급, 내용 구성을 민간에 일체 위임 담당하게 함

㉡ 대한민국의 교과서 제도
- 교수요목기~제2차 교육과정기: 국정제와 검정제 병행
- 제3차 교육과정기: 국정제 위주로 개편
- 1979년 이후: 1종 도서(연구개발형 도서), 2종 도서(검정) 체제
- 제7차 교육과정 이후: 1종·2종 도서 제도 폐지, 국정·검정으로 환원

㉢ 대한민국 역사 교과서 제도
- 교수요목기~제2차 교육과정기: 검정제
- 제3차 교육과정기(1974): 중·고등학교 국사와 중학교 세계사는 국정, 고등학교 세계사는 검정제(1종류였으므로 사실상 국정)
- 1979년 이후: 국사, 세계사 모두 1종 도서
- 제4차 교육과정기(1981): 국사는 1종 도서, 고등학교 세계사만 2종 도서
- 제7차 교육과정기(2001): 중학교 사회 교과서가 검정, 국사 교과서는 국정
- 2007년 개정: 모든 교과서 검정(2015년 한국사 국정화 시도)

(2) 사료

① 사료의 특징
㉠ 역사 연구의 가장 기본적인 자료로 과거의 사실을 알아낼 수 있는 원천
㉡ 편집 및 해석 과정을 거친 하나의 자료
- 해석과 관점이 개입되어 있고 편견이나 의도적 왜곡이 가능
- 사료의 진위와 신뢰성을 가리는 엄정한 사료 비판 과정 필요
㉢ 교사가 사료를 취신하므로 전문적 역사 지식 필요
- 교사의 인식과 관점이 반영(미리 정해놓고 선택하는 경향이 있음)
- 교사는 자신이 취신한 사료들이 어떻게 해석될지 미리 확인할 필요

② 사료의 출처
㉠ 교과서에 있는 사료
㉡ 인쇄, 편집된 사료: 사료집, 교사가 자체적으로 발췌·제작한 프린트물, 배움책 등
㉢ 원래 모습을 그대로 재생한 사료: 문화재 모형물(넓은 의미에서는 복사물, 사진 등)
㉣ 원형 그대로의 사료: 원고, 골동품, 그림, 유물 등
㉤ 국가 기록 뿐 아니라 상소문, 보고서, 고문서, 문집, 일기 등이 생활사 자료로 활용

③ 사료의 종류 구분

　㉠ 성문성成文性: 문자 자료, 비문자 자료

　㉡ 목적성: 의도·목적에 따라 만들어진 사료, 무작위로 제작된 것(블로흐)

　㉢ 동시대성: 당대의 사료(1차 사료, 메모·논문·회화 등), 나중에 만든 사료(2차 사료, 논평·해설·각주·비평 등)

④ 사료 비판

　㉠ 필요성
- 불완전성: 모두 담고 있지 않으며 완전한 형태로 전하지 않음
- 사실과 견해가 혼용, 만든 사람에 의해 주관적·의도적으로 왜곡 가능
- 이용하는 사람에 따라 해석의 다양성

　㉡ 비판 유형

외적 비판	· 의미: 사료 진위 여부를 가리는 작업, 기초적(역사적) 비판 · 절차: ① 사료의 저자나 작가를 확인 ② 사료의 연대를 확정(①과 ②는 원사료의 진위 여부를 가리는 작업) ③ 원저작의 보존 상태(조작, 위작, 표절, 오류 등 포함)를 검토 ④ 사료에 들어있는 문장의 부분적인 차이점들을 추론(원문의 복구 시도). · 인근 학문의 도움: 금석학epigraphy, 공문서학diplomatics, 문장학紋章學heraldry, 계보학genealogy, 연대학chronology, 탄소연대 측정법 등
내적 비판	· 역사가의 작업으로, 내용을 분석하여 신뢰성 결정하는 역사적 분석 · 소극적으로는 저작자의 능력이나 자격 규명 · 적극적으로는 사료 내용의 축자적逐字的 의미와 참다운 의미 규명 · 텍스트text 비판: 사료의 신뢰도 결정 → 의식적·무의식적으로 거짓이나 잘못된 내용·과정·말이 있는지 검토 · 문맥·맥락context 비판: 문맥의 진짜 의미 파악 → 당시의 사회 문화적 환경에 유의

⑤ 사료의 활용

　㉠ 사료 활용의 장점◦
- 수업이 사실 중심과 강의 위주로 편향되지 않기 위한 대안으로 주목
- 내용 반복을 방지하고 역사적 사실을 생생하게 전달함으로써 학생들의 흥미 유발
- 사실과 견해를 구별할 수 있고, 증거에 따라 다른 해석이 가능함을 알게 함
- 다양한 사료를 접하게 하여 개방적 태도를 가지게 하는 효과
- 역사가의 사고 과정 경험 → 깊이 있는 지식 함양, 역사적 사고력과 탐구 능력 향상(학문 중심 교육과정)◦

◇ **사료 학습의 유용성**

송춘영은 『역사교육의 이론과 방법』에 실린 『역사적 사고력을 기르기 위한 사료 활용방안』이라는 글에서 교사와 학습자 측면에서 사료가 갖는 교육적 의의를 정리하였다.

· 교사의 측면
① 지식 중심의 주지주의 교육과 교사 중심의 강화법講話法으로부터 벗어날 수 있다는 점
② 교과서의 평면적인 내용의 한계성을 극복하여 교재의 내용을 보충 심화할 수 있다는 점
③ 교사도 자료처리 능력과 역사 연구방법을 체득할 수 있다는 점
④ 각급 학교별로 동일한 학습 내용의 지도를 방지할 수 있으며 생동적 학습의 장을 제공할 수 있다는 점
⑤ 교사와 학습자 간의 협동 수업이 이루어질 수 있다는 점
⑥ 교사 중심의 강의법에서 오는 교사의 노력과 판서를 하는 데에서 오는 시간의 낭비를 줄일 수 있다는 점

· 학습자의 측면
① 사료를 직접 대하고 경험함으로써 역사에 대한 관심과 흥미를 불러일으키고 지적 호기심을 유발할 수 있다는 점
② 사료를 접하여 분석·비판·해석·종합해 봄으로써 사상事象을 공정하게 판단하고 이해할 수 있다는 점
③ 사료를 접하여 역사적 연구의 방법을 체득함으로써 사실을 객관적으로 인식하고 역사적 태도와 능력, 역사 의식과 역사적 사고력을 기를 수 있다는 점
④ 다양한 사료를 활용하여 사실을 실증적으로 파악함으로써 학습의 파지가 오랫 동안 지속될 수 있다는 점
⑤ 실증적 사료를 활용함으로써 역사에 대한 이미지를 풍부히 하고 독사讀史 능력을 기를 수 있다는 점

◇ **영·미 역사교육 학계의 사료 교육 논의 과정**

· 19세기 말~20세기 초 사료 중심 역사교육 권장
· 신사학New History 등장으로 비문자 사료의 활용도 활발해지기 시작
· '사료를 활용하여 증거 탐색 – 가설 구성과 검증 – 입증이나 수정' → 역사 지식의 본질을 이해하고 역사적 비판과 해석 능력을 기를 수 있음
· 해석·견해가 상반되거나 다른 역사 인식을 보이는 사료를 비교하게 함으로써 학생들이 자신만의 역사적 관점을 구축할 기회를 제공함이 바람직

ⓒ 사료 선정 기준
　　　• 학습내용과 관련이 깊고, 학습과제나 문제 해결에 알맞은 내용인가(내용성)
　　　• 학습목표를 달성하는 데 유용한가(목표성): 역사적 사실에 대한 객관적 인식에 도움이 되거나 역사적 사고력과 역사의식을 기를 수 있어야 함
　　　• 학생들의 능력이나 발달 단계에 맞는가(능력과 발달성): 이해하기 어렵거나 분석·해석 활동에 부담을 주지 않아야 함
　　　• 일반적으로 시기·작자·출처가 명확한가(근원성)
　　　• 사료의 내용이 역사가에 의해 가치와 증빙성이 인정되었는가(가치와 증빙성)
　　　• 번역된 사료의 경우 번역 내용이 정확한가(정확성)
　　　• 문자 자료 외에 비서술적 자료와 보조과학적 사료도 선정 가능(다양성)
　　　• 상대적으로 중요한 내용을 담고 있는가: 핵심적인 내용을 담고 있는 사료를 선정해야 함
　⑥ 사료 학습의 실례
　　㉠ 사료 학습 단원 선정 → 사료 학습 단원 진단평가 → 지도 계획 수립 → 지도 과정 → 학습 평가(송춘영, 『역사교육의 이론과 방법』)

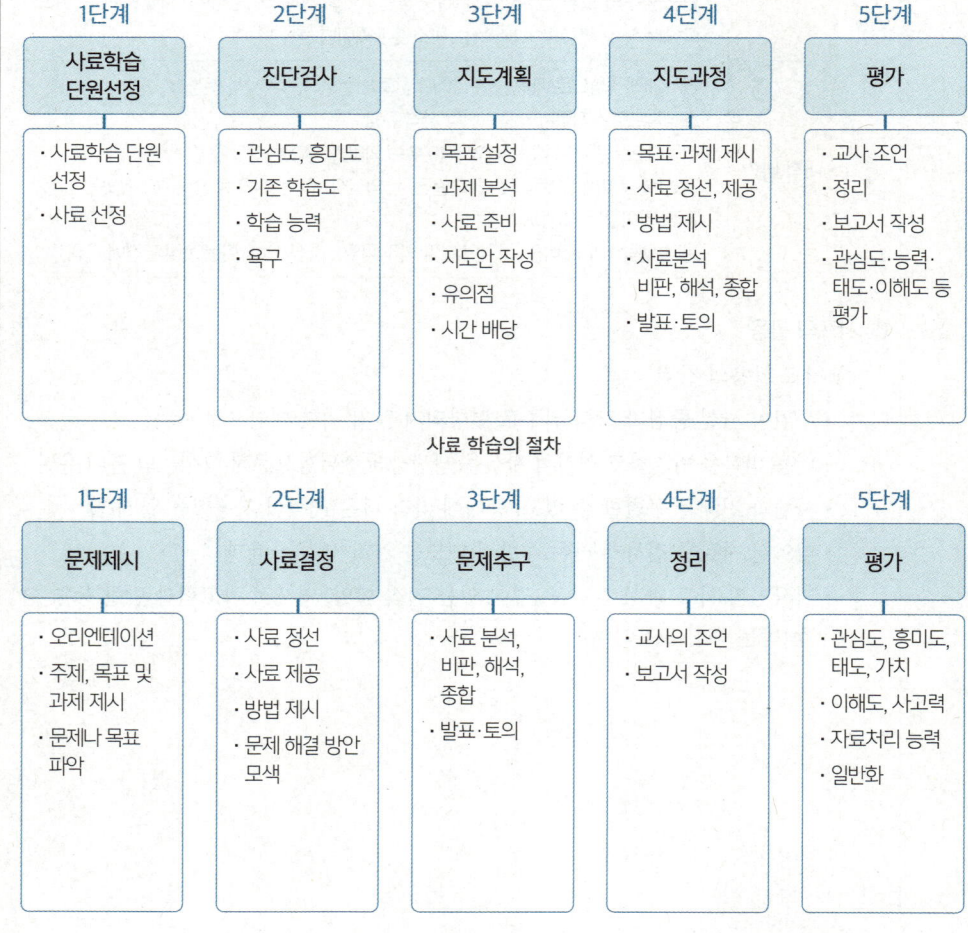

사료 학습의 절차

사료 학습을 위한 본시 수업 모형

ⓒ 역사 교재의 비판적 읽기 → 사실에 대한 의문, 새로운 역사 지식을 생산하기 위한 사료 탐구(가설 - 사료 수집과 해석) → 쓰기(김한종, 『역사교육의 내용과 방법』)

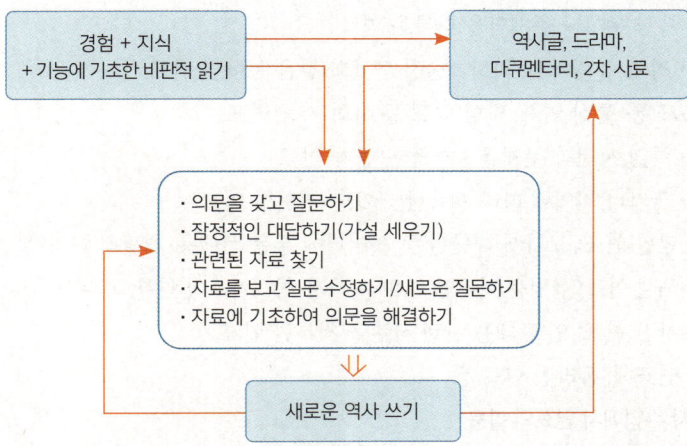

ⓔ 사료 학습 시 유의점
- 학생이 사료의 내용을 이해하는 데에 어려움을 느끼지 않도록 교사가 사전에 내용을 검토해서 학생 수준에 적합하도록 표현을 바꾸고 편집할 필요가 있음
- 사료가 역사적 사실을 압축적으로 기술하거나 비유적으로 표현하여 배경지식이 필요하다면 교사가 추가 설명을 첨부하거나 관련 자료를 제시할 필요가 있음
- 사료를 활용해 역사를 구성하는 능력은 단기간에 습득될 수 없으나 현실적 문제가 있으므로, 교사가 적절한 질문, 마인드 맵 활용 등으로 학습활동을 구성할 필요가 있음
- 사료 학습은 역사 전문가 육성이 아니라 사료를 활용하여 역사 지식을 생산하는 과정과 생산된 역사 지식의 본질을 이해하는 것이 목적(지식 정보사회 담론의 영향) → 역사 지식을 구성할 수 있는 능력 신장과 역사 연구 과정을 재구성하는 것에 주목할 필요가 있음

(3) 역사 연표

① 연표의 성격

ⓐ 연표란?
- 역사적 사실과 사건을 시간의 흐름에 따라 체계적으로 배열한 표
- 사건 발생 시점, 사건이 지속된 기간, 사건 간의 전후 관계(인과관계) 및 상호 관계를 파악할 수 있게 고안된 자료

ⓑ 연표의 장점
- 역사적 사건의 연대적 위치와 시간적 거리감을 파악
- 역사적 사실 간의 종적, 횡적 관련성을 파악하고 역사의 흐름을 계통적으로 이해
- 역사적 사건을 다른 사건과 비교하여 인식함으로써 시대관념을 획득
- 한국사와 세계사, 혹은 지역사 등의 각 역사 영역을 비교하면서 학습
- 연표에 수록되는 역사적 사실을 계통적으로 제시하면 역사적 사건들의 관계를 구조적으로 이해

② 연표의 유형
  ㉠ 종합 연표: 특정 분야를 가리지 않고 중요한 역사적 사실이 일어난 시점을 표시
  ㉡ 특정 분야나 주제만을 다루는 연표
    • 정치사, 경제사, 과학기술사 연표와 같은 분야별 연표
    • 교통·통신 연표, 발명 연표 등 사회 기능 연표
    • 특정 사건과 주제를 모아놓은 문제 연표
    • 국가나 지역에 따라 제작한 국가별·지역별 연표
  ㉢ 단원 연표: 교과서 대단원 등 첫머리에 두는 선행용·개괄적 파악·복습용 연표
  ㉣ 해설 연표: 설명을 덧붙인 연표 → 사전·참고자료의 역할, 쪽수 표시로 본문과 연계
  ㉤ 사진 연표: 연표 내용 관련 사진을 첨부한 연표
  ㉥ 연표책, 온라인 연표 등

③ 역사 수업에서 연표의 활용
  ㉠ 연표의 기본사항 숙지: 연표의 종류와 특성, 보는 방법 등
  ㉡ 권말 연표·연표책: 역사적 사실에 대한 정보 얻기
    • 연표를 통해 알아볼 내용 선정
    • 개개 사실의 내용을 명확히 이해
    • 사건의 발생 시기, 전후 사실 관계 등 확인
    • 사건 사이의 관련성과 사건의 의의를 시대상을 고려하여 다면적 고찰
    • 인과관계, 역사 흐름 석 사건의 위치 파악
  ㉢ 단원 연표: 단원 내용 개괄적 파악, 학습 끝나고 내용 정리
  ㉣ 백지연표
    • 정리용·형성평가용으로 유용
    • 사실 범위나 사건 숫자 제한 → 역사적 판단력, 역사적 사고력 배양
  ㉤ 연표 제작: 나의 연표, 가계 연표, 학교 연표 등 제한된 소재의 연표
    • 사회와 자신의 삶 속에서 중요 사건을 선택하는 판단력
    • 사회의식, 사회의 한 구성원이라는 자아의식 함양

(4) 역사지도
① 역사지도의 성격
  ㉠ 의미: 역사적 사실을 하나의 평면 위에 창조적이고 종합적으로 담아서 인간 생활의 역사적·시간적 변화를 구조적으로 제시
  ㉡ 특징
    • 인문지도 위주: 인간의 활동을 다룸
    • 시간적 변화를 포함: 어느 한 시점보다 상당 기간 지속된 사실을 공간적으로 표현
    • 해석 및 편집 활동의 산물: 표기 사실 선정, 전달 방식을 선택할 때 제작자의 해석

② 역사지도의 출처
  ㉠ 교과서: 본문 내용 설명, 추론 및 해석에 활용
  ㉡ 사회과부도, 역사부도: 하나의 지도에 과도한 정보, 활용시 유의
  ㉢ 교구 제작사에서 교재용으로 별도 제작한 지도
  ㉣ 백지도 등 과제를 위한 과제용 지도; 정리용·평가용으로 활용
  ㉤ 스케치 지도: 교사가 칠판에 수업 내용과 직결된 것을 그려 흥미 유발
③ 역사지도의 활용
  ㉠ 역사적 사실을 지리적으로 파악할 수 있음 ex. 행정구역도
  ㉡ 일정한 공간과 관련된 역사 변화를 시간적·계통적으로 파악하는 데 도움
    • 역사지도에 국경이나 영역의 변화 ex. 고구려 전성기 지도, 고려 국경선 변화
    • 같은 주제의 지도를 시기별로 연속 배치 ex. 삼국 전성기 지대 4매
  ㉢ 한 지도로 여러 역사적 사실 간의 관계 파악, 역사 해석(역사적 사고) ex. 대동세 징수와 운송

(5) 사진과 그림
① 사진과 그림의 유용성
  ㉠ 딱딱함이나 지루함을 탈피하고 역사적 상황을 생생하게 전달
  ㉡ 당시 시대 상황을 그대로 전달(풍속화, 민화), 제작자의 편집과 해석이 삽입
  ㉢ 기록만으로는 알 수 없는 새로운 역사적 사실을 추찰(고분 벽화)
② 사진과 그림의 활용
  ㉠ 문화재나 미술사, 문화사 수업에서 주로 학습 효과를 높이는 데에 유용
  ㉡ 사진이나 그림이 만들어진 배경이나 사회 상황, 관련 사실 등을 폭넓게 설명함으로써 학생의 역사적 사고력을 심화
  ㉢ 압축적으로 전달하므로 사진과 그림의 해석 및 추론, 감정이입적 사고 발달
  ㉣ 이를 바탕으로 글을 쓰거나 그림을 그리게 함으로써 적극적·창의적인 사고 유도
③ 음성과 동영상
  ㉠ 멀티미디어 multimedia: 다양한 전달 방식이 혼합, 주로 동영상과 음성 자료
  ㉡ 본래 수업용으로 제작되지 않아 적절한 교사의 편집이 요구
  ㉢ 학생을 수동적인 존재로 전락하게 할 수 있다는 점도 유의

3 역사 교재의 소재

(1) 지역사 자료
① 지역사의 의의
  ㉠ 자신이 생활하는 공간에서 일어난 일에 흥미
  ㉡ 현장 답사를 통해 역사를 직접 눈으로 확인, 여러 유형의 자료를 활용하기 용이
  ㉢ 1980년대 후반 제5차 교육과정에서 '교육과정의 지역화' 표방

② **지역사의 개념(다양한 관점)**
　㉠ 향토사

의미	· 내 고장, 우리 고장, 시간·공간·인간의 복합적 삶의 무대라는 인식 · 역사 전개 과정에 능동적 참여해야 하고, 주체적 관점에서 이루어져야 한다는 관점 · 각 지역의 역사 변화를 설명하고 다른 지역과의 관련성보다 그 지역의 전통이나 독자성·고유성에 관심
한계	· 객관적으로 역사를 인식하기 어렵고, 자기 미화로 흐를 우려

　㉡ 지방사

의미	· 역사학계에서 주로 활용하는 용어 · 국가사의 일부로서 지역의 역사를 가리키는 용어('중앙사'와 대비되는 개념) · 역사 일반의 관점, 제3자의 입장에서 연구 → 실증적·객관적·합리적 연구 강조 · 국가사의 틀 속에서, 국가나 다른 지역 역사가 해당 지역 역사에 미친 영향에 주목
한계	· 변두리·변방의 역사라는 느낌 · 각 지역 역사의 독자성이나 지역 사람의 역할이 무시될 우려, 중앙사나 국가사의 변화에 종속되는 것으로 이해

◇ **지역 범위 지정의 문제**

흔히 행정구역에 따라 지역의 범주를 나누는데, 현재 행정구역을 기준으로 과거 지역을 연구하는 것이 합당한가라는 점, 현재의 행정구역은 면적이 아닌 인구 기준이므로 공간적 규모에 상당한 차이가 발생한다는 점 등에서 문제가 있다. 경제권·교통권·생활권이나 문화권 등 여러 기준으로 나눌 수 있는데, 이는 교사의 수업 설계에 따라 달라질 수 있다. 수업의 목적, 지역적 특성, 지역사 내용 구성 등이 지역 범위 결정에 영향을 미치며 교사의 역사인식과 역사교육관도 중요하다.

　㉢ 지역사

의미	· 향토사·지방사에 비해 가치중립적이고 포괄적인 용어 · 주관적 향토문화보다 객관적인, 종속적인 지방문화보다 주체적인 지역문화 탐구 강조 · 외화성外化性과 전통의 양면에서 역사를 연구 · 민중의 주체적 입장에서 역사 인식, 지역사·국가사·세계사를 통일적 관점에서 파악
한계	· 역사 일반을 보는 관점과 특별히 구분되는 무언가가 존재하지 않음 · 제국주의 국가의 정책 수단에서 비롯된 의미공간론적 인식론에서 비롯한 용어 · 지역의 범위 지정 문제가 뒤따름◇

③ **지역사 자료의 종류와 성격**
　㉠ 지역사 자료의 종류
　　· 역사서에 포함된 지리지 혹은 읍지나 인문지리서 등 지역 관련 서술
　　· 고지도
　　· 근대 이후 만들어진 지방지: 통치 기구, 조세 운영, 대민지배 등
　　· 유적, 유물 등 현장 자료: 사진이나 영상으로 대체하는 국가사에 비해 접근성이 높음
　　· 생활사 자료: 5일장과 옛길, 통혼권과 문중 조직, 촌락 운영 질서와 생활 양식, 토속 음식 등
　　· 구술이나 신화, 전설, 민담 등
　　· 민속 의례, 놀이 문화, 토속어, 과놈 등 무형 자료
　㉡ 지역사 자료의 성격
　　· 국가사에 비해 정부의 공식 자료보다는 문집이나 일기 등 개인 자료 비중이 높음
　　· 국가사보다 유적, 유물 등의 현장 자료에 접근하기 쉬움

(2) 박물관과 현장학습 자료

① 박물관의 교육적 기능
  ㉠ 박물관 설립 목적 자체가 연구와 교육이며, 보관 물품은 역사적인 것
  ㉡ 종류
    - 종합박물관: 국립박물관, 지방자치단체가 설립한 향토역사자료관 등
    - 전문박물관: 미술관·역사박물관·과학박물관 → 특히 발전계열법 학습 후 특정 분야나 주제를 깊이 있게 학습하거나 자료를 찾는데 유용

② 현장학습의 의미
  ㉠ 역사를 더 생생하게 이해할 수 있음
  ㉡ 유적과 유물은 문헌 사료와 함께 역사적 사실을 이해하는 데 가장 기본 자료
  ㉢ 초·중·고등학교 공식 교육과정에 현장교육이 포함되며, 수행평가로 제시

③ 박물관과 역사 현장의 활용
  ㉠ 박물관과 현장학습을 통한 역사교육은 체험학습(견학과 조사)이 기본
  ㉡ 박물관의 안내(설명)문, 학교 교육 협력 활동이나 전시·교육 프로그램 활용
  ㉢ 온라인 박물관: 현장학습보다는 ICT 교육에 가까움
  ㉣ 유의 사항
    - 정규 수업 기간에 진행하기 어려움 → 책과 인터넷 등을 이용한 사전(실내) 조사와 현장 조사를 진행하기 위해 구체적인 계획이 필요
    - 집중력 저하를 막기 위해 사전에 과제를 주고 해결하도록 주문
    - 과제 유형은 추상적이고 포괄적인 과제보다는 구체적인 문제해결형 과제가 바람직 → 보고서 작성 과정에서 학생들은 역사적 사실을 주체적으로 이해, 발표를 통해 공유

(3) 시사 자료

① 특징
  ㉠ 학생의 지적 호기심을 자극하고 사고 활동을 촉진할 수 있음
  ㉡ 사회적 관심사에 관한 논의에 끌어들임으로써 사회 구성원으로서의 참여 의식 함양
  ㉢ NIE newspaper in education: 비판적 사고력과 의사결정 능력, 시민의식 등을 함양

② 역사 관련 시사 자료의 활용
  ㉠ 학생들이 역사와 관련된 문제 해결 방안을 모색, 역사관을 정립하고 역사의식 함양
  ㉡ 시사 자료의 역사 수업 활용 방안
    - 신문이나 방송에 나오는 역사 관련 소식들을 스크랩·메모하여 보조자료로 활용
    - 시사 자료를 통한 학습과제 해결, 스스로 정리하여 발표
    - 시사성을 띤 문제를 다루는 계기수업을 수행(논쟁 주제로 발표·토론)

③ 문제점과 개선점
  ㉠ 계획에 따라 진행되는 수업의 내용과 관련된 자료를 구하기 어려움
  ㉡ 본 수업의 연속성이 중단, 학생의 수업 부담 가중
  ㉢ 언론의 과장·확정 보도를 결론이 난 역사적 사실처럼 인식할 우려 → 교사가 보도 내용의 진실성과 정확성을 충분히 확인, 관련된 다른 자료들을 종합적 제시

(4) 디지털 역사 교재

① 디지털 시대와 역사 교재
  ㉠ 자료의 데이터베이스화 → 자료 수집·정보 추출 능력 literacy 중시
  ㉡ 디지털 역사 교재의 종류: 자료 웹사이트, e러닝 프로그램, 여러 기관 웹사이트
  ㉢ 문제점: 수업 내용 획일화, 교사 비중 감소, 창의성 발휘 기회 감소

② 디지털 교재의 변화
  ㉠ CAI Computer Assitsed Instruction / WBI Web Based Instruction
  ㉡ PPT Powerpoint presentation
  ㉢ E-learning

③ 전자교과서
  ㉠ 제7차 교육과정에서 시험적으로 전자교과서 개발
  ㉡ 장점
   • 하이퍼링크로 교과서의 양적 제한 극복, 다양한 자료의 유기적 연결
   • 학습자 중심으로 학습량·속도 조절, 반복·심화학습, 개별적·자기주도적 학습
   • 흥미 유발
  ㉢ 문제점
   • 인프라, 가독성 등
   • 학습자가 일정한 경로를 따르므로 자료의 분석과 해석이라는 역사의 성격과 본질을 학습하기 어려움
   • 학생의 이해 수준을 교사가 확인하기 어려움

(5) 문학과 영상자료

① 대중 역사서와 역사 교양물
  ㉠ 흥미와 학습 효과를 높일 수 있음
  ㉡ 시청 기간이 길어짐에 따라 상호작용이 어렵고 학생이 수동적 존재로 전락 → 적절한 주제와 프로그램의 선택 및 편집 필요
  ㉢ 흥미 위주의 내용, 무리한 해석과 국수주의적 주장이 많아 올바른 역사인식에 지장 → 객관적 자료 선택, 적절한 보충 설명을 통해 비판적으로 사고하고 자신의 관점으로 역사를 해석할 수 있게 유도할 필요

② 역사 소설과 드라마
  ㉠ 기본적으로 작가적 상상력에 의해 만들어진 창작품·허구 → 영향력을 감안하여 교사가 활용 방안 모색할 필요
  ㉡ 객관성에 특히 유의, 역사적 사실과 다른 부분은 지적하거나 보충 설명 진행
  ㉢ 문학 작품의 경우 학생 수준을 고려하고 배경 지식을 미리 제공(시기와 사건 등에 대한 선행 학습 실시)

③ 역사 영화
　㉠ 장점
　　• 미시적으로 접근하므로 상당히 구체성을 띠고 과거 모습 파악하기에 용이
　　• 의상이나 소품도 제대로 고증되면 사회상을 이해하는 데에 많은 도움
　　• 세밀한 묘사 덕분에 역사적 행위자의 내면을 감정이입적으로 이해 가능
　　• 역사적 사실을 단선적이 아니라 다중적으로 표현하므로, 역사적 현상의 다층적 의미를 해석하거나 과거 사건에 대한 다양한 해석을 볼 수 있음
　　• 역사의 다양성을 생각함으로써 사고와 이해의 폭이 넓어짐
　　• 과거에 의미를 부여하고 해석하기 위한 노력을 하며 합리적 판단력과 비판력 제고
　㉡ 활용 방안
　　• 상영 시간 고려하여 필요한 부분을 적절히 발췌(10분 이내가 적당)
　　• 영화를 통해 알아야 할 역사적 사실을 읽기 자료 등을 통해 미리 제시하여 스쳐 지나지 않도록 유의
　　• 역사적 사실과 허구를 구분할 수 있도록 추가적인 자료나 단서를 제공
　　• 감독의 메시지에 빠지지 않고 학생들이 영화 내용을 비판적으로 검토하고 자신의 관점에서 역사적 사실을 해석할 수 있도록 지도
④ 문학과 영상자료 활용의 유용성과 유의점
　㉠ 유용성
　　• 역사적 상상력을 구체화하여 실감있는 학습 경험을 제공◇
　　• 간접 경험 가능 → 역사가 인간의 사고와 행위의 복합적 산물임을 인식
　㉡ 유의점
　　• 재미에만 치우쳐 보고 즐기는 것으로 끝나지 않도록 유의
　　• 주관적 의도에 의한 창작물임을 인식하고 비판적으로 시청하도록 지도
　　• 시청 후 관점을 정리하고, 내용의 객관성을 평가하며, 토론을 통해 상반된 역사해석의 가능성 검토
　　• 교사는 자료의 특성과 내용의 성격, 사용 목적 등을 분명히 결정할 필요

(6) 구술사 자료
① 의미
　㉠ 정의
　　• 사람들이 입으로 말하는 이야기(구술口述)를 기록한 역사
　　• 역사적 사건이나 현재 사건에 대한 직접적인 지식을 가진 사람들의 개인적인 이야기를 면담 형식으로 기록한 것
　㉡ 특징
　　• 주관적 측면이 강함: 과거에 관한 현재의 기억이므로 신뢰성 확보가 어려우며, 변화하는 면담 상황에 영향을 받으므로 일관성이 부족◇
　　• 아래로부터의 역사 기술: 새로운 증거를 도입하고 역사의 초점을 이동
　　• 문헌 자료의 부족을 해결

◇ 영상자료를 통한 이해
· 사실과 정보의 이해
· 역사적 시간성의 이해
· 맥락과 상황의 이해
· 감정이입적·상상적 이해
· 역사적 사실에 대한 비판적 이해

◇ 구술사의 주관성에 대한 견해
구술사가인 반시나Jan Vansina는 다음과 같이 역사적 자료의 주관성에 대한 견해를 피력하였다. "목격자들의 주관성은 과거의 부분이고 조각이기 때문에 일단 설명이 되면 역사가가 그것을 재구성할 때 더 많은 진실성을 담보할 수 있다. 이것이 우리로 하여금 과거를 더 잘 이해하게 하기도 한다. 따라서 자료가 더 주관적일수록 그것은 과거의 현실을 더 잘 반영한다는 역설이 존재하는 것이다." 톰슨Paul Thomson 역시 "현 세기까지 역사의 초점은 본질적으로 정치적이었다. 역사가들이 정치사가 아닌 다른 종류(노동사, 여성사 등)의 역사를 쓰길 원했더라도 쉽지 않았을 것이다. 역사의 원자료인 문서 역시 특권을 가진 사람들에 의해 보존되고 파괴되었기 때문이다."고 하여 문헌 사료의 한계를 지적하며 구술사의 가치를 높이 평가하였다.

② 역사교육에 활용
  ⊙ 유용성
    • 강의 위주의 수업 대안, 흥미 유발
    • 교과서 서술이 가지는 한계를 보완: 개인의 기억과 경험을 역사화하고 지식의 원천에 대한 통제와 독점권을 깰 수 있음
    • 구술의 내러티브가 가지는 유용성이 역사 이해에 도움
    • 지역사 이해에 도움이 되며 일상의 장소와 맥락에서 역사가 일어난다는 것을 이해하여 역사적 맥락에서 자신의 위치를 파악하고 주변 세계를 인식 → 역사적 존재로서 자신의 모습을 성찰
  ⓒ 일반적 구술사 연구 단계

단계	항목	내용
예비 조사	연구 주제 및 구술자 선정	주제 선정, 관련 문헌 조사, 구술자 선정
	면담 준비	구술 조사 내용의 구체화, 면담 사전 점검
본 조사	면담	면담을 통해 구술 자료 수집 및 물증 자료 수집
정리와 분석	녹취	음성(녹음, 녹화) 자료의 문자화
	구술 자료의 검증과 해석	연구 주제와 관련한 자료 검증 및 분석
글쓰기	구술 자료로 글쓰기	구술 자료와 수집한 자료(문헌 자료, 통계, 현지 조사 자료 등)를 활용하여 글쓰기

  ⓒ 구술 자료를 활용한 구술사 탐구 수업 과정의 사례

단계	항목		활동
준비	수업 전	구술 자료 선정	교사: 디지털 아카이브를 활용하여 수업 주제와 관련된 구술 자료 선정 및 학습 자료 제작
실행	1차시	역사적 맥락화	학생: 구술사 주제의 역사적 맥락 파악
	2차시	구술사 탐구 활동	학생: 디지털 아카이브를 활용하여 추가 정보 수집·분석 및 과제 해결 수행
	2차시	발표	학생: 결과물(소감문, PPT, 게시물 등) 발표
정리	2차시	평가	교사: 학생들의 결과물을 평가하고 피드백 제공

4 역사 교재의 제작

(1) 역사 교재 제작의 의의
① 교사는 프린트물과 같은 교재를 일상적으로 제작
② 교사의 역사관과 역사 인식, 교육목표, 학교나 교실의 여건 등을 고려한 제작 필요
③ 교사가 생각하는 다양하고 유연한 학습 형태를 실현하는 방안
④ 교수와 학습의 상호작용 극대화, 학생들의 적극적인 반응과 사고를 유도

(2) 역사 교재의 제작 과정
① 기획
   ㉠ 어떤 교재를 제작할 것인가에 대한 기본적인 설계 작업
   ㉡ 교재에 넣을 내용의 범위와 깊이를 전반적으로 정함
   ㉢ 학습자의 수준이나 흥미에 대한 조사와 분석이 필요
   ㉣ 교재 제작에 들어가는 시간이나 노력, 비용 등도 고려

② 설계
   ㉠ 교재를 제작하기 위한 구체적인 설계 작업으로 교육관과 역사관이 작용
   ㉡ 단원별 학습목표 수립, 학습내용을 선정하여 계열화
   ㉢ 학생과의 상호작용을 고려하여 학습내용·자료·학생활동 등을 결정
   ㉣ 교재 내용의 형식 결정
      • 학생들의 내적 변용을 꾀하는 자극 중심의 교재
      • 반응을 이끌어내고자 하는 반응 중심의 교재
      • 학생의 활동에 따라 수업을 진행할 수 있게 설계한 활동 중심의 교재

③ 제작
   ㉠ 관련 자료를 모아서 검토, 필요한 내용을 선택하거나 편집하고 재구성
   ㉡ 구체적인 내용을 정하고 여러 매체를 이용해 제작
   ㉢ 완성 후 재검토: 내용의 적절성과 정확성, 핵심 내용의 반영 여부, 계통성, 다른 과목과의 관계, 학년별 연계성(계열성) 등
   ㉣ 개인이나 소집단에게 미리 적용, 교사들 간의 공유를 위해 보완

(3) 제작 교재의 활용
① 교과서의 내용을 효과적으로 가르치고 이해시키기 위해 교재를 제작하는 경우
② 교과서 내용을 보완하기 위해 만드는 경우
③ 교과서 내용과 상관없이 교사가 자체적으로 교재를 제작하는 경우

CHAPTER 05 역사 수업의 방법

1 역사 수업의 의미와 설계

(1) 역사 수업의 의미와 역사 수업에 영향을 미치는 요소

① 역사 수업의 의미
- ㉠ 학습자와 학습자, 교사와 학습자 간의 상호작용을 통해 역사 지식을 재구성해 나가는 활동
- ㉡ 교사 교육과정: 국가 교육과정의 (재)구성

② 학생과 교사의 상호작용에 영향을 미치는 요소
- ㉠ 교사의 역사인식론과 교육관
- ㉡ 수업에서 가르치고자 하는 교과 내용
- ㉢ 학생의 선지식과 선경험
- ㉣ 역사과 교육과정과 교과서
- ㉤ 수업 자료와 기자재, 수업 환경

(2) 역사 수업의 계획과 설계

① 수업 계획
- ㉠ 교육과정의 목표와 내용 등을 확인하고, 목표 달성을 위해 1년 단위, 한 학기 단위로 수업의 목표·내용·방법 및 전략·활용할 자료·평가 방법 등을 대략적으로 조직하는 것
- ㉡ 가르쳐야 할 역사 지식은 물론 주요 개념과 발달시키고자 하는 역사적 사고 기능까지 확인해야 함

② 수업 설계
- ㉠ 단위 수업을 위해 수업의 목표와 내용·방법·평가 등을 계획하고 조직하는 일
- ㉡ 학습 목표 설정, 학습 내용의 범위 결정, 교수·학습 자료 개발, 수업의 전개 과정, 평가 방법 등을 도입에서 정리까지 구상

③ 수업 설계 시 고려 사항◇
- ㉠ 학습 목표와 교사의 수업 의도(학생이 무엇을 학습하기를 기대하는가)를 명확하게 해야 함
- ㉡ 수업 방법이 학습 목표를 효과적으로 달성할 수 있고 학습 내용에 적합해야 함◇
- ㉢ 학생에게 무작정 과중한 정보를 전달하지 않고, 많은 내용 속에서도 한 가지 내용을 심층적으로 생각할 수 있게끔 클라이맥스 지점을 설정할 필요가 있음
- ㉣ 환경 변화에 따라 융통성을 가질 수 있어야 함
- ㉤ 학생의 입장에서 학습 과정에 대해 이해하고 계획해야 함

◇ **수업 방법이 학습 내용에 적합한지 고려할 요소**
- 교사가 설명하면 더 효과적인 내용을, 학생들에게 조사시키거나 모둠별 협동학습을 시킬 경우 학습 효과는 오히려 더 떨어질 수 있음
- 만들기 수업이나 극화 수업을 할 때 학생들의 활동이 활동에 그치지 않고 학습으로 연결되게 만들어야 함
- 교수활동과 학습활동, 교사의 교수 자료와 학생의 학습 자료가 유기적으로 연결되어야 함

2 역사 수업의 유형

(1) 교수·학습 활동에 따른 수업 유형

① 강의식-설명식 수업

㉠ 특징
- 교사가 학습 내용을 설명 및 전달하는 방식
- 지식과 개념에 대한 설명이 수업의 중심 내용을 차지
- 교과서에 대한 의존도가 높고 교사의 특별한 준비를 전제하지 않는 '맨손 수업'

㉡ 장·단점
- 교사가 학생에게 지식정보를 일방적으로 전달하는 주입식 방식
- 구조화된 설명식 수업은 역사적 사실과 개념 및 총괄을 단기간에 가르치는 데에 효율적

㉢ 활용
- 효율적인 수업을 위해서는 교사가 풍부한 교과 내용 지식과 교수내용 지식을 갖추어야 하며, 유추나 비교 등 다양한 기법을 이용해 전달할 수 있는 능력이 있어야 함
- 학생의 학습 효과나 의욕이 저하될 수 있으므로 문답법을 이용해 교사와 학생 간의 상호작용을 증진하고 학생의 수업 참여를 유도
- 멀티미디어 자료 활용, 중간에 학생 활동 첨가, 형성평가 실시 등으로 주의 환기

② 강의식-이야기식(내러티브) 수업

㉠ 특징: 과거에 대해 논리적·과학적으로 탐구하기보다는, 하나의 사건을 시간 순으로, 인물의 행위·의도·동기·목적·이유 등을 통해 이해

㉡ 장·단점
- 역사 이야기는 역사의 문화적 틀임과 동시에 친숙한 방법이며 역사가들의 사고 방식 → 역사를 이해하는 능력을 키우는 데 적합
- 초등학생에게 유용◊
- 서술 형식 뿐 아니라 역사적 사고력에 적합한 인지 도구 내지는 사고 양식
- 다양한 내적 관계들의 총체를 단일한 전체상으로 그려냄으로써 인물의 행위와 배경을 이해하고 이를 종합해 상황을 맥락적으로 이해할 수 있음
- 다른 시대·사람·관점을 그 인물의 입장에서 이해하고 인식(감정이입)
- 자료나 사건에 대해 분석적·비판적 관점이 투영되기 어려움
- 교사가 들려주는 이야기의 논리 및 해석(교사의 이데올로기)에 학생이 무비판적으로 매몰되기 쉬움

㉢ 활용
- 사건과 관련된 모순된 자료나 해석을 하나의 이야기 속에 어떻게 담을 것인지 고민
- 이야기 속에 전달하려는 메시지를 어떻게 담을 것인지 고민
- 사건에 관한 이야기 속에 부각되는 정서적·정의적 측면을 비판적으로 이해할 수 있는 장치를 마련

◊ **이야기식 수업이 초등학생 역사 이해에 효과적인 이유**
- 이야기는 아동에게 친숙한 장르
- 이야기는 특정 시간과 장소에서 일어난 역사적 사건의 특수성을 중심으로 함
- 이야기는 구체적인 인간의 행위와 그 의도, 결과를 중심으로 인간 경험을 이해하는 형식이므로, 인간의 보편적 성향이나 본질을 학습하면서 역사를 한층 더 쉽게 이해 가능
- 이야기의 전후관계를 통해 역사의 인과관계를 인식

③ 문답식 수업
  ㉠ 특징
    - 교사와 학생이 서로 질문과 대답 → 대체로 교사 주도의 수업 방법
    - 설명식·이야기식 수업 방식에서 질문 활용과의 차이: 문답 내용의 성격 차이, 문답식 수업은 학생들의 사고를 자극하기 위해 질문이 주된 행위
  ㉡ 장·단점
    - 수업을 부드럽게 진행하거나 학생을 집중시킬 수 있음
    - 교사와 학생, 학생과 학생 사이 상호작용을 용이하게 해 줌
    - 질문을 통해 학습자의 사고 활동 자극
  ㉢ 문답식 수업에서 질문의 종류
    - 학습자 사고 수준과 폭에 따른 질문의 유형(이영효, 『역사교육의 이해』)

제한형 질문	· 학습자가 즉각적인 추측이나 기억에 의해 답변을 할 수 있는 단순한 질문 · 단순 기억을 요구하는 단답형 질문
확장형 질문	· 다양한 응답을 요구하거나 학습자로 하여금 추론, 분석 등 폭넓은 사고를 유도하는 질문 · 학습자의 확산적 사고와 평가적 사고를 가능하게 해 줌 · 역사적 사건이나 상황의 의미를 판단하게 하거나 역사적 의식과 태도를 확인하는 질문

    - 질문의 종류(강선주, 『역사교육의 내용과 방법』)

인지·기억 질문	· 학생과의 상호작용을 이끌어가기 위해 학생이 기억하고 있는지 확인하기 위해 던지는 질문 ex. "돌칼은 어느 시대 사용되었지요?" 　　"삼국을 통일한 신라의 왕은 누구라고 했지요?"
수렴적 질문	· 과제를 해결하기 위해 사고 내용을 정리하거나 하나의 결론으로 또는 방향으로 이끌기 위한 질문 · 설명, 대비, 대조, 비교, 분석 등을 요구 ex. "구석기 시대 도구와 신석기 시대 도구에는 어떤 차이가 있지요?"
확산적 질문	· 과제를 해결하기 위해 다양한 각도에서 사고하도록 자극하는 질문 · 창의적, 예외적, 개방적 사고를 촉진하는 질문 · 예측, 가설, 추론, 상상 등의 사고 작용을 자극(감정이입 유도) ex. "한글 창제라는 사건이 조선 시대 사람들에게 어떤 의미였는지를 다양한 집단의 관점에서 해석해보세요." 　　"양반과 상민의 관점, 남성과 여성의 관점, 조선과 중국의 관점 등에서 그 사건의 의미를 해석해보세요."
평가적 질문	· 가치판단이 개입될 수 있는 질문 ex. "흥선 대원군의 쇄국 정책이 당시 상황에서 적절한 정책이었나요?"

② 활용
- 학습자에게 적합한 단어 사용, 애매한 물음이나 추궁하는 듯한 질문 삼가
- 중요한 질문은 사전에 준비
- 자료 제공과 병행할 수 있음(교사 주도의 토론식 수업과 유사)
- 학생들에게 답변할 충분한 시간을 줄 것
- 너무 어렵거나 쉽지 않은 질문으로 사고력과 도전 의식 유도
- 틀린 답을 할 경우 다른 표현으로 질문 또는 다른 학생에게 기회
- 학생의 반응에 대해 반드시 평가, 격려와 칭찬
- 학생이 질문의 주체가 되는 수업도 구성할 수 있음
- 학습 주제나 목표에 따라 질문 유형을 나누고 전략을 수립해야 함
  ex. 토론식 수업에서는 수렴적 질문, 감정이입을 활용한 이야기식 수업에서는 확산적 질문의 비중이 더 높음 / 토론·탐구식 수업에서는 확장형 질문, 강의식 수업에서는 내용 확인을 위한 질문이 유용

◇ 질문 전략 계획을 위해 고려할 요소
- 질문을 통해서 무엇을 탐구 또는 이해하게 할 것인가(질문의 취지)
- 어떤 사고를 유도할 것인가(질문의 유형)
- 구체적으로 어떤 질문이 효과적일 수 있는가(질문의 내용)
- 이러한 질문을 어떤 순서로, 어떻게 구성할 수 있는가(질문의 순서)

◎ 역사교육에서 논증적 사고 신장을 위한 질문 전략의 사례

질문 유형	설명	예시
정보 기억을 확인하는 질문	상황과 관련 없이 사실들을 기억하도록 요구	구석기 시대에 사용된 유물들이 무엇이 있지?
이름 짓기 질문	그것이 어떤 역사적 상황과 관련 있는지 보여주지 않고, 어떤 것의 이름을 짓도록 요구	(돌칼의 사진을 제시하고) 이 사진 속의 유물의 이름을 지어보자. 무엇이라고 할 수 있을까?
관찰하는 질문	그 상황에 대한 학생들의 지식과 관련짓지 말고, 그것 자체에 대해 묘사하라고 요구	(움집 사진을 제시하고) 사진에 무엇이 있는지 묘사해보자.
자료를 찾도록 하는 질문	관련된 자료를 찾도록 요구	보여준 사진 속의 자료 이외에 신석기 시대 사람들의 생활에 대해 알아보려면 어떤 종류의 자료를 더 찾아야 할까?
가설을 세우도록 하는 질문	원인이 무엇이고, 어떤 결과가 나타났을까 생각해보도록 요구	신석기 시대에 농경이 시작될 수 있었던 조건이 무엇이고, 농경이 시작되면서 무엇이 달라졌을까?
논증하는 질문	증거를 사용하여 설명하도록 요구	(움집, 돌칼, 토기 등의 사진) 그 사진들은 신석기 시대 사람들의 생활에 대해 무엇을 말해주는가? 왜 그렇게 생각하니?
생각해보게 하는, 상상하게 하는 질문	어떻게 상황이 전개되었을까를 생각해보게 요구	(신석기 시대 도구들을 보여주고) 이러한 도구들이 어떻게 사용되었을까, 도구를 사용하여 사냥하였을 때 어떤 일이 일어날 수 있었을까?
비교하게 하는 질문	증거에 개인적으로 개입하도록 요구	신석기 시대 유물이나 유적에서 구석기 시대에 볼 수 없었던 것은 무엇인가?
평가하게 하는 질문	그 사건의 영향, 의미를 생각해보도록 요구	신석기 시대로의 변화는 인간 생활에 어떤 영향을 주었을까?
종합하게 하는 질문	모든 질문들과 그 질문에 대한 답을 통합하여 문제를 해결하도록 요구	지금까지 탐구한 것을 토대로 신석기 시대 사람들의 생활에 대한 이야기를 써보자.

④ 탐구식 수업
  ㉠ 특징
    • 특정 주제나 문제를 해결하기 위해 가설을 세우고 자료를 통해 검증하는 수업
    • 학습자 스스로 학습을 전개하는 발견학습 형태가 일반적 → 교사 개입 최소화, 학습자 스스로 의미를 해석하고 내면화
  ㉡ 절차

문제 인지	• 의문을 제기하고 갈등 • 학습 동기의 내재적 형성
가설 설정	• 문제 상황에 대한 적극적 인식 • 가장 타당한 가설을 작업 가설로 설정 • 여러 개념이나 용어를 정의하기도 함
자료 수집·분석	• 가설 검증을 위한 자료를 수집하고 분석
가설 확인·수정	• 일부 가설을 수정하거나 폐기, 새로운 가설 추가 설정
일반화	• 과제에 대한 결론, 같은 속성을 가진 다른 과제에 적용할 수 있도록 일반화

  ㉢ 유의점
    • 학습자의 발달이나 능력에 따라 탐구 수준이 달라짐
    • 교사는 중재자 역할, 한 사람의 참여자로서 탐구 활동에 동참
  ㉣ 한계
    • 자연과학 또는 사회과학의 방법론을 도입한 것으로, 역사학 고유의 학문적 특성상 탐구 및 일반화의 과정이 다를 수 있음
    • 탐구 학습의 목표인 역사적 사고력의 의미가 불분명
    • 역사 내용에 대한 이해와 분리되어 탐구 기술(기능) 자체가 목적이 될 우려

⑤ 극화 수업
  ㉠ 특징: 줄거리를 가진 극의 형태로 진행되는 수업, 역사 탐구가 목적
  ㉡ 종류: 연극식(영상극, 인형극, 그림자극, 뮤지컬), 다큐멘터리식, 뉴스보도식, 시사토론식, 모의재판 형식, 모의국회 형식, 마당극 형식 등
  ㉢ 극화 수업의 구분(학생 조직 형태 기준)

구분	특징
학급에서 극화수업 연기자를 뽑아 수업하는 방법	• 학생이 연기자와 관객으로 구분(연기·관람을 통해 역사를 이해) • 연극이 종료된 이후 평가와 토론 진행 • 장점: 대본, 무대 장치, 분장과 같은 연극 준비가 효과적이고, 학생들의 연기도 다른 방식에 비해 나은 경우가 많음 • 단점: 비연기자 학생의 수업 참여도가 떨어짐
학급의 모든 학생을 모둠으로 나누어 모두 똑같은 극을 진행하게 하는 방법	• 장점: 연기 종료 후 각 모둠의 대본·준비·연기 등을 비교 • 단점: 대본이나 연극 내용이 비슷하여 지루할 가능성이 크고, 경쟁 과열과 편견 및 왜곡 가능성이 있음 → 모둠별로 서로 다른 시각에서 구성해보도록 주문할 필요

학급의 모든 학생들을 모둠으로 나누어 각각 다른 극을 만들어 참여하게 하는 방법	· 상위 주제를 두고 각 모둠이 서로 다른 소주제를 가지고 연기(협동식 연극수업) · 수업은 이들의 연기를 종합해서 학습 과제를 수행하는 방식

② 수업 절차

준비	학습 준비	문제 소개하기, 문제를 명확히 하기
	참여자 선정	역할 분석 및 배분, 대본 작성
	무대 설치	활동 계획 결정, 역할 재진술, 문제 상황 파악
	관찰자 준비	관찰할 것을 결정, 관찰 과제 할당
실연	실연	공연 및 관람(감정이입과 객체화)
평가	토의 및 평가	활동 검토(사건에 대한 묘사, 사건의 위치 선정, 사실성, 요점)
	재실연	수정하여 재실연
	경험 공유 및 일반화	경험 교환, 전반에 관한 토론

⑩ 유의 사항
- 주객전도 주의: 수업의 목적은 연기 연습이 아닌 역사 탐구
- 어떤 형식으로 수업을 진행할 것인지 학습 목표를 명확하게 하는 것이 중요
- 극화 수업 대본은 학생이 직접 작성해야 하며, 경우에 따라 교사가 자료를 제공하거나 질문을 통해 도움을 주어야 함(연극 수업과의 차이, 일종의 글쓰기 수업)
- 후속 토의와 평가: 극에서 다룬 역사적 사건과 인물 분석, 학생 체크리스트법 등

⑥ 시뮬레이션(모의학습)

㉠ 특징
- 실제 상황과 유사한 학습 환경이나 이에 토대를 둔 학습 활동
- 역사적 상황을 재연하여 행위자가 처해 있던 개인적·시대적 상황을 깨닫게 하는 형태(추체험)
- 실제 상황보다 단순화하고 위험 요소를 제거하여 경험하는 데 의미

㉡ 절차

도입	· 시뮬레이션 상황을 설정하는 단계 · 다룰 역사적 상황을 선택, 단순화시켜 학습 상황으로 설정
참여자 훈련	· 시뮬레이션 형태와 규칙, 과정 등을 결정, 상황 분석 · 인물 설정, 역할 배분, 연습
모의학습 운영	· 학생은 상황에 맞추어 실제 연기 · 교사는 조정하고 관리
참여자의 결과 보고	· 경험 교환을 통해 깨달은 것, 어려움과 갈등을 공유, 대처방안 논의 · 교과와 학습 내용 이해에 연결시킬 방안 모색

◇ **학습 목표 수행에 따른 적합한 극화 수업 양식**
- 연극: 추체험이나 감정이입을 학습 목표로 설정하고 '특정한 인물이 특정한 상황에서 특정한 행위를 하게 된 과정', 해당 인물의 사고 과정을 이해시키고자 하는 경우
- 모의 재판·시사극: 역사적 인물의 행위를 역사적으로 평가 및 판단하려고 시도하는 경우
- 시사토론: 하나의 사건에 관한 역사적 논쟁을 탐구하려는 경우
- 다큐멘터리: 한 시대를 풍미한 현상이나 고유한 사고방식, 생활방식 탐구
- 마당극: 특정 시기의 사회 문제를 풍자하려고 하는 경우

◇ **체크리스트 항목(동료 평가)**
- 극 준비 단계에서 미리 제시
- 연극: 역사적 인물의 행위 의도나 동기, 목적을 이해하는 데 도움이 되었는가, 행동에 영향을 미친 요소들이 잘 드러났는가 등
- 시사토론: 쟁점을 잘 파악했는가, 주장에 대한 근거가 설득력 있게 제시되었는가 등

◇ 극화 학습과 시뮬레이션 비교

극화 학습	시뮬레이션
정의적	인지적
인물 중심	사건 중심
개인적 상상	실제 상황 구조
자유로운 행위	규칙에 의한 제약

ⓒ 유용성
- 학생들이 학습에 능동적으로 참여할 수 있는 동기 제공
- 다른 사람의 관점을 인식하고 이해
- 역사적 인물의 행동에 대해 파악하고 분석할 수 있는 능력 함양
- 역사적 사건의 전개 과정에 대한 통찰력을 갖게 함
- 시뮬레이션 상황과 관련된 역사적 사실에 대해 명확히 알고 기억할 수 있음
- 학생 간 협력 진작, 상황 분석 능력·의사결정 능력 등 발달

⑦ 토론식 수업(논쟁성 수업)
㉠ 특징
- 주제에 대한 논쟁이나 논의를 통해 결론을 이끌어 내거나 관점의 차이를 명확하게 하는 방법
- 집단 학습 과정으로 학생들 사이의 문답이 많음
- 체계적인 지식을 얻기보다는 다양하고 창의적인 지식을 만들어 낼 목적

㉡ 종류

대립 논쟁식 debate	• 역사적 사건에 대해 서로 다른 해석이 존재하고, 그러한 해석이 어떠한 근거로 제시되었는지 이해하는 데에 도움 • 관점 차이 이해가 목적 • 서로 다른 입장을 각각 보여줄 수 있는 자료를 골고루 선정해야 함
토의식 discussion	• 학생들에게 과제를 제시하고, 소모둠별로 토의하여 문제를 해결하게 하는 방법 • 문제 해결이 목적 • 자료를 철저히 준비하고 해결할 문제를 명확히 제시해야 함

대립 논쟁식 수업의 진행
① 학생이 특정 사건이나 인물에 대해 탐구하게 함
② 학생이 사건의 의미와 영향에 대해 발표하거나 정리해서 제출하게 함
③ 교사가 학생의 의견을 서로 다른 두 개의 주장으로 분리함
④ 토론은 모둠별(모둠 내 두 팀) 혹은 학급 전체(학급 내 두 팀) 토론으로 진행
  • 학생들에게 자신이 지지하는 입장을 써서 내게 한 뒤, 두 팀으로 소속시킴
  • 학생이 지지하지 않는 팀에 소속될 경우 다른 사람들의 의견을 경청할 기회
  • 토론 수업 뒤에 이들의 의견 변화 여부를 알아봄으로써 학습 효과 강화
⑤ 팀 결정 이후 팀별로 토론 준비: 사건의 내용 확인, 시각 공유, 근거 정리
⑥ 교사가 중재를 통해 토론이 원만히 진행할 수 있게 함
  • 사회자로서 토론 내용 정리
  • 조정자로서 토론 과정의 분란이나 논점 이탈 해결
  • 학생들의 고른 참여 유도(돌아가면서 발표)

ⓒ 장점
- 문제 해결 능력, 합리적 사고 능력, 추리 능력 신장에 유용
- 학생들이 자신의 생각을 간결하고 논리적이며 정확한 말로 표현
- 민주시민의 기초 능력으로서, 적극적으로 참여하고 비판적으로 검토하는 생활 태도를 익히게 함
- 논란이 되는 문제를 다른 관점에서 바라보는 데 효과적
- 학습자 자신의 지식과 생각을 확실하게 하여 학습을 내면화하는 데 기여
- 다른 사람의 의견이나 가치를 존중하는 태도 배양

ⓓ 유의점
- 토론 전에 적절한 주제를 선정하고, 교사는 해결해야 할 문제를 명확히 제시
- 토론 목적과 목표를 구체적·세부적으로 설정
- 토론 주제와 관련한 역사적 배경을 학생들에게 미리 숙지시킴
- 토론이 비조직적으로 진행되더라도 교사는 인내심을 가지고 기다려야 함
- 사전에 규칙과 원칙, 토론 시간 등을 정하고, 진전이 없을 경우 적절하게 개입
- 학생이 개인적 편견이나 집단의 압력에 굴복하지 않도록 지도
- 특정 학생의 토론 독점, 감정적 고조나 격앙에 유의

◇ 토론 주제

토론 주제는 논쟁거리가 풍부한 내용이어야 하며, 해석에 대해 근거를 제시할 수 있는 주제이어야 한다. 그리고 수업 목표와 내용, 학습자의 능력, 흥미에 적합해야 한다. 하나의 역사적 사건에 대해 서로 다른 해석이나 시각이 존재하는 주제가 좋다.

ⓔ 논쟁서 수업 연구 사례

김육훈	· 과거의 사건에 대한 현재 해석의 다양성을 반영한 형태 · 당대의 논쟁을 교실에서 재현하는 방식 · 하나의 국가 내러티브를 벗어나 역사 내러티브의 다양성을 체험하는 유형 · 역사 내러티브의 본질을 직접적으로 다루는 수업
강선주	· 논쟁적 역사수업을 통해 이루어지는 토론(논쟁)의 주체에 따라 구분 · 과거인 사이의 토론 / 과거인과 현재인 사이의 토론 / 역사가들 사이의 토론
강화정	· 김육훈·강선주의 견해 종합 · 학습자가 역사를 만나는 방식에 따라 '학습자가 역사가로서 과거를 평가하며 논쟁하는 수업'과 '학습자가 과거인이 되어 당대의 역사적 사건을 논쟁하는 수업'으로 구분 · 학습자가 대면하는 역사 내러티브의 형태에 따라 '역사 내러티브를 생성한 서술자의 인식을 비판·논쟁하는 수업'과 '현재 진행 중인 역사 내러티브 논쟁을 재현한 수업'으로 구분
방지원	· 과거 사회를 뜨겁게 달구었던 논쟁을 교실에서 재현하는 유형 · 과거의 특정 상황에 대해 당시 여러 사회 세력(행위 주체)의 관점에서 파악하도록 하는 유형 · 역사학계의 주요 쟁점을 중심으로 역사학자들의 논쟁을 교실로 가져오는 유형 · 현재적 관점에서 과거의 역사적 상황이나 사건에 대한 의견을 내고 논쟁하는 유형 · 현재 사회적 문제나 쟁점인 사안의 역사적 형성 과정을 추적하고 문제의 성격을 파악하고 해결의 전망을 찾는 유형 · 지금까지 소외되었던 역사나 기억의 문제를 논쟁적으로 다루는 유형

⑧ 글쓰기 수업
  ㉠ 특징
   • 글쓰기 능력과 역사적으로 사고하기 능력을 통합적으로 가르치는 수업 방식
   • '준비하기 - 초안 잡기 - 수정하기 - 제출(보고)하기' 과정에서 역사적으로 사고하고 사고 내용을 조직
  ㉡ 종류: 독자 유형과 글쓰기 방식, 학습 목적 및 과정 측면의 구분
   • 역사가가 되어 글쓰기

독자	• 사건을 심층적으로 탐구하려는 집단 • 교사와 동료 학생
종류	• 설명식/논술식: 사건 보고서, 답사 보고서 작성 • 이야기 형식: 역사 이야기 쓰기

수업
방법
	• 사건 복원과 의미 해석, 평가 등 자료 활용 능력과 역사가의 지식 요구
	• 교사는 구체적인 글쓰기 방법을 학생에게 가르칠 필요가 있음
	  - 역사 문제를 제기하는 방법
	  - 문제 제기의 타당성을 설명하는 방법
	  - 제기한 문제를 해결하기 위한 방법이나 자료들에 대해 설명하는 방법
	  - 제기한 문제를 해결하여 서술하는 방법

효과	• 고정관념에서 탈피하여 새로운 관점에서 문제를 인식하는 비판적 사고 방법과 그 의미를 가르칠 수 있음 • 자료의 논리적인 분석 능력, 추론 및 종합 능력, 그리고 자신이 사고한 내용을 적절한 역사적 용어로 표현할 수 있는 능력을 기를 수 있음 • 역사적 탐구력·판단력, 역사적 상상력·맥락적 사고력 등 역사적인 사고 방법을 기를 수 있음

   • 역사가나 역사적 인물이 아닌 제3의 인물이 되어 글쓰기

독자	• 전문적 식견이 없는 사람 → 쉽게 이해하도록 써야 함
종류	• 저널리스트적인 글: 신문(기사)·안내책 • 대중에게 정보를 알리고, 계몽이나 사회 비판을 목적으로 하는 역사신문
효과	• 역사 주제를 쉽게, 폭넓은 관점에서 접근할 수 있음
유의점	• 역사신문의 경우 단순 짜깁기가 될 우려 → 신문의 기능과 목적, 형식을 이해한 후 탐구 내용을 서술하도록 유도

   • 역사적 인물이 되어 글쓰기

독자	• 과거 사람
종류	• 인물의 정서와 생각을 담은 독백: 일기, 시, 수필 • 여러 사람에게 자신의 생각을 알리기 위해 쓴 글: 벽보, 상소문, 신문 기사 • 여러 사람에게 정보를 주기 위한 글: 백과사전류, 의학서, 농학서 등 • 가르치기 위해 쓴 글: 음식 요리법, 예법 교육에 관한 글 • 명령을 내리기 위해서 쓴 글: 교서 • 재미를 주기 위해 쓴 글: 소설 • 후손에게 교훈을 남기기 위해 쓴 글: 행장
유의점	• 감정이입적 글쓰기 필요: 각 인물이 되어 역사적 행위의 의미 이해 • 독자가 누구인지, 글을 쓰는 목적이 무엇인지 숙고

⑨ 만들기 수업
　㉠ 특징
　　• 글쓰기 이외에 다양한 활동이 포함된 수업('가위와 풀' 수업)
　　• 모형·팜플렛·광고·패러디물·만평·앨범 등 미술 활동, 노래 만들기와 같은 음악 활동, 음식·의류 만들기, UCC User Creative Contents 제작, 연표 만들기 등
　㉡ 유형
　　• 시중 판매용 모형 제품 활용: 학생이 공작 작업에만 몰두할 가능성 → 모형 제작 이전에 모형을 통해서 학습해야 할 역사 지식과 탐구 기능을 구체적으로 제시하여 당시 사람들의 생활과 인식을 이해하는 작업이 병행되도록 해야 함
　　• 체험 학습 기회를 제공하는 다양한 시설 활용: 짚신 삼기, 탁본 등
　　• 직접 디자인하고 자료를 구하여 만들기
　　• 그림을 그리거나 그래픽을 이용하여 표현(미술적 재능보다 역사 이해에 주목)
　　• 앨범이나 스크랩북을 만들어 당대 역사 이해하기(역사 해석을 통해 제목 붙이기 활동)
　　• 기존 노래를 개사하여 부르거나 표어 만들기
⑩ 역사 신문 만들기
　㉠ 특징: 신문 형식을 통해 역사를 이해하고 표현하는 방식(신문 기사 작성과 다름)
　㉡ 과정
　　• 정치·경제·사회·국제·문화면 등 지면 구성
　　• 신문 이름 결정, 기사 작성 역할 분담
　　• 주요 사건 선정, 기사 작성, 사진 선정
　　• 사설, 만평·만화, 인물 탐구(인터뷰), 광고, 연재소설 등 구성
　㉢ 장점
　　• 학생들이 역사적 사건이나 현상을 한층 쉽게 접할 수 있음
　　• 해당 시대에 관하여 생생한 현장감 → 흥미나 관심 유발
　　• 기사 선택과 구성 과정에서 역사적으로 사고, 시대의 흐름이나 변화를 종합적으로 이해
　　• 자료 수집, 검토, 선택, 종합 과정에서 자료 처리 능력 신장, 당 시대와 현재와의 연관성 및 영향 파악
　㉣ 고려 사항
　　• 역사 신문 만들기의 목적을 명확히 하기: 역사 이해와 글쓰기 모두 중시, 전자에 더 주목
　　• 역사 신문에 담을 내용의 시간적·공간적 범위를 정하고 중요한 사건을 선택: 한 시대의 시대적 상황을 종합적으로 이해할 것인지, 특정 시점의 역사적 사실·사건·인물에 대해 이해에 주안점을 둘 것인지(이 경우 신문 기사 쓰기가 더 적합)
　　• 역사 신문의 형식과 포함할 내용 요소를 결정: 대체로 일간지 형식이지만 한 회의 신문에 어느 정도 시대나 시기를 포함할지 결정

(2) 내용 구성에 따른 수업 유형

① 사건(사실)학습

㉠ 방법 및 특징
- 역사 사실(누가, 언제, 어디서, 무슨 일을 했는가)를 다루는 역사 수업
- 사건을 단위로 역사를 이해, 하나의 사건을 완결된 역사 이해의 단위로 제시
- 사건을 통해 시대적 통념이나 보편적 정신세계를 이해하도록 유도
- 당시 시대 사람들이 당면한 문제를 해결하려고 했던 방향을 분석하도록 지도

㉡ 유용성
- 역사에서 중요한 개념인 인과성 이해에 중요한 단초를 제공
- 여러 사건에 대해 비교·분석·종합하는 과정이 요구되는 개념학습·주제학습·시대학습 등의 기초
- 과거를 충실히 재생·인식하게 하여 체계적 역사 지식 함양·전체적인 역사 이해
- 사건을 통해 당시 사회에 대한 이해와 역사 탐구 능력(인과관계 이해, 역사적 사고력)까지 신장

② 인물학습(인물 탐구 역사 학습)

㉠ 방법: 인물을 중심으로 역사를 이해

㉡ 구분
- 인물학습: 인물 자체에 대한 학습 → 인물로부터 교훈
- 인물사 학습: 인물의 역사에 관한 학습 → 역사적 이해에 기반

㉢ 인물학습의 구안

구안 방법	특징과 주의점
널리 알려져 있는 인물을 통해 학습	• 전기, 자서전 류 활용 • 역사에 한 획을 그은 여러 위인의 성향과 일생이 인류 발전에 어떠한 역할을 해왔는지를 가르침과 동시에 학생에게 그러한 성품을 내재화 • 역사교육뿐 아니라 윤리교육, 인문교육의 방법으로 활용
	• 주로 지배층이거나 남성인 경우가 많아 민중이나 여성은 소외되는 경향 • 인물을 전설적·신화적으로 만들 가능성, 역사적이라기보다는 도덕적·윤리적 측면에서 해당 인물을 평가 • 사회적 공헌만을 평가해 일상 속의 작은 변화가 가져오는 중요성, 평범한 진리의 중요성을 파악하지 못할 가능성 • 역사 이해를 위해서는 '인물을 통한 역사 이해'의 측면에서 수업을 구성할 필요
인물의 행위결정분석 모형을 사용	• 햄펠의 성향적 설명과 드레이의 합리적 설명 활용 • 역사적 인물의 행위 과정과 결과를 평가하기 이전에 해당 인물의 특정한 행위를 하게 되는 과정을 분석적으로 추론 • 역사 속에서 인간 행위의 역할을 이해하는 데에 주요한 방법 • 인간 행위가 역사적 맥락 속에서 어떠한 의미를 갖는지 평가할 수 있게 함
	• 인물의 관점에서 그의 의도·목적·동기와 상황, 성향, 그가 생각한 여러 수단을 고려하고 상상할 수 있도록 수업을 구조화해야 함 • 인물에게 영향을 끼칠 수 있는 요소들(개인의 세계관, 시대 상황, 조건)을 다양하고 편향되지 않게 검토 • 개인적 성향 분석에 치우치지 말고 시대적·사회적 상황까지 이해할 수 있도록 유의 • 시대적 조건을 강조해 인물의 주체적 의지를 과소평가하지 않도록 주의

인물의 일생을 통해 역사 이해	• 전기나 자서전 속 인물의 성장 과정을 통해 역사의 본질을 이해 • 한 인물의 일생을 통해 역사의 본질과 역사 탐구 방법을 가르치는 방법 • 생애 전체를 조망하며 연대기적 사고를 가르칠 수도 있고, 인물의 전환기에 집중해 역사 변화의 개념과 원동력을 가르칠 수도 있음
인물을 통해 해당 시대를 이해	• 인물이 생각하고 고민하고 느낀 것들에 기초하여 당시 비슷한 조건에 있던 사람들의 정신세계 또는 문화를 이해 • 개인을 통해 집단의 심성과 가치를 이해 • 당시 인물이 우리와 다른 시대에, 다른 가치관과 생활방식, 사고방식을 가지고 살았음을 우선 이해할 필요 • 인물이 처한 상황, 누린 권리, 의무, 그 인물의 사고와 행위를 제약했던 제도적·관습적 조건, 자연 환경적·사회 환경적 조건 등을 구체적으로 조사할 필요

③ 개념학습

㉠ 개념이란?

- 의미: 역사적 사실들로부터 추출된 공통의 속성으로 범주화한 아이디어, 사건·사실들을 분류하고 조직하여 체계를 부여하는 기제
- 특징

잠정적	• 개념은 고정된 것이 아니라 새롭게 정의되며 해석되므로 변하거나 생성될 수 있음
가변적	• 같은 개념이라도 개념화 준거 등에 따라 사람(역사가)마다 달리 해석되거나 다른 의미를 지님 • 같은 개념이라도 시대·시기·사회에 따라 그 의미와 속성이 달리 정의될 수 있음
다층적	• 하나의 개념에 포함될 수 있는 역사적 사건들도 사람들에 따라 다르게 제시될 수 있음

㉡ 개념학습의 특징과 유용성

- 개념의 두 요소인 속성과 구조를 함께 학습◇
- 구체적인 역사적 사실들의 관계, 사건의 의미를 해석하는 데에 도움
- 일반화에 의한 역사 이해로 이어짐

◇ **속성과 구조**
- 속성(실체): 그 개념 아래에 범주화된 사건·현상들의 공통적 성격이나 특징, 요소들
- 구조(관계): 그 개념 아래에 범주화된 사건·현상들 사이의 관계

ⓒ 학습 방법
- 전문가들이 만든 개념을 학생들이 적극적인 사고 활동을 통해 이해하는 방법: 관련된 역사적 사례들을 분석하여 개념의 속성 발견
- 학생들의 선행학습 또는 직관을 이용하는 방법: 학생들의 오개념을 발판으로 삼아 인지적 갈등을 자극하고 호기심을 유발하여 문제를 해결하는 방향으로 수업 구성

① 학습과제 제시	• 학습할 개념 제시
② 직관 (가설 설정)	• 오개념 드러내기 • 개념을 보고, 그것에 대해 알고 있는 지식을 활용하여, 또는 전혀 모를 경우 추측을 통하여 개념의 속성과 사례를 제시하도록 유도
③ 자료 제시	• 사례나 사례가 담긴 자료들을 제시
④ 갈등 (가설 검증)	• 과제 수행 • 역사적 사건이나 사례를 사건의 전개 과정, 사건과 관련된 사람들, 사건의 원인이나 결과, 사건이 가져온 거시적 관점의 영향 등을 비교 분석하여 개념이 상징하는 속성을 확인하고 속성 간의 관계를 확인함
⑤ 문제 해결 (가설의 수정 및 확인)	• 직관의 단계에서 보였던 오개념, 갈등의 단계에서 확인한 개념의 모순에 관해 토론 진행 • 과제 수행을 통해 확인했던 개념의 속성이나 사례 간의 관계를 과제 수행 이전에 제시했던 개념의 속성이나 사례와 비교하고, 양자 사이의 차이에 관해 토론하는 과정을 거쳐 개념을 확실히 이해함
⑥ 적용 (개념의 인지)	• 개념을 새로운 사례에 적용함으로써 학습 내용을 강화 • 학습한 개념을 새로운 사례에 적용하면서 기존 속성을 확인하거나 수정, 새롭게 해석함으로써 개념을 수정하고 다층화

◇ 비교할 속성의 종류
- 결정적 속성: 서로 구별되는 속성
- 비결정적 속성: 공통적 속성

ⓓ 유의점
- 개념학습을 위해 교사는 가르쳐야 할 개념들을 선정하고, 다수의 개념을 핵심 개념과 도구적 개념으로 범주화함으로써 학생에게 효율적으로 개념을 설명

핵심 개념	• 학생들이 역사 이해를 위해 반드시 학습해야 하는 개념 • 발견법을 이용하여 학습해야 할 개념 • 개념 자체에 대한 이해가 역사 이해로 직결 • 개념 이해와 형성을 통해 역사를 이해하고 탐구하는 능력을 기를 수 있음 ex. 시민혁명, 민주주의, 문명, 제국주의, 호족, 신사 등
도구적 개념	• 역사 이해의 수단이 되는 개념 • 그 자체가 역사 이해와 직결되지는 않지만 그 개념에 대한 이해 없이는 역사적 사건이나 현상을 이해하기 어려움 ex. 권력, 신분, 계급 등

- 개념은 잠정적, 가변적, 다층적이기에 한 번의 설명만으로는 완전히 학습할 수 없음
→ 새로운 사례들을 제시해 개념을 적용하고, 개념을 수정할 기회를 제공해야 함

④ 주제학습
  ㉠ 방법 및 특징
    - 하나의 역사적 사건이나 개념보다 더 큰 범주의 역사 과제를 해결하여 역사를 이해하는 학습 방식
    - 서로 연관성 있는 사건 다수를 하나로 묶어 학습함으로써 한 시기의 역사적 국면이나 역사적 과제, 인간 생활의 변화를 심층적으로 탐구
  ㉡ 주제 선정 방식
    - 교과서 단원을 활용할 수도 있지만 주제에는 문제의식(논의와 탐구가 필요한 이유)이 내재되어야 함
    - 가능하면 몇 가지 서로 밀접하게 관련 있는 사건이나 현상, 인물들을 심층적으로 탐구할 수 있는 주제를 선정
    - 두 가지 이상의 문제를 해결해야 이해할 수 있도록 주제를 선정
    - 이미 학습한 소주제나 사건들을 연결해 하나의 대주제로 묶어 선정
    ex. '조선시대 가족제도의 변화와 양반 여성 생활': 조선시대 가족제도, 여성 관련 제도, 변화와 지속 사례 등을 전반적으로 이해해야 해결할 수 있는 주제
  ㉢ 학생 주도의 주제 탐구 학습 구성 방안
    - 학생에게 탐구 방법 안내
    - 교사와 학생이 탐구할 주제를 결정하고 관련 자료를 조사
    - 조사한 자료를 기초로 세부적인 사건들과 주제의 관련성을 확인하고 종합
    - 토론이나 보고서 작성 활동을 통해 주제에 관한 이해 심화
  ㉣ 유의점
    - 주제 선정 시에는 문제 의식(주제에 대한 논의가 필요한 이유)이 선행되어야 함
    - 학생들의 탐구(과제)가 일반적인 해설 차원에 그칠 경우 여러 참고문헌 베끼기에 그칠 수 있음 → 심층적인 과제 탐구나 문제 해결 작업이 가능하도록 구체적인 사례들을 제시·분석할 것을 추가 과제로 요구

⑤ 시기학습
  ㉠ 방법 및 특징
    - 일정한 시간을 단위로, 또는 하나의 왕조, 하나의 시대를 중심으로 역사를 이해하는 방법
    - 해당 시기에 일어난 사건이나 생활 전반, 사회의 다양한 국면 등을 폭넓게 이해하고, 그 시기의 전반적인 분위기와 상황, 특징, 역사적 맥락 등을 파악
    - 시대구분에 입각한 시대를 선택하거나, 특정 시기를 탐구 대상으로 삼기 위해 임의 설정
    - 학생들은 시기학습에 앞서 기본적 사실, 개념, 인물, 사건에 대한 사전 지식을 갖추어야 하며, 다른 시기와 비교를 위해 역사 전반에 대한 포괄적 지식도 갖추어야 함 → 통사적 이해가 바탕이 되어 있는 고등학생 정도에게 적절

◇ **시기학습의 필요성**

역사 학습에서 개별 사실, 개념에 대한 이해는 궁극적으로 한 시기 혹은 시대에 대한 이해를 목적으로 하는 것이다. 시기학습은 일반적으로 한 국가의 역사 전개과정 중에서 그 이전의 시기나 이후의 시기와 구분될 수 있는 특성을 드러낸 시기를 선정하여, 당시의 정치, 경제, 사회, 문화에 대한 전반적인 이해를 도모하는 수업이다.

◇ **사전 지식의 효용성**

시기학습을 위해서는 그 시기를 이해하는 데 중요한 사건을 선정해야 한다. 사건은 교사가 선정할 수도 있으나 학생들 스스로 그 시기를 이해하는 데 중요한 사건을 선정하도록 하고, 그 사건이 그 시기를 이해하는 데 왜 중요한지에 대해 설명 또는 토론하도록 유도할 수도 있다. 이러한 활동을 하기 위해서는 학생들이 그 시기에 일어난 사건이나, 활동했던 인물들에 대한 기초적인 지식을 갖추고 있을 필요가 있다. 그런데 그 시기의 사건이나 인물에 대한 사전 지식을 활용할 경우, 그것이 선입견으로 작용하여, 이미 알고 있는 지식을 중심으로 그 시기를 이해하려는 경향을 보일 수도 있다. 따라서 새로운 시각에서 창의력과 상상을 발휘할 수 있도록 그 시기에 대해 알고 있는 지식을 드러냄과 동시에, 그 시기에 대해 알고 싶은 것을 질문으로 만들게 하고 탐구를 유도하는 전략을 사용할 수 있다.

ⓒ 학생 중심 소모둠 활동을 통한 시기학습 구성 사례
　　　　• 학습할 시기와 시대를 선정
　　　　• 학습할 시기에 발생한 사건 조사
　　　　• 해당 시기를 이해하는 데 중요한 사건, 인물, 제도 등 학생이 알고 있는 것을 중심으로 그 시기를 탐구할 수 있는 질문들을 제시
　　　　• 해당 시기 중 잘 모르는 국면을 생각하고, 해당 국면을 탐구하기 위한 질문들을 생성(인간 생활의 다양한 국면이 드러나게끔 유도)
　　　　• 학생이 제기한 질문들을 중심으로 중요한 질문들을 토론하여 결정
　　　　• 모둠원들이 질문을 분담하여 조사, 질문에 관한 답과 함께 답을 뒷받침할 수 있는 사건이나 사례를 조사하여 과제를 해결하게 해야 함
　　　　• 개별적으로 과제를 해결한 이후, 질문과 답을 중심으로 중요한 사건과 인물을 선정하기 위한 토론
　　　　• 모둠에서 선정한 사건, 인물, 현상을 종합하여 해당 시기의 성격과 특징을 몇 가지로 요약하여 제시
　　　ⓔ 유용성
　　　　• 시대구분에 입각하여 학습 시대를 선정한 경우: 서로 다른 시대의 특징을 비교하여 시간, 발전, 변화, 지속이라는 개념을 이해하는 데에 도움
　　　　• 한 시기에 대한 전반적인 이해를 목적으로 시기를 선정한 경우: 한 시기 동안에 일어난 사건들을 시기 순으로 나열하고, 그 사건들 사이의 연관성을 파악하거나 다양한 인간의 생활 국면의 관점에서 분류하여 시기적 특징을 추론하는 능력을 함양하는 데에 도움
　　　ⓓ 유의점
　　　　• 교사가 해당 시기에 관한 충분한 지식과 자료를 소유해야 함
　　　　• 해당 시기를 설명하는 학계의 최근 동향을 파악하여 학습의 폭과 깊이를 심화할 수 있도록 노력해야 함
　⑥ **비교학습**
　　　㉠ 방법: 서로 다른 사회, 국가, 지역, 문화권, 시기, 계급이나 신분, 인종이나 민족 간의 역사적 경험을 특정한 국면이나 경험, 현상, 사건들을 중심으로 비교 분석하여 공통점이나 차이점을 밝히고, 어떻게 그러한 공통점과 차이점이 발생하게 되었는가를 이해
　　　㉡ 유의점
　　　　• 비교의 대상, 비교의 준거 또는 초점을 마련하여 명확한 비교가 이루어질 수 있게 해야 함
　　　　• '발전', '진보', '수준'을 비교하여 우열을 가리는 것은 편견을 형성할 우려 → 각 집단의 특성·문화·조건들을 고려하며 비교하게 해야 함
　　　　• 비교의 방식으로 추출된 내용은 다른 관점이나 준거에 입각하면 다르게 해석될 여지가 있다는 점에 주의
　　　　• 비교 평가를 할 때는 그 기준을 다양하게 선정하여 학생들의 평가 관점을 넓혀주어야 함

3 역사교수법: '어떻게' 가르쳐야 하는가?

(1) 역사 수업에 대한 몇 가지 오해와 수업 전략

① 역사 수업에 대한 오해

㉠ 학생들의 활동이 중심이 되는 수업만이 역사적 사고력을 신장시킨다는 오해
- 교사 주도의 강의식 수업을 주입식 수업과 동일시하는 경향 속에서 등장한 오해
- 교사의 발문과 학습 안내는 학생들의 사고를 자극하는 주요한 수단으로 작용
- 학생의 활동이 역사적 사고와 직결되지 않는다면 교육적 측면이 부재한 '활동'에 불과
- 누가 주체인가보다, 학생이 역사적으로 사고하도록 자극·유도·안내하는 과정이 '구체적으로 실행'될 수 있게 계획되었는가가 중요

㉡ 학생들의 흥미와 관심이 수업에 반영되어야 좋은 수업이라는 오해
- 학생의 '필요'나 '요구'가 '흥미'와 혼동, 양자는 확연히 다른 영역임
- 학생의 자발적인 흥미는 일시적인 경우가 대부분 → 흥미에 의존하는 수업 방식은 수업의 흐름이나 방향이 상실되는 경우가 잦음
- 즉흥적인 흥미가 아닌 노력을 통해 성취하는 과정에서 나오는 흥미를 학생에게 전달, 계속해서 학생의 흥미를 유발할 수 있는 새로운 자료나 수업 방식을 모색해야 함

② 효과적인 수업 전략
- 무엇을 가르치고자 하는지 아이디어를 분명히 하고, 그것을 구체적인 학습 목표로 진술
- 역사 학습 목표나 학습 내용을 중심으로 수업 방안을 선택, 구조화, 전략 수립
- 학생의 시각에서 역사 학습과 관련된 학생의 선경험을 고려, 학생의 정의적·인지적 특징을 이해하면서 수업을 계획하고 실행
- 학생에게 적당히 도전할 수 있는 역사 질문, 과제를 제시해야 동기 유발에 효과적
- 학습 과정에서 학생들이 무엇을 하는지, 그것이 역사 학습과 어떻게 관련되는지에 관해 계속 생각
- 학생의 자발적 참여를 유도할 수 있는 수업 전략을 사용
- 설계된 수업을 고정 절차로 생각하지 말고, 수업 과정 중 융통성을 발휘할 수 있도록 수업을 계획하고 실행 → 학생과 상호작용
- 역사 탐구 기능(자료 비판, 분석, 종합 능력)을 효과적으로 가르치기 위해 다양한 자료를 활용하여 역사 지식을 구성하는 활동을 하게 해야 함

(2) 역사 교수법의 의미

① '어떻게 가르쳐야 하는가?'에서의 '어떻게'란?

㉠ 교사의 의사결정◇에 영향을 미치는 요소
- 교사의 교육적 의도: 교육관, 교수 신념 teaching beliefs, 역사관, 역사교육관, 역사교육 목적, 역사 수업의 지향, 수업에서의 의사 결정 등
- 가르칠 내용으로서의 역사: 역사적 사실, 역사 해석, 사실과 해석의 역사(사학사), 역사 연구의 방법 등
- 역사를 가르치는 데 적합한 교수법과 교재의 범주 등

◇ 슐만의 제안

가르친다는 것은 '교사의 수많은 의사결정이 복합적으로 이루어진 복잡하고 다층적인 사고 활동의 결과물'이다. 슐만은 교사가 의사결정을 내리기 위해 필요한 노력으로 수업 관찰, 교육 실습, 수업 경험과 같은 실제적 경험, 유능한 교사와 그렇지 못한 교사의 행동에 대한 논문 읽기, 수업에 대한 개념이나 패러다임 변화에 대한 글 읽기, 교과 내용과 교수법에 대한 연구 논문 읽기 등을 제시하기도 하였다.

◇ **비고츠키 L. Vygotsky의 견해**

러시아 심리학자 비고츠키는 배움을 이끌어내는 교수자의 역할을 강조했다. 교수자는 학습자의 실제적 발달 수준level of actual development보다 잠재적 발달 수준level of potential development을 고려하여 가르치거나 피드백 하는 것이 학습자의 발달에 중요하다는 점을 강조했다. 잠재적 발달 수준은 어른의 안내 또는 능력있는 또래들과의 협동을 통한 문제 해결에 의존한다는 것이다.

◇ **학습 이론과 교수 이론**

학생은 의도된 교육으로서의 '표면적 교육과정'에서만 배우는 것이 아니라 학교 교육에서 의도되지 않은 '잠재적 교육과정hidden curriculum을 통해서도 학습한다. 따라서 교사가 가르친 결과가 학생의 학습 결과와 동일할 수 없다. 학습 이론은 배움이 무엇이고 어떻게 일어나는가를 설명하는 것이며, 교수 이론은 배움을 돕기 위해 가르치려는 계획, 방법, 과정에 대한 이론이다.

◇ **역사 하기**

세이셔스는 학생들이 텍스트(1차 사료·2차 사료)를 비판적으로 읽은 후 역사적 해석을 구성하게 하는 것이라고 했고, 바튼&랩스틱은 학생이 역사적 의문을 제기하고 조사하여 잠정적으로 답을 내리면서 역사 설명과 역사 해석을 발전시키는 것이라고 했다.

ⓒ 의사결정의 전제
- 교수 행위는 매우 의식적이고 선택적인 행위임을 이해◇
- 교사의 교수teaching 행위 자체가 학습learning을 보장하는 것은 아니라는 점을 이해: 학습 이론과 교수 이론은 구분◇
- 가르치고자 하는 내용인 역사에 대한 고려가 필수적

② 역사 교수법에 대한 접근
ⓐ 교수법teaching method이란?
- 교사가 취하는 수단, 방식, 기술, 장치 등
- 교수 설계instructional design: 수업 전 과정에 대한 계획
- 수업 모형instructional model: 전문가들이 개발한 수업 틀

ⓑ 내용과의 관련성에 따른 교수법 분류
- 영역 일반적(중립적)domain-general(neutral) 접근
- 영역 특정적domain-specific 접근

ⓒ 역사를 가르치는 방법에 대한 관점

범 교과적 교수법 중시	· 교과를 막론하고 적용 가능한 교수법들이 존재한다는 입장 · 교과보다 교육의 일반 이론과 일반 목표에 관심 · 수업 내용이 해당 수업에서 선택한 교수법과 얼마나 유기적인지에 따라 학생 역사 이해가 달라짐에 유의할 필요
내용(역사적 사실) 중시	· 교수 내용의 우위를 가장 중요시하는 입장 · 역사 연구의 성과에 기초한 내용 선정을 중시(전통적 교재관, 역사 교과서 서술 내용에 대한 분석) · 교재 내용이 그대로 학생의 이해일 수 없으므로 교재와 교사의 상호적 교재관이 필요함에 유의
역사 교수법 중시	· 역사 교과의 특성과 내용의 구조를 반영하는 독특한 교수법이 있다는 입장 · 양호환의 '역사교과학': 현장의 교육 이론과 교수·학습 방법 개발 중시 · 역사학의 연구 방법과 인식론을 가르쳐야 한다는 입장 · 역사적 사고를 길러주고, 유추와 감정이입 등을 활용하자는 제안 · 교사의 인지적 특징, 집단기억, 설명방식에 따른 수업 양상 중시 · 역사 수업의 특정 설명 방식과 내용 전달 방식을 교사의 전문성, 교사지식, 교수내용 지식 등으로 명명
	· 브루너의 모학문의 지식 구조(학문의 기본 원리·핵심 개념 및 학자가 탐구하는 방법)를 가르쳐야 한다는 주장 · 슐만의 교수 내용 지식 개념 · 역사 지식의 구성적·해석적 성격, 역사가의 사고·탐구 과정을 중시 · 와인버그의 역사적 사고의 의미에 대한 연구 · 바튼&랩스틱의 역사 하기doing history◇ · 역사가처럼 사고하기thinking like a historian, 역사가처럼 읽기reading like a historian, 역사가처럼 쓰기writing like a historian

(3) 역사 교수법의 분류와 적용

① 역사 교수법의 분류 기준들

㉠ 교수·학습 활동 유형과 내용 구성 유형으로 분류

	교수·학습 활동 유형에 따른 분류	내용 구성 유형에 따른 분류
이영효, 『역사교육의 이해』, 2001.	강의식 수업 문답식 수업 탐구식 수업 토론식 수업 역할극 시뮬레이션 제작학습	사실학습 개념학습 주제학습 시대학습 인물학습 비교학습
강선주, 『역사교육의 내용과 방법』, 2007	설명식 수업 이야기식 수업 문답식 수업 글쓰기 수업 극화 수업 토론식 수업 만들기 수업 역사신문 만들기	사건학습 인물학습 개념학습 주제학습 시기학습 비교학습

㉡ 역사 수업의 방식을 교사 중심과 학생 중심으로 분류(정진경, 『교수 이론의 연구동향』『한국 역사교육의 연구동향』, 2011.)

수업 방식		수업 내용 구성
교사 중심	학생 중심	
설명(이야기식 설명, 개념적 설명, 총괄적 설명, 인과적 설명) 문답 교사의 발문 학습자 질문의 활용 유추·비유·비교의 활용 내러티브의 활용	탐구학습 극화학습	개념학습 인물학습 향토사와 생활사

ⓒ 역사인식에 따라 분류(김한종, 『역사 수업의 원리』, 2007.)

'역사를 안다'의 의미	역사를 아는 방식	해당 역사 수업의 방식
역사적 사실을 기억하다	기억과 역사적 지식의 습득	교사의 설명, 간단한 문답, 비교·유추·연상
역사적 사실들 간의 관계(인과관계)를 파악하다	논리적·합리적 탐구	교사의 설명(인과관계 설명), 탐구 개념(분석적·비판적 사고, 문제 인지, 가설 설정, 자료 수집, 가설 검증, 일반화)을 적용한 탐구식 수업
인간 행위의 동기나 이유를 이해하다	역사 속 인물 체험	추체험, 감정이입, 상상, 연기 활동(극화학습, 역할극, 시뮬레이션 게임), 글쓰기(역사일기, 상소문, 책문, 선언문, 규약문), 제작학습(역사신문, 역사 모형)
역사적 사실에 평가를 내리다	가치 판단	토론식 수업(논쟁형, 토의형), 논쟁형 토론 수업(논쟁 문제 학습법, 디베이트법), 토의형 토론 수업(역할극, 의사결정형 토론학습)

② 역사 교수법의 적용상 유의점
  ㉠ 형식적 이해 주의: 서로 다른 교과에 사용되는 같은 이름의 교수법이라도 교과 특성에 따라 다를 수 있음

	사회과	역사과
탐구학습	'가설 설정 → 결과 도출'	반反 사실적 가설 설정은 위험 ex. 고구려가 삼국을 통일했다면
개념학습	속성모형attribute medel◇	어떤 개념에 대한 역사적 이해 또는 역사적 개념에 대한 이해 ex. 난민 ≠ 일제 강점기 북간도 조선인

  ㉡ 기계적 적용 주의
   • 교사가 수업의 목표와 내용, 학생을 둘러싼 상황 등을 고려해야 함
   • 사례 적용 전 다양한 현장 고려와 사전 연습이 필요하며 평가와의 일관성에도 유의◇

(4) 역사답게 가르치기 위한 고려
 ① 교사의 역사교육 목적 및 역사 수업 목표
  ㉠ 수업 목표는 적용해야 할 교수법, 교재(사료 선정 및 활용 방식)에 영향
  ㉡ 내용 선정 기준은 교사가 생각하는 중요도, 교육적 의도(역사관, 역사교육관, 교수 신념)
   • 국가 교육과정 및 교과서, 표준화된 시험 등에 따라 내용이 결정되어서는 곤란
   • 목표에 적합한 교육 내용을 판단할 수 있는 교사의 내용 지식이 중요
 ② 역사 연구의 방법
  ㉠ 역대 국가 교육과정에서는 가르칠 내용으로 역사 연구의 방법이 아닌 역사적 사실을 중시
  ㉡ 역사를 이해하기 위해 동원하는 방법(역사적 사고, 내러티브적 이해·서술, 사료 비판의 기초적 방법 등)을 가르쳐야 함

◇ 속성모형

속성 모형은 개념의 형성 과정에서 그 개념의 고유한 특징이 가장 중요한 요소이므로 그 특징을 중심으로 개념을 이해하게 하는 것이다. 가령 난민이라는 개념을 속성 모형에 기초한 개념학습으로 수행하고자 할 때에는 난민의 결정적 속성을 피해자, 박해, 피난처 추구, 국외로 파악하고, 난민의 개념을 '박해의 피해자로서 타국에 정착하려는 사람'으로 정의할 수 있다. 그리고 난민의 예例와 난민의 비예非例를 검토하여 난민 개념을 이해해갈 수 있다.

◇ 교사의 시범

가령 교사가 수업은 프리젠테이션으로 하면서 '역사가처럼 쓰기'로 평가하는 것은 곤란하다. 교사는 미리 글쓰기 방식의 수업을 진행하고 시범을 보여야 한다. 몬테소노는 역사가처럼 사료를 읽고 생각하고 이에 관해 글을 쓰는 과정을 교사가 학생들에게 직접 시범을 보일 필요성을 강조했다. 이는 인지적 도제cognitive apprenticeship를 통해 학문적 문해력disciplinary literacy를 가르치는 방식이다. 이와 같은 모델링modeling은 교사가 학생에게 적절한 인지적 도움이나 안내를 제공하여 학습을 촉진하는 스캐폴딩scaffolding의 일환이기도 하다.

> **맥락화·역사화 교수·학습의 사례(양호환)**
>
> '역사 서술은 시기와 관점을 달리하는 주체들이 구성해온 것'임을 보여주기
>
> [궁예에 관한 역사적 사실이 역사 수업에 도달하기까지의 과정]
>
> - 궁예: 과거의 행위자
> - 고려 시대 역사가: 궁예의 포악한 행동을 극대화하여 서술
> - 현대 역사가들
>   - 역사가 A: 궁예는 실패한 역사적 인물이고 새로운 시대 개창에 적합한 인물이 아니라고 서술함
>   - 역사가 B: 궁예는 호족의 이해관계에는 반했으나 농민을 위한 개혁을 시도했다고 서술함
> - 국가 교육과정 작성자: 왕건의 후삼국 통일은 진정한 민족 통일이었음을 강조하여 작성함
> - 교과서 집필자: 궁예가 실정으로 밀려났고 왕건이 고려를 건국했다고 집필함
>
> 교사의 시범으로 맥락화할 대상과 층위를 명확히 제시하기
>
> [김옥균은 애국자인가, 반역자인가]
>
> - 교사가 배경지식으로 필요한 내용 강의
> - '김옥균은 당대의 사료들에서 어떻게 표현되고 있는가'라는 질문 제시
> - 관련 자료를 탐색하여 애국자 혹은 반역자라는 일반화가 야기하는 문제 확인: 김옥균에 대한 당대 평가, 당대 저자들이 구사한 언어 속에 내재된 의미 등을 검토
> - 저자들이 드러내거나 감춘 것을 파악하고, 이를 뒷받침할 증거 확인
> - 교사가 자료를 선정·조직하고 모델링과 도움을 제공

◇ **맥락화와 역사화 수업**

양호환의 수업 사례는 교과서 지식의 생성 과정을 보여줌으로써 학생들이 역사 지식이 생성되어온 과정에 물음을 던질 필요성을 배우고 그 과정을 이해할 수 있도록 돕는 교수 방법이다. 그런 면에서 권력의 작용이 현재에 미치는 영향을 파악하고 비판하고자 하는 '역사화'의 수업이라 할 수 있다. 맥락화란 텍스트를 당대의 맥락 속에서 읽는 것(맥락화하기 위한 읽기, 감정이입을 위한 텍스트 읽기)과, 당대의 환경에 속한 작가의 의도와 배경, 텍스트가 끼친 영향 등을 고려하여 사료를 분석하고 해석하는 것(텍스트가 어떤 맥락 속에 있는지 텍스트 자체의 맥락화)을 모두 포괄한다. 맥락화 수업을 위해 교사는 사료를 직접 다룰 줄 알아야 하고 사학사에 대한 지식도 쌓아야 한다.

4 학습지도안의 실제

(1) 학습지도안의 구성

① **의미**: 단원별 교수·학습의 절차를 단위 시간별로 미리 계획하여 실제 수업 진행을 이끌기 위한 계획안

② **작성 요령**

  ㉠ 수업을 어떻게 진행할 것인지, 실제 수업 상황에서 학생들과 어떠한 상호작용을 할 것인지를 예상하여 작성
  ㉡ 수업목표, 수업 내용, 진행 방법, 교수·학습 자료, 평가 방법 등 서술
  ㉢ 수업 내용이 포함되어 있는 교재 연구를 충실히 하며, 효과적으로 전달할 수 있는 여러 가지 방법을 고려하여 작성
  ㉣ 실제 수업의 전개 과정과 일치시키되, 수업 환경, 학생들의 학습동기와 의욕, 교사의 수업준비 정도에 따라 달라질 수 있으므로 여러 대안 마련

(2) 학습지도안 구성 예시

① **구성 요소**: 도입, 학습 안내, 학습 활동, 학습 정리 및 평가

  ㉠ 지도안 도입부
   - 교육과정과 관련된 단원명
   - 학습 주제 및 제재 / 차시
   - 활용할 학습 자료, 학습 목표 등

ⓒ 지도안의 수업 활동 계획
- 동기 유발: 수업을 시작하는 아이디어, 학생들의 흥미를 유발할 수 있는 활동이나 자료
- 학습 안내: 학습 목표, 과제 소개, 수업 방법, 학습 활동 방법 소개
- 학습 활동: 예상되는 교사와 학생의 상호작용, 활용할 자료 명기
- 학습 정리: 학습한 내용에 관한 정리, 다음 차시 수업 예고

② 학습지도안의 예시

선사 시대 사람들의 생활(경인교육대학교 학생의 모의수업 계획안)

① 수업 개관

선사시대 사람들의 생활이라는 주제를 유물과 유적 자료를 활용하여 탐구하는 활동을 중심으로 수업을 계획한다. 유물과 유적 자료 사진과 함께 질문을 제시한 학습활동지에 기초한 수업을 통해 역사적 탐구력을 키우고, 유물과 유적 자료가 말해주지 않는 부분의 간극을 역사적 상상력으로 채워 넣도록 한다. 또한 이러한 탐구 활동이 일회성 수업으로 그치는 것이 아니라 유물과 유적을 탐구하여, 역사적 지식을 쌓는 역사 탐구 방법을 습득하게 한다. 본시 수업에서는 선사시대 전체를 다루는 것이 아니라 그중 신석기 시대를 중점적으로 살펴봄으로써 그 시대 사람들의 생활 모습을 이해하는 데 중점을 두도록 한다. 한걸음 더 나아가, 그 시대와 사람들의 생활을 이해하는 표면적이고 추상적인 역사적 지식 습득에 그치지 않고, 학습한 내용을 글이나 그림, 또는 다른 방식으로 표현해봄으로써 학습 정리 시간을 갖도록 한다. 궁극적으로 현재에 비해 과거 사람들이 미개하고 어리석다는 비역사적 의식을 버리게 하여 올바른 역사의식을 키워주도록 하는 것이 최종 목표이다.

② 학습지도안 (3차시 가운데 1차시)

교과	사회	단원	하나로 뭉친 겨레		주제	① 선사시대 사람들의 생활모습
제재	신석기시대 사람들의 생활	페이지	사회교과서	4~5	차시	
			사회과탐구	4~5		
대상	6학년					
학습 목표	・유물과 유적을 통하여 신석기 사람들의 생활상을 추측해보고, 그 내용을 각자의 표현방법을 이용하여 나타내본다. ・유물, 유적 탐구활동을 통하여 역사의 증거로서 사용할 수 있는 능력을 익히고, 스스로의 탐구활동을 통해 그 능력을 확인해 본다.					

학습 과정		교수-학습 활동	시간(분)	자료 및 유의점
단계	요소			
문제 제기, 문제 인식	・동기 유발	・동기 유발 및 학습 분위기 조성 - 사진 자료를 통해 선사 시대에 대한 호기심을 유발한다.	3	사진 자료를 준비한다.
문제 해결을 위한 개념 설명	・학습목표 확인 ・개념 설명	・학습 목표 제시 - 유물과 유적을 통하여 신석기 사람들의 생활상을 추측할 수 있다. T: 오늘 우리가 함께 배워볼 내용이 무엇인지 함께 읽어볼까요? 어떤 조의 목소리가 가장 큰지 선생님이 들어볼 거예요. 자, 다같이 앞에 있는 학습 목표를 읽어봅시다. S: (큰 소리로 학습 목표를 따라 읽는다.) ・선사시대의 시대 상황 알리기 유적 유물 개념 설명 T:그래요. 오늘은 신석기시대 사람들의 생활모습을 알아볼 거예요. 여기서 신석기시대가 언제인지 아는 사람?!	5	학습 목표를 다함께 읽어봄으로써 오늘 해야 할 학습에 대한 목표를 가지게 한다. 선사시대의 시대상황과 유물 유적의 개념을 설명할 때 아이들 수준에 맞춘 적정한 단어를 선택하여 설명한다.

문제 해결을 위한 개념 설명	• 학습목표 확인 • 개념 설명	case1. 신석기시대가 언제인지 대답이 나올 경우 학생의 대답을 정리하여 보충설명한다. case2. 신석기시대가 언제인지 대답이 나오지 않을 경우, 아이들의 눈높이에 맞춘 쉬운 용어를 사용하여 신석기시대의 상황에 대하여 설명한다. T: 이런 신석기시대는 글자도 없고, 카메라도 없는 시기였는데 우리는 어떻게 이 시대 사람들의 모습을 알 수 있을까요? 　바로 유물과 유적을 통해서 알 수 있어요. 그럼 유물, 유적이 무엇인지 아는 사람? case1. 아는 학생이 나올 경우, 학생의 대답에 보충 설명한다. case2. 아는 학생이 안 나올 경우, 쉬운 용어를 사용하여 유물과 유적의 개념을 설명한다.	5	
사료의 제공과 문제해결 단계	선사시대 생활 모습 추측하기	중략	10	
정리 단계	• 교사의 조언 • 공지 및 과제	중략	3	

CHAPTER 06 새로운 역사 수업 모색

1 역사 학습의 인식론적 모색

(1) 상향식 교육 이론의 문제

① 교수학습론
- ㉠ 학교 현장에서 교사가 학생에게 역사를 가르치기 위한 수업의 모형과 방법에 대한 이론
  - 누가 결정한 어떤 내용을 왜 가르쳐야 하는가에 대한 논의 부족
  - 개별 교사의 이해 방식, 교사의 사고 과정에 대한 논의 부족
- ㉡ 이론이 현장에 도움을 주기보다는 이론과 현장의 갈등 양상이 심화
  - 역사교육 이론은 현장을 문제화하는 영역
  - 교사는 현장의 실천가가 아닌 연구자의 역할도 수행

② 국가 교육과정
- ㉠ 역사교육의 목표, 내용, 방법, 평가 등은 대부분 국가 교육과정을 전제로 논의 전개
- ㉡ 교사 교육과정에 대한 논의와 연구 필요

③ 역사적 사고 논의
- ㉠ 중시되는 배경
  - 역사적 사고는 암기식 수업을 개선하는 가장 효과적인 방안으로 인식
  - 역사학의 '연구 방법과 절차'이므로 이것을 가르치는 것이 역사답게 가르치는 본질이라는 인식
  - 교육과정 개발자, 역사 연구자, 역사교육 이론가 및 교사라는 역사교육 담론 주체들이 논의의 영역과 소임을 분담할 수 있는 영역으로 기능
- ㉡ 논의의 문제점
  - '역사'가 아닌 '사고'를 중시: 인지 발달 단계나 역사의식 발달 단계와 연결시켜 논의
  - 교사의 소임에 대한 논의 부족: 역사적 사고를 기능화하고 교사는 이에 맞춰 가르친다는 인식

(2) 인식론의 전환

① 교수·학습에 대한 인식론
- ㉠ 가르치기 위한 지식의 성격과 그것을 만들어가는 과정에 관한 성찰
  - '어떻게 가르칠까'(수업 모형이나 교수·학습 방법 중시)를 고민하는 것에서 '지식의 생산, 수용, 배포 과정이 어떠한가'(교실 내에서 교사와 학생의 인지과정 주목)를 가르치는 것으로 인식론의 전환 필요
  - 역사 지식의 생산 절차와 양상, 수용되고 배포되는 사회 현실과의 관계를 역사 학습의 대상으로 포착할 필요

        ⓒ '가르치고 배우는' 특수한 상황에서 지식이 어떻게 생성되는지 조건과 과정을 이해
            • 교사는 연구 활동으로 얻은 역사 지식을 학생이 이해하도록 전달하고 재생산
            • 교사는 어떠한 인지과정 속에서 가르칠 내용을 어떻게 문제화하는가를 주목
    ② **역사화**
        ㉠ 역사 지식이 생성되는 매커니즘과 권력 관계에 대한 질문
            • 역사가들은 과거에 대한 이해와 해석에 적용하는 역사화로부터 스스로를 제외시킴
            • 역사가는 전문가로서 공적 과거에 규율적인 기능을 행사하는 집단기억의 생성자
            • 과거에 대한 재연은 역사가의 독자적 사고 활동 → 과거 사건의 맥락화를 넘어 역사가 스스로를 역사화할 필요가 있음
        ㉡ 역사교육에서 '객관성'과 교과서 텍스트를 중시하는 것은 과거의 실재와 진리가 대응한다는 관점
            • 의미는 만들어지는 것이 아니라 기호체계에 의해 고정되고 제시되는 것
            • 교사는 객관적 진리인 교과서 지식을 전달하는 객관적 매개자라는 생각에서 벗어나 교사의 역사화 필요
            • 교사는 가르칠 내용을 문제화하고 자신의 관점과 해석, 문제 인식, 역사 담론과 지식의 성격을 학생들에게 드러내야 함
            • 교사는 역사적 사실이 '교과서에 실린 과정'을 알기 위해 반드시 '연구사 검토'를 해야 함

2 역사 교사의 인지적 특성과 역사교육의 관계

(1) 인지적 특성의 구성 요소

① 역사 교과에 대한 지식
    ㉠ 중요한 지식의 틀(구조)을 파악: 기본 개념이나 핵심 아이디어에 대한 지식
    ㉡ 교과의 중심이 되는 중요한 하위개념 이해: 교과 내용 지식
    ㉢ 수업을 효과적으로 전개하기 위해 필요한 도구: 교수 내용 지식
    ㉣ 개별적 사실을 종합하고 맥락적으로 이해하는 능력, 텍스트에 대한 인식론적 지식 필요
    ㉤ 교과 구조의 이해와 이를 알려는 의욕: 교과에 대한 인식론적 지식과 관심

② **역사교육관**: 역사교육의 성격이나 목적에 대한 관점
    ㉠ 교사가 지향하는 목적과 달리 수업 내용과 범위, 계열이 마련되어 있는 현실 → 내용과 방법, 목적에 대한 관점이 한 덩어리로 혼합되어 역사교육관을 형성
    ㉡ 알아야 할 역사가 무엇인가에 대한 교사의 관점
        • 개별적인 역사적 사실에 대한 기억: 지식 습득 중시, 문답식(설명식) 수업 위주
        • 역사적 사실들 간의 관계, 특히 인과관계를 파악: 맥락적 이해(자료 분석) 중시
        • 역사적 행위(인물)의 동기나 목적에 대한 이해: 추체험, 감정이입 중시
        • 역사적 사실에 대한 평가: 자신의 관점에서 역사를 판단하는 눈 중시

ⓒ 역사적 사실의 객관성에 대한 견해
- 과학처럼 객관적인 것: 지식 습득과 체계적 파악 중시, 자료 분석·해석 능력 강조
- 문학처럼 창조적 성격을 가진 것: 스스로의 역사상歷史像 구성 중시, 자료의 다양한 해석 강조

③ 학생에 대한 이해
ⓐ 학생의 역사 이해 수준(인지적 요소)
- 인지발달 수준으로 볼 경우: 학생 수준에 적합한 역사적 사실과 개념 선정 노력
- 역사 이해 단계로 볼 경우: 수업 내용의 체계화와 계열화에 관심

ⓑ 학생의 역사에 대한 흥미와 관심(정의적 요소)
- 인지발달에 따른 특성으로 볼 경우: 일반적인 흥미와 관심에 주목
- 사회·문화적 환경에 따른 것으로 볼 경우: 학생에게 친숙한 역사적 사실 중심으로 구성

ⓒ 내용 구성 시 '역사 교과의 구조'와 '학생에 대한 이해' 중 무엇을 더 중시하는가
- 역사 교과의 구조 중시: 시간의 계열성, 주제별 구성 등 체계적 수업 선호
- 학생에 대한 이해 중시: 직관적 경험, 학생의 반응 중시

(2) 역사 수업 내용의 (재)구성에 미치는 영향

① 수업 설계 단계
ⓐ 학생들에게 어떤 역사인식을 길러줄 것인가
ⓑ 어떤 내용으로 수업을 할 것인가
ⓒ 무엇을 교재로 할 것인가
ⓓ 어떤 수업 활동을 할 것인가

② 교과서의 재구성
ⓐ 교과서의 순서와 내용을 따르는 방식
- 교과서가 객관적 사실을 담고 있으며, 학생들에게 과거의 사실을 가르쳐야 한다는 인식
- 교사의 인식이나 역사교육관이 많이 반영되지는 않음

ⓑ 교과서 내용과 순서를 나름대로 재구성하는 방식
- 어떤 측면을 문제시하는가는 교사의 역사관이나 역사교육관, 교과서관에 따라 다름
- 교사의 교과 내용 지식 숙달 여부가 큰 영향을 미침
- 교재관과 교재에 대한 전공 지식

(3) 역사 수업의 교수·학습 활동에 미치는 영향

① 교육관

㉠ 교사는 지식의 제시자, 학생은 지식의 수용자로 보는 입장
- 학생의 학습 활동보다 교사의 교수 활동 위주로 수업 구성
- 지식 중심 교육관을 가지고 있어 학생의 성취도에 대한 우려가 큼◇
- 이 경우라도 교사가 학생의 사고를 대체하는 것이 아니라 촉진하는 구실을 할 필요

㉡ '교사들이 인지적 특성을 표현하는 방식'에 대한 와인버그&윌슨의 연구
- 드러나지 않는 교사(토론 수업): 설명, 정보 제공, 수업 전개에 개입을 하지 않음
- 드러나는 교사(설명 수업): 적극적 설명과 의사교환, 대화를 주도
- 두 경우 모두 역사의 본질과 인식의 방법을 가르치려는 시도이지만 표현하는 방식의 차이일 뿐 → 역사 교사와 역사학자의 차이(역사학자는 새로운 역사 지식을 만드는 존재, 역사 교사는 교과 내용의 표현 방식을 고민)

② 역사적 사실 또는 역사인식의 성격을 보는 관점, 역사교육 목표에 대한 생각 차이

㉠ 역사적 사실에 대한 입장 차이
- 역사적 사실은 다양하게 해석될 수 있지만 학생들이 이해해야 할 공통적 성격도 갖고 있다는 입장: 교사가 학습 활동 통제
- 역사적 사건에 대한 평가는 본질적으로 해석하는 사람에 따라 다르므로, 공통적 이해보다는 자신의 관점에서 해석하고 평가할 것을 강조하는 입장: 학생 활동 유도

㉡ '교사가 자료를 해석하고 활용하는 방식'에 대한 이거&데이비스 E. A. Yeager&O. L. Davis의 연구
- 자료에 대한 해석과 분석 중시: 학생 중심 수업, 다양한 해석 추구
- 사료가 역사적 사실의 맥락에 대해 개괄적 정보를 준다고 인식: 사료 해석에 비중을 두지만 해석의 다양성보다 적절성에 초점, 교사 활동 중심 수업
- 자료가 하나의 이야기라고 인식: 자료는 해석이나 맥락적 이해의 대상이 아니라 학생들을 수업에 끌어들이는 촉매제 구실을 하는 보조적 수단

◇ **성취도에 대한 기대가 낮은 교사들의 특징**

지식 중심 교육관을 갖고 학생의 성취도에 대해 크게 기대하지 않는 교사의 경우, 질문을 던진 후 학생의 대답을 기다리지 못하고 답을 제시함으로써 학생이 사고할 기회를 주지 않는 경우가 많으며, 학생 활동에 대한 피드백도 부족하다.

(4) 역사 수업과 역사 이해의 과정

① 역사 수업
  ㉠ 교수·학습활동을 통해 학생들로 하여금 역사를 인식시키는 것
  ㉡ '실제의 역사적 사실'이 '학생들이 인식하는 역사'로 바뀌는 과정

② 역사 수업 과정의 실례

┌─────────────────┐
│ ① 역사적 사실   │ : 사료에 나타난 사실
└─────────────────┘   역사가들이 밝혀낸 사실
        ↓
   · 교사의 지식
   · 기존에 가지고 있는 역사적 지식
   · 교과서나 교재, 그밖의 참고자료를 통한 지식

┌─────────────────┐
│ ② 교사의 역사인식 │ : 교사의 역사관, 가치관, 판단
└─────────────────┘
        ↓
   · '어떤 내용을 전달할 것인가'를 위한 고려 사항
   · 학생에 대한 교사의 이해
   · 교사의 역사관이나 교육관
   · 활용할 수 있는 교육기자재
   · 그밖의 수업환경
   · 교사의 적절한 변형 by 교수 내용 지식
   · 교과 내용에 관한 지식
   · 교과에 대한 믿음

┌─────────────────┐
│ ③ 수업내용   │
└─────────────────┘
        ↓
   · 효율적인 수업 활동의 여부
   · 학생의 능력이나 흥미
   · 학생의 선개념이나 선행지식
   · 교실 분위기

┌──────────────────────────┐
│ ④ 수업 내용에 대한 교실 분위기의 이해 │
└──────────────────────────┘
        ↓
   · 학생의 개인적 경험
   · 역사적 사실에 대한 가치판단
   · 학생의 역사관이나 교육관

┌─────────────────┐
│ ⑤ 학생의 역사인식 │
└─────────────────┘

3 역사교육의 다원화

(1) 포스트모던 역사 이론과 역사교육

① 포스트모던의 역사 인식

  ㉠ 담론으로서의 역사
   • 역사 서술은 세계와 인간에 대해 의미를 부여하는 여러 담론 중 하나
   • 모든 역사는 특정 집단의 이해관계를 반영하는 거대 담론
   • 과거와 대화하는 주체는 사회, 민족, 계급 등의 하나의 주체가 아니라 복수의 주체
   • 진보, 이성, 계급, 민족, 유럽, 남성 등 주류 담론의 해체 필요

ⓒ 한국사 교육의 왜곡된 담론 주체, '민족'
　　　• 민족 실체의 모호성
　　　• 민족주의의 협애함과 폐쇄성
　　　• 민족주의 사학의 국수적 성격
　② 포스트모던 역사 인식이 역사교육에 끼친 영향
　　ⓐ 서구 중심의 근대화론 탈피
　　ⓑ 절대적·억압적 역사 지식 및 교과서(민족 담론) 비판
　　ⓒ '비판적 읽기와 쓰기'라는 교수·학습 방법 강조
　　ⓓ 교사와 학생 모두가 역사 지식의 생산자이자 주체라는 인식 대두
　　ⓔ 자국사와 세계사의 균형: 타자화된 세계사 비판
　③ 포스트모던 역사 인식의 한계 및 개선점
　　ⓐ 한국사의 특수성에 대한 고려 부족
　　　• 한국사의 사정: 분단 체제가 안고 있는 모순, 국민 경제의 왜곡, 민중 주권의 배제 등
　　　• 민족 해체론은 한국 사회에서 민족주의가 억압 수단으로 작동한 사정에 기인
　　　• 우리나라의 민족주의는 다양한 얼굴, 국가적 민족주의와 저항적 민족주의를 구분할 필요
　　ⓑ 미시 담론만 추구
　　　• 근대 자본주의·제국주의 체제에 대한 근본적 비판, 총체적 대안 마련에는 소홀
　　　• 서구·백인 중심 거대 담론을 해체하자는 것은 개별 고유문화에 주목하자는 논리였는데, 개별 민족 역시 거대 담론으로 인식하고 비판하는 모순
　　　• 민족주의는 비판 대상, 탈민족론은 보편적 가치로 옹호하는 또 다른 담론 생산의 자의성 문제
　　ⓒ 탈가치적 개인주의로 흐를 우려
　　　• 가치의 무정부 상태를 초래
　　　• 국민국가가 현실이 현대 사회에서 주체의 존재 가치가 소멸

(2) 다원적 관점(다중시각)의 역사 수업
　① 다원적 관점(다중시각) multiperspectivity
　　ⓐ 스트래들링 R. Stradling: 세 가지 상호연결된 차원들로 구성
　　　• 역사적 사건이나 발전을 복수의 시점 multiplicity of vantage-points에서 보는 것: 사건과 관련된 사람들(과거인)의 서로 다른 증언들을 분석하면서 사건을 보는 것
　　　• 역사적 사건이나 발전을 복수의 관점 multiplicity of points of view에서 보는 것: 사건을 기록한 사람들(역사가)의 글에서 서로 다른 관점을 분석, 다양한 관점들 뒤에 존재하는 동기들을 이해해야 함
　　　• 역사적 사건이나 발전을 복수의 역사적 설명이나 해석을 통해 보는 것: 초점, 내러티브 구조, 해석, 강조 등의 유사성과 차이점을 인식하는 사학사적 (비교)분석
　　　• 다중시각이 표방하는 다원적·포용적·통합적·포괄적 역사교육을 구현하려면 학생들이 서로 다른 시각에 노출될 수 있게 사료를 제시하고, 그러한 시각을 비교 분석하며 역사적 설명을 생성하도록 해야 함

◇ **용어의 문제**

김한종은 pluralistic view를, 김부경은 pluralistic perspective를 '다원적 관점'이라 옮겼는데, 유럽에서 진행된 multiperspectivity 논의를 이병련이 '다원적 관점'으로 번역함에 따라 용어에 대한 정의 문제가 대두하였다. 강선주는 multiperspectivity에는 다원주의 이념이 추구되지 않음에도 이를 '다원적 관점'으로 번역하여 혼동이 생겼다면서 '다중시각'이라는 용어로 대신할 것을 제안하였다. 전반적으로 현재 학계에서는 multi, plurality, perspect, point of view, 다중, 다원, 관점, 시각 등 의미와 범주가 조금씩 다른 용어들을 혼용하기도 하고 나름 정립하고자 시도하고 있는 실정이며, 논자에 따라 지칭하는 대상에도 차이가 있다.

- ⓒ 완싱크 B. S. Wansink
  - 과거 속에 위치한 시각 주체(과거인)의 역사적 관점
  - 과거와 현재 사이에 위치한 시각 주체(역사가)의 역사학적 관점
  - 현재에 위치한 시각 주체(학습자)의 현재적 관점
- ⓒ 김한종
  - 역사 행위자의 다양성: 행위주체가 달라지면 역사적 관점도 달라진다는 생각, 수업에서는 감정이입 등을 통해 이를 경험하게 해야 함
  - 역사적 사실의 다면성: 학생들은 특정 측면을 주목하고 선택하여 내러티브를 구성할 수 있어야 함
  - 역사인식과 해석의 다층성: 역사 행위자와 역사가, 학생이 보는 관점에 층위가 있음을 인식하게 해야 함

② 다원적 관점 역사 수업의 특징
  - ㉠ 유용성
    - 학생들의 삶과 보다 더 밀착 수업으로 흥미를 자극하고 실용성을 제고
    - 다원적 관점·논쟁을 통해 학생들이 민주적인 역량을 기를 수 있음
    - 하나의 견고한 결론에 도달하도록 하기는 어렵지만 특정 주제에 대해 심층적으로 탐구할 기회는 제공(스트래들링)
    - 진실의 잠정성과 복잡성으로 인해 일원적인 결론으로 귀결시키기 어렵다는 점을 이해
  - ㉡ 유의점
    - 학생들이 윤리적 및 규범적인 판단을 내릴 수 있음
    - 학생들은 자신이 속한 공동체 시각의 영향을 받을 수 있음
    - 과거에 대한 당사자의 입장차를 정당화시켜 현재의 잠재적 갈등 상황을 심화시키는 결과를 초래하여 상대주의로 귀결 → 학생들이 역사의 관점성 perspectivity을 이해하게 하면서도 여러 관점들의 중요도가 같지 않다는 것을 전제할 필요(뤼젠)

(3) 시민 역사교육
  ① 시민 교육 education for citizenship
    ㉠ 의미
      - 민주시민(세계시민)을 육성하는 국가 주도의 교육
      - 근대적 가치를 추구 → 근현대 역사교육에 주안점, 전근대사에서 민중적 요소 탐색
      - 시민 사회에 순응 또는 비판적 사고를 할 수 있는 시민 가치 모색
      - '민주주의 사회 건설'이라는 목적에 가치를 둔 범교과적 교육(역사교육의 고유성 무색)
    ㉡ 문제점
      - 시민 교육을 위해 역사교육이 도구화
      - 역사적 사실을 목적에 맞추어 기계적으로 해석할 우려
      - 국가주의·민족주의로 회귀할 우려
      - 현재의 관점으로 역사적 사실을 볼 우려: 역사화·맥락화의 부재
      - 다원적 관점을 무시하고 하나의 관점에서 역사를 이해

② 시민적 관점의 역사교육

　㉠ 의미
　　• 민주시민성의 관점에서 역사를 해석하는 역사학습 추구
　　• 역사교육의 목적보다는 역사를 보는 주체에 관심
　　• 다양한 사람이나 집단의 관점에서 역사적 사실을 해석◇
　　• 시민교육보다는 역사교육에 초점

　㉡ 특징
　　• 국가나 지배층이 아닌 민의 눈으로 역사적 사실을 바라봄
　　• 시민은 공동의 속성을 갖지만, 구성원은 다양 → 다원적 관점의 역사 해석
　　• 합리적으로 역사적 사실을 추론
　　• 참여의 관점에서 역사적 사실을 바라봄

　㉢ 방향성과 유의점
　　• 사회 구성원의 갈등을 줄이고 다수의 관점을 반영하는 방향(인권, 평화, 통일, 다원성, 공동선, 합리적 의사결정 등)으로 구성되어야 함
　　• 역사학습의 내용요소를 선정하거나 성취 기준을 설정하는 별도의 기준에 대한 논의가 필요함
　　• 기존 역사교육 내용 구성에 대한 비판적 검토가 전제되어야 함
　　• '시민적 관점'의 요소를 재검토해야 함
　　• 주체 인식은 민족의 일원으로서 자기 존재를 객관화해가는 과정이어야 함

◇ **시민적 관점에서 바라본 전쟁사**

'고구려가 당의 침략을 물리쳤다'는 교과서 서술을 예로 들면, ① 지배층 중 국왕, 항전한 안시성주, 항복한 백암성주의 입장이나, ② 피지배층 중 청야전술에 가담한 농민, 당이 철수할 때 끌려간 농민, 생매장 당한 말갈족, 당나라 농민 등은 모두 다른 입장으로 전쟁을 인식하게 된다.

(4) '어려운 역사' 교육

① '어려운 역사 difficult knowledge/history'란?

　㉠ 의미: 학생들이 배웠을 때 트라우마가 남거나, 정서적으로 불편하거나 부담스럽게 인식될 수 있는 역사
　㉡ 종류: 제노사이드, 청산해야 할 과거사(노예무역, 5·18 민주화 운동), 재난사(빈곤, 기아, 태풍), LGBT Lesbian, Gay, Bisexual, Transgender 집단에 가해진 물리적·상징적 폭력

② '어려운 역사' 교육의 실제

　㉠ 교실에서 '어려움·불편함'의 요인
　　• 정서적 충격: '충격 → 고통 → 안도감'으로 개인적 애도와 추모 과정이 되지 않도록 주의해야 함
　　• 인지적 위기: 과거에 관한 공동의 책임의식 공유로 이어지도록 해야 함
　　• 사회적 논란: '공적 기억(집단 기억)'과 '역사 부정'에 대한 인식 필요
　　• 교육적 피로: 특정 사건에 대한 '특별한 대우' 문제

　㉡ 방법의 모색
　　• '감정이입'을 활용한 교육: '어려운 역사'는 바튼&렙스틱이 제안한 '관심으로서의 감정이입 empathy as caring' 대상으로서의 과거와 유사(공감을 통한 정서적 관여)
　　• 교수 방법적으로 '지적 엄밀함 intellectual rigor', '정서적 관여 emotional engagement', '윤리적 성찰 ethical reflection'을 함께 추구
　　• 교육 education과 그 이후 after를 중시

◇ **2009 개정 교육과정의 세계사 시대구분**

'서구 중심주의 극복'을 내걸었던 2009 개정 교육과정부터 세계사 교육과정은 적어도 명시적으로는 고대, 중세, 근대라는 용어를 사용하지 않게 되었다. 또한 근대의 기점은 서구의 근대를 상징하는 르네상스, 종교개혁, 신항로 개척이 아니라, 몽골의 세력 확대를 기점으로 하였다. 그러나 이러한 기저에 서구 중심주의가 과연 없는 것인가에 대한 논란이 남았다. 서구 중심의 서사를 극복하기 위해 예수 탄생을 기점으로 하는 연도 표기 법인 ADAnno Domini와 BCBefore Christ가 각각 CECommon·Current·Christian Era와 BCEBefore Common·Current·Christian Era로 바뀐다고 한들 예수 탄생이라는 기준 자체가 바뀌지 않고 외형상의 용어만 바뀌었다고 지적하는 지구사global history 주창자들의 견해처럼, 내요 요소의 큰 변화없이 간지역적 세계사를 지향하는 쪽으로 형식만 바뀐 양상이었다. 오히려 고대와 중세는 사라지고 근대만 남아 학생들에게는 더욱 혼란을 가져다주었다. 게다가 '서구 중심'을 극복한 자리에 아무런 대안이 없이 여러 연대기를 나열할 수는 없는 노릇이므로, 결국 대안 서사는 필요한 상황이었다. 안드레 군더 프랑크A. G. Frank의 『리오리엔트』 등으로 대표되는 캘리포니아 학파는 서구의 우위가 불과 200~300년 전부터 나타났음을 증명하고자 하였는데, 사실 이러한 '서구 중심주의 극복'은 결국 '동양(중국) 중심주의'로의 치환일 뿐이었다.

ⓒ 실례: 불편함 마주하기 → 인지적 위기의 긍정 → 기억 의무로 사회적 논란에 맞서기 → 현재화를 통한 교육적 피로 극복

③ '어려운 역사' 교육의 필요성

　㉠ 시민교육의 측면
　　• 반성적 사고를 함양
　　• 민주주의와 인권·평화를 실현하는 역사교육을 위해 국가의 성공 스토리를 기술하는 국가주의 역사교육에서 벗어나, 독재와 인권침해 역사를 엄정하게 다루어야 함(김육훈)
　㉡ 재발 방지 효과
　㉢ 기억과 기념, 추모

4 새로운 세계사 교육 모색

(1) 세계사 내용 구성의 문제

① 고려 사항

　㉠ 자국사와의 관계 문제
　　• 한국사와 관련이 깊은(우리에게 유효한) 세계사: 중국 및 미국(유럽) 중심사
　　• 다원적 세계사
　㉡ 세계사의 정의 문제
　　• 개별 나라·민족 혹은 집단의 역사들의 총합
　　• 세계 역사를 체계화한 인류 보편의 역사

② 현행 세계사 교육의 문제점

　㉠ 서구 중심주의
　　• 서구를 문화의 중심이자 지향해야 할 선진적 모델로 인식
　　• 서양사 중심의 시대구분론 도입 → 한국사의 보편성 모색
　㉡ 편향된 교육 목적
　　• 근대 역사학: 우리와 마주칠 나라들에 대한 정보 습득, 선진적인 사례 참고, 주변 나라 사이에서 한국사의 처지 이해 등
　　• 다문화·타자에 대한 이해
　　• 현실 세계에 대한 인식과 판단의 필요성

(2) 대안적 세계사 교육

① **문명과 문화권 설정**
  ㉠ 특징: 나라 혹은 민족별로 분산된 역사적 사실을 일괄적으로 파악
  ㉡ 장점: 문화권의 보편성·특수성, 한국사의 보편성·특수성을 비교 고찰
  ㉢ 단점: 각 문화권 내 민족이나 국가의 특수성을 고려하기 어려움

② **'상호의존적' 세계사, 간지역적 접근** interregional approach
  ㉠ 벤틀리의 '반구半球hemisphere' 개념
    - 동반구(아프리카·유럽·아시아), 서반구(남·북아메리카), 오세아니아 반구(호주·뉴질랜드·태평양 섬)의 구분
    - 전지구 단위로 세계사를 인식하고, 세계화의 추세에서 각 지역의 교류·협력·갈등에 주목
  ㉡ 특징
    - 초지역적 접근 superregional approach, 횡문화적·횡지역적 접근 cross-cultural, cross regional approach 등의 개념
    - 지역적인 사건이나 일부 사람들의 경험에 국한된 사건들은 연구 대상이 되지 않음
    - 반구 차원에서 일어난 사건들, 정치적·문화적 경계를 넘어 넓은 지역을 역동적으로 연결하면서 일어났던 사건들, '국민국가 nation-state' 등 인류가 공통적으로 만들었던 제도나 전쟁같이 반복적으로 겪었던 사건들이 연구 대상
  ㉢ 세계사 교육에의 함의
    - 세계사 교육의 서구 중심성을 극복하는 데 도움
    - 모든 지역에서 벌어진 대부분의 사건을 세계사에서 다뤄야 한다는 부담감 탈피
    - 지역을 달리해서 일어난 사건들 사이의 관련성 또는 인과성을 이해하고 변화의 커다란 양상을 파악하는 데 유용
    - 인류 전체의 공통적인 경험을 중심으로 인류사 전개의 큰 그림을 파악 → 비교사적인 관점에서 지역별로 비교·분석하여 다면적이고 다양한 경로의 세계사 전개 과정을 이해
  ㉣ 단점
    - 각 지역적 관점에서 보는 변화나 지속의 문제를 제대로 반영하지 못함
    - 지역이나 국가의 내재적 발전에 대한 이해에 소홀하여 역사에서 변화의 동력을 이해하는 데 균형적 시각을 제공하지 못함
    - 지역 간의 상호작용만이 변화의 원동력이었던 것처럼 인식될 우려

③ **다원적 세계사**: 캠브리지 세계사 시리즈 Cambridge World History(Cambridge Univ. Press, 2015~)
  ㉠ 기술, 불, 지식, 가정화 domestication와 생물정치 biopolitics, 젠더, 이주 migration(교류 exchange·연결 connection·적응 adaptive behavior) 등 다양한 주제로 인류사를 조명하여 서구 중심주의 극복
  ㉡ 지식 전달과 민주 시민의 자질 함양을 넘어, 역사적 사고력과 역사 의식을 기르는 데 주제별 교과서 서술은 유용

◇ **보편적 시대구분의 단위와 세계사 인식**

계몽주의 시대의 유럽 지식인들은 자신들의 문화를 역사 발전 법칙상의 보편으로 추구하였다. 다만 이는 타자와의 관계를 전제한 보편이었으므로, 서계의 시간적 다양성을 '하나'의 발전으로 수렴시킬 수 있는 방법이 필요했고 그 결과물이 시대구분이었다. 랑케는 '민족-국가'라는 형이상학적인 실체를 만들어 기본 서술 단위로 삼음으로써 여러 사건들이 가지는 특수성을 보편적 의미로 관통시켰다. 보편사의 전통을 계승한 토인비는 문명civilization 개념을 제안하였다. 문명은 민족 국가를 대신해 역사의 통일성을 담보하는 실체였다. 문명 개념은 '고등한 유기체'로 '정신'을 지닌다는 점에서 민족국가 개념과 통하였지만, 토인비는 시간적 진보를 대신해 공간적 차이를 설정했다는 점에서 유럽 중심주의를 탈피하였다. 맥닐W. H. Mcneill은 어떠한 주제와 분야를 불문하고 경험과학의 연구 방법론을 적용할 수 있어야 한다는 견지에서 보편사의 전통을 따랐다. 맥닐은 문화 교류와 접촉의 역동성을 주된 관심사로 설정하여 세계사의 기반을 민족에서 '세계' 전체로 바꾸었다. 보편성을 추구하지만 지구사의 시각에서 유럽 중심주의를 탈피하는 시도였다.

◇ **세계사 교육과정에 활용**

고등학교 세계사의 경우 2009 개정 교육과정에서는 '상호관련성'에 기초한 '지구사' 서술을 지향하였으나, 2015 개정 교육과정에서는 전근대사는 '지역' 단위로, 양차대전 이후는 지역간 관계사를 중심으로 서술하는 이원적 방식을 택했다.

◇ **지역적 관점**

벤틀리는 16세기 이후를 근대로 규정하고 하나의 시기로 구분했다. 그런데 상호 의존성의 심화를 동아시아의 관점에서 보면 19세기는 또 하나의 분기점이 될 수 있다. 서구의 시각에서 보면 16세기 이후 아프리카, 아메리카, 인도, 서아시아, 동남아시아에 대한 침탈의 연장선상에서 동아시아로의 세력 확장이 동질적인 사건으로 인식될 수 있지만, 동아시아의 시각에서 보면 동아시아가 제국주의적 세계 질서에 편입되면서 질적인 변화를 맞이하게 되는 시기가 19세기이기 때문이다. 상호 의존성을 중심 원리로 시대를 구분할 때 이렇게 지역적인 관점이 소홀히 취급되거나 외면될 수 있다는 사실에 주의해야 한다.

④ 극복해야 할 문제
　㉠ 지구적 세계사의 시각
　　• 역사 서술에 있어서 선택과 배제의 문제
　　• 전쟁, 정복과 복종, 억압과 저항의 관계사를 모호한 역사로 대체하는 문제 → '모두에게 좋은' 역사라는 관점은 오히려 역사 이해의 순진함과 반역사성을 드러냄
　　• 자아와 타자의 동시적 해체가 가능한가(민족 문제와도 관련)
　㉡ '여전히' 서구 중심주의 극복 문제
　　• 인류 보편의 가치로서 서구가 이룬 근대 문명(민주주의 등)을 어떻게 볼 것인가
　　　ex. 전근대는 문화권, 근대는 서구의 팽창으로 나누어 서술하려는 시도: 근대 문명을 인류 전체의 문명으로 인식
　　• 새로운 중국 중심주의의 대두: 중국은 국가인가, 지역인가
　㉢ 세계사 교육의 목적과 방법 문제: 역사교육의 일반적 목적과 세계사 교육의 목적은 다를 수밖에 없는가

CHAPTER 07 역사 학습의 평가

1 개념과 기능

(1) 역사 학습 평가의 개념과 목적

① 평가와 관련해서 사용되는 용어
  ㉠ 평가: 실제 교육 성과가 무엇인지를 결정하고 그것을 예상 성과와 비교하는 과정, 제시된 변화의 본질과 그것이 바람직한 것인가에 관한 판단
  ㉡ 측정: 일정한 법칙에 따라 대상이나 사태에 수치를 매기는 행위. 평가와는 다르게 판단이 개입되지 않으며 평가를 위한 수단으로 이용됨
  ㉢ 검사: 학습자에게 어떠한 변화가 일어났는지, 일어났다면 어느 정도인지를 확인하기 위한 증거를 체계적으로 수집하는 과정
  ㉣ 시험: 수험생들을 서열화하거나 선발하는 수단

② 교육평가에 대한 다양한 개념 정의
  ㉠ 견해 1
    • 교육평가의 개념: 교육목표의 달성 여부를 판단하는 과정
    • 교육평가의 기능: 교육과정이나 교수프로그램의 적절성 여부를 확인하기 위한 것
    • 교육목표를 기준으로 학생의 성취도를 측정
    • 모든 목표를 명시적인 행동 목표로 진술하는 것은 어렵기에 평가 가능한 목표만을 제시해 측정할 수밖에 없음
  ㉡ 견해 2
    • 교육평가의 개념: 교수·학습의 모든 단계를 점검하는 과정
    • 교육평가의 기능: 교수·학습 방법의 문제점을 진단하고 개선하며 학생의 성취도를 제고함으로써 교육목표를 달성하기 위한 것
    • 견해 1과 마찬가지로 교육평가는 교육목표의 달성 여부를 판별하는 기준이므로 교육목표의 상세화가 요구됨
    • 견해 1과 마찬가지로 교육평가 결과가 교육목표 설정 및 교수·학습 방법의 선정 및 교정에 활용됨
    • 학생의 출발점 행동을 진단하고 성취도 제고에 교육평가를 적극적으로 활용한다는 점에서 다소 차이

ⓒ 견해 3
- 교육평가는 교육활동 전반의 장점이나 질, 가치 등에 관해 판단하는 과정으로, 이를 통해 하고자 하는 활동
- 교육평가의 개념: 교육활동 전반의 장점, 질, 가치 등에 관해 판단하는 과정
- 교육평가의 기능: 교육목표, 교수·학습 방법, 교육과정과 교재의 적절성, 교육환경이나 교육정책의 타당성, 교육평가의 적절성 여부를 파악해 교육 활동을 전체적으로 개선하기 위한 것
- 견해 1, 견해 2와 다르게 목표에 입각해서 평가 결과를 판단하지 않고 목표를 모르는 상황에서 여러 증거를 수집함으로써 목표가 무엇이고 제대로 성취되었는지, 가치가 있는지 등을 평가하는 방식을 취함
- 목표 중심 평가가 빠질 수 있는 편견과 합리화에서 벗어날 수 있는 가능성을 제시

ⓔ 견해 4
- 교육평가의 개념: 교육과 관련된 정보를 수집하는 과정
- 교육평가의 기능: 교육과 관련된 의사 결정을 하기 위한 것
- 교육평가는 의사 결정을 위한 수단으로 간주, 교육목표 달성 정도 측정에 그치지 않고 교육활동 전반에 걸친 결과나 증거를 수집해서 의사 결정자에게 제공해야 함
- 의사 결정자는 교육평가 결과를 통해 어떠한 목표를 설정하고 목표 달성을 위해 어떠한 수업 절차를 적용할 것인가 등을 결정할 수 있음

ⓜ 견해 5
- 시험이 곧 교육평가이며, 시험을 통해 학생을 평가하고 서열화할 수 있다고 인식
- 견해 1~4가 학자의 원론적 주장인데 반해 현실적으로 통용되는 정의
- 시험을 통해 학생을 선발·선별, 시험 점수는 등급과 서열을 매기는 절대 기준
- 시험이라는 일종의 평가 방법을 개선함으로써 교수·학습 방법을 개선하거나 학교 교육을 정상화할 수 있다는 생각 속에 내려진 정의
- 근본적 타개책이 아니며, 교육평가가 본의를 망각하고 단지 채점·판정·심판으로 전락 → 인간을 성공군과 실패군으로 구분하는 역할

③ **역사 학습 평가의 기능과 문제점**
ⓐ 기능
- 교육목표·학습목표의 달성 여부 판정(주로 형성평가, 진단평가·총괄평가도 가능)
- 교육목표 설정, 내용 선정 및 조직, 교수·학습 방법의 선정 등 교수·학습 활동의 전 과정을 개선(진단평가·형성평가, 총괄평가도 가능)
- 학생들의 선수학습이나 출발점 행동을 진단하여 교수·학습 기능을 확정(진단평가)
- 학생들의 학습 부진이나 교수·학습 과정의 문제점 파악(진단평가)
- 학생들의 학습 성취도 제고(형성평가)
- 학생들의 학업 수준을 확인하고 서열화(총괄평가)
- 수험생을 선발(총괄평가)
- 학생들의 학습 의욕을 제고하거나 역사적 사고력을 향상(부차적인 기능) → 일정 수준치 이상의 성적이 나오지 않을 경우 학생들이 실망감이나 좌절감을 느낄 수 있음

ⓒ 현실적 문제점
- 입시 제도로 인해 객관식 문항 선호, 지식 전달 위주의 강의식 수업이 주류 → 교사들은 새로 개발된 다양한 형태의 교수 방법이나 학습평가 방식을 활용하지 못함
- 객관성 강조는 역사를 비역사화하고 역사 교사의 전문성을 약화시켜 학습평가의 기능을 퇴색시킴

(2) 평가의 종류

① 평가 기준에 따른 종류

㉠ 상대평가(규범지향평가 norm-referenced evaluation)
- 규범에 비추어 평가 결과를 해석하는 평가 방식
- 무엇을 성취했는가보다는 상대적인 우수성과 열등성만 비교하여 학생들을 서열화
- 학생들 간에 위화감이나 심리적 긴장이 조장될 수 있음

㉡ 절대평가(목표지향평가 criterion-referenced evaluation)
- 준거에 비추어 평가 결과를 제시하는 평가 방식
- 학생이 얼마나 성취했는가보다는 학생이 무엇을 성취했는가에 초점을 두고 학생들의 교육목표 달성 여부에 관심
- 어떤 교육목표나 성취 수준이 적절한 것인가에 관한 합의가 어려움
- 대부분의 학생을 교육목표에 도달한 것으로 작위적으로 만들 수 있는 가능성이 존재

② 목적과 기능에 따른 종류

㉠ 진단평가 diagnostic evaluation

목적	• 계획된 학습과제의 목표를 성취하는 데 선수조건이 된다고 추측되는 출발점 행동 start-behavior[o]이나 기능을 학생이 갖추고 있는지 없는지를 확인하여 어떤 수준의 학습 프로그램을 제공할지 결정 • 출발점 행동을 진단하여 교수 전략을 가장 극대화하기 위한 목적(학생 집단을 분류하고 필요에 따라 수시로 조정하여 적절한 교수 전략이나 교수 방법의 대안을 제공) • 수업 진행 중 학생들의 학습 부진 원인이나 그와 관련한 환경 정보를 수집하여 문제점이 있으면 교정하고 적절한 의사결정을 하려는 목적
내용	• 종착 행동에 관한 사전 검사 terminal-behavior pretest • 주어진 학습과제 달성에 필요한 지식 함양 여부 측정 ex. 지도를 사용할 예정이라면, 지명이나 바다의 이름 등에 대해 알고 있는가 • 해당 단원이나 주제에 대한 학생들의 이해도 측정 ex. 춘추전국시대 학습 전, 중국사 책을 읽은 적이 있는가
활용	• 평가 이후 적절한 교수 전략이나 교수 방법의 대안을 제공하려는 교정 시도 • 대체로 수업 도입부에 교사가 학생의 학습 동기와 관심을 제고하려는 목적으로 실시(문제지 활용, 문답식, 표준화된 검사지 활용 등)

◇ **학생의 출발점 행동**
- 인지적 측면: 학생 개인의 학습 장면에 가져오는 선수학습의 총체로 지능, 적성, 인지유형, 학업 성적 등이 포함됨
- 정의적 측면: 흔히 '학습 동기'라고 표현되는 것으로 학생이 학습 과제를 접하는 상황에서 지니고 있는 가치나 태도를 지칭하며 흥미, 태도, 자아관 등이 포함됨

◇ **이원분류표**
학습목표와 관련하여 내용과 행동 영역으로 구분된 분류표로, 내용분류 항목과 행동분류 항목을 결정하고 작성한 분류표에 따라 평가 문항을 제작한다. 이를 통해 ① 평가문항을 수업 내용과 일치시킬 수 있고, ② 평가를 통해 측정하고자 하는 역사적 사고력의 수준을 학습목표에 일치시킬 수 있으며, ③ 출제 범위에 해당하는 평가 내용을 골고루 출제하여 문항의 대표성을 높일 수 있다.
- 내용 영역: 교사가 가르치는 과목의 내용에 따라 제시
- 행동 영역: 학교에 따라 다르지만 대개 지식·이해, 기능, 가치·태도의 3분법

ⓒ 형성평가 formative evaluation

목적	· 주로 수업이 진행되고 있는 상태에서 학생들의 학업 성취에 관한 정보를 얻고 그에 관한 피드백을 제공하며, 수업 과정이나 방법을 개선하기 위해 실시 · 학습 형성 시기에 실시하는 평가로 성적 산출이 아닌 학습 효과 극대화에 목적
활용	· 결과를 토대로 학생의 학습 성취도를 파악하여 학습 동기를 강화, 교수·학습 방법의 개선점을 모색 · 교사가 제작하는 것이 원칙으로, 성적 산출이 목적이 아니므로 학습목표에 의거하여 목표지향평가를 실시(이원분류표◇ 작성)

ⓒ 총괄평가 summative evaluation

목적	· 일련의 학습 과제나 독립된 교수프로그램이 끝났을 때, 혹은 한 학기가 끝났을 때 학생의 학업 성취도를 파악하고 성취나 자격을 부여하기 위해 실시 · 교과목 전체나 중요한 부분에 관한 학업 성과가 어느 정도 달성되었는지 총평하는 데에 목적
활용	· 평가 결과를 바탕으로 교사는 수업 시작 전에 계획했던 학습 목표를 학생이 어느 정도 성취했는지 파악 · 학습 목표 성취도를 파악하기 위해 목표지향평가에 입각하여 결과를 점검하는 것이 바람직하나, 일선 학교에서는 성적 산출과 서열화를 위해 규범지향평가에 따라 시행하는 경우가 많음
유의점	· 이원분류표를 바탕으로 내용 혹은 행동 영역에 편중되지 않은 문항으로 구성해야 함 · 적절한 난이도의 문항을 제시해야 하며 문항 유형 역시 선다형, 단답형, 서술형 등 다양하게 구성되어야 함 · 목적을 성적 서열화에만 두지 말고 교수·학습 방법의 개선이나 학생의 학습 동기 자극 및 피드백에 적극 활용해야 함

③ 기타 다양한 분류법
  ㉠ 평가 주체에 따라
   - 내부평가: 교내에서 교사가 주관하는 평가
   - 외부평가: 국가, 교육청 등 외부기관이 주관하는 평가
  ㉡ 성취목표 수준에 따라
   - 최소 필수 학력평가: 최소한으로 성취해야 하는 필수 수준을 넘었는지 여부만을 판단하는 평가
   - 최대 성취 학력평가: 최대로 성취한 수준까지 파악하는 평가
  ㉢ 평가 방법과 도구에 따라
   - 양적 평가: 객관적 검사 도구를 사용하여 수량화된 자료를 얻는 평가
   - 질적 평가: 관찰, 면담, 실기 평가 등을 활용하여 수량화하기 어려운 자료를 얻는 평가
  ㉣ 시간 제한 여부
   - 속도평가: 시간의 제한을 일정하게 두는 평가
   - 역량평가: 시간에 구애받지 않고 피험자의 역량을 최대한 발휘하도록 하는 평가

2 역사 학습 평가도구의 요건

(1) 타당도

① 의미: 평가도구가 얼마나 충실하게 측정하고 있느냐의 정도(적합성)

② 특징

    ㉠ '무엇에 비추어 본' 타당도인지, 반드시 준거 개념에 기준하여 결정됨

    ㉡ 평가 결과를 평가 목적에 비추어 해석

③ 종류

㉠ 내용타당도

- 의미: 평가도구가 평가하려는 내용(교수·학습 과정에서 설정했던 학습목표와 그에 따른 내용)을 어느 정도 충실하게 측정하고 있는지를 분석하는 것
- 교과타당도(교육과정에 맞는가)와 교수타당도(수업 시간에 다루었는가)를 모두 고려
- 내용타당도를 높이기 위해 이원분류표 활용이 일반적
- 특정 부분만을 대거 출제하거나 시험 범위에서 벗어나는 내용을 출제하는 행위는 내용타당도를 떨어트리는 행위

㉡ 구인타당도: 평가도구가 인간의 행동 특성을 제대로 측정하고 있는가

㉢ 영향타당도: 목적을 달성하는 데 평가 결과가 얼마나 기여했는가

(2) 신뢰도

① 의미: 평가도구가 측정 대상이 되는 내용을 얼마나 일관성 있게 재고 있느냐의 정도

② 특징

    ㉠ 주로 측정 과정에 작용하는 오차만을 문제 삼는 평가도구의 정확성을 가리키는 개념

    ㉡ 신뢰도는 타당도의 선행 조건(신뢰도가 낮으면 타당도가 낮아지지만 신뢰도가 높다고 타당도가 높은 것은 아님)

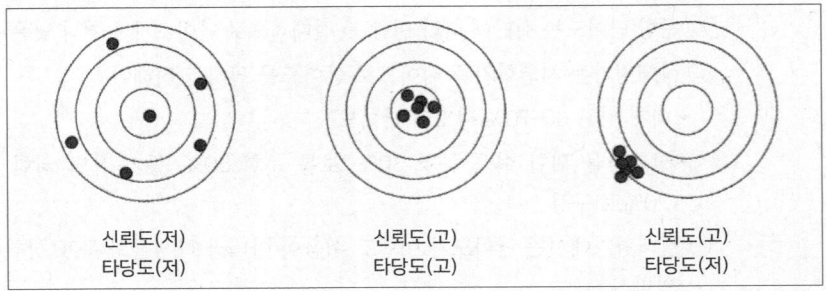

신뢰도(저) / 타당도(저)   신뢰도(고) / 타당도(고)   신뢰도(고) / 타당도(저)

    ㉢ 일반적으로 객관식 평가 문항은 주관식 평가 문항보다 신뢰도가 낮음

③ 신뢰도 측정 방식

    ㉠ 피검사자가 '진짜' 받을 수 있는 점수와 어쩌다 받게 된 '가짜' 점수를 비교하여 측정

    ㉡ 재검사 신뢰도

- 동일한 평가도구를 동일한 집단에 두 번 평가하여 두 결과의 상관계수(안정성 계수coefficient of stability) 산출
- 두 검사는 대개 2~4주 정도의 간격을 두고 실시

© 동형검사 신뢰도
- 미리 두 개의 동형검사를 제작하고 같은 피검사자에게 각각 평가하여 두 결과 사이의 상관계수(동형성 계수coefficient of equivalence)를 산출하는 방식
- 동형검사는 표면적으로는 내용이 다르지만 측정 이론상 동질적인 문항으로 구성되었다고 볼 수 있는 검사군임 → 현실적으로 동질적인 문항으로 구성하기는 어렵다는 한계

(3) 객관도

① 의미: 채점자나 평가자의 신뢰도라 명명되며 채점 과정의 정확성(채점의 신뢰성과 일관성)을 지칭

② 특징
- ㉠ 역사 학습 평가에서는 일상요인 언어가 주로 사용되어 다양한 해석이 가능하므로 객관도가 낮아질 위험성이 있음
- ㉡ 객관식 문항이 주관식 문항보다 객관도가 높음
- ㉢ 명확한 평가 기준 설정이 중요

③ 평가자 간 객관도, 평가자 내 객관도
- ㉠ 평가자 간 객관도: 한 검사의 결과에 여러 명의 채점 및 평가 결과가 일치하는 정도
- ㉡ 평가자 내 객관도: 동일한 평가자가 같은 검사에 관해 시간상의 간격이나 상황의 차이를 두고 두 번 채점할 경우 그 결과가 일치하는 정도
- ㉢ 실제 학교에서는 평가자 내 객관도보다는 평가자 간 객관도를 높여서 전체 객관도를 상승시키고 있지만, 평가자 내 객관도 역시 유념하고 연습할 필요가 있음

(4) 난이도

① 의미: '곤란도'라고도 하며, 평가도구의 어려운 정도를 의미

② 특징
- ㉠ 문항 난이도 지수: 응시자 전체 수 중 정답자 비율(정답율)을 백분율로 나타냄
- ㉡ 문항 난이도는 집단에 따라 변함 → 절대적으로 난이도가 높거나 낮은 문항은 없음
- ㉢ 상대평가는 서열화가 목적이므로 난이도를 필히 고려해야 함
  - 대개 평균 60~70% 정도의 난이도
  - 성취감을 위한 쉬운 문항 30%, 보통 문항 50%, 동기 유발 위한 어려운 문항 20%로 구성
- ㉣ 절대평가에서는 난이도가 어렵고 쉬움이 아니라 학생들의 목표 성취 여부 비율을 의미
  - 모두가 목표를 달성하면 난이도가 100, 모두가 달성하지 못하면 난이도가 0
  - 문항의 쉽고 어려움이 아니라 학생들이 목표를 성취하지 못한 원인 파악이 중요
- ㉤ 난이도 조절에 실패한 시험은 소수의 학생만 학업에 매달리게 하고 대부분의 학생이 학업을 포기하는 부작용을 초래

(5) 변별도

① 의미: 평가도구가 우수한 집단과 열등한 집단을 명확히 판별해 낼 수 있는 정도

② 특징

    ㉠ 총점 높은 사람과 낮은 사람 간에 한 문항에 대한 정답률을 비교할 때 총점이 높은 사람이 정답률이 높고 총점이 낮은 사람이 정답률이 낮으면 변별도가 높음

    ㉡ 변별도 지수(DI Discrimination Index): 상위집단의 정답자 수에서 하위집단의 정답자 수를 뺀 것을 총 학생 수의 절반으로 나눈 값

      • 상위집단이 모두 맞히고 하위집단이 모두 틀리면 1

      • 상대평가는 DI 값이 음수일 경우 변별을 반대로 하는 잘못된 문항, 0일 경우에는 변별하지 못하는 무의미한 문항, 양수일 경우에는 변별을 제대로 수행하는 문항

      • 상위집단 사람과 하위집단 사람 간 한 문항에 대한 정답률을 비교할 때, 상위집단 사람 정답률이 높고 하위집단 사람 정답률이 낮으면 변별도가 높아짐

    ㉢ 난이도와 마찬가지로 상대평가 방식에서 중요시되는 요건(절대평가에서는 고려하지 않음)

(6) 반응분포도

① 의미: 선다형 문항의 경우 학생들이 각 답지에 얼마나 반응했는지를 수치화한 것

② 특징

    ㉠ 문항의 양호도를 판단하는 데에 활용

    ㉡ 반응분포도를 통해 문항의 특정 답지가 의도했던 기능을 다했는지, 답지의 반응 비율이 기대만큼 나타났는지 등을 검토

③ 반응분포도 분석법

    ㉠ 과반수의 피험자가 정답 문항에 반응하고, 나머지 오답에도 피험자가 골고루 분산되어 있는 경우: 바람직한 형태의 반응분포

    ㉡ 소수의 피험자만이 정답 문항에 반응하고, 대다수 피험자는 오답 문항에 반응한 경우: 너무 어려운 문항

    ㉢ 대다수의 피험자가 정답 문항에 반응하고, 오답에 반응한 피험자는 거의 없을 경우: 선다형 문항임에도 불구하고 진위형 문항이 되어 문항의 존재 의의를 상실

3 지필평가

(1) 지필평가 문항의 유형

① 지필평가란?: 필답 시험지에 출제된 문항

② 특징

    ㉠ 역사 학습에서 가장 널리 활용

    ㉡ 지적 능력을 평가하는 데에는 적합하나 흥미, 태도, 습관, 기타 정의적, 사회적, 신체적 능력을 평가하기에는 어려움

③ 구분
　㉠ 채점 방식에 따라 구분
　　• 주관식: 간답형, 서술형, 논술형
　　• 객관식: 진위형, 선다형, 배합형, 단답형, 완결형
　㉡ 피검자의 반응에 따라 구분
　　• 선택형(인지형): 진위형, 선다형, 배합형
　　• 서답형(재생형): 단답형, 완결형, 서술형, 논술형
④ 선다형 문항
　㉠ 구조
　　• 문두item stem: 대개 의문문이나 불완전 문장
　　• 답안지: 세 개 이상, 대개 5지 선다
　㉡ 문항의 유형
　　• 최선답형: 문두에 '가장'이라는 용어가 들어가는, 가장 알맞은 것을 고르는 방식으로 정답 시비가 생길 소지가 있음
　　• 정답형: 하나의 답지만 옳고 나머지는 모두 오답
　　• 다답형: 정답이 두 개 이상 들어 있어 정답을 모두 선택하는 유형
　　• 부정형: 올바르지 않은 것을 고르는 문항, 부정문에는 반드시 밑줄로 강조
　　• 합당형: 정당한 답의 조합을 요구, <보기> 안에서 두 개 이상을 골라 묶어서 나열
　㉢ 선다형 문항의 특징
　　• 다른 선택형 문항에 비해 내재적인 결점이 적어 가장 보편적으로 사용됨
　　• 여러 가지 문제 상태·목적·내용을 다룰 수 있는 다양성·포괄성이 있고, 피험자의 우연한 오차의 영향도 다른 선택형 문항에 비해 적게 받음
　　• 좋은 문항을 제작하는 데에 많은 노력과 시간이 필요하여 능력이 뛰어난 학생에게만 유리
　　• 지식 평가 문항이 되기 쉬워 역사적 사고력이나 기능을 측정하기에는 어려움
　㉣ 탐구형 문항에서 제시문 작성 원리
　　• 제시문은 의미가 있어야 함: 사고력을 측정할 수 있도록
　　• 지나치게 길고 복잡하면 안 됨: 최대한 간결하면서도 꼭 필요한 요소를 제시
　　• 제시된 자료와 답지의 연관성이 높아야 함
　　• 제시된 자료가 논리적 오류 없이 분명해야 함
⑤ 서술형 문항
　㉠ 종류
　　• 서술형: 암기한 사실을 적절하고 조리 있게 제시할 수 있는 능력 평가
　　• 논술형: 생각이나 주장을 창의적이고 논리적이면서 설득력 있게 작성하는 능력 평가

◇ **서술형 문항과 논술형 문항**
대개 논술형 문항은 서술형 문항에 포함되는 부류이나, 논술형 문항은 서술형 문항에 비해 답안의 분량이 많고 피험자의 생각이나 주장을 표현하도록 요구하는 경우가 대부분이다.

ⓒ 문항의 유형(답안의 범위와 자유 기준)

확장형	• 논의할 내용의 범위나 조직 또는 제시 방식에 아무런 제한을 두지 않는 형태 • 보통 시험지 한 장 이상의 분량 • 논술형 문항에서 주로 활용: 학생의 문제를 종합하고 평가하는 능력을 측정 • 학생이 자신의 지식을 회상, 사고와 아이디어를 조직하여 논리적·체계적으로 제시
제한형	• 응답의 범위와 제시 방식을 제한하는 형태 • 보통 서너 줄 정도, 많아야 시험지 절반 분량 • 채점의 객관도도 높고 채점하기 편하지만 어떤 문제에 관하여 논리적·체계적으로 사고하고 종합적으로 표현할 수 있는 능력을 측정하기에는 어려움

ⓒ 서술형 문항의 특징과 유용성
- 지식과 정보를 다루는 능력, 문제 해결을 위한 사고 및 표현능력을 종합 평가
- 학생들의 지적 수준을 비교적 구체적으로 정확하게 평가
- 평가가 시행되는 특정 상황에서 발생할 수 있는 추측 요인의 영향을 배제할 수 있음
- 결과를 면밀히 분석하면 수업 계획부터 실행에 이르기까지 실천 과정 전반을 성찰하고 개선 방향을 모색할 수 있음
- 학생 반응의 자유도가 큼: 학생 자신의 지적 배경에 따라 적절한 자료와 정보를 선택하고 자신의 말로 표현 가능
- 사고력을 측정하는 데에 효과적이고, 학습자에게 깊이 생각하고 넓게 살펴보는 학습 태도를 줄 수 있음

ⓔ 한계
- 문항 제작이 쉬운 편이나 채점이 비객관적일 수밖에 없다는 치명적인 결점
- 문항의 표본 수가 제한되어 시험의 타당도와 신뢰도가 낮아질 위험성이 있으며, 채점에 시간과 노력이 많이 들어가는 편임

(2) 지필평가 문항의 제작 방안

① 지필평가 문항의 제작 원칙
ⓐ 평가의 목적 설정: 진단평가, 형성평가, 총괄평가, 수행평가 등 결정
ⓑ 평가하는 내용의 범위 설정: 너무 지엽적이거나 단편적인 문항은 회피
ⓒ 평가하고자 하는 역사교육 목표◇를 정확하게 규정: 다양한 능력 측정
ⓓ 문항의 유형과 소재를 다양화: 선택형·서답형, 문헌·도표·시사 자료·답사 자료 등 활용
ⓔ 평가도구의 요건을 고려, 되도록 참신한 것으로 제작
ⓕ 평가 결과를 어떻게 활용할지 고려

② 선다형 문항의 제작
ⓐ 문항 개발의 기본 조건
- 출제자는 역사교육의 목표, 내용, 교수·학습 원리 등을 정확히 숙지하고 피험자의 수준이나 상황을 이해해야 함
- 출제자는 문항 제작 방법 및 분석 방법, 표현력과 언어 구사력 등을 갖추어야 함

◇ 평가 목표에 따른 유형 분류 사례
- 개념·원리의 이해(역사 지식의 이해)
- 연대기 파악
- 역사 문제에 대한 파악 및 인식
- 역사 탐구 설계 및 수행
- 역사 자료의 분석 및 해석
- 역사적 상상 및 판단
- 결론 도출 및 평가
- 가치 판단 및 의사 결정

　　　　ⓒ 문두 작성의 유의점
　　　　　• 정확하고 구체적인 낱말 선택, 단순·간략·명백한 표현
　　　　　• 지식 측정 문항('누가', '언제', '어디서', '무엇을')보다는 사고 평가('왜', '어떻게') 문항 비중을 조금 더 두어 출제
　　　　　• 정답을 찾아내는 데 필요한 조건을 빠짐없이 진술
　　　　　• 정답을 찾아내는 데 이용할 수 있는 단서가 있으면 안 됨
　　　　　• 가능한 한 긍정문으로 표현, 부정문을 사용할 때에는 밑줄을 그어서 표시
　　　　　• 답지마다 반복되는 문구는 되도록 문두에 넣음
　　　　　• 가능한 한 문두는 자세히 표현하고 답지는 간결하게 함
　　　　ⓒ 답지 작성의 유의점
　　　　　• 답지는 문법적 혹은 논리적으로 문두와 일치할 것
　　　　　• 정답은 분명하고 오답은 그럴듯하게 만들 것(반응분포도 고려)
　　　　　• 답지 사이의 중첩을 피할 것
　　　　　• 절대적인 어구를 사용함으로써 정답에 대한 단서를 주지 말 것
　　　　　• 답지의 길이를 비슷하게 해 특정 답지가 정답이나 오답인 것을 눈치채지 못하게 할 것
　　　　　• 답지의 구성과 표현을 비슷하게 해 답지 간의 차별성을 최소화할 것
　　　　　• 답지 간에 어떤 논리적 서열이 있으면 그 서열에 따라 답지를 배열할 것
　　③ 서술형 문항의 제작
　　　　㉠ 의미: 피험자가 복잡한 사유 과정을 거쳐 문제를 해결하고, 이를 역사 글쓰기로 표현할 수 있는 문항
　　　　㉡ 서술형 문항의 검토와 제작 방안
　　　　　• 학생의 기억력을 측정하는 것이 아니라 역사적 사고력을 표현할 수 있게 제작
　　　　　• 자료를 제시하고 그에 관한 해석·비판·내용 추출 등의 문항을 구성하는 것이 바람직
　　　　　• 자료 제시의 경우 명확하고 논리적인 자료를 제시, 자료의 난이도에 유의
　　　　　• 학생의 역사적 상상력이나 역사적 판단력을 동원해 답을 작성하는 문항을 제시 → 문항과 관련 있는 역사적 사실에 대한 이해, 자신의 견해와 주장 및 이를 뒷받침할 수 있는 능력 등을 평가
　　　　　• 역사적 사고력을 평가하기 위해서 사료를 바탕으로 하되, 폐쇄적 문항을 구성◇
　　　　　• 하나의 사건이나 문제에 관해 이견이나 다양한 의견이 담긴 사료를 제공함으로써 역사적 판단력을 평가하는 서술형 문항을 출제하는 것도 가능

◇ **폐쇄적 문항과 개방형 문항**
역사과 서술형 문항으로는 주어진 정보에서 답을 찾아내게 하는 폐쇄적인 문항을 구성하여 문헌 사료나 시각 자료를 읽고 해석하는 능력에 방점을 두는 것이 바람직하다. 개방적인 문항은 응답자 스스로가 정보를 공급해야 하기 때문에 역사적 사고력보다는 기억력을 측정하는 문항이 되기 쉽다.

ⓒ 서술형 문항 제작의 유의점
- 문제 제작 이전에 학생 집단의 성질을 고려, 집단의 규모·학력 수준에 맞추어 출제
- 역사교육 목표나 학습목표의 성취도를 측정할 수 있도록 진술 양식을 적절히 표현
- 학생이 응답할 내용을 구체적으로 진술하게 할 것
- 문항 수를 적절히 조정하고 응답의 범위나 정도를 알맞게 규정
- 여러 문항 중에서 몇 개를 선택해서 답하게 해서는 안 됨
- 난이도를 조절하여 제한된 시간 내에 모든 문제에 답할 수 있도록 쉬운 것부터 배열
- 평가 기준을 미리 제시하여 학생들이 응답을 대비할 수 있게 함(모범답안 미리 작성)

ⓔ 서술형 문항의 채점 방법
- 분석적 방법과 개관적(총괄적) 방법

분석적 방법	· 채점의 기준을 분석하여 배점, 기준에 따라 채점하고 종합 · 국가 시험이나 학교 시험에서 주로 활용 · 명료한 기준으로 일관성 있는 채점 가능 · 시간이 많이 걸리고 2~3단계 과정을 거쳐 복잡함
개관적(총괄적) 방법	· 답을 한 개의 단위로 보고 전체적인 관점에서 채점 · 분석적으로 채점하기 어려운 경우 활용 · 채점이 용이하고 시간이 덜 걸림 · 채점자들이 판단하는 전체적 인상이 점수 부여의 기준이 됨(채점자마다 다른 준거를 적용)

- 미리 명확한 채점 기준을 정해야 하며, 이를 위해 모범답안지 제작이 필요
- 채점 과정에서 편견이나 착오가 생길 수 있는 주관적 유형에 속하므로 동일한 채점 기준을 적용하며 오류를 최소화하기 위해 노력
- 학생 단위가 아니라 문항 단위로 채점하여 이월 효과를 최소화하고, 답안지의 인적 사항을 가린 채 채점함으로써 후광 효과를 제거
- 정확성을 기하기 위해 여러 사람이 채점한 후 결과를 종합하는 것이 바람직

◇ 이월 효과와 후광 효과
- 이월 효과: 앞 문항을 잘한 학생은 뒷문항도 잘할 것이라고 기대하거나 앞에서 잘못한 학생은 뒤에서도 잘못할 것이라고 예상하는 사고방식
- 후광 효과: 학생을 알고 있어서 학생에 대한 선입관이 채점에 영향을 끼치는 경우

4 수행평가

(1) 수행평가의 의미

① 의미
  ㉠ 기존에 시행되던 객관적 평가나 결과에 치중하는 평가의 문제점을 극복하기 위해 제안된 평가
  ㉡ 현재 대안평가, 진정한 평가, 직접평가, 과정평가, 실기시험, 포트폴리오 등 다양한 용어와 혼용되거나 이들을 포괄하는 용어로 사용

② 혼용되는 용어
- ㉠ 대안평가 alternative assessment
  - 오랫동안 시행되어온 선다형 중심의 일회성 필답시험을 반대하는, 일체의 평가 개혁을 위한 움직임을 총칭하는 용어
  - 주어진 행동 목록에서 학생이 어느 한 가지 반응만을 선택하는 것이 아닌, 물음에 대한 나름의 답을 창조해내도록 허용하는 평가라면 무엇이든지 포함
  - 단답형, 논술형, 수행형, 구두 표현, 전시, 포트폴리오 등 다양한 활동이 대안평가의 범주 안에 포함
- ㉡ 진정한 평가·참평가·실제 상황의 평가 true assessment·authentic assessment
  - 종래의 평가 방식은 거짓이거나 부실한 정보만을 수집했다는 비판에 입각
  - 학생이 학교에서 학습한 지식과 기능이 학교 바깥에서 동일한 방식으로 응용되는지(지식과 행동이 일치하는지) 평가가 이루어져야 한다고 보는 견해
- ㉢ 직접평가·과정평가 direct assessment
  - 종래의 평가가 학생의 학습활동 자체를 평가하는 것이 아니라 학습의 결과만 평가했다는 비판에 입각
  - 학생의 학습과정이나 학습활동을 직접 평가한다는 의미
  - 정답의 선택보다 서술·구성을 중시
- ㉣ 실기시험 performance-based assessment
  - 지필평가에 치중했던 종래의 평가에 관한 반성에서 시작
  - 학생이 수행하는 다양한 실기 활동을 평가한다는 의미
- ㉤ 포트폴리오 portfolio
  - 종래의 일회적 평가에 대한 대안으로 제기
  - 서류철을 뜻하는 용어로 학생들이 학습활동에서 수행한 여러 가지 과제를 모아서 종합적으로 평가하는 방법
  - 결과가 나오게 된 과정, 변화를 총체적으로 평가

③ 수행평가의 특징
- ㉠ 학습 과제 수행 과정이나 결과를 보고, 지식·기능·태도 등을 전문적으로 판단
  - 학생이 스스로 지식·기능·태도를 나타낼 수 있도록 요구
  - 교사의 관찰과 질적인 판단이 중시됨
- ㉡ 교수·학습과 평가의 통합을 추구
  - 궁극적으로는 학습을 위해 실시하는 것으로 수업의 개선과 맞물려 있음
  - 학생의 탐구와 개인적 발달을 조장하고 학습자 간의 협력 학습을 촉진해야 함
- ㉢ 학습자의 맥락적 지식을 포함한 총체적 발달에 초점, 총체적 능력을 평가
- ㉣ 학습활동 과정에서 이루어지므로 학생을 교정하고 자극하는 효과
- ㉤ 학생이 인지적으로 아는 것을 실제로 적용할 수 있는지 여부를 파악 가능
- ㉥ 지식을 기억·재생하는 능력보다 학습자의 다양한 개성을 존중하고 인성과 창의성을 신장시키는 교육 활동을 강조하는 추세에서 수행평가가 필요

(2) 수행평가의 방법
  ① 수행평가의 다양한 평가도구 사례
    ㉠ 서술형·논술형 등 주관식 시험: 원래 지필평가 유형에 포함되었으나, 최근에는 수행평가 도구로도 활용
    ㉡ 구술시험, 면접: 학생들의 학습 수준이나 문제점, 학습 태도 등을 평가하고 진단 (역사 학습평가에서는 활용도 낮음)
    ㉢ 관찰, 토론학습
      • 학생들의 활동을 살핌으로써 평가하는 것이 가능
      • 평가를 위한 점검표: 교사는 일정한 준거나 지침을 가지고 평가, 학생은 자기 평가를 할 때 평정 준거를 가짐
    ㉣ 실기 시험: 만들기 수업과 같은 활동 수업 후 학생들의 평가를 위해 활용(역사 학습평가에서는 활용도 낮음)
    ㉤ 보고서, 프로젝트
      • 보고서: 교사가 제시하거나 학생이 선택한 주제에 관해 결과물을 작성하여 제출하는 것
      • 프로젝트: 주로 과제를 수행한 후에 다양한 형식으로 제출하는 것
    ㉥ 포트폴리오

의미	• 학생들이 학습하는 과정에서 만들거나 수집한 자료를 지속적이고 체계적으로 모아놓은 작품집
특징	• 짧게는 한 단원, 길게는 한 학기나 한 학년에 걸쳐 계속됨(중도 평가 하는 것이 바람직) • 개별 학생이 학습과제나 학습활동을 수행한 과정을 살펴볼 수 있고 그 수준이나 질에 관한 정보를 얻을 수 있음 • 포트폴리오 안에서 채점 기준을 찾으므로 평가 근거가 비교적 명확 • 시작과 끝을 비교하여 향상 정도를 평가할 수 있음 • 관련 자료를 모아 철하는 과정에서 자연스럽게 학습 효과를 얻고 자신의 견해를 정립 • 학생은 자신의 강점과 약점, 성실성 여부, 잠재 가능성 등을 스스로 인식
활용	• 최근에는 지속적이고 누적적이며 종합적인 평가도구로 많이 활용 • 학습지를 이용한 포트폴리오 평가: 단순 빈칸 채우기는 지양

    ㉦ 특정 수업 활동
      • 학습활동이 진행되는 중에 이루어지는 과정평가이므로 수업 자체가 수행평가 대상
      • 역사지도 그리기, 역사연표 만들기, 역사신문 만들기, 모형 만들기, 역사일기 쓰기, 시무책이나 상소문 작성하기, 극화학습에서 연기하기 등도 수행평가 도구
  ② 각 평가도구의 역할
    ㉠ 서술형·논술형 시험, 역사신문 만들기: 학생들의 사고 과정을 측정할 경우에 효과적
    ㉡ 포트폴리오, 모형 만들기: 학습 과정이나 활동을 평가하는 데에 효과적
    ㉢ 극화학습, 토론학습: 학생의 학습 과정과 활동 관찰 및 학생의 사고 과정 평가 가능

③ 수행평가 평가도구 구분 방식과 특징

㉠ 제작물의 형태로 학생의 학습 결과나 학습 과정을 평가하는 방식

유형	그리기, 연표 만들기, 역사신문 만들기, 선사시대 도구 모형 만들기, 도자기 빚기, 웹문서 작성, 유적지와 유물 스케치, 탁본 뜨기, 만화 그리기, 역사상상화 그리기, 다큐멘터리 원고 쓰기 등
특성	• 제작 활동을 통해 학생의 역사 이해 방식이나 수준 파악 가능 • 학생들의 다양한 소질과 재능을 드러내고 그것을 학업 성취의 일환으로 반영 • 역사를 접하고 이해하고 표현하는 방식이 다를 수 있다는 점에서 의미
평가	• 제작물의 주제가 분명한가? 적합한 제작 방식, 주제 의식 • 제작에 필요한 선행 지식이 적절한가? 역사 사실·개념에 대한 이해, 배경 지식 • 제작 기술과 표현력이 탁월한가? 표현 방법, 완성도 • 제작 과정에 임하는 태도가 적극적인가? 성의, 자세, 협동

㉡ 역사 주제에 대해 다양한 글을 쓰도록 하는 방식

유형	역사에세이 쓰기, 역사이야기 꾸미기, 역사논술 쓰기, 연구논문, 사료분석 보고서, 유적지 답사 보고서, 과거 인물집단의 성명서 작성, 과거 인물의 일기나 편지 쓰기, 독후감 쓰기, 영상자료 관람평 쓰기, 역사시 쓰기, 역사소설 쓰기, 자서전 쓰기
특성	• 주로 학습 결과, 학습 과정에 관한 평가도 가능 • 정답에 근접할 필요 없이 독창적이고 자유로운 생각을 드러내고 자신의 소질과 흥미를 반영하는 글을 다양하게 쓸 수 있음
평가	• 자신의 주제를 선택하고, 그 주제에 초점을 맞출 수 있는가? 고유성, 자신의 생각 선정, 주제 확장 전략, 글의 형식 • 글의 의미를 분명하게 나타냈는가? 언어, 어휘와 개념, 세부 사례 • 자료의 수집과 활용이 적절한가? 자료의 수집, 비판적 분석 • 적절한 수정 전략과 편집 기술을 사용하였는가? 글의 순서와 전개 과정, 관점 표현과 설득력, 다른 제안 검토 • 쓰기 활동에 적극적으로 참여하는가? 적극적·긍정적 태도

㉢ 학생들이 말과 몸짓으로 직접 표현하는 방식

유형	토론식·탐구식 수업에서 발표나 토의에 적극적으로 의사를 개진하고 참여하는 태도, 발표나 토의 내용에 포함되어 있는 역사 지식이나 역사적 사고의 수준
특성	• 주로 학습 과정 평가, 학습한 결과를 표현하는 것이므로 학습 결과에 관한 평가도 가능 • 학생은 자신에게 적합한 표현 방식을 선택하여 자신의 역사 이해와 관점을 표현함으로써 학습 과정과 결과를 평가받을 수 있음
평가	• 역사 주제에 대한 이해가 높은가? 주제와 이야기에 대한 이해, 적절한 관련 지식과 경험 • 자료의 분석과 관점의 형성이 적절한가? 자료 수집 및 분석·활용, 자신의 관점, 기존의 해석·관점에서 벗어나 비판적·창의적 접근 • 표현 자세와 태도가 올바른가? 경청, 관찰, 자신의 주장 표현, 극복하고 도전하려는 자세, 협동, 적극성

④ 수행평가 채점 기준
  ㉠ 채점 기준 개발의 필요성
    • 학생들의 수행을 판단하기 위한 것으로 수행평가를 일반적인 과제와 구별해 주는 요소
    • 교사가 수업 목표를 명료화하도록 해 줌: 교수 목표 내용을 반영하고, 학생들의 성취 수준을 구분할 수 있는 구체적 채점 기준 마련 필요
  ㉡ 채점 기준의 조건
    • 학생이 도달할 수 있는 최고의 수준을 명시: 학생들이 이를 모델로 수행 계획을 수립하고 수행 방법을 고민할 수 있어야 함
    • 명료해야 함: 제3자가 채점하더라도 일관성 있게 채점할 수 있는 가이드라인을 제시
  ㉢ 채점 방법
    • 총괄적 채점
    • 분석적 채점

⑤ 수행평가의 한계
  ㉠ 이론적으로 미숙하여 개념이나 성격이 애매함
  ㉡ 평가에서 객관성을 요구하는 풍토에서 수행평가 역시 종합적인 평가가 아니라 단편적이고 지엽적인 항목을 평가 기준으로 나열하게 되는 불합리한 상황이 나타나기도 함
  ㉢ 기존 평가의 한계를 극복하는 것이지 전면적으로 거부하지는 않음

⑥ 수행평가 활용 시 유의점
  ㉠ 비정기적이고 연속적으로 실시되는 것으로, 먼저 연간 평가 계획 혹은 학기별 계획이 수립되어야 함
    • 연간 학습 지도안과 연결하여 평가 시기와 평가 방법, 성적에 반영할 경우 반영 시기, 반영 비율 배점 등이 정확히 나타나 있어야 함
    • 평가 계획서는 학생과 학부모에게 학기 초에 공개·홍보
  ㉡ 평가 계획을 수립할 때 수업의 방법도 함께 고려
    • 다양한 교수·학습 방법으로 학생을 수업 주체로 하여, 창의력과 탐구력을 측정
    • 연간 학습 지도안 작성 때, 교수 내용, 교수 방법, 평가 방법을 함께 계획
  ㉢ 평가를 시행하기 전에 공정한 평가를 위해 채점 기준과 평가 기준을 수립
    • 예시 답안 제시 → 평가가 학생들의 수준에 맞는 것인지 확인
    • 채점·평가 기준은 실시 전에 학생·학부모에게 공개, 평가 후 이의 신청 기간을 두어 신뢰도 확보
  ㉣ 평가 결과는 다음 수업에 환류될 수 있도록 다양한 방법 모색

부록

교육부 고시 제2022-33호 [별책 7]

사회과 교육과정

사회과 교육과정

역사

교육과정 설계의 개요

역사과 교육과정은 역사과의 성격에 기초하여 학생들이 미래 사회를 살아갈 시민으로서 필요한 자질을 갖추도록 설계하였으며, 총론에서 비전으로 제시한 '포용성과 창의성을 갖춘 주도적인 사람'과 연계하여 접근하였다. 자료의 분석·해석 과정을 통해 탐구 능력을 기르고 역사 지식을 형성하며, 역사 해석의 다양성과 역사의 논쟁성을 인식하고 타자를 이해하려는 태도를 함양하도록 설정하였다.

또한 총론에서 미래 변화에 대응하는 교육 방향으로 제시한 민주시민 및 생태전환 교육과 연계하여 역사과의 핵심 아이디어와 내용 요소에 문화적 다양성, 민주주의와 인권의 확산, 전쟁 범죄에 맞선 평화 유지 노력 등의 민주시민 관련 내용과 산업화의 생태환경적 접근, 지속가능한 사회를 위한 과제 등의 생태전환 교육 관련 내용을 반영하여 구성하였다.

역사과 공통 교육과정은 '역사'로 구성되었으며, 선택중심 교육과정은 공통 과목 및 선택 과목으로 구성된다. 공통 과목은 '한국사1, 2'이다. 선택 과목은 일반선택 과목인 '세계사', 진로선택 과목인 '동아시아 역사 기행', 융합선택 과목인 '역사로 탐구하는 현대 세계'의 세 과목이다. 고등학교 선택과정은 고교학점제를 기반으로 시민으로서 갖추어야 할 자질과 역량을 갖추고 각자의 적성에 맞는 진로를 선택하는 데 도움을 주기 위해 설계되었다.

'한국사1, 2'는 우리나라 역사의 흐름을 변화와 지속의 관점에서 이해하고, 오늘날 우리의 모습을 과거와 연관 지어 탐구함으로써 현대 사회를 통찰할 수 있는 안목을 기르는 과목이다. 중학교 '역사'의 한국사 학습에 이어 근현대 한국사를 중심으로 구성하였다.

'세계사'는 인류가 출현한 시기부터 오늘날까지 인류가 걸어온 발자취를 탐구하는 과목으로 중학교 '역사'의 세계사 학습을 기반으로 심층적인 주제 탐구를 지향하며 이를 통해 학습자가 세계 시민으로 살아가는 데 필요한 역량을 함양하도록 하였다. 역사적으로 형성된 각 지역 세계의 고유한 특성을 학습하는 한편 지역 세계 간 교류·갈등 등의 상호 연관성을 탐구하며, 인류가 직면하고 있는 다양한 문제를 해결하기 위한 방안을 모색하도록 한다.

'동아시아 역사 기행'은 동북아시아와 동남아시아로 구성된 동아시아의 각 지역이 독자성을 갖고 과거부터 지속적인 교류나 갈등을 통해 유기적인 연관 관계를 맺으며 현대의 동아시아를 형성하였음을 이해하고, 동아시아 지역에서 전개된 인간 활동의 결과로 만들어진 유·무형의 문화유산 등을 학습하면서 자신의 진로를 탐색해 보도록 하였다.

'역사로 탐구하는 현대 세계'는 현대 세계의 과제를 중심으로 내용을 선정하고 시계열성을 고려하여 국가, 지역, 세계의 역사를 상호 연관적으로 구성하였다. 현대 세계의 과제를 역사적 관점에서 파악하고 성찰하여 자기 삶과의 관련성을 인식하도록 하였다.

역사과의 교육과정은 '성격', '목표', '내용 체계', '성취기준', '교수·학습 및 평가'로 구성되어 있다. '성격'은 역사과의 개괄적인 소개 및 필요성과 역할에 초점을 두고 있으며, 역사과가 지향하는 과목의 특성과 내용 구성의 중점 등을 다루고 있다. 이는 한국과 세계의 역사를 체계적·종합적으로 이해하고, 탐구 과정을 통해 비판적으로 사고하고 판단하여 역사 지식과 역사관을 형성함으로써 현대 사회의 다양한 문제들에 대한 통찰력을 갖춘다는 '목표'와 연계되어 있다. '내용 체계'는 핵심 아이디어와 지식·이해, 과정·기능, 가치·태도의 범주 및 내용 요소로 구성하였다. '성취기준'은 지식·이해, 과정·기능, 가치·태도를 통합적으로 학습한 도달점으로 구체적인 성취 내용을 제시하였고, '성취기준 해설'은 성취기준의 설정 이유와 중점적으로 학습할 내용을 설명하였으며, '성취기준 적용 시 고려 사항'은 해당 영역 전체의 성취기준을 적용할 때 참고할 교수·학습과 평가 방법과 유의점을 서술하였다. '교수·학습 및 평가'는 교육과정에서 제시한 성취기준의 도달에 필요한 교수·학습 및 평가의 주요 방향과 방법을 총론의 개정 중점을 반영하여 제시하였다.

역사과의 공통 교육과정 영역은 한국과 세계의 역사를 중심으로 구성하였다. 한국사와 세계사의 통합 영역으로는 '역사 학습의 기초', '문명의 발생과 고대 세계의 형성'이 있다. 세계사 관련 영역으로는 '세계 종교의 확산과 지역 문화의 발전', '지역 세계의 교류와 변화', '제국주의와 국민 국가 건설 운동', '세계 대전과 사회 변동', '현대 세계의 전개와 과제'가 있다. 한국사 관련 영역은 세계사와의 연계를 고려하였으며, '국가의 형성과 발전', '통일신라와 발해', '고려의 성립과 변천', '조선의 성립과 발전', '조선 사회의 변동', '근·현대 사회로의 전환'이 있다. '근·현대 사회로의 전환' 영역은 진로연계교육 영역으로 설정하였다. 특히 지속가능한 사회를 위한 과제는 현대 세계의 과제를 포괄하여 파악하고, 과목과의 융합을 통한 프로젝트 학습이 가능하도록 하였다.

역사과 공통 교육과정 핵심 아이디어는 한국사와 세계사의 학습에서 관통하는 지식·이해, 과정·기능, 가치·태도를 종합적으로 고려하여 도출하고 총괄적으로 제시하였다. 지식·이해와 관련하여 지역적·시대적 배경에 따른 인류의 다양한 형태의 정치체 수립, 종교·사상과 지역 세계 문화의 유기적 관련, 교류하고 충돌하며 변화하는 지역 세계를, 과정·기능과 관련하여 역사 자료에 대한 분석, 해석 등을 통한 역사 지식의 형성을, 가치·태도와 관련하여 문화적 다양성을 포용하는 세계시민 의식의 기초가 되는 문화적 다양성을 포용하는 태도를 제시하였다.

역사과 선택중심 교육과정 '핵심 아이디어'는 각 과목의 학습에서 관통하는 지식·이해, 과정·기능, 가치·태도를 종합적으로 고려하여 도출하고 총괄적으로 제시하였으며, 과목별로 5~7개의 문장으로 기술하였다. 핵심 아이디어는 과목 학습을 통해 학생들이 핵심적으로 성취하기를 기대하는 것으로 교수·학습의 주요 내용으로 구성하였다.

역사과 공통 교육과정 '내용 요소'는 지식·이해, 과정·기능, 가치·태도의 범주로 구분하여 제시하였다. 지식·이해는 한국사와 세계사를 체계적·종합적으로 이해하는 데 필요한 지식을 13개의 영역으로 구성하였고, 각 영역에는 2~4개의 내용 요소를 배치하였다. 과정·기능은 역사 탐구의 전략 및 과정에 관한 것으로 자료의 선택·분석·해석과 논쟁을 통해 역사 지식 형성, 근거에 기초한 역사적 사실의 해석과 판단, 역사적 개념의 이해와 활용, 역사적 서사의 구성 및 표현을 주요 요소로 하였다. 가치·태도는 타인의 역사 해석에 대한 존중을 비롯하여 지속가능한 삶을 위한 자세, 역사에 성찰적으로 접근하는 태도 등으로 구성하였다.

역사과 선택중심 교육과정의 '내용 체계'는 각 과목별로 지식·이해, 과정·기능, 가치·태도의 범주로 구분하여 제시하였다. 지식·이해는 과목의 특성을 고려하여 3~5개의 '영역'으로 구성하였고, 각 '영역'에는 2~6개의 내용 요소를 배치하였다. 과정·기능은 역사 탐구의 전략 및 과정에 관한 것으로 역사자료의 선택·분석·해석과 논쟁을 통한 역사 지식 형성, 근거에 기초한 역사적 사실의 해석과 판단, 역사 개념의 이해와 활용, 역사적 서사의 구성 및 표현을 바탕으로 구성하였다. 가치·태도는 타자의 문화적 배경 및 역사적 해석 존중을 비롯하여 지속가능한 삶을 위한 자세, 자신을 역사적 존재로 인식하고 실천하는 자세 등으로 구성하였다.

1. 성격 및 목표

가. 성격

'역사'는 인류가 살아온 과거의 다양한 모습을 폭넓게 이해함으로써 현재를 성찰하고 미래를 조망하는 능력을 기르는 과목이다. '역사'에서는 초등학교에서 학습한 역사의 기초 개념과 한국사에 대한 이해를 바탕으로 세계와 한국의 역사를 상호관련성 속에서 이해한다.

'역사'는 세계와 한국의 역사로 구성한다. 세계의 역사는 각 지역 세계의 정치·사회·문화의 변화 과정을 서로 비교하고 연관 지어 이해한다. 한국의 역사는 고등학교와의 연계를 고려하여 근대 이전을 중심으로 구성하고, 정치 변동과 생활문화를 함께 파악함으로써 사회 변화를 종합적으로 통찰한다.

'역사'를 통해 학습자는 자료의 분석 및 해석 과정에서 탐구 능력을 기르고 역사 지식을 형성한다. 또한 해석의 다양성과 역사의 논쟁성을 인식하고 타자를 이해하려는 태도를 함양한다. 과거를 공간적 다양성과 시간적 변화 과정에서 파악하여 다양한 정체성을 존중하는 태도를 익히고, 현대 사회가 당면한 과제의 해결 방안을 모색할 수 있는 통찰력을 갖춘다.

나. 목표

'역사'는 한국과 세계의 역사를 체계적·종합적으로 이해하는 것을 목표로 한다. 탐구 과정을 통해 비판적으로 사고하고 판단하여 역사 지식과 역사관을 형성한다. 이를 통해 현대 사회의 다양한 문제들에 대한 통찰력을 갖추도록 한다.

'역사'의 구체적 목표는 다음과 같다.

(1) 한국과 세계의 형성 및 변천 과정을 체계적·종합적으로 이해한다.
(2) 자료에 대한 분석·해석 과정을 통해 역사적 탐구력과 역사적 판단력을 기른다.
(3) 다양한 정체성과 가치를 존중하는 포용적 태도를 갖는다.
(4) 역사적 주체로서 공동체에 참여하는 시민성을 함양한다.

2. 내용 체계 및 성취기준

가. 내용 체계

핵심 아이디어	· 인류는 지역적·시대적 배경에 따라 다양한 형태의 정치체를 수립하였다. · 종교와 사상은 지역 세계의 문화와 유기적 관련을 맺고 있다. · 지역 세계는 상호 교류하고 충돌하며 변화하였다. · 역사 지식은 역사 자료에 대한 분석, 해석 등을 통해 형성된다. · 문화적 다양성을 포용하는 태도는 세계시민 의식의 기초가 된다.	
범주		내용 요소
지식·이해	역사 학습의 기초	· 역사의 의미와 역사 학습의 목적 · 역사 탐구의 절차와 방법
	문명의 발생과 고대 세계의 형성	· 선사 문화와 문명의 특징 · 고대 서아시아·지중해 세계의 형성 · 고대 동아시아·인도 세계의 형성
	세계 종교의 확산과 지역 문화의 발전	· 동아시아 문화의 형성 · 크리스트교와 이슬람교의 확산 · 서아시아와 유럽의 교류와 갈등
	지역 세계의 교류와 변화	· 유라시아 교역 및 문화 교류의 확대 · 동아시아·인도 지역 질서의 변화 · 서아시아와 유럽 사회의 변화
	제국주의와 국민 국가 건설 운동	· 유럽과 아메리카의 국민 국가 체제 · 유럽의 산업화와 제국주의 · 아시아의 국민 국가 건설 운동
	세계 대전과 사회 변동	· 세계 대전과 국제 정치 및 경제 질서의 변화 · 전쟁 범죄에 맞선 평화 유지 노력 · 아시아·아프리카의 민족 운동
	현대 세계의 전개와 과제	· 냉전 체제와 제3 세계의 형성 · 민주주의와 인권의 확산 · 세계화와 지역 세계의 변화
	국가의 형성과 발전	· 고조선과 여러 나라의 형성 · 삼국과 가야의 성장 · 삼국과 가야의 문화
	통일신라와 발해	· 삼국 통일과 발해의 성립 · 통일신라와 발해의 정치 · 통일신라와 발해의 문화

고려의 성립과 변천	· 고려의 성립 · 고려의 정치적 변동과 대외 관계 · 원 간섭기 고려 사회의 변동과 개혁 · 고려의 문화와 교류
조선의 성립과 발전	· 조선의 성립 · 사림의 성장과 성리학적 질서의 확산 · 왜란과 호란
조선 사회의 변동	· 왜란과 호란 이후 체제의 재정비 · 조선 후기 문화의 변화 · 조선 후기 사회 모순과 대응
근·현대 사회로의 전환	· 근대 국가 수립을 위한 노력 · 국권 피탈과 극복 · 민주주의의 발전 · 지속가능한 사회를 위한 과제
과정·기능	· 자료의 선택·분석·해석과 논쟁을 통해 역사 지식을 형성하기 · 적절하고 타당한 근거를 가지고 역사적 사실에 대해 해석, 판단하기 · 역사적 개념을 이해하고 활용하기 · 역사적 서사를 구성하여 다양한 방식으로 표현하기
가치·태도	· 타인의 역사적 해석을 존중하는 태도 · 역사적 연원에 대한 이해를 토대로 다양한 문화와 정체성 존중 · 역사에 성찰적으로 접근하는 태도 · 지속가능한 삶을 위한 가치관 · 자신을 역사적 존재로 인식하고 실천하는 자세

나. 성취기준

(1) 역사 학습의 기초

[9역01-01] 역사와 역사 탐구의 의미를 파악하고, 역사 학습의 목적을 다각도로 탐색한다.
[9역01-02] 다양한 자료와 사례를 통해 역사 탐구 방법을 익힌다.

(가) 성취기준 해설
- [9역01-01] 역사의 의미를 '과거의 사실'이나 '기록된 과거'에 한정하지 않고, 학습자가 일상에서 접하는 역사의 활용 사례를 포함하여 탐구하고, 학습자의 삶의 맥락에서 역사 학습을 의미화하는 데 초점을 둔다.
- [9역01-02] 역사를 탐구하는 과정과 방법을 기초적 수준에서 이해하기 위해 설정하였다. 문자, 비문자 자료 등 역사 자료의 종류와 특징을 이해하고, 자료에 대한 분석·해석을 토대로 논쟁을 경험하도록 한다.

(나) 성취기준 적용 시 고려 사항
- 학습자가 자신의 삶과 역사의 관련성을 인식할 수 있도록 문학작품, 영상, 기념물 등 일상에서 접할 수 있는 자료를 폭넓게 활용한다. 역사 자료를 비판적으로 선택하고 활용하는 능력을 기르도록 지도한다.
- 역사지도, 연표, 사전, 아카이브 등 역사 학습의 기본이 되는 자료 및 도구의 활용법을 익히도록 지도한다.
- 역사 탐구의 사례를 선정할 때는 학습자의 학습 수준에 맞추어 선정하되, 성별, 종교, 장애, 이주 배경 등 학습자의 여건을 고려하여 인권 침해가 없도록 주의하고, 학습자의 입장에 따른 관점의 차이를 학습의 제재로 삼을 수 있다.
- 역사 탐구의 방법을 다양하게 경험하고, 이후의 학습 과정에서 역사 탐구 능력의 성장 과정을 장기적으로 평가한다.

(2) 문명의 발생과 고대 세계의 형성

[9역02-01] 선사 문화 및 문명의 형성을 이해하고, 각 문명의 특징을 비교한다.
[9역02-02] 서아시아·지중해 세계에서 등장한 여러 정치체를 비교하고 종교 및 문화를 탐구한다.
[9역02-03] 중국과 인도의 정치적 변화와 종교·사상 성립의 관계를 이해하고, 유라시아의 상호 교류를 탐색한다.

(가) 성취기준 해설
- [9역02-02] 페르시아와 그리스, 로마 등 다양한 정치체(폴리스, 제국, 왕국 등)를 통치 체제(민주정, 공화정, 제정) 상의 다양성에 따라 비교하면서 각각의 특징을 파악한다.

(나) 성취기준 적용 시 고려 사항
- 유적·유물은 선사 시대 사람들의 생활을 상상하고 추론하는 데에 좋은 자료가 된다. 유적과 유물을 통해 선사 문화의 공통적인 특징과 만주·한반도 지역의 선사 문화 발달을 이해할 수 있다.
- 인류의 이동과 선사 문화의 등장, 문명 형성의 과정을 학습할 때, 지리·생태환경 조건 등을 종합적으로 고려하여 이해하도록 지도한다. 인류의 역사가 생태환경과 상호 영향을 주고받았음을 여러 사례를 통해 파악한다.
- 각 지역의 정치와 종교가 상호 밀접한 관계를 가지고 발전하였음에 유의한다.
- 지역 문화가 역사적 맥락에서 형성되어 변화와 지속의 과정을 거쳐왔음을 이해한다.

- 종교의 성립과 확산을 탐구할 때는 사상, 문화와의 관련성에 유의한다. 예를 들어, 로마 제국 당시 크리스트교는 세계 시민주의적 경향 또는 만인을 동등하게 바라보는 보편적 관점과 결합하면서 크게 성장할 수 있었다는 점에 주목한다.

(3) 세계 종교의 확산과 지역 문화의 발전

[9역03-01] 수·당 시기 동아시아 국제 질서의 특징을 이해하고, 동아시아 문화를 탐구한다.
[9역03-02] 인도, 서아시아, 지중해에서 진행된 정치적 변동 과정과 각 종교의 특징 및 영향을 파악한다.
[9역03-03] 크리스트교 세계의 정치와 종교의 상관성을 이해하고, 이슬람 세계와 크리스트교 세계의 충돌 및 교류의 결과를 탐구한다.

(가) 성취기준 해설
- [9역03-02] 유라시아 각지의 정치·종교적 변동을 사산 왕조 페르시아 및 굽타 왕조의 등장, 서로마 제국의 소멸과 비잔티움 제국의 발전, 이슬람 세계의 성장을 중심으로 파악한다.
- [9역03-03] 9세기 이후 서유럽 세계의 권력 세분화와 교황권의 성장을 연관 지어 이해하고 지중해 지역에서 이루어진 크리스트교 세계와 이슬람 세계 간의 충돌과 교류를 탐구한다.

(나) 성취기준 적용 시 고려 사항
- 왕조의 업적을 나열하기보다 정치적 변화의 맥락을 이해하는 데에 중점을 둔다. 해당 국가 또는 왕조가 가지는 역사적 의미와 지역 문화 형성에 미친 영향을 유·무형의 문화유산과 제도 등을 통해 파악할 수 있다.
- 한반도, 중국, 일본 등에서 공통적인 문화가 형성되는 양상을 살피면서, 지역별로 나타난 독자성도 유의하여 학습한다.

(4) 지역 세계의 교류와 변화

[9역04-01] 송과 몽골 제국 시기 유라시아·인도양 교역권의 성장을 경제·문화 자료를 통해 탐구한다.
[9역04-02] 명·청, 에도 막부, 무굴 제국의 정치·사회 변화를 비교한다.
[9역04-03] 오스만 제국의 성장과 유럽 사회의 근대적 변화를 조사한다.

(가) 성취기준 해설
- [9역04-02] 아시아 국가들이 고유한 방식으로 정치·사회적 발전을 이루었음을 파악하기 위해 설정하였다. 명·청, 에도 막부, 무굴 제국의 통치 체제 정비, 산업 및 문화의 발전에 초점을 맞춘다.

- [9역04-03] 서아시아에서 지중해에 걸친 오스만 제국의 성장과 통합 정책을 탐구하고, 신항로 개척 및 세계 교역망 확립이 초래한 결과를 유럽뿐 아니라 유럽 이외 지역의 관점에서 종합적으로 이해한다. 또한 종교개혁 이후 등장한 재정·군사 국가의 특징을 파악한다.

(나) 성취기준 적용 시 고려 사항
- 세계적 교역망이 형성·확장되는 과정을 장기적인 관점으로 파악하는 것에 중점을 둔다. 시기별로 발달한 교역로의 특징과 변화 배경을 역사적 흐름에서 파악하고, 교역품의 확산이 미친 영향을 다양한 자료를 통해 추론한다.
- 재정과 군사력을 독점한 재정·군사 국가는 왕권과 의회의 협업을 원칙으로 하는 영국, 의회를 무력화하고 왕권의 절대화를 정당화하는 프랑스의 사례로 나누어 살펴볼 수 있다. 이 시기 재정·군사 국가를 절대왕정으로 동일시하지 않도록 유의한다.
- 제국의 형성과 팽창을 학습할 때 제국 내외의 다양한 주체들의 입장을 고려하여, 각 입장의 차이에 따라 역사적 평가가 달라질 수 있음에 유의한다.

(5) 제국주의와 국민 국가 건설 운동

[9역05-01] 시민 혁명을 국민 국가 형성과 연결하여 파악하고, 역사적 의의와 한계를 탐구한다.
[9역05-02] 서양의 산업화와 제국주의 정책을 이해하고, 사회와 생태환경에 미친 영향을 분석한다.
[9역05-03] 제국주의 열강의 침략에 대한 아시아의 대응 및 국민 국가 건설 노력을 이해하고, 그 성과와 한계를 평가한다.

(가) 성취기준 해설
- [9역05-01] 미국 혁명과 프랑스 혁명 과정에서 인권과 민주주의에 입각한 새로운 정치 체제의 확립 시도가 이루어졌음을 이해하고, 혁명이 아이티 등 라틴 아메리카의 여러 나라에 끼친 영향을 파악한다. 이후 인권과 참정권의 실질적인 확대를 위해 서양 각국에서 전개된 여러 정치적 움직임을 파악하고, 이 과정에서 나타난 다양한 국민 국가 건설 노력을 비교한다.
- [9역05-02] 산업화를 기술적·경제적 발전과 풍요의 관점뿐 아니라 자본주의의 등장, 국민 국가의 형성과 맞물려 제국주의적 팽창과 침략으로 연결되는 과정으로 이해하고, 그 영향을 국가적·세계적 차원 및 생태환경적 관점에서 파악한다.
- [9역05-03] 청, 무굴 제국, 오스만 제국, 일본 등에서 전개된 반제국주의 운동, 국민 국가 건설 운동의 특징을 비교하는 데 주안점을 둔다.

(나) 성취기준 적용 시 고려 사항
- 정치, 사회적 격변을 학습할 때는 관련한 여러 주체의 입장을 고려하고, 사료에 드러나지 않거나 배제된 주체에도 관심을 기울인다.
- 세계적 흐름과 맞물려 한국에서도 근대 국가 건설을 위한 움직임이 있었음을 이해한다.

(6) 세계 대전과 사회 변동

[9역06-01] 20세기 전반 세계 질서의 변화를 두 차례의 세계 대전을 중심으로 파악한다.
[9역06-02] 세계 대전 중의 전쟁 범죄를 탐구하고, 인권 회복과 평화 실현을 위한 노력을 조사한다.
[9역06-03] 아시아·아프리카 지역의 민족 운동을 이해하고, 그 특징을 비교한다.

(가) 성취기준 해설
- [9역06-01] 두 차례의 세계 대전을 파악하는 데 있어 서양 열강 간 경쟁과 대립, 러시아 혁명과 서유럽 각국의 민주주의 확대, 세계 대공황의 충격과 전체주의(파시즘, 나치즘, 군국주의)의 등장을 중점적으로 이해하도록 한다.
- [9역06-03] 두 차례 세계 대전 전후의 민족 운동을 민족주의, 사회주의의 세계적 확산과 관련하여 파악하는 데에 중점을 둔다.

(나) 성취기준 적용 시 고려 사항
- 평화의 중요성과 평화를 지킬 방법에 대해 생각하고, 자신의 생각을 다양한 방법으로 표현할 수 있다.
- 전쟁 범죄를 탐구할 때는 피해자의 증언과 아카이브의 기록, 문학 및 영상 등을 활용할 수 있다. 전쟁 범죄의 피해를 단순한 통계 자료나 수치로 접근하지 않고 삶이 파괴된 피해자들의 목소리에 귀를 기울이도록 지도한다. 국제 사회와 시민들이 전쟁 범죄를 기억하고 근절하고자 펼친 다양한 노력을 파악하고, 남은 과제를 인식한다.
- 3·1 운동과 5·4 운동의 관련성, 일제강점기 민족 운동 등의 사례를 통해 한국사가 세계사와 지속적으로 상호 연관성을 가지고 전개되었음에 유의한다.

(7) 현대 세계의 전개와 과제

[9역07-01] 냉전의 전개와 제3 세계 등장의 상관관계를 이해하고, 냉전 이후 국제 질서의 변화를 분석한다.
[9역07-02] 20세기 후반 민주주의와 인권의 신장을 위한 노력에 관심을 갖는다.
[9역07-03] 오늘날 세계화의 양상을 조사하고, 성과와 과제를 탐구한다.

(가) 성취기준 해설
- [9역07-02] 20세기 후반에 전개된 반전 평화 운동, 민권 운동, 여성 운동, 환경 운동 등의 의미를 학습자 삶과의 연계성을 고려하여 파악하고, 제기되는 과제의 해결 방안을 모색한다.
- [9역07-03] 20세기 후반 사회주의 진영이 붕괴된 이후, 세계화의 확산으로 인해 나타난 변화를 고찰하기 위해 설정하였다. 오늘날 세계화의 성과와 과제를 살피고, 문제 해결에 동참하는 자세를 갖는 데에 초점을 맞춘다.

(나) 성취기준 적용 시 고려 사항
- 현대 세계의 다양한 과제와 그 역사적 연원을 파악하고, 이를 자신과 관련된 문제로 인식하고 해결하는 데 동참하는 자세를 기르는 것에 중점을 둔다. 이를 위해 학습자 삶의 맥락에서 지역사회, 국가 차원의 역사적 문제를 선정하고, 발생 배경과 경과, 해결 방안을 조사할 수 있다.
- 인권, 민주주의, 평화 등에 대한 인식이 형성되고 변화하는 과정을 학습함으로써 현재의 보편적 가치들이 역사적 구성물이며, 현재도 지속적으로 변화하는 과정에 있음을 이해한다. 여기에는 각종 선언이나 국제 규범, 보고서 등의 자료를 활용할 수 있다. 보편 가치의 형성과 확산을 위한 학습자의 역할을 인식하도록 하고, 이를 평가할 수 있다.
- 현대 세계의 사료는 디지털 아카이브에 수록된 사진, 영상, 문자 자료 등을 활용할 수 있으며, 사료를 통해 국가뿐 아니라 지역사회, 시민단체, 개인 등 다양한 역사적 주체의 관점에서 학습할 수 있다.
- 6·25 전쟁과 이후 한반도의 정치적 상황을 국제적 안목에서 이해하는 기반을 마련하고, 한반도 평화를 위한 방안을 고찰한다.

(8) 국가의 형성과 발전

[9역08-01] 고조선과 여러 나라의 형성 과정 및 사회 모습을 탐구한다.
[9역08-02] 삼국과 가야의 성장 과정을 파악한다.
[9역08-03] 삼국과 가야가 남긴 문화의 특징을 분석한다.

(가) 성취기준 해설
- [9역08-01] 고조선의 성장과 멸망을 동아시아의 국제 관계 속에서 이해한다. 당시 사람들의 생활 모습이 담긴 자료를 분석하면서 고조선 멸망 전후에 등장한 여러 나라의 특징을 파악하는 데 초점을 둔다.

(나) 성취기준 적용 시 고려 사항
- 국가의 형성과 정치 체제의 발전을 학습하는 과정에서 여러 세력이 다양성을 지니고 있었음에 유의한다. 또한 삼국 및 가야의 문화를 교류의 관점에서 다룬다.
- 고대 국가와 관련하여 사회적으로 쟁점이 되는 주제를 역사 자료에 근거하여 탐구할 수 있다.

(9) 통일신라와 발해

[9역09-01] 삼국 통일의 과정을 동아시아 국제 정세의 맥락에서 이해하고, 통일신라와 발해 성립의 역사적 의의를 추론한다.
[9역09-02] 통일신라와 발해의 국가 체제 정비와 변동을 분석한다.
[9역09-03] 통일신라와 발해 문화의 특징을 파악한다.

(가) 성취기준 해설
- [9역09-01] 삼국 통일의 과정을 동아시아의 국제 정세 속에서 파악하기 위해 설정하였다. 당시 국제 정세를 삼국 및 발해, 당과 일본뿐 아니라 거란, 말갈, 돌궐, 토번 등 다양한 세력과의 관계 속에서 이해하며, 통일신라와 발해 성립의 의미를 추론한다.
- [9역09-03] 통일신라와 발해의 문화가 동아시아의 다양한 문화와의 상호 작용을 통해 형성되었음을 파악한다. 삼국의 문화를 바탕으로 한 통일신라 문화의 특징을 동아시아 문화의 관점에서 파악하고, 발해의 문화는 고구려, 당, 말갈 등의 문화가 어우러져 형성되었음을 이해한다.

(나) 성취기준 적용 시 고려 사항
- 발해의 정치와 문화를 다룰 때 고구려 유민은 지배층이었으며, 말갈인은 피지배층이었다는 이분법적인 시각을 학습자가 갖지 않도록 유의한다. 자료를 통해 발해 사회가 지닌 종족적 다양성과 이를 바탕으로 형성된 발해 통치 체제의 독특한 모습을 파악한다.
- 삼국 통일 등 역사적 해석이 다양한 사건에 대해 학습자 스스로 판단하는 기회를 제공할 수 있다.

(10) 고려의 성립과 변천

[9역10-01] 후삼국 통일과 체제 정비 과정을 통해 고려 성립의 역사적 의미를 탐색한다.
[9역10-02] 고려의 정치적 변동을 파악하고 주변국과의 관계를 이해한다.
[9역10-03] 원 간섭기 고려 사회에 나타난 변화를 파악하고 개혁의 영향을 탐구한다.
[9역10-04] 고려의 문화유산과 대외 교류의 사례를 조사하여 그 특징을 파악한다.

(가) 성취기준 해설
- [9역10-04] 다양한 자료를 활용하여 고려의 문화가 가진 특징을 파악하고, 고려 시대 사람들의 삶을 종합적으로 이해한다. 송, 원을 비롯한 주변 세력과의 경제·문화적 대외 교류가 문화의 형성에 미친 영향을 파악한다.

(나) 성취기준 적용 시 고려 사항
- 역사적 사실이나 문화유산을 나열하는 방식으로 학습이 이루어지지 않도록 유의한다. 다양한 자료를 활용하여 고려 시대 사람들의 일상생활과 문화를 역사적 맥락에서 이해한다.

(11) 조선의 성립과 발전

[9역11-01] 조선 성립의 의의를 통치 체제의 특징을 통해 파악한다.
[9역11-02] 사림 세력의 성장이 성리학적 질서 확산에 끼친 영향을 추론한다.
[9역11-03] 왜란과 호란의 성격을 동아시아 국제 정세 속에서 분석한다.

(가) 성취기준 해설
- [9역11-03] 왜란과 호란을 동아시아 역사의 맥락 속에서 파악하도록 설정하였다. 명·청 교체, 에도 막부의 성립 등과의 관련성에 초점을 맞춘다.

(나) 성취기준 적용 시 고려 사항
- 학문과 과학기술 등의 분야에서 나타난 성과를 통치 체제의 정비 및 유교 이념의 확산과 관련지어 학습할 수 있다. 훈민정음 창제 등 조선 전기 문화의 특징을 보여주는 역사적 사실이나 문화유산을 맥락적으로 학습한다.

(12) 조선 사회의 변동

[9역12-01] 왜란과 호란 이후 체제 재정비의 노력과 정치 변동의 모습을 파악한다.
[9역12-02] 조선 후기 문화에서 나타난 변화를 분석한다.
[9역12-03] 조선 후기 사회적 모순에 대한 여러 세력의 대응을 탐구한다.

(가) 성취기준 해설
- [9역12-03] 조선 후기 변동에 따른 사회적 모순을 살펴보고 이에 대한 여러 세력의 대응을 파악하도록 설정하였다. 세도정치의 폐단, 삼정의 문란 등으로 인한 농민 봉기, 흥선 대원군의 정책 등을 파악하는 데 초점을 맞춘다.

(나) 성취기준 적용 시 고려 사항
- 조선 후기의 사회상을 보여주는 문학, 그림, 판소리 등의 자료를 폭넓게 활용하여, 학습자가 자료에 나타난 당시의 모습을 역사적 맥락에서 이해하고 있는지 평가할 수 있다.
- 조선 후기 사회・문화적 변화를 동아시아를 포함한 세계적인 관점에서 파악하도록 지도한다.

(13) 근・현대 사회로의 전환

[9역13-01] 개항 이후 근대 국가를 건설하기 위한 노력을 파악한다.
[9역13-02] 국권 피탈 이후 전개된 민족 운동을 세계사적 관점에서 이해한다.
[9역13-03] 한국의 민주화 과정에서 나타난 성과와 과제를 탐구한다.
[9역13-04] 지속가능한 사회를 위한 과제를 역사적 맥락에서 탐구하고, 과제 해결에 참여하는 자세를 갖는다.

(가) 성취기준 해설
- [9역13-03] 정치적・경제적・사회적 민주화 양상을 포함하여 다양한 주체들의 노력으로 이루어진 사회 전반의 자유민주적 기본질서 정착과정과 과제를 탐구하는 데 초점을 둔다.
- [9역13-04] 한국의 통일 문제를 비롯하여 현대 세계가 겪고 있는 평화와 민주주의의 위기, 생태환경 위기, 전염병의 확산 등을 자신의 문제로 인식하는 태도를 길러 주기 위해 설정하

였다. 현대 사회 문제의 원인과 해결 방안을 역사적 맥락에서 탐색하여 지속가능한 사회의 실현에 참여하는 태도의 함양에 초점을 둔다.

(나) 성취기준 적용 시 고려 사항
- 학습자 개인의 진로 탐색, 역사 관련 진로 탐색, 고등학교 역사 과목과의 연계 등이 이루어지도록 지도한다.
- 지속가능한 사회를 위한 과제를 탐구하는 과정에서 타 과목과 연계하여 프로젝트 학습을 진행할 수 있다. 학습자의 특성에 따라 다양한 탐구 주제를 설정하고 다학문적 관점으로 접근하여 과제 해결 방법을 탐색할 수 있다.

3. 교수·학습 및 평가

가. 교수·학습

(1) 교수·학습의 방향

(가) 교수·학습의 계획 시 평가 계획을 함께 구상하여 교수·학습과 평가의 일관성을 추구한다.

(나) 학습자가 한국과 세계의 역사를 전체적인 흐름 속에서 연관 지어 이해할 수 있도록 설계한다.

(다) 과목의 목표와 성취기준에 부합하는 역사 자료를 활용하여 학습자가 역사 탐구 능력을 기르고, 역사 해석의 다양성과 역사의 논쟁성을 경험할 수 있도록 한다.

(라) 학습자가 역사 탐구 과정에서 자기 주도성을 발휘할 수 있도록 한다.

(마) 중학교 학습자의 상황을 고려한다.
- 역사적 개념과 용어 등은 필요한 범위에서 사용하고, 학습 내용을 수업 목표에 따라 응집력 있게 구성하여 학습자의 학습 부담이 과도하지 않도록 유의한다.
- 학습자가 초등학교 교육과정, 중학교 교육과정 내 다른 교과, 학교 안팎의 경험 등을 통해 형성한 상식이나 역사 지식, 오개념 등을 파악하고, 이를 교수·학습 설계에 적절히 활용한다.

(바) 학습자의 삶과 연계하여 교수·학습의 내용과 방법을 설계할 수 있다. 예를 들면, 학습자가 사는 지역의 역사와 연관 짓거나, 학습자의 관심과 흥미, 적성과 진로, 역사 인식과 문화 배경 등을 고려할 수 있다.

(2) 교수·학습의 방법

(가) 한국과 세계의 역사를 연계하여 학습할 수 있는 다양한 역사 자료를 활용한다.

- 사료는 다양한 형태로 존재한다. 문자 자료뿐 아니라 사진, 그림, 포스터, 도표, 영상 등 비문자 자료도 포함된다. 이때 디지털 아카이브, 가상 현실, 증강 현실 등도 활용할 수 있다. 다만, 해당 자료가 역사 학습에 적절한지 사전에 충분히 검토한다.
- 역사 자료를 분석하고 해석할 때에는 자료의 표면적 내용 이해에 초점을 둘 수도 있고, 자료에 대한 맥락적 이해를 위해 작성자, 작성 의도, 당대 배경 등을 파악하는 데 초점을 둘 수도 있다.

(나) 역사 탐구를 통해 학습자는 자신의 역사 이해를 형성하고 이를 표현한다.

- 역사 탐구는 탐구할 역사적 사건이나 주제를 선택하고 질문을 만드는 데서 출발한다. 학습자는 탐구 주제 및 탐구 질문에 연관되거나 판단하는 데 중요한 정보 및 자료를 수집하고 그 가운데 신뢰할 만한 자료를 선정한다. 이를 뒷받침하는 증거 또는 상반되는 증거를 분석 및 해석하고, 역사 해석의 다양성과 역사의 논쟁성을 이해한다. 이를 통해 학습자는 탐구 주제에 대하여 역사적으로 추론하며, 자신의 역사 이해를 형성한다.
- 학습자는 자신의 역사 이해를 다양한 형태의 결과물로 표현할 수 있다. 이때 형식이나 기법에 치중하기보다 학습자가 이해한 바를 재구성하고 표현하는 것에 중점을 둔다.

(다) 민감하고 논쟁적인 주제를 다룰 때에는 학습자의 역사 인식과 정서적 반응에 유의한다. 역사 인식의 차이나 역사 해석을 둘러싼 갈등을 마주하고 조정·관리하는 경험은 민주시민의 자질과 역량을 기르는 데 도움이 된다. 이때 허용적 분위기를 조성하여 학습자의 부담감을 경감하도록 한다.

(라) 유형의 문화유산뿐 아니라 무형의 문화유산도 적극 활용한다. 역사를 이해하는 자료로서 문화유산이 지니는 가치와 소중함을 깨닫도록 지도한다.

(마) 디지털 역사 콘텐츠를 탐색·선정·분석·활용하는 방법에 대한 지도를 교수·학습 계획에 포함하여 운영한다.

(바) 역사를 기억하고 기념하는 다양한 방식을 활용할 수 있다. 예를 들어, 기념관이나 박물관은 방문 견학뿐 아니라 누리집에서 온라인 전시로 감상할 수 있고, 전시의 맥락과 강조점을 분석할 수 있다.

나. 평가

(1) 평가의 방향

(가) 평가 계획은 교수·학습의 계획 수립 시 함께 구상하여 교수·학습의 목표, 내용, 방법이 평가와 일관성을 유지하도록 한다. 특히 학습의 목표와 성취기준에 부합하는 평가를 시행한다.

(나) 학습자의 지식·이해, 과정·기능, 가치·태도를 종합적으로 평가하여 학습자의 학습과 성장을 지원하는 데 초점을 맞춘다.

(다) 평가 계획의 수립, 평가 도구의 개발, 평가의 시행, 평가 결과의 분석 및 활용, 교수·학습에 대한 환류를 학습자의 역사 이해와 성장을 돕는 데 활용한다.

(라) 학습자의 역사 탐구 능력이 성장하는 과정, 시민성을 함양하는 과정을 지속적으로 관찰하고 평가에 반영한다.

(마) 학습자의 특성을 고려하여 평가한다. 장애나 이주 배경의 학습자에게는 평가 응답 시간 조정이나 이중 언어 사용 등을 고려할 수 있다.

(2) 평가의 방법

(가) 수업과 평가가 유기적으로 연계되도록 수업 중 수시 평가와 정기 평가, 지필평가와 수행평가를 균형 있게 실시한다. 이때 단순 사실이나 단편적 지식 암기 여부를 진단하는 데 치중하지 않도록 유의한다.

(나) 학생의 역사 이해와 표현을 종합적으로 평가하는 방법으로 지필평가에서는 서·논술형 평가 등을, 수행평가에서는 구술 평가, 포트폴리오 평가 등을 다양하게 활용할 수 있다.

(다) 학습자 스스로 자신의 성취수준을 진단하고 이를 바탕으로 학습 목표를 설정하여 개선 방안을 마련할 수 있도록, 교사 평가뿐 아니라 학습자의 자기 평가와 동료 평가를 함께 활용할 수 있다.

(라) 역사 탐구 능력을 평가할 때는 역사적으로 개연성 있는 주제를 선정하거나 탐구 질문을 만들 수 있는지, 이에 연관되거나 중요한 정보 및 자료를 수집할 수 있는지, 그 가운데 신뢰할 만한 자료를 선정할 수 있는지, 자료를 분석하고 역사 해석을 형성할 수 있는지 등을 평가할 수 있다.

(마) 다양한 디지털 도구를 활용하여 평가할 수 있다. 이때 평가에 활용되는 디지털 도구는 학습자가 익숙하게 사용할 수 있어야 하고, 학습자 간 디지털 격차에 유의하여 시행하여야 한다.

한국사1, 한국사2

1. 성격 및 목표

가. 성격

'한국사'는 우리나라 역사의 흐름을 변화와 지속의 관점에서 이해하고, 현재 우리의 모습을 과거와 연관 지어 살펴보며 인간과 사회에 대한 심층적 이해를 바탕으로 현대 사회를 통찰할 수 있는 안목을 기르는 과목이다. 이 과목은 세계사와의 연관 속에서 우리 역사를 이해하면서 한국인으로서의 정체성을 함양하게 한다.

'한국사'는 중학교 '역사'의 한국사 학습에 이어 근현대 한국사를 중심으로 구성한다. 근대 이전 한국사는 전근대 시대별 주요 내용을 정치사 중심으로 살펴보고, 전근대의 국제 관계와 대외 교류, 경제, 사회, 문화의 주요 특징을 주제 탐구 중심으로 다루도록 하였다. 근현대 한국사는 세계사의 흐름 속에서 한국사를 주체적으로 파악하도록 하였다.

'한국사'를 통해 학습자는 자료의 분석·해석 과정에서 탐구 능력을 기르고 역사 지식을 형성할 수 있다. 또한 역사 해석의 다양성과 역사의 논쟁성을 인식하고 타자를 이해하려는 태도를 함양한다. 나아가 과거와 현재, 나와 타인의 삶을 성찰하고, 오늘날의 당면 문제를 해결하는 데 참여하는 시민의 자세를 가진다.

나. 목표

'한국사'는 근대 이전 한국사의 특징을 체계적으로 파악하고 근현대사를 다각적으로 탐구하여 현대 사회를 심층적이고 종합적으로 이해하는 것을 목표로 한다. 역사 사실에 대한 폭넓은 지식을 바탕으로 비판적으로 사고하는 능력을 기르며, 학습자 스스로 다양한 자료를 활용하여 역사를 탐구함으로써 현대 사회를 살아가는 데 필요한 시민으로서의 자질을 갖추도록 한다.

'한국사'의 구체적 목표는 다음과 같다.

(1) 근대 이전 한국사의 특징을 파악하고, 근현대사와의 연속과 변화를 파악한다.

(2) 근현대 한국사를 다각적으로 분석하여 심층적이고 종합적으로 이해한다.
(3) 학습자 스스로 탐구 주제를 설정하고, 역사 자료를 분석하고 해석하는 탐구 과정을 통해 역사적 사고력을 기른다.
(4) 한국 현대 사회가 당면한 문제의 역사적 연원을 분석하고 이를 바탕으로 해결 방안을 모색하는 자질과 태도를 기른다.

2. 내용 체계 및 성취기준

가. 내용 체계

[한국사1]

핵심 아이디어	· 한국사는 국제 질서의 변동과 맞물려 변화하였다. · 제국주의 열강의 침략에 대응하며 근대 국가로의 전환을 모색하였다. · 역사 자료를 분석하고 해석할 때에는 역사적 맥락을 고려해야 한다. · 역사 학습은 인간의 삶을 이해하고 나의 삶을 성찰하는 과정이다.	
범주		내용 요소
지식·이해	근대 이전 한국사의 이해	· 고대 국가의 성장 · 고려의 통치 체제와 정치 변동 · 조선 사회의 성립과 발전 · 조선 후기의 새로운 흐름
	근대 이전 한국사의 탐구	· 국제 관계와 대외 교류 · 수취 체제와 경제생활 · 신분제와 사회 구조 · 사상과 문화 · 근대 이전 한국사 주제 탐구
	근대 국가 수립의 노력	· 국제 질서의 변동과 개항 · 근대 국가 수립을 위한 노력 · 사회·경제 변화와 문화 변동 · 국권 침탈과 국권 수호 운동
과정·기능		· 한국사의 다양한 자료를 바탕으로 탐구 주제 설정하기 · 신뢰할 수 있는 자료를 증거로 선택하기 · 역사적 맥락에서 자료를 비판적으로 분석하고 해석하기 · 한국사 탐구 주제의 결론을 다양한 방식으로 표현하기
가치·태도		· 역사에 성찰적으로 접근하는 태도 · 타인의 역사적 해석을 존중하는 태도 · 한국 사회 발전에 참여하는 자질과 태도 · 한국 사회 당면 문제의 해결 방안을 모색하는 자질과 태도

[한국사2]

범주		내용 요소
핵심 아이디어		• 일제의 식민 통치는 경제 구조와 생활의 변화를 가져왔다. • 8·15 광복은 독립을 위한 노력과 준비 과정에서 실현되었다. • 대한민국은 산업화와 민주화를 기반으로 발전하였으며 사회·환경적 과제를 남겼다. • 한국인들은 자유와 평등, 민주와 평화 등 인류의 보편적 가치를 추구해왔다. • 역사 자료를 분석하고 해석할 때에는 역사적 맥락을 고려해야 한다. • 역사 학습은 인간의 삶을 이해하고 나의 삶을 성찰하는 과정이다.
지식·이해	일제 식민 통치와 민족 운동	• 제국주의 질서와 일제의 식민 통치 정책 • 경제 구조의 변화와 경제생활 • 민족 운동의 전개와 분화 • 사회·문화의 변화와 대중운동 • 독립 국가 건설 노력
	대한민국의 발전	• 냉전 체제와 대한민국 정부 수립 • 6·25 전쟁과 남북 분단의 고착화 • 민주화를 위한 노력 • 산업화의 성과와 사회·환경 문제 • 문화 변동과 일상생활
	오늘날의 대한민국	• 6월 민주 항쟁 이후 민주화 과정 • 외환 위기의 극복과 사회·문화 변동 • 한반도 분단 극복과 동아시아의 평화를 위한 노력
과정·기능		• 한국사의 다양한 자료를 바탕으로 탐구 주제 설정하기 • 신뢰할 수 있는 자료를 증거로 선택하기 • 역사적 맥락에서 자료를 비판적으로 분석하고 해석하기 • 한국사 탐구 주제의 결론을 다양한 방식으로 표현하기
가치·태도		• 역사에 성찰적으로 접근하는 태도 • 타인의 역사적 해석을 존중하는 태도 • 한국 사회 발전에 참여하는 자질과 태도 • 한국 사회 당면 문제의 해결 방안을 모색하는 자질과 태도

나. 성취기준

[한국사 1]

(1) 근대 이전 한국사의 이해

[10한사1-01-01] 고대 국가의 형성과 성장 과정을 파악한다.
[10한사1-01-02] 고려의 통치 체제와 지배 세력의 변화를 이해한다.
[10한사1-01-03] 조선의 성립과 정치 운영의 변화를 파악한다.
[10한사1-01-04] 조선 후기에 등장한 새로운 변화 양상을 이해한다.

(가) 성취기준 해설
- [10한사1-01-01] 고조선을 비롯한 여러 고대 국가의 성립과 발전을 파악하기 위해 설정하였다. 아울러 한반도와 그 주변 지역의 선사 문화를 유적·유물을 통해 이해하고, 고대 국가 형성과 성장의 의미 및 특성을 파악하는데 초점을 맞춘다.
- [10한사1-01-02] 고려의 후삼국 통일과 통치 체제의 정비 과정에 대해 알고, 고려 성립의 역사적 의미를 파악하기 위해 설정하였다. 아울러 지배 세력의 변화를 시기별로 이해하여 고려 정치사의 흐름을 맥락적으로 파악하는 데 초점을 맞춘다.
- [10한사1-01-03] 조선의 성립과 유교적 통치 체제의 정비, 정치 운영의 변화를 이해하기 위해 설정하였다. 아울러 왜란과 호란의 전개 과정 및 역사적 의미를 파악한다.
- [10한사1-01-04] 조선 후기 여러 분야에서 나타난 변화를 파악하기 위해 설정하였다. 흥선 대원군 집권기까지 조선 후기에 나타난 새로운 변화의 양상에 초점을 맞춘다.

(나) 성취기준 적용 시 고려 사항
- 삼국 및 가야의 성립과 경쟁, 통일 신라와 발해의 역사적 전개에 유의하여 고대 국가의 특성과 발전을 파악한다.
- 고려에서는 지방의 자율성을 토대로 한 정치 체제가 운영되었음에 유의하고, 지배 세력의 변화를 정치적 변혁과 연관지어 이해한다.
- 조선 전기 유교적 통치 체제의 정비와 지배 세력의 변화를 맥락적으로 이해하고, 제도의 변화가 개별 사실의 나열이 되지 않도록 유의한다.

(2) 근대 이전 한국사의 탐구

[10한사1-02-01] 근대 이전 국제 관계와 대외 교류의 시대적 특징을 비교한다.
[10한사1-02-02] 근대 이전의 수취 체제 변화를 농업 중심의 경제생활과 관련하여 탐구한다.
[10한사1-02-03] 근대 이전 사회 구조를 신분제를 중심으로 분석한다.
[10한사1-02-04] 근대 이전의 사상과 문화를 국제 교류와 관련하여 탐구한다.
[10한사1-02-05] 근대 이전 한국사 주제를 설정하여 탐구하고, 그 결과를 다양한 방법으로 표현한다.

(가) 성취기준 해설
- [10한사1-02-01] 근대 이전 국제 관계의 변화 양상과 대외 교류의 시대별 특징을 파악하기 위해 설정하였다. 근대 이전 시기 시대별로 다양한 형태의 외교적 갈등과 대립, 대외 교류 등이 이루어졌음을 파악하는 데 초점을 맞춘다.

- [10한사1-02-02] 근대 이전 수취 체제의 변화를 농업 중심의 경제생활과 연관하여 이해하기 위해 설정하였다. 각 국가의 수취 제도의 운영과 그것이 사람들의 삶에 미친 영향을 이해하는 데 초점을 맞춘다.
- [10한사1-02-03] 근대 이전의 사회가 신분제에 기반하여 운영되었음을 파악하기 위해 설정하였다. 골품제, 양천제 등 신분제의 특징을 이해하고 신분제에 기반한 사회 구조를 파악하는 데 초점을 맞춘다.
- [10한사1-02-04] 근대 이전 시기의 사상과 문화가 지닌 특징을 탐구하기 위해 설정하였다. 불교와 유교를 중심으로 사상과 문화의 성격을 국제적인 문화 교류의 관점에서 탐구하는 데 초점을 맞춘다.
- [10한사1-02-05] 근대 이전 한국사에 대한 이해를 바탕으로 쟁점적 주제를 선정하여 탐구하기 위해 설정하였다. 근대 이전 한국사를 둘러싸고 제기되는 역사 문제 등에 대해 질문을 구성하고 탐구하여 이를 표현하는 데 초점을 둔다.

(나) 성취기준 적용 시 고려 사항
- 근대 이전 한국사의 흐름을 주요한 역사 개념을 중심으로 파악할 수 있다. 이를 통해 각 시대 국제 관계와 대외 교류·외교·경제·사회·문화의 특징을 변화와 지속의 관점에서 비교한다.
- 국제 관계와 대외 교류는 상호 필요의 관점에서 이루어졌음에 유의하며, 세계관과 대외 인식의 변화를 세계사의 흐름과 연관지어 파악하는 데 초점을 둔다.
- 유교·불교 등의 사상과 종교를 교리나 종파보다는 사람들의 삶에 미친 영향과 국제 교류의 관점에서 탐구한다.
- 오늘날 우리 문화와 밀접하게 연관되어 있는 유·무형의 전통 문화유산을 조사하여 발표할 수 있다.
- 역사적 사실에 대한 서로 다른 해석을 비교하면서 역사의 논쟁성을 인식하고, 자신의 역사 이해를 구성 및 표현하는 능력을 기른다.

(3) 근대 국가 수립의 노력

[10한사1-03-01] 조선의 개항을 국제 질서의 변동과 연관하여 분석한다.
[10한사1-03-02] 여러 세력이 추진한 근대 국가 수립의 다양한 노력을 이해한다.
[10한사1-03-03] 개항 이후 사회·경제 변화를 파악하고, 서구 문물의 도입이 문화에 미친 영향을 탐구한다.
[10한사1-03-04] 일제의 국권 침탈 과정을 조사하고, 이에 맞선 국권 수호 운동의 흐름을 파악한다.

(가) 성취기준 해설
- [10한사1-03-02] 근대 사회로의 전환을 둘러싼 여러 세력의 대응을 이해하기 위해 설정하였다. 근대 국가 수립 과정에서 일어난 정치 변동과 열강의 침략에 맞서 주권을 수호하고자 한 각계각층의 노력을 이해하는 데 초점을 맞춘다.
- [10한사1-03-03] 개항 이후 나타난 사회·경제적 변동과 이에 대한 대응으로 일어난 사회·경제적 개혁 운동의 양상을 파악하고, 서구 문물의 도입으로 인한 문화 변동을 탐구하기 위해 설정하였다. 사회 개혁 운동 및 경제 주권 수호 운동의 특징과 흐름을 분석하고, 서구 문물의 수용 과정에서 나타난 문화 변동을 탐구하는 데 초점을 맞춘다.

(나) 성취기준 적용 시 고려 사항
- 근대 이전 조공·책봉 관계와 근대적 조약 체제에 입각한 국제 질서의 차이를 외교 관련 자료를 통해 분석한다.
- 개항 이후 열강의 침략에 맞선 자주적인 근대 국가 수립을 위한 노력과 국권 수호 운동을 다양한 자료를 바탕으로 이해한다.
- 서구 문물의 수용과 확산이 문화 변동을 촉진하였음을 파악하고 동아시아 여러 나라의 사례도 활용할 수 있다.

[한국사 2]

(1) 일제 식민 통치와 민족운동

> [10한사2-01-01] 일제의 식민 통치 정책을 제국주의 질서의 변동과 연관하여 이해한다.
> [10한사2-01-02] 일제의 식민 통치가 초래한 경제 구조의 변화와 그것이 경제생활에 미친 영향을 분석한다.
> [10한사2-01-03] 국내외에서 전개된 민족 운동의 흐름을 이해한다.
> [10한사2-01-04] 일제의 식민 통치로 인한 사회 및 문화의 변화와 대중운동의 양상을 파악한다.
> [10한사2-01-05] 일제의 침략 전쟁에 맞서 전개된 독립 국가 건설 운동의 양상을 분석한다.

(가) 성취기준 해설
- [10한사2-01-02] 일제의 식민 통치로 인해 식민지 경제 구조가 형성되는 과정을 살펴보고 그 변화가 사람들의 생활에 미친 경제적 영향을 분석하는 데 초점을 맞춘다.
- [10한사2-01-04] 일제의 식민 통치하에서 일어난 사회 및 문화 변동의 양상을 파악하고, 여러 분야에서 일어난 대중운동의 양상을 이해하기 위해 설정하였다. 일제강점기 사회 및 문화 변화를 일상생활의 변동과 연관 지어 파악하고 대중운동의 양상을 운동 주체별로 파악하는 데 초점을 둔다.

(나) 성취기준 적용 시 고려 사항
- 1910년대부터 8·15 광복 이전까지 일제가 추진한 식민 통치 정책을 시기별로 분석한다. 일제의 식민 통치 정책이 사람들의 삶에 미친 영향을 신문 기사나 문학 작품 등을 통해 파악하고 이를 표현할 수 있다.
- 식민 통치 정책이 제국주의 체제의 형성, 세계 대전, 대공황 등 국제 질서의 변동과 연관 지어 변화하였음을 자료를 통해 분석한다.
- 일제의 식민 통치로 한국의 경제 구조가 일본의 대륙 침략과 일본 자본의 활동에 유리한 식민지 경제 체제로 바뀌는 과정을 각종 통계 자료를 활용하여 탐구할 수 있다.
- 일제의 경제 침탈로 해외 이주 동포들이 증가하는 양상과 해외 이주 동포들의 삶을 통계자료, 사진, 회고록 등을 통해 추론할 수 있다.
- 3·1 운동과 대한민국 임시 정부 수립의 의의를 관련 디지털 아카이브, 자료집 등의 분석을 통해 이해한다.
- 국내외에서 전개된 민족 운동을 일제의 보고서와 국내외 신문 기사를 바탕으로 국내외 정세 변동과 연관하여 파악할 수 있다.

- 일제의 식민 통치하에서 살았던 사람들의 삶의 모습에 대해 문학 작품, 사진, 영상, 그림, 포스터, 도표, 구술자료, 일기, 광고, 만화 등의 자료를 통해 추론할 수 있다.
- 일본의 침략 전쟁이 동아시아 전역으로 확산되는 과정에서 국내외 민족 운동 세력이 독립 국가 수립을 위해 공동의 노력을 추구하였음을 국내외의 자료를 통해 분석한다.

(2) 대한민국의 발전

> [10한사2-02-01] 냉전 체제가 한반도 정세에 미친 영향을 파악하고, 자유민주주의에 기초한 대한민국 정부 수립 과정을 탐색한다.
> [10한사2-02-02] 6·25 전쟁과 분단의 고착화 과정을 국내외의 정세 변화와 연관하여 이해한다.
> [10한사2-02-03] 4·19 혁명에서 6월 민주 항쟁에 이르는 민주화 과정을 탐구한다.
> [10한사2-02-04] 산업화의 성과를 파악하고, 그것이 사회 및 환경에 미친 영향을 인식한다.
> [10한사2-02-05] 사회·경제의 변화에 따른 문화 변동과 일상생활의 변화 사례를 조사한다.

(가) 성취기준 해설
- [10한사2-02-03] 4·19 혁명에서 6월 민주 항쟁에 이르는 과정을 독재 정치에 대응한 국민적 저항과 관련된 민주주의의 시련과 발전이라는 관점에서 분석하도록 설정하였다. 다양한 주체들이 전개한 민주화의 노력을 이해하고 그것의 성과와 과제를 분석하는 데 초점을 맞춘다.
- [10한사2-02-04] 산업화에 기반한 경제 성장과 그것이 사회 및 생태환경 등에 미친 영향을 파악하기 위해 설정하였다. 경제 성장을 위한 노력과 이에 따른 사회 문제와 환경 문제 등을 해결하기 위한 방안을 파악하는 데 초점을 맞춘다.

(나) 성취기준 적용 시 고려 사항
- 8·15 광복은 우리 민족의 꾸준한 독립을 위한 노력과 준비의 과정에서 실현된 것임을 이해하고, 통일 정부 수립을 위한 다양한 양상을 탐구한다.
- 제헌헌법이 지향한 민주공화국이라는 의미를 대한민국 임시 정부의 헌법과 연관 지어 이해한다.
- 북한의 남침으로 시작된 6·25 전쟁과 분단을 경험한 다양한 주체들의 삶, 분단 문화의 형성을 사례로 접근할 수 있다.
- 민주화 과정을 다양한 주체들의 참여 사례를 중심으로 탐구하고 민주주의가 개인과 사회에 미친 영향을 이해한다.
- 산업화 과정에서 일어난 문화와 생활의 변화를 미디어 등을 활용하여 파악하고 사람들의 삶을 다양한 방법으로 표현한다.

(3) 오늘날의 대한민국

> [10한사2-03-01] 6월 민주 항쟁 이후 각 분야에서 전개된 민주화의 과정을 탐구한다.
> [10한사2-03-02] 외환 위기의 극복 과정을 이해하고, 사회와 문화의 변동을 파악한다.
> [10한사2-03-03] 한반도 분단과 동아시아의 갈등을 극복하고 평화를 실현하기 위한 방안을 모색한다.

(가) 성취기준 해설
- [10한사2-03-01] 6월 민주 항쟁 이후 각 분야에서 전개된 민주화에 기반해 자유민주적 기본질서에 입각한 평화적 정권 교체가 정착되고 시민운동이 성장하는 과정에 초점을 맞춘다.
- [10한사2-03-03] 한반도의 분단을 극복하고 동아시아 국가 간의 갈등을 해결하기 위한 노력을 파악하기 위해 설정하였다. 한반도 분단을 극복하기 위한 노력과 동아시아 영토 문제 및 역사 갈등 등을 파악하고 평화적인 해결 방안을 탐구하는 데 초점을 맞춘다.

(나) 성취기준 적용 시 고려 사항
- 외환 위기와 그 극복 과정에서 일어난 주변의 변화 사례를 조사하여 외환 위기가 사회에 미친 영향을 파악한다.
- 한반도의 분단이 동아시아와 국제 관계에 미치는 영향을 이해하고, 시민사회, 청소년 단체 등의 활동을 조사하여 동아시아 평화를 위한 방안을 모색한다.
- 독도가 우리 영토임을 다양한 역사적 자료를 근거로 확인하고 홍보하는 활동을 수행한다.

3. 교수·학습 및 평가

가. 교수·학습

(1) 교수·학습의 방향

(가) 한국사 교육과정에서 제시한 목표와 성취기준을 고려하여 탐구 중심의 교수·학습을 계획하고 운영한다.

(나) 교수·학습을 계획하는 단계에서 평가 계획을 함께 구상하여 교수·학습과 평가의 일관성을 추구한다.

(다) 자기 주도성을 발휘할 수 있도록 교수·학습의 설계, 실행, 피드백에 이르는 전 과정에 학습자가 참여할 수 있도록 한다.

(라) 학습자가 역사 자료의 분석과 해석, 논쟁, 추론 등의 탐구 과정을 경험할 수 있도록 교수·학습을 계획하고 운영한다.

(마) 학습자가 역사 자료를 다루는 과정에서 역사 증거, 변화와 지속, 인과 관계, 역사적 중요성 등 역사 학습의 주요 개념을 습득할 수 있도록 한다.

(바) 한국사에서 인간의 삶과 관련된 문제를 다양한 시각으로 해석하고, 나아가 학생의 삶과 연계한 실생활 맥락 속에서 현재 문제에 적용해 보는 경험을 갖는다.

(사) 학습자가 스스로 사고하고 타인과 대화하며 의견을 조율하는 과정을 통해 역사 학습 과정에 능동적으로 참여하고 상호 존중의 태도를 함양한다.

(아) 학습자가 최소 성취수준에 미도달하는 것을 예방하도록 교수·학습에서 학생 개별 맞춤형 수업을 한다. 이를 통해 소외되는 학습자가 없도록 학습자의 참여를 보장하고 다양성을 존중하며 협업할 수 있도록 지도한다.

(자) 온오프라인 연계 수업이 가능한 디지털 플랫폼을 활용하여 교사와 학습자, 학습자와 학습자 간에 소통을 강화하고, 역사 콘텐츠에 접근하여 그것을 활용하는 방법을 교수·학습 계획에 포함하여 운영한다.

(2) 교수·학습의 방법

(가) 학습자가 역사적 주제, 사건, 인물 등에서 탐구 질문을 만들어 과제를 설정하여, 학습자 주도로 신뢰할 만한 자료를 찾아 탐구하고, 탐구 결과를 다양한 방법으로 표현하도록 지도한다.

(나) 학습자의 역사적 사고력을 함양하기 위해 다양한 역사 자료를 비교·분석·비판·종합하는 학습 기회를 제공한다. 역사 자료는 문자 자료뿐만 아니라 비문자 자료도 포함되며, 역사 학습에 적절한지 사전에 충분히 검토할 필요가 있다.

(다) 한국사에서 논쟁적인 주제를 다루는 수업에서는 역사적 사실에 관한 서로 다른 해석을 비교한다. 토의·토론 학습 등을 통해서도 서로 다른 관점을 분석하고 평가하며, 학습자 자신의 관점을 명확하고 일관성 있게 제시하는 경험을 할 수 있다.

(라) 동일한 수행 과제라고 할지라도 학습자의 특성을 고려해서 흥미와 수준에 따라 수행 활동을 다양화할 필요가 있다. 예를 들어, 학습자가 이해한 내용을 역사 글쓰기, 시각적 이미지 활용 방법, 구술 등으로 표현할 수 있다.

(마) 역사 인물의 학습에서는 역사적 행위자가 처했던 시대적 조건이나 사회·경제적 배경을 이해하면서 의사 결정의 과정을 파악한다. 이를 통해 자신이 어떤 문제에 부딪혔을 때 실제로 합리적인 의사 결정을 내릴 수 있는 능력을 기를 수 있다.

(바) 학습자의 삶과 연계하여 학습자가 살고 있는 지역에서 일어났던 역사적 사건이나 지역의 인물, 장소, 기념물 등을 선정하여 프로젝트 학습 등을 지도할 수 있다. 이러한 수업은 창의적 체험 활동과 연계하거나, 다른 과목과 융합하여 진행할 수 있다.

(사) 지도, 연표, 그림, 도표, 사진 등 시각적인 상징을 이용한 역사 수업 자료뿐만 아니라 역사적 사건이나 인물을 소재로 한 TV 드라마, 다큐멘터리, 영화 등 영상 자료를 활용하여 학습자의 관심과 흥미를 유발하고 적극적으로 학습 활동에 참여하게 한다. 이러한 영상 활용 수업에서는 사실과 허구를 구분하고, 비판적으로 읽을 수 있도록 지도한다.

(아) 한국사의 효과적인 학습을 위해서는 온오프라인 수업을 혼합한 블렌디드 학습 및 디지털 기반의 의사소통 도구를 적극적으로 활용할 수 있다. 학습자의 활동 과정과 결과를 공유 문서나 온라인 플랫폼을 활용하여 실시간으로 공유하고 상호 피드백 하면서 디지털 기반의 의사소통이 적극적으로 이루어질 수 있도록 유의한다.

(자) 학습자가 최소 성취수준에 미도달하는 것을 예방하기 위해 수업의 과정에서 학생들의 역사 이해를 상시적으로 확인하고, 학생별 학습 수준에 맞춰 적절한 보충 학습 자료를 제공하여 추가 학습 기회를 갖는다.

나. 평가

(1) 평가의 방향

(가) 한국사 교육과정에 제시된 교육 목표, 내용, 교수·학습과 일관성을 유지하면서 평가를 시행한다.

(나) 교육과정에 제시된 성취기준을 준거로 평가를 실시하며, 평가의 내용은 지식·이해, 과정·기능, 가치·태도 영역을 균형적으로 포함한다.

(다) 교사의 교수·학습 활동을 개선하고 학습자의 성장을 돕는 데 평가를 활용한다.

(라) 자기 평가, 동료 평가 등 다양한 평가 방식을 활용하여 학습자가 평가 활동에 능동적으로 참여할 수 있도록 한다.

(마) 디지털 교육 환경을 고려한 다양한 평가 방법을 활용하고 디지털 도구에 기반한 실제적이고 창의적인 평가 방안을 모색한다.

(바) 장애, 이주 배경의 학습자 등 다양한 학습자의 특성을 고려하여 평가한다.

(2) 평가의 방법

(가) 역사 탐구 능력을 평가하는 경우에는 자료를 통해 질문을 만들 수 있는지, 질문에 대한 자료를 수집하여 신뢰할 만한 자료를 선정할 수 있는지를 확인한다. 또한 자료의 분석과 해석을 통해 학습자가 역사 이해를 구성하여 표현할 수 있는지 평가할 수 있다.

(나) 다양한 역사 해석이나 논쟁적 내용을 포함한 역사 학습의 평가는 역사에 대한 맥락적 이해 및 타당한 논거를 바탕으로 주장을 제시하고 있는지를 중심으로 평가한다. 또한 서로 다른 주장의 요지를 이해하고 있는지도 평가할 수 있다.

(다) 지필평가는 역사 사실 및 용어, 개념의 이해 정도를 측정하는 데 유용하다. 이러한 평가에서도 다양한 자료를 활용하여 역사적 사고력을 평가하는 문항을 구성한다.

(라) 수행평가는 한국사 내용에 대한 깊은 이해를 기반으로 역사 글쓰기, 제작 학습, 토론, 논술, 구술, 포트폴리오 등 다양한 평가를 실시할 수 있다. 또한 채점 기준표를 활용하여 학습자

에게 피드백을 제공하고, 학습자가 자기 점검을 통해 자기주도적 학습 능력을 향상시킬 수 있도록 한다.

(마) 자기 평가를 할 때는 스스로 학습 과정을 성찰할 수 있도록 배움 일지 등을 작성할 수 있는 기회를 제공한다. 또한 동료 평가는 학습자가 다른 학습자에 대해 공정하고 객관적으로 평가하도록 지도한다.

(바) 학습자의 수준과 특성에 따라 다양한 디지털 도구를 활용할 수 있다. 온라인 플랫폼을 활용한 상호 평가, 피드백 제공을 통한 과정 중심 평가를 실시할 수 있다.

(사) 학습자가 최소 성취수준에 도달하지 못하는 것을 예방하기 위해 학기 초에 진단평가를 실시하여 그 결과를 수업에 활용할 수 있다. 학습자의 학습 상황을 상시적으로 관찰하고 형성 평가를 통해 성취수준을 고려하여 개별 학습 기회를 제공한다.

(아) 장애, 이주 배경의 학습자에게는 평가 응답 시간이나 이중 언어 사용 등을 고려한다.

세계사

1. 성격 및 목표

가. 성격

'세계사'는 인류가 출현한 시기부터 오늘날까지 인류가 걸어온 발자취를 탐구하는 과목이다. '세계사'는 중학교 '역사' 학습을 기반으로 심층적인 주제 탐구를 제공한다. 학습자는 세계시민으로 살아가는 데 필요한 역량을 함양하도록 한다.

'세계사'는 역사적으로 형성된 각 지역 세계의 고유한 특성을 학습하는 한편, 각 지역 세계가 접촉하며 이루어진 교류·갈등 등의 상호 연관성을 입체적으로 탐구하도록 구성하였다. 또한 국민 국가의 형성을 역사적으로 살펴보고, 인류에게 제기된 과제의 해결 방안을 모색하도록 구성하였다. 이 과정에서 학습자는 인류가 추구한 인권·평화·민주주의·생태환경 등 오늘날의 보편적 가치들이 세계 역사 속에서 탄생한 역사적 구성물임을 확인한다.

'세계사'를 통해 학습자는 자료의 분석·해석 과정에서 탐구 능력을 기르고 역사 지식을 형성하며, 역사 해석의 다양성과 역사의 논쟁성을 인식하고 타자를 이해하려는 태도를 함양한다. 또한 학습자는 각 지역 세계의 역사적 맥락을 이해하면서 문화 다양성을 존중하는 태도를 지니며, 현대 세계의 과제를 이해하고 해결하기 위한 통찰력을 갖춘다.

나. 목표

'세계사'는 세계 여러 지역의 역사를 주제 중심으로 파악함으로써 인류의 발자취를 탐구하는 것을 목표로 한다. 자료를 비판적으로 탐구하며 포용적인 태도를 갖추고, 성찰적 역사 인식을 함양한다. '세계사'의 구체적인 목표는 다음과 같다.

(1) 지역 세계의 형성 및 변화, 지역 세계 간 상호 관련성을 파악한다.
(2) 인권, 평화, 민주주의, 생태환경의 가치가 역사적 구성물임을 이해한다.
(3) 자료의 분석·해석을 통해 능동적으로 세계사 인식을 형성한다.
(4) 다양한 시기와 지역의 역사를 열린 자세로 이해하고 세계시민 의식을 함양한다.

2. 내용 체계 및 성취기준

가. 내용 체계

핵심 아이디어	• 지역 세계의 형성 및 역사 전개는 각각의 특징을 지닌다. • 이슬람 세계의 확대, 몽골 제국의 형성은 교역망의 확대를 가져왔다. • 국민 국가와 자본주의 체제는 다양한 경로를 통해 형성되었다. • 제1·2차 세계 대전 과정에서 인권과 과학 기술 등의 문제가 대두하였다. • 역사 지식은 역사 자료의 분석·해석을 통해 형성된다. • 증거에 기반한 논증은 역사 지식 형성에 필요한 과정이다. • 역사적으로 형성된 인권·평화·민주주의·생태환경 등의 가치를 포용하려는 자세가 필요하다.

범주		내용 요소
지식·이해	지역 세계의 형성	• 현생 인류와 문명의 형성 • 동아시아, 인도 세계의 문화와 종교·사상 • 서아시아, 지중해, 유럽 세계의 문화와 종교
	교역망의 확대	• 이슬람 세계와 몽골 제국 • 유럽의 신항로 개척과 재정·군사 국가 • 세계적 상품 교역
	국민 국가의 형성	• 청, 무굴 제국, 오스만 제국 • 미국 혁명과 프랑스 혁명 • 산업 혁명과 제국주의 • 국민 국가 건설 운동
	현대 세계의 과제	• 제1·2차 세계 대전 • 냉전 • 지구적 과제와 인류의 노력
과정·기능		• 다양한 형태의 역사 자료를 분석·해석하기 • 증거에 기반하여 역사적 맥락을 파악하기 • 역사적 개념을 이해하고 활용하기 • 역사적 서사를 구성하여 표현하기
가치·태도		• 문화 다양성 존중 • 다양한 역사 해석에 대한 비판과 존중 • 인권·민주주의·평화·생태환경 등의 가치를 성찰 • 인류의 지속가능성을 위한 가치관 형성

나. 성취기준

(1) 지역 세계의 형성

> [12세사01-01] 현생 인류의 삶과 문명의 형성을 생태환경과의 관계 속에서 파악한다.
> [12세사01-02] 동아시아, 인도 세계의 형성을 문화의 상호 작용과 관련지어 이해한다.
> [12세사01-03] 서아시아, 지중해, 유럽 세계의 형성과 문화적 특징을 종교의 확산과 관련지어 분석한다.

(가) 성취기준 해설

- [12세사01-01] 현생 인류가 생태환경과의 관계 속에서 수렵·채집, 농경, 목축 등 다양한 방식으로 생존을 도모하였음을 살피면서, 각각의 생활이 생태환경과 어떤 관계를 맺으며 이루어졌는지를 파악하는 데 중점을 둔다. 또한 이러한 토대 위에서 형성된 아프로유라시아·아메리카 지역의 고대 문명을 고고학적 자료를 중심으로 탐구하는 데 초점을 맞춘다.
- [12세사01-02] 동아시아 세계가 유교, 불교, 한자, 율령을 공유하고, 인도에 불교와 힌두교를 기반으로 하는 세계가 형성되며, 동아시아 세계와 인도 세계가 상호 작용하는 양상에 주목한다.
- [12세사01-03] 서아시아, 지중해, 유럽 세계에서 발생한 다양한 고대 정치 체제의 발전과 이에 따른 인간관·세계관과 종교의 변화를 파악하고, 크리스트교 세계와 이슬람교 세계의 형성 및 교류·충돌을 통한 경제 교류와 문화적 변동을 이해하는 데 중점을 둔다.

(나) 성취기준 적용 시 고려 사항

- 동굴 벽화, 화석, 매장지, 도구 등 유적·유물 자료는 현생 인류의 삶을 상상하는 데 도움을 줄 수 있다. 현생 인류가 남긴 흔적을 분석하고 삶의 모습을 상상하되, 과거 사람들의 삶을 현대 인류의 관점으로 재단하지 않도록 유의한다. 또한 학습자가 정착 생활과 농경, 목축 생활을 필연적·단선적 발전 결과로 이해하기보다 환경에 따른 인류의 선택으로 이해할 수 있도록 안내한다.
- 동아시아와 인도 세계의 상호 작용 양상은 인물, 유적·유물을 통해 파악할 수 있다. 이때 동아시아와 인도 세계 사이에 존재했던 동남아시아 지역과의 교류와 상호 작용의 모습도 함께 고려할 수 있다. 학습자가 인물과 유적·유물을 조사할 경우 역사·종교·문화와의 연결을 고려한다.
- 정치 체제의 명칭을 나열하기보다 변화하는 정치 체제의 구성원리와 성격을 살펴보는 데 주안점을 둔다. 관련된 사료를 통해 고대뿐만 아니라 정치 체제에 의미를 부여하는 후대 사

람들의 관점도 학습의 대상으로 삼을 수 있다. 정치와 종교 간의 관계를 보여주는 인물, 사건, 문화유산은 크리스트교 세계와 이슬람 세계의 확산 과정에서 나타나는 특징을 잘 보여주므로, 학습자가 이와 관련된 자료를 검토하며 스스로 특징을 추론할 수 있도록 안내한다.

(2) 교역망의 확대

[12세사02-01] 이슬람 세계와 몽골 제국의 팽창에 따른 교류 양상을 파악한다.
[12세사02-02] 유럽의 신항로 개척과 재정·군사 국가의 성립이 가져온 변화를 분석한다.
[12세사02-03] 세계적 상품 교역이 가져온 사회적·경제적 변화를 이해한다.

(가) 성취기준 해설
- [12세사02-02] 신항로 개척 이후의 교역망 확대 및 식민지 건설을 중상주의와 연결하여 이해하고, 이와 더불어 유럽의 재정·군사 국가 간 견제와 균형의 상황이 전개되었다는 점을 고려한다. 또한 재정·군사 국가의 지리적 확장이 유럽, 식민지에 가져온 변화를 다양한 측면에서 분석하고 파악하는 데 중점을 둔다.
- [12세사02-03] 유라시아 대륙, 인도양, 대서양, 태평양을 통해 유통된 향신료, 차, 도자기, 면직물, 은, 설탕 등의 상품 교역과 노예 무역이 가져온 변화를 이해하는 데 초점을 맞춘다.

(나) 성취기준 적용 시 고려 사항
- 이슬람 세계와 몽골 제국의 팽창에 따라 형성, 확장된 교류의 양상은 인물, 물건, 정보, 교통수단 등을 활용하여 살펴볼 수 있다. 이때 교류가 문화 변화에 미친 영향을 탐구하는 데 주안점을 둔다.
- 세계적 상품 교역이 전쟁 및 식민지 건설, 노예 무역 등과 연관되어 있음을 유의한다. 물품이 생산되어 상품화되기까지의 과정을 파악하고 상품 교역이 각 지역에 미친 영향을 탐구하는 데 주안점을 둔다.

(3) 국민 국가의 형성

[12세사03-01] 청, 무굴 제국, 오스만 제국의 통치 정책과 사회, 문화의 변화를 이해한다.
[12세사03-02] 미국 혁명, 프랑스 혁명을 시민 사회 형성과 관련지어 파악한다.
[12세사03-03] 제1·2차 산업 혁명이 가져온 사회, 경제, 생태환경의 변화를 분석한다.
[12세사03-04] 아시아와 아프리카 지역에서 전개된 국민 국가 건설 운동의 양상과 성격을 비교한다.

(가) 성취기준 해설
- [12세사03-01] 중국, 인도, 서아시아 지역에서 서구와는 다른 정치, 경제 모델이 발전하고 있었음을 이해한다. 청, 무굴 제국, 오스만 제국이 여러 민족, 문화를 통합하는 방식과 농업, 상업, 수공업 등 경제가 성장하는 양상에 초점을 맞춘다.
- [12세사03-02] 18세기 말 인간의 권리에 대한 자각, 계몽사상의 영향과 함께 진행된 미국 혁명과 프랑스 혁명의 성과와 한계를 살펴본다. 또한 참정권 제한에 대해 보편적 인권을 확보하려는 노력이 19세기 유럽과 아메리카의 시민 사회 형성과 다양한 정치·사회적 운동으로 발전해 나갔다는 점에 초점을 맞춘다.
- [12세사03-03] 제1·2차 산업 혁명이 초래한 경제적 변동과 산업 자본주의의 발전, 그리고 이에 따라 나타난 사회 문제와 생태환경 문제를 파악하며, 이를 바탕으로 서양 열강의 제국주의 정책을 이해하는 데 중점을 둔다.

(나) 성취기준 적용 시 고려 사항
- 서구에서 시민 혁명, 산업 혁명이 일어나 국민 국가가 형성되던 시기에 중국, 인도, 서아시아에서도 또 다른 정치, 경제 모델을 지닌 제국이 번영하고 있었음을 다루며 비교하는 데 주안점을 둔다. '발전', '진보'에 초점을 맞춘 비교 학습은 편견을 형성할 수 있음을 고려하여 서로 다른 집단의 특수한 상황, 생활, 문화 차이를 이해하는 데 중점을 둔다.
- 시민 혁명의 행위자들이 지향한 목표, 사상을 구체적으로 보여주는 혁명의 선언문 등을 자료로 활용할 수 있다. 이때 여성, 식민지인, 노동자·농민의 관점이 반영된 자료는 혁명을 다양한 관점에서 이해하는 데 도움을 줄 수 있다.
- 제1차 산업 혁명과 제2차 산업 혁명을 비교하여 그 특징을 파악할 수 있다. 제2차 산업 혁명이 어떤 변화를 가져왔는지 추론하고, 이를 제국주의 출현과 연결 지어 생각해볼 수 있다. 이외에도 학습자가 산업 혁명이 가져온 다양한 변화를 파악하도록 문학작품, 사진, 만평, 국가 기록물, 선언문 등의 자료를 활용할 수 있다.
- 다양한 지역의 국민 국가 건설 운동을 성격별, 주체별로 범주화해보고, 여러 사건의 지향과 전개 과정에서 보이는 공통점과 특수성을 고려하며 지도해볼 수 있다. 국민 국가 건설 운동 과정에서 발표된 다양한 주체들의 선언과 강령 등을 자료로 활용할 수 있다.

(4) 현대 세계의 과제

[12세사04-01] 제1·2차 세계 대전을 인권, 과학 기술 문제와 관련지어 파악한다.
[12세사04-02] 냉전의 전개 양상에 따라 나타난 사회, 문화의 변화를 분석한다.
[12세사04-03] 현대 세계의 과제를 해결하기 위해 인류가 기울여온 노력을 탐구한다.

(가) 성취기준 해설
- [12세사04-01] 두 차례 세계 대전이 총력전의 성격을 지녔음을 이해한다. 대량 살상과 인권 침해 사례를 조사하고, 전쟁의 참상을 과학 기술과 관련지어 살펴보는 데 초점을 맞춘다.
- [12세사04-02] 냉전 질서 속에서 전개된 갈등의 대표적인 사례를 조사하고, 냉전의 대결 구도 속에서 나타난 사회적·문화적 변화를 탐구하는 데 초점을 맞춘다.
- [12세사04-03] 민주주의, 평화, 경제적 불평등, 생태환경 등 현대 세계의 과제에 대한 인류의 노력을 학습자가 스스로 탐구해볼 수 있도록 설정하였다. 세계사에서 학습한 내용을 토대로 현대 문제를 탐색하고 해결 방안을 도출하는 데 초점을 맞춘다.

(나) 성취기준 적용 시 고려 사항
- 세계 대전이 발생한 배경과 전쟁의 다양한 장면을 살펴보며 총력전이라는 전쟁의 성격을 파악하는 데 주안점을 둔다. 전쟁 과정에서 발생한 대량 학살과 같은 인권 문제와 전쟁 무기 개발에서 비롯된 과학 기술의 사회적 역할 문제 등을 통해 전쟁을 다양한 측면에서 탐구할 수 있다.
- 냉전의 대결 구도 속에서 나타난 사회적·문화적 변화는 영화, TV 프로그램, 문학 작품, 정치 선전 포스터, 신문 기사, 대중가요, 미술품 등을 분석함으로써 파악할 수 있다. 이를 고려하여 냉전 시기의 적대감이 민주주의와 관련된 정치 영역, 사람들의 일상 등에 미친 영향을 추론할 수 있도록 지도할 수 있다.
- 학습자 스스로 최근 현대 세계의 과제로 인식되는 문제를 조사하고 탐구 주제를 설정하도록 한다. 문제의 역사적 맥락을 이해할 수 있도록 국제 사회의 보고서, 신문 및 잡지 등 다양한 자료를 활용해볼 수 있다. 이때 학습자가 단일한 관점으로 문제를 인식하지 않도록 유의하고, 문제 해결을 위해 노력하는 다양한 주체들의 사례를 찾아보도록 지도할 수 있다.

3. 교수·학습 및 평가

가. 교수·학습

(1) 교수·학습의 방향

(가) 교수·학습 계획 시 평가 계획을 함께 구상하여 교수·학습과 평가의 일관성을 추구한다.

(나) 학습자가 역사 탐구 능력을 기르고 역사 해석의 다양성과 역사의 논쟁성을 경험할 수 있도록 한다.

(다) 학습자가 역사 탐구 과정에서 자기주도성을 발휘할 수 있도록 한다.

(라) 국가·민족·종교·성별·지역 등 다양한 관점을 고려하면서, 역사 속 타자 이해를 추구한다.

(마) 학습자의 특성을 고려하여 교수·학습을 계획한다.
- 학습자가 가진 역사 지식, 오개념을 파악하고, 이를 교수·학습에 적절히 활용한다.
- 학습자의 사회·문화적 배경이 역사 이해 및 표현에 영향을 미칠 수 있음을 고려한다.
- 학습자의 관심과 흥미, 적성과 진로를 반영하여 탐구 주제를 설정할 수 있다.

(바) 학습자가 최소 성취수준에 도달하지 못하는 것을 예방하기 위해 상시로 학생들의 성취수준을 확인하고, 학생별로 적절한 보충 학습 자료 및 추가 학습의 기회를 제공한다.

(2) 교수·학습 방법

(가) 세계사를 다층적으로 이해하기 위해 다양한 자료를 활용하여 탐구한다.
- 문자 자료뿐 아니라 사진, 그림, 포스터, 광고, 도표, 영상 등 비문자 자료도 활용할 수 있다.
- 자료가 국가, 민족, 종교, 성별, 지역 등 각기 다른 관점에 따라 구성될 수 있음을 인지하여 적절히 활용한다.
- 학습자가 자료를 분석·해석할 때 작성의 주체와 의도를 파악하고, 자료에서 드러나지 않는 내용 등을 고려하도록 안내한다.

(나) 학습자는 글쓰기, 토론, 극화, 제작 활동 등 다양한 방법으로 역사를 이해하고, 이를 표현할 수 있다. 이때 형식적 기법에 치중하기보다 역사적 맥락과 근거에 기반하여 표현하는 데에 중점을 두도록 지도한다. 또한 학습자의 특성에 따라 표현의 방법을 선택할 수 있다.

(다) 유·무형의 문화유산을 활용하여 학습할 수 있다. 유적과 유물 등 유형의 문화유산뿐 아니라 전통적인 의례, 음악, 풍속, 기능 등 무형의 문화유산도 활용할 수 있다. 역사를 이해하는 자료로서 문화유산이 지닌 가치와 소중함을 깨닫도록 이끈다.

(라) 기념물, 기념관, 기념행사 등을 활용하여 과거를 기억하고 기념하는 이유 및 방식을 탐구할 수 있다. 학습자가 사회적 기억과 기념 문화를 비판적으로 탐구할 수 있도록 한다.

(마) 세계사 관련 도서를 선정하고 독서 활동을 할 수 있다. 책의 내용 파악과 요약, 역사적 상황이나 사실 이해, 인과 관계나 행위 분석, 학습자 주도의 논제 설정과 토론 등 다양한 학습 활동과 연계할 수 있다.

(바) 학습자의 문제의식을 기반으로 프로젝트 학습을 기획할 수 있다. 프로젝트 학습은 학습의 기획부터 실행 전반에 이르기까지 학습자 주도로 진행한다. 프로젝트 과제를 선정할 때 역사와 현재의 관련성을 고려할 수 있으며, 학습자 개인의 흥미와 관심을 반영하여 주제를 선정할 필요가 있다.

(사) 민감하고 논쟁적인 주제를 다루는 경우, 학습자의 역사 인식의 차이나 정서적 반응에 유의한다. 또한 역사 인식을 드러내는 과정에서 허용적 분위기를 조성하여 학습자의 부담감을 경감하도록 한다.

나. 평가

(1) 평가의 방향

(가) 교수·학습의 목표 및 내용과의 일관성을 고려하며 평가를 계획한다.

(나) 학습자의 지식·이해, 과정·기능, 가치·태도를 종합적으로 평가하여 학습과 성장을 지원하는 데 초점을 맞춘다.

(다) 평가 결과는 교수·학습 활동을 개선하고 학습자의 성장과 발달을 돕는 자료로 활용한다.

(라) 장애, 이주 배경 등 학습자의 개별적인 특성을 고려하여 평가한다. 평가 응답 시간 확보, 이중 언어 활용 등을 고려할 수 있다.

(마) 학습자가 평가 계획과 운영에 참여하여 학습 과정과 결과를 스스로 성찰하는 기회를 제공할 수 있다.

(2) 평가 방법

(가) 교수·학습의 주안점을 고려하여 평가기준을 설정한다.

(나) 지필평가와 수행평가를 적절한 비중으로 실시한다. 이때 단순한 사실이나 지식의 암기 여부를 확인하는 데 치중하지 않도록 유의한다.

(다) 선다형 평가는 지식·이해, 과정·기능, 가치·태도 등 다양한 측면의 성취수준을 파악할 수 있도록 구성한다.

(라) 서술형 및 수행평가의 채점은 평가기준에 따라 다양한 방법을 활용하여 실시할 수 있다. 명료한 채점 기준을 바탕으로 분석적으로 채점을 실시하거나, 학습 결과물에 대한 종합적인 판단을 바탕으로 총괄적인 채점을 할 수 있다.

(마) 학습자는 자기 평가를 통해 자신의 학습 과정을 성찰함으로써 학습 방법 및 성취수준을 개선할 수 있다. 더불어 동료 평가는 교사 평가와 더불어 학습자의 성장을 조력할 수 있다.

(바) 디지털 기반 수업 상황을 고려하여 다양한 디지털 도구를 평가에 활용할 수 있다. 이때 학습자 간 디지털 격차를 고려한다.

동아시아 역사 기행

1. 성격 및 목표

가. 성격

'동아시아 역사 기행'은 동아시아의 생태환경과 이를 바탕으로 전개된 인간 활동, 그 결과로 남겨진 유·무형의 문화유산 등을 학습하며, 현재 동아시아 각 지역 간의 관계를 파악하고 자신의 진로를 탐색하는 과목이다. 이 과목에서는 동아시아의 각 지역이 독자성을 갖고 과거부터 지속적인 교류를 통해 유기적으로 연관 관계를 맺으며 현재의 동아시아를 형성해왔음을 이해한다.

'동아시아 역사 기행'에서 다루고자 하는 '동아시아'의 공간 범위는 지역 연관성에 기반하여 동북아시아와 동남아시아를 아우르는 넓은 의미의 '동아시아'이다. 동아시아 지역에서 전개된 교류와 갈등, 침략과 저항, 공존과 평화를 위한 노력 등을 탐구할 수 있도록 구성하였다.

'동아시아 역사 기행'을 통해 학습자는 자료의 분석·해석 과정을 통해 탐구 능력을 기르고 역사 지식을 형성한다. 또한 역사 해석의 다양성과 역사의 논쟁성을 인식하고 타자를 이해하려는 태도를 함양한다. 나아가 동아시아의 갈등을 평화적으로 해결하는 방안을 모색하고, 현존하는 생태환경 위기를 극복하기 위해 역사적 주체로서 참여하는 시민으로 성장한다.

나. 목표

'동아시아 역사 기행'은 학습자가 다양한 방법으로 유·무형의 문화유산 및 역사 현장을 탐구하여 동아시아의 과거와 현재에 대한 통합적이고 균형잡힌 역사 이해를 도모한다. 이를 바탕으로 동아시아의 평화와 지속가능한 발전에 기여하는 시민으로 성장하면서 자신의 진로를 탐색해 보는 것을 목표로 한다.

'동아시아 역사 기행' 과목의 구체적 목표는 다음과 같다.

(1) 유·무형의 문화유산 및 역사 현장을 탐구하여 역사적 가치를 인식한다.
(2) 동아시아 지역의 특징을 역사적 맥락에서 파악하고, 세계와의 연관 속에서 이해한다.

(3) 역사 자료의 분석과 해석을 통해 동아시아 역사의 특징을 추론한다.
(4) 동아시아 역사와 문화의 다양성을 탐구하고 타자를 이해하며 존중하는 태도를 갖는다.
(5) 현존하는 동아시아의 문제 해결 방안과 지속가능한 발전을 모색하는 시민의 자질을 갖춘다.
(6) 동아시아의 주요 현안을 심층적으로 이해함으로써 동아시아의 정치, 외교, 경제, 통상, 문화, 기후 환경 및 생태 관련 분야의 전문가로 성장하는 토대로 삼는다.

2. 내용 체계 및 성취기준

가. 내용 체계

	핵심 아이디어	• 동아시아 지역의 다양한 생활 방식은 생태환경의 차이와 관련된다. • 동아시아 세계는 교류와 갈등 속에 형성되었다. • 제국주의 침략과 식민 지배는 동아시아에 사회·경제적 문제를 초래했다. • 동아시아의 평화와 공존을 위해 각국의 상호 협력이 필요하다. • 역사 자료를 분석하고 해석할 때는 역사적·공간적 맥락을 고려해야 한다.
	범주	내용 요소
지식·이해	동아시아로 떠나는 역사 기행	• 역사 기행을 통한 동아시아 역사 탐구의 이해 • 동아시아의 생태환경과 동아시아 사람들의 생활
	교류와 갈등의 현장에서 만난 역사	• 동아시아 지역 간 교류의 시작 • 종교와 사상을 중심으로 한 지역 간 교류 • 몽골의 팽창과 17세기 전후 동아시아 전쟁 • 동아시아 지역 내외 교류 양상의 다양화
	침략과 저항의 현장에서 만난 역사	• 동아시아 지역에서 전개된 제국주의 침략 전쟁 • 아시아·태평양 전쟁과 반제·반전을 위한 저항과 연대 • 침략과 전쟁 및 식민 지배로 인한 생태환경 변화
	평화와 공존의 현장에서 만난 역사	• 냉전 시기 동아시아의 전쟁과 정치·사회적 변화 • 지역 간 경제와 문화 교류 및 다문화 사회화 • 상호 공존의 지역 질서 형성을 위한 연대와 참여
과정·기능		• 동아시아 각국의 역사적 장소와 문화유산에 대해 탐구하기 • 자료의 선택 및 분석과 해석을 통해 동아시아 지역의 특징 추론하기 • 동아시아 관련 탐구 과제에 대해 협업을 통해 결과물 도출하기
가치·태도		• 국경을 넘어 동아시아의 시민으로 인식 • 역사적 이해를 바탕으로 타자를 이해하고 존중하는 자세 • 동아시아의 현존하는 갈등을 해소하고 공존과 평화를 추구하는 자세

나. 성취기준

(1) 동아시아로 떠나는 역사 기행

[12동역01-01] 역사 기행을 통한 탐구의 방법을 이해하고, 동아시아의 범위와 특징을 파악한다.
[12동역01-02] 생태환경을 바탕으로 형성된 유목 세계, 농경 세계, 해양 세계의 삶을 이해한다.

(가) 성취기준 해설
- [12동역-01-01] 역사 탐구의 방식으로서 역사 기행의 의미를 이해하고, 현재 한국의 지정학적 위치와 정치·경제적 상황을 바탕으로 동아시아의 범위를 파악함으로써 동아시아 역사에 대한 이해와 흥미를 높이기 위해 설정하였다. 동아시아의 지역 범주는 지역 연관성에 따라 동북아시아와 동남아시아로 구성한다.
- [12동역-01-02] 동아시아 지역의 생태환경을 살펴봄으로써 인간의 삶과 역사가 인간의 행위뿐만 아니라 자연과의 관계 속에서 만들어진다는 것을 인식하기 위해 설정하였다. 동아시아 유목 세계, 농경 세계, 해양 세계의 특징을 생업, 음식, 주거 등 생활 문화를 중심으로 다룬다.

(나) 성취기준 적용 시 고려 사항
- 학습자가 여행이나 관광과는 다른 구별되는 역사 기행의 의미를 이해할 수 있도록 한다. 역사 기행은 역사적 의미가 있는 장소를 기행 대상으로 선택하여 해당 장소나 문화유산이 지닌 역사적 맥락과 의의를 이해하는 것에 주안점을 둔다.
- 동아시아의 지역 범위는 '문화권'이나 '문명'이 아니라 현재 한국의 정치, 경제적 활동 무대와 비중을 토대로 설정했음에 유의한다. 공공기관이 제공하는 다양한 자료를 조사하여 한국과 동북아시아, 동남아시아 지역 간의 인적 교류 상황과 무역 비중 등을 이해할 수 있도록 한다.
- 유목 세계, 농경 세계, 해양 세계에 대한 학습 주제를 균형 있게 다루도록 한다. 각 지역 세계 사람들의 삶의 모습이 생태환경과 관련하여 형성되었음을 잘 보여주는 문화유산 등을 상호 비교해가면서 공통점과 차이점을 파악한다.
- 지도를 활용하여 동아시아의 범위를 파악하거나, 유목 세계, 농경 세계, 해양 세계의 공간적 특성을 학습할 수 있다. 각 지역의 지형적 특징과 기후 환경이 사람들의 생활에 어떤 영향을 미쳤는지 추론해 보는 활동을 진행할 수 있다.

(2) 교류와 갈등의 현장에서 만난 역사

[12동역02-01] 동아시아의 지역 간 교류를 보여주는 문화유산을 탐구한다.
[12동역02-02] 종교와 사상을 중심으로 동아시아 각 지역 간 교류 양상을 파악한다.
[12동역02-03] 몽골의 팽창 및 17세기 전후 동아시아 전쟁이 초래한 변화를 이해한다.
[12동역02-04] 이슬람과 유럽 세력의 참여를 통해 확대된 동아시아 교류의 모습을 탐구한다.

(가) 성취기준 해설
- [12동역02-01] 동아시아의 유목 세계, 농경 세계, 해양 세계가 상호 교류 관계를 맺는 모습을 파악하기 위해 설정하였다. 선사 시대부터 기원 전후에 걸쳐 지역 간 교류를 보여주는 대표적인 유적과 문화유산의 사례를 중심으로 다룬다.
- [12동역02-03] 전쟁과 세력 팽창이 동아시아 각국에 정치·사회·문화적 변화를 초래하였다는 점을 이해하기 위해 설정하였다. 몽골의 팽창은 13~14세기를 다루며 각 지역에서 형성된 교역망이 연결되며 동서 교역이 확대되었다는 점에 초점을 맞춘다. 17세기 전후 동아시아 전쟁으로는 임진, 병자 전쟁을 중점적으로 다룬다.
- [12동역02-04] 주요 교역 물자를 매개로 교류 확대의 양상을 파악하도록 하고, 결제 수단으로 은이 활용되었음에 주목한다. 동아시아 각 지역에 확대된 불교 및 힌두교 문화와 이슬람교의 영향을 이해하고 교역을 매개로 활동한 중국인과 인도인의 모습을 이들의 거점이 된 주요 도시들을 활용하여 파악한다. 또한 유럽과의 교역 확대가 동남아시아 지역에 항시(港市)의 발달을 촉진했음을 이해한다.

(나) 성취기준 적용 시 고려 사항
- 교류의 모습을 파악할 때 중심-주변부로서의 전파, 확산이 아니라 서로 동등한 주체성을 갖고 교류하였음을 이해한다. 인적·물적 교류 및 기술의 전파가 정치·사회·문화 변화의 배경으로 작용했음에 유의한다. 또한 교류로 인한 의복, 음식, 주거 등 생활 문화의 변화 사례를 탐구하는 활동을 수행할 수 있다.
- 종교인과 사상가의 활동 및 그들의 흔적을 보여주는 문화유산을 조사하는 활동을 진행할 수 있다. 육지 이동의 경로뿐만 아니라 바닷길을 이용한 이동 경로도 있음에 유의하고, 종교와 사상이 토착 문화와 융합한 모습도 문화유산을 통해 파악하도록 한다.
- 전쟁을 다룰 때 전쟁 과정을 과도하게 부각하거나 자세하게 묘사하여 전쟁의 양상 위주로 다루거나 당시 동아시아 각국의 관계를 지배와 피지배 관계로 보는 것을 지양하도록 한다. 또한 전쟁을 매개로 한 교류는 육지뿐만 아니라 바닷길을 통해서도 이루어졌음에 유의하

여, 동남아시아 지역까지 포함하는 다양한 인적·물적 교류가 이루어져 기술과 문화 발전에 상호 영향을 주었음을 사료와 문화유산 등의 사례를 활용하여 탐구한다.
- 전쟁과 세력 팽창에 의한 변화를 다룰 때는 전적지나 기념물, 전쟁이 초래한 교류를 보여주는 문화유산을 중심으로 다루고, 지역 외 세력의 참여로 확대된 교류의 양상을 다룰 때는 대표적인 도시와 문화유산을 기행 장소로 선정하여 탐구할 수 있다.

(3) 침략과 저항의 현장에서 만난 역사

[12동역03-01] 동아시아 지역에서 전개된 제국주의 열강의 침략 전쟁을 탐구한다.
[12동역03-02] 아시아·태평양 전쟁과 이에 대한 저항과 연대의 움직임을 파악한다.
[12동역03-03] 제국주의 열강의 침략과 전쟁이 지역 생활과 생태환경에 끼친 영향을 탐구한다.

(가) 성취기준 해설
- [12동역03-01] 19세기부터 아시아·태평양 전쟁 발발 이전까지 제국주의 열강의 침략 전쟁을 조명하기 위해 설정하였다. 침략 과정에서 체결된 여러 불평등 조약의 내용을 토대로 제국주의 침략의 성격을 파악하고, 전적지 및 침략 전쟁이 남긴 문화유산을 통해 전쟁을 이해한다.
- [12동역03-02] 아시아·태평양 전쟁의 발생 배경과 전쟁의 양상을 살펴봄으로써, 전쟁이 동아시아 지역에 끼친 영향과 이 전쟁에 맞서 국경을 초월하여 활동한 반제·반전의 움직임을 탐구하기 위해 설정하였다.
- [12동역03-03] 제국주의 열강의 침략과 전쟁 및 식민 지배가 동아시아 생태환경에 크게 영향을 미쳤으며 이것이 오늘날까지도 지속되고 있음을 인식하기 위해 설정하였다. 농업과 공업 분야의 개발로 나타난 생태환경의 변화가 인간과 자연에 미친 영향을 살펴보는 데 초점을 둔다. 또한 지역과 지역 간의 이동이 활발해짐에 따라 전염병이 광범위하게 전파된 측면도 다룰 수 있다.

(나) 성취기준 적용 시 고려 사항
- 동아시아 지역에 크게 영향을 미친 전쟁을 다룰 때, 전쟁의 전개 과정보다 전쟁의 결과 맺어진 조약과 국가 간의 관계에 초점을 맞춰 침략 전쟁이 동아시아 지역과 사람들의 삶에 어떤 영향을 미쳤는지 이해한다. 제국주의 침략 전쟁을 다룰 때 동아시아에서 발생했던 침략 전쟁을 모두 망라하지 않도록 유의한다.
- 아시아·태평양 전쟁에 맞선 저항과 연대를 다룰 때 일본인들도 참여한 사실을 통해 반제·반전 연대가 국경을 초월하여 전개되었다는 점에 유의한다. 각 지역에서 벌어진 저항 운동의

양상이 다르게 전개되었음을 이해한다. 제국주의 일본이 전쟁 중 자행한 행위로 인한 고통과 피해를 유적과 기념관, 생존자들의 증언 등으로 탐구할 수 있다. 이때 국적을 불문하고 사람들이 고통을 받았음을 확인한다.
- 동아시아 생태환경의 변화 모습은 지리적 변화 모습과 농업, 공업 생산량 통계 자료 등을 활용하여 파악한다. 침략과 식민 지배 과정에서 일어난 생태환경의 변화는 현재까지 이어져서 해당 지역에 거주하는 인간의 삶에 영향을 미치고 있음에 유의한다.

(4) 평화와 공존의 현장에서 만난 역사

> [12동역04-01] 냉전 시기 동아시아 지역에서 전개된 전쟁을 탐구하고, 각국의 정치·사회적 변화를 파악한다.
> [12동역04-02] 경제 및 대중문화 교류가 확대되는 모습을 이해하고, 다문화 사회의 현실을 파악하여 공존을 위한 노력을 모색한다.
> [12동역04-03] 동아시아의 역사 및 영토 갈등과 새롭게 대두되는 문제를 파악하고 해결하려는 자세를 갖는다.

(가) 성취기준 해설
- [12동역04-01] 냉전 시기 동아시아 각 지역에서 전개된 국제전, 국지전의 양상을 살펴보고, 이 시기 동아시아 각국의 정치·사회적 변화를 조망하기 위해 설정하였다. 전쟁 발발의 배경과 전쟁이 동아시아 지역에 초래한 영향, 민중이 겪은 고통, 이산의 아픔 등을 파악하는 데 주안점을 둔다. 정치·사회적 변화로는 동아시아 각국의 민주화 운동 사례를 학습할 수 있다.
- [12동역04-03] 동아시아의 역사 및 영토 갈등, 기후·환경 문제의 해결을 모색하기 위해 설정하였다. 이러한 갈등과 문제를 역사적 맥락에서 이해하고, 국경을 초월한 연대가 필요함을 강조한다. 동아시아 공존과 평화, 환경 문제 해결을 위한 청소년의 역할을 모색하면서 자신의 진로 탐색에 활용할 수 있다.

(나) 성취기준 적용 시 고려 사항
- 국제전과 국지전을 다룰 때 동아시아에서 발생했던 전쟁을 모두 망라하지 않도록 유의하고, 전투가 전개되었던 역사적 현장을 중심으로 다룰 수 있도록 한다. 정치·사회적 변화를 조망할 때 각 지역의 민주화 운동의 정도와 양상이 서로 다르게 전개되었고, 사회 전반의 민주주의적 변화에 영향을 주었음을 파악한다. 또한 전쟁 및 민주화 운동과 관련하여 진행되고 있는 현재의 기념행사와 기념물 등을 조사하여 과거의 역사를 어떻게 기억·기념하고 계승해나가고 있는지 탐구한다.

- 민주화 운동의 사례와 민주주의 실현이 좌절된 사례를 함께 탐구하면서 민주주의를 가로막는 요인을 파악하고, 향후 민주주의의 발전을 위해 어떤 노력이 필요한지 학습자 스스로 생각해볼 수 있도록 한다.
- 한국을 비롯한 동아시아 각국 간의 경제 교역 규모 및 동아시아 지역 간 경제 교역 규모는 공공기관에서 운영하는 인터넷 자료실의 통계를 활용할 수 있다. APEC, ASEAN+3 등 동아시아 국제기구 사례를 통해 경제 분야 이외의 다른 분야로 교류가 확대되는 모습을 확인할 수 있다.
- 동아시아 각 지역의 외국인 집단거류지를 활용하여 이주민의 정착과 다문화 사회가 변화되고 있는 모습을 조사한다. 각 지역에서 나타나는 이주민에 대한 차별과 혐오 사례를 조사하고 다문화 축제와 시민단체 활동 등 이를 해소하려는 사례를 활용하여 공존을 위한 구체적인 방안을 모색한다.
- 21세기 들어 대두하고 있는 기후위기와 환경 문제는 국경을 초월하여 전개되고 있음에 유의한다. 국경을 넘어 연대와 협력을 모색하면서 문제 해결을 위해 노력하고 있는 각국의 시민단체와 활동가를 선정하여 활동 내용을 조사하고 해결 방안을 모색해본다. 또한 문제 해결 방안을 조사하는 가운데 학생 본인이 참여하거나 지원하는 방법 등을 생각해보면서 자신의 진로를 탐색해 보는 기회로 삼는다.

3. 교수·학습 및 평가

가. 교수·학습

(1) 교수·학습의 방향

(가) '동아시아 역사 기행' 교육과정에서 제시한 목표와 성취기준을 고려하여 탐구 중심의 교수·학습을 계획하고 운영한다.

(나) 교수·학습을 계획하는 단계에서 평가 계획을 함께 구상하여 교수·학습과 평가의 일관성을 추구한다.

(다) 학습자가 자기 주도성을 발휘할 수 있도록 교수·학습의 설계, 실행, 피드백에 이르는 전 과정에 학습자가 참여할 수 있도록 한다.

(라) 학습자가 역사 자료의 분석과 해석, 논쟁, 추론 등의 탐구 과정을 경험할 수 있도록 교수·학습을 계획하고 운영한다.

(마) 학습자가 역사 자료를 다루는 과정에서 역사적 증거, 변화와 지속, 인과 관계, 역사적 중요성 등 역사 학습의 주요 개념을 습득할 수 있도록 한다.

(바) 진로 선택 과목이라는 특성을 고려하여 동아시아 지역에 대한 이해를 바탕으로 진로 탐색 활동을 적극적으로 전개할 수 있도록 교수·학습 방법을 모색한다.

(사) '동아시아 역사 기행'에서 학습자가 최소 성취수준에 도달하지 못하는 것을 예방하도록 한다. 이를 위해 소외되는 학습자가 없도록 참여를 보장하고 다양성을 존중하며 협업할 수 있도록 지도한다.

(2) 교수·학습의 방법

(가) '동아시아 역사 기행' 수업은 동아시아의 역사 현장 및 유·무형의 문화유산을 기행 대상으로 선정하여 역사적 맥락과 현재의 의미를 이해한다. 이를 위해 역사 기행에 필요한 공간 감각을 갖추기 위해 역사 지도를 활용한다.

(나) '동아시아 역사 기행'의 수업 자료로서 유·무형의 문화유산을 활용하여 탐구할 수 있다. 또한 유적과 유물 등 유형의 문화유산뿐만 아니라 주거·음식·의복 등 생활 문화나 음악·놀이·축제 등 무형의 문화유산도 적극 활용하여 동아시아 역사를 이해할 수 있도록 한다.

(다) 동아시아 각 지역에 현존하는 문제를 파악하여 학습자가 스스로 탐구 과제를 설정하고, 탐구 결과를 다양한 방법으로 표현하도록 지도한다.

(라) '동아시아 역사 기행'의 주요 주제인 생태환경, 교류·갈등, 침략·저항, 평화·공존과 관련된 다양한 자료를 비교·분석·종합하는 활동을 통해 동아시아 각국의 공통점과 차이점을 인식할 수 있도록 지도한다.

(마) 동아시아 국가 간의 논쟁이 있는 주제를 다루는 수업에서는 대립하거나 충돌하는 내용을 역사적으로 탐구할 수 있도록 한다. 또한 토론 학습을 통해 해결 방안을 찾는 과정에서 동아시아 이외 지역의 사례도 참고할 수 있도록 한다.

(바) 주제별·지역별 동아시아 역사 기행 코스 짜보기 및 관련 상품 개발, 청소년 교류와 봉사 프로그램 구성 등을 프로젝트 학습이나 협동학습 등으로 진행하여 진로를 탐색해 볼 수 있다.

(사) 사진, 그림, 도표, 연표나 TV 드라마, 다큐멘터리, 영화 등 다양한 시청각 자료를 활용하여 학습자가 관심과 흥미를 갖고 학습 활동에 참여하게 한다.

(아) 온라인 박물관, 기념관, 디지털 아카이브 등을 활용하여 국내외의 자료를 조사하고 분석, 해석하는 학습을 진행할 수 있다. 또한 가상 현실, 증강 현실 등 디지털 역사 콘텐츠의 체험을 확대하여 현장감 있는 역사 기행 방법을 모색할 수 있다.

(자) 학습자의 특성을 고려하여 흥미나 관심 분야에 따라 세부 활동을 다양화할 수 있도록 한다. 예를 들어 동아시아 문화유산 답사와 연계한 글쓰기, 가상 인터뷰, 사진 촬영, 동영상 제작 등으로 표현할 수 있다.

(카) 학습자가 최소 성취수준에 도달하지 못하는 것을 예방하기 위해 상시적으로 수업 과정에서 학생들의 역사 이해 정도를 확인하고, 학생별 학습 수준에 맞춰 적절한 보충 학습 자료를 제공하여 추가 학습 기회를 갖도록 한다.

나. 평가

(1) 평가의 방향

(가) '동아시아 역사 기행' 교육과정에 제시된 교육 목표, 내용, 교수·학습과 일관성을 유지하면서 평가를 시행한다.

(나) 교육과정에 제시된 성취기준을 준거로 평가를 실시하며, 평가의 내용은 지식·이해, 과정·기능, 가치·태도 영역을 균형적으로 포함한다.

(다) 교사의 교수·학습 활동을 개선하고 학습자의 성장을 돕는 데 평가를 활용한다.

(라) 자기 평가, 동료 평가 등 다양한 평가 방식을 활용하여 학습자가 평가 활동에 능동적으로 참여할 수 있도록 한다.

(마) 디지털 교육 환경을 고려한 다양한 평가 방법을 활용하고 디지털 도구에 기반한 실제적이고 창의적인 평가 방안을 모색한다.

(바) 장애, 이주 배경의 학습자 등 다양한 학습자의 특성을 고려하여 평가한다.

(2) 평가의 방법

(가) 역사 탐구 능력을 평가하는 경우에는 자료를 통해 질문을 만들 수 있는지, 질문에 대한 자료를 수집하여 신뢰할 만한 자료를 선정할 수 있는지를 확인한다. 또한 자료의 분석과 해석을 통해 학습자가 역사 이해를 구성하여 표현할 수 있는지 평가할 수 있다.

(나) 다양한 역사 해석이나 논쟁적 내용을 포함한 역사 학습의 평가는 역사에 대한 맥락적 이해 및 타당한 논거를 바탕으로 주장을 제시하고 있는지를 중심으로 평가한다. 또한 서로 다른 주장의 요지를 이해하고 있는지도 평가할 수 있다.

(다) 지필평가는 역사 사실 및 용어, 개념의 이해 정도를 측정하는 데 유용하다. 이러한 평가에서도 다양한 자료를 활용하여 역사적 사고력을 평가하는 문항을 구성한다.

(라) 수행평가는 문화유산 홍보물 제작, 역사 기행 코스 소개, 포트폴리오 구성 등 다양한 평가를 실시할 수 있다. 또한 채점 기준표를 활용하여 학습자에게 피드백을 제공하고, 학습자가 자기 점검을 통해 자기주도적 학습 능력을 향상시킬 수 있도록 한다.

(마) 자기 평가를 할 때는 스스로 학습 과정을 성찰할 수 있도록 배움 일지 등을 작성할 수 있는 기회를 제공한다. 또한 동료 평가를 할 때 학습자가 다른 학습자에 대해 공정하고 객관적으로 평가하도록 지도한다.

(바) 학습자의 수준과 특성에 따라 다양한 디지털 도구를 활용할 수 있다. 온라인 플랫폼을 활용한 상호 평가나 피드백 제공을 통해 학습자의 성장을 지원할 수 있다.

(사) 학습자가 최소 성취수준에 도달하지 못하는 것을 예방하기 위해 학기 초에 진단평가를 실시하여 그 결과를 수업에 활용할 수 있다. 학습자의 학습 상황을 상시적으로 관찰하고 형성평가를 통해 성취수준을 고려하여 개별 학습 기회를 제공한다.

(아) 장애, 이주 배경의 학습자에게는 평가 응답 시간이나 이중 언어 사용 등을 고려한다.

역사로 탐구하는 현대 세계

1. 성격 및 목표

가. 성격

'역사로 탐구하는 현대 세계'는 현대 세계의 과제를 역사적 관점에서 파악하고 해결 방안을 모색하여 미래를 능동적으로 살아갈 수 있는 역량을 기르는 과목이다. '역사로 탐구하는 현대 세계'는 고등학교 역사과 융합 선택 과목으로 타 교과와의 관련성을 고려하며 국가, 지역, 세계의 역사에 상호연관적으로 접근한다.

'역사로 탐구하는 현대 세계'는 현대 세계의 과제를 중심으로 내용을 선정하고, 시계열성을 고려하여 구성한다. '현대 세계와 역사 탐구', '냉전과 열전', '성장의 풍요와 생태환경', '분쟁과 갈등, 화해의 역사', '도전받는 현대 세계'를 영역으로 설정한다.

'역사로 탐구하는 현대 세계'를 통해 학습자는 자료의 분석·해석 과정에서 탐구 능력을 기르고 역사 지식을 형성하며, 해석의 다양성과 역사의 논쟁성을 인식하고 타자를 이해하려는 태도를 함양한다. 또한 학습자는 현재 상황이 당연한 결과가 아니라 역사 행위자의 선택과 실천이 만들어온 결과임을 인식하고 학습자 자신도 미래 사회를 만들어가는 주체임을 자각할 수 있도록 한다.

나. 목표

'역사로 탐구하는 현대 세계'는 학습자가 현대 세계의 과제를 탐구하고 성찰하여 자기 삶과의 관련성을 인식하는 것을 목표로 한다. 탐구 과정을 통해 현대 세계의 과제가 갖는 복잡성과 연관성을 파악하고 문제 해결 능력을 갖추도록 한다.

'역사로 탐구하는 현대 세계'의 구체적 목표는 다음과 같다.

(1) 현대 세계의 과제를 역사적 맥락에서 탐구하고 다원적 관점에서 이해한다.
(2) 현대 세계의 복잡성과 연관성을 고려하여 과제의 해결책을 모색한다.
(3) 다양한 형태로 존재하는 역사 자료를 분석·해석하는 능력을 기른다.
(4) 자신과 다른 견해를 존중하며 논쟁하는 태도를 갖춘다.

2. 내용 체계 및 성취기준

가. 내용 체계

핵심 아이디어	· 평화 체제 구축을 위한 국제 사회의 노력이 전개되었다. · 세계 경제의 성장 속에서 생태환경의 문제가 심화되었다. · 세계 각지에서 분쟁과 무력 갈등이 발생했으나 극복 노력도 계속되었다. · 경제의 세계화 이후 사회·경제적 불평등이 심화되었다. · 역사 지식은 역사 자료의 비판, 분석, 해석 등을 통해 형성된다. · 문화적 다양성을 포용하는 태도는 세계시민 의식의 기초가 된다.	
범주		내용 요소
지식·이해	현대 세계와 역사 탐구	· 세계 대전 이후의 현대 세계 · 청소년이 바라본 현대 세계의 과제
	냉전과 열전	· 전후 평화를 위한 국제적 노력과 좌절 · 냉전 시기 열전의 전개 · 기념 시설로 만나는 역사
	성장의 풍요와 생태환경	· 세계 경제의 성장과 기술 발전 · 대중 소비 사회와 생태환경의 문제 · 기후변화 협약으로 만나는 역사
	분쟁과 갈등, 화해의 역사	· 탈냉전 이후의 국제 분쟁과 무력 갈등 · 권위주의 체제의 변동 · 역사 정책으로 만나는 역사
	도전받는 현대 세계	· 경제의 세계화와 불평등의 심화 · 다문화 사회로의 진전과 갈등 · 국제 규범으로 만나는 역사
과정·기능		· 다양한 역사 자료를 선택하고 분석하기 · 분석한 자료를 해석하고 비교하기 · 역사적 서사를 구성하고 표현하기
가치·태도		· 타인의 역사 해석을 존중하는 태도 · 인류의 지속가능한 삶을 위한 가치관 형성 · 자신을 역사적 존재로 인식하고 실천하는 자세

나. 성취기준

(1) 현대 세계와 역사 탐구

[12역현01-01] 현대 세계를 전후 체제 형성의 역사를 중심으로 파악한다.
[12역현01-02] 학습자가 생각하는 현대 세계의 과제를 선정·조사하고 그 특징을 분석한다.

(가) 성취기준 해설
- [12역현01-01] 현대 세계는 지역 세계가 확장된 결과 지구가 하나의 긴밀한 연결망으로 이루어진 세계를 뜻한다. 현대 세계는 시기를 제1·2차 세계 대전 이후로 설정하였으나 탐구 주제에 따라 이전 시기와의 연관성을 고려하여 유연하게 소급하여 다룰 수 있다.
- [12역현01-02] 현대 세계의 과제를 선정하고 조사하여 쟁점별로 발표하는 활동에 중점을 둔다. 이 과정에서 현대 세계를 바라보는 나와 타인의 인식 차이를 확인하고, 자신의 관점을 상대화할 수 있다.

(나) 성취기준 적용 시 고려 사항
- 학습자가 현대 세계의 과제를 선정하고 해당 주제와 자신과의 관련성을 탐색할 수 있도록 안내한다. 탐구 주제가 국가, 지역, 세계적 차원에서 어떻게 긴밀하게 연관되어 있는지 파악할 수 있도록 한다.
- 현대 세계의 과제는 역사적 접근을 통해 그 연원을 찾아갈 때 복잡성과 연관성의 특징이 보다 명확히 파악될 수 있음을 안내한다.

(2) 냉전과 열전

[12역현02-01] 제2차 세계 대전 이후 인권·평화를 위한 국제 사회의 노력과 한계를 파악한다.
[12역현02-02] 냉전 시기 열전의 전개 양상을 찾아보고, 전쟁 당사국의 전쟁 경험을 비교한다.
[12역현02-03] 세계 여러 지역의 전쟁 관련 기념 시설이 제시하는 기억 방식을 조사하여 분석한다.

(가) 성취기준 해설
- [12역현02-01] 제2차 세계 대전이 끝난 이후 홀로코스트를 비롯한 전쟁 범죄의 문제가 제기되는 등 평화와 인권이 중요한 의제로 등장했음에 주목한다. 국제 사회는 평화와 인권을 위해 국제 연합을 창설하고 세계 인권 선언 등 국제 규범과 규약을 마련하였으나 냉전의 전개 속에서 그 시도가 한계에 부딪혔음에 주목한다.

- [12역현02-02] 6·25 전쟁과 베트남 전쟁을 중심으로 냉전 시기 전개된 열전의 양상과 특징을 파악한다. 전쟁에 개입한 여러 당사국의 이해관계 및 행위 주체의 경험과 삶을 드러내며, 전쟁의 참상을 청소년과 여성 등의 시선에서 접근한다.
- [12역현02-03] 전쟁 관련 조형물 및 기념관을 조사하여 전쟁을 기억하는 방식의 차이를 파악하는 데 초점을 둔다. 국가별로 정부가 설립한 전쟁 기념관의 공식 기억과 집단·개인의 기억 차이를 비교하거나, 피난과 학살 등 특정 주제를 중심으로 전쟁을 기억하는 방식에 주목한다. 학습자 스스로 온오프라인의 다양한 기념관을 방문하는 활동을 전개할 수 있다.

(나) 성취기준 적용 시 고려 사항

- 전범 재판 과정에서 전쟁 범죄의 개념이 구체화 되었음에 유의하며, 전범 재판에 회부된 인물의 생애와 책임 문제를 중심으로 전쟁 범죄의 의미를 파악할 수 있도록 안내한다.
- 세계 인권 선언은 제2차 세계 대전 이후 국제 사회의 노력 속에서 탄생하여 보편적 규범으로 자리 잡았고, 이후 생겨난 각종 선언과 협약의 근거로 작용하여 아동, 여성, 노동, 난민 등 인권의 외연을 확장하는 데 바탕이 되었음을 지도한다.

(3) 성장의 풍요와 생태환경

[12역현03-01] 세계 경제의 성장과 기술 혁신의 변화 양상을 조사한다.
[12역현03-02] 대중 소비 사회의 형성과 생태환경의 문제 및 극복 노력을 사례 중심으로 탐구한다.
[12역현03-03] 기후변화와 관련된 협약 및 보고서를 조사하고, 그 의미를 추론한다.

(가) 성취기준 해설

- [12역현03-01] 1950년대 이후 세계 경제 규모가 비약적으로 커지면서 인구가 폭발적으로 늘어나고 인류의 생활 방식이 크게 변화하였음에 주목한다. 과학기술 발전으로 경제 성장이 가속화하였다는 점에 중점을 둔다.
- [12역현03-02] 전 지구적 차원의 대량 생산 체제가 마련되고 대중 소비 사회가 본격화되면서 생태환경의 문제가 심화되었음에 초점을 맞춘다. 생태환경의 문제는 대륙별·지역별로 편차가 있음에 유의하며 문제 해결을 위한 국제적 연대 활동이 활발하게 이루어진 사례를 중심으로 살핀다.
- [12역현03-03] 국제 사회 기후변화 협약의 변화 과정을 파악하고 이에 영향을 미친 기후변화 평가 보고서도 함께 조사한다. 기후변화 협약과 보고서의 내용을 바탕으로 기후변화의 심각성을 깨닫고 대안을 모색 한다.

(나) 성취기준 적용 시 고려 사항
- 생태환경의 문제는 세계 경제 성장 이전부터 제기되었으나, 이 시기 중요한 사회적 의제가 되었음을 고려한다. 공해 산업의 국제적 이전 사례와 같이 생태환경의 문제는 지역별 불평등과 노동인권 문제와 깊이 연관되어 있음을 안내한다.
- 학습자가 기후변화 협약 및 보고서를 읽고 주요 문제의식을 찾아낼 수 있도록 안내한다. 과학자들의 보고서에 담긴 연구의 주요 결과를 이해하고, 국가 간 기후변화 협약에 담긴 의미와 한계를 파악할 수 있도록 한다.

(4) 분쟁과 갈등, 화해의 역사

[12역현04-01] 국제 분쟁 및 무력 갈등의 원인과 전개 양상을 사례 중심으로 파악한다.
[12역현04-02] 탈냉전 이후 '제3 세계' 국가의 권위주의 체제 변동에 따른 갈등 양상과 특징을 조사한다.
[12역현04-03] 국내외 분쟁과 갈등을 해결하기 위한 역사 정책 사례를 탐구한다.

(가) 성취기준 해설
- [12역현04-01] 국제 분쟁 및 무력 갈등의 사례를 선정하고 분쟁의 발생 원인을 역사적 맥락에서 탐구하는 데 초점을 맞춘다. 국제 분쟁은 민족, 종족, 종교, 영토 문제 등 다양한 요인이 복합적으로 작용했음에 유의한다.
- [12역현04-02] 권위주의 체제를 유지하던 '제3 세계' 국가가 탈냉전 이후 시장 개방과 민주화의 요구 등으로 체제 변동을 경험하며 새로운 갈등을 겪었음에 주목한다. 갈등 전개의 원인을 파악할 때 역사적으로 식민주의 문제와 연관된 사례가 많았음에 유의한다.
- [12역현04-03] 탈냉전 이후 분쟁과 갈등을 조정하고 평화를 만들기 위한 역사 정책의 사례를 국가, 지역, 세계적 차원에서 찾아보고, 역사 정책의 실행 과정과 결과를 비교할 수 있도록 한다.

(나) 성취기준 적용 시 고려 사항
- 국제 분쟁은 식민의 유산, 종교 갈등, 민족이나 종족 갈등, 자원, 기후 등 여러 요소가 복합적으로 작용한 결과로 그 원인을 다면적으로 파악할 때 갈등 극복을 위한 문제 해결의 실마리도 모색할 수 있음을 안내한다.
- 유엔 평화 유지군 파견 여부, 대규모 난민 발생, 분쟁 지역 내 문화유산 파괴 등 국제 분쟁이 지속되면서 제기된 논란을 학습자가 조사해 파악할 수 있도록 지도한다.

- 분쟁을 극복하려는 인물의 행위를 중심으로 평화 체제 구축을 위한 노력을 살펴보면서 학습자가 세계시민으로서 자신의 역할을 자각할 수 있도록 한다. 분쟁 종결 이후에도 존재하는 트라우마를 치유하기 위한 노력에 대하여 안내한다.
- 분쟁과 갈등 해결을 위한 역사 정책은 공동 역사 교과서 편찬, 과거사 정리, 국가 기록 관리 정책 등으로 구분할 수 있으며, 세부 정책별로 나누어 조사·비교할 수 있도록 지도한다.

(5) 도전받는 현대 세계

[12역현05-01] 경제의 세계화 이후 사회·경제적 변화를 국가, 지역, 세계적 차원에서 파악한다.
[12역현05-02] 다문화 사회의 갈등 문제를 역사적으로 파악하고, 이를 해결하기 위해 노력한 사례를 조사한다.
[12역현05-03] 문화 다양성 관련 국제 규범의 형성 과정을 살펴보고, 그 의미와 한계를 탐구한다.

(가) 성취기준 해설
- [12역현05-01] 경제의 세계화 이후 자본과 상품의 이동이 활발해지고 교류 및 이주가 활발해지면서 나타난 변화의 양상을 파악하며, 남북문제 등 불평등의 심화에 초점을 맞춘다.
- [12역현05-02] 민족, 종족, 젠더, 종교, 이념 등의 차이를 근거로 차별과 혐오가 사회 문제로 부각되는 배경 및 과정에 초점을 맞춘다. 경제와 안전, 정체성 등을 이유로 다문화 사회의 포용 정책에 반대하는 주장이 존재하는 상황에서 시민 사회 및 국제기구의 역할에 주목한다.
- [12역현05-03] 문화 다양성을 존중하기 위한 국제 규범을 선정하여 탐구하고, 국제 규범의 가치를 이해하는 한편 규범의 등장 과정에서 제기된 논쟁과 갈등에 초점을 맞춘다.

(나) 성취기준 적용 시 고려 사항
- 이주 배경 학생들에게 학습 내용이 심리적 위축이나 부담이 되지 않도록 한다.
- 다문화 사회의 역사적 변화를 이주민과 난민을 중심으로 설명할 수 있으며, 이주민과 난민의 삶은 담은 그림책, 소설, 수기 등 다양한 문학 작품을 교재로 활용할 수 있음을 안내한다.

3. 교수·학습 및 평가

가. 교수·학습

(1) 교수·학습의 방향

(가) 교수·학습의 설계 시 평가 계획을 함께 구상하여 교수·학습과 평가의 일관성을 추구한다.

(나) 학습자의 특성에 유의하여 교수·학습을 설계한다.
- 학습자의 관심과 흥미, 적성과 진로, 역사 인식과 문화 배경 등을 고려한다.
- 학습자가 가진 역사 지식, 오개념을 파악하고 이를 교수·학습 설계에 적절히 활용한다.

(다) 학습자가 자기 주도성을 발휘할 수 있도록 교수·학습을 계획하고 운영한다.

(라) 학습자가 현대 세계의 과제를 탐구하면서 해석의 다양성과 역사의 논쟁성을 경험할 수 있도록 교수·학습을 계획하고 운영한다.

(마) 학습자의 디지털 리터러시 함양을 위해 디지털 도구를 이용하여 디지털 역사콘텐츠를 접근·판단·활용하는 방법을 교수·학습 계획에 포함하여 운영한다.

(바) 최소 성취수준에 미도달하는 것을 예방하기 위해 상시적으로 학습자들의 학습 상황을 확인하고, 학생별로 적절한 보충 학습 자료 및 추가 학습의 기회를 제공한다.

(2) 교수·학습의 방법

(가) 역사 자료는 공문서나 신문, 광고, 사진, 그림, 영상, 통계 자료, 구술 자료나 일기 등 다양한 형태의 역사 자료를 수집하여 분석하고, 이를 바탕으로 자신의 역사 해석이나 주장을 펼칠 수 있는 교수·학습 과정을 운영한다.

(나) 국내외의 기념물, 기념관, 기념행사를 교재로 활용할 경우 교수·학습 과정에서 과거를 기억하고 기념하는 이유를 탐구하여 기억과 기념 문화를 비판적으로 인식하는 기회를 제공한다.

(다) 역사 아카이브를 활용할 경우 학습자가 직접 사료를 탐색, 발굴, 분석하여 역사를 생동감 있고 입체적으로 이해할 수 있도록 교수·학습을 운영한다.

(라) 현대 세계의 문제를 다루는 프로젝트 학습은 학습자가 선정한 현대 세계의 문제를 국가, 지역, 세계적 차원에서 파악하고, 자신과 이웃의 삶과 연계한 해결 방안을 모색해 이를 표현하도록 한다. 프로젝트 과제를 선정할 때 역사와 현재의 관련성을 고려할 필요가 있으며, 학습자 개인의 흥미와 관심을 반영하여 주제를 선정할 수 있다.

(마) 교수·학습 과정에서 민감하고 논쟁적인 주제를 다룰 경우, 학습자의 인식과 정서적 반응에 유의한다. 해당 주제를 다루면서 갈등을 조정·관리하는 경험을 제공하며, 집단적·개인적 역사 인식의 차이를 드러낼 때 허용적 분위기를 조성해 학습자의 부담감을 경감하도록 한다.

나. 평가

(1) 평가의 방향

(가) 평가는 교수·학습 목표, 내용, 방법과 일관성을 유지하며 실시될 수 있도록 한다.

(나) 학습자의 지식·이해, 과정·기능, 가치·태도를 종합적으로 고려한 평가 계획을 수립하고 운영한다.

(다) 교수·학습 활동을 개선하고 교사와 학습자의 성장을 지원할 수 있는 평가 계획을 수립하고 운영한다.

(라) 디지털 기반 수업 상황을 고려하고 학습자가 다양한 디지털 도구를 활용할 수 있도록 평가를 계획하고 실시한다.

(마) 장애, 이주 배경 등 학습자의 개별적인 상황을 고려하여 평가를 진행한다. 평가 응답 시간 확보, 이중 언어 활용 등 다양한 방식을 고려하여 학습자의 성취와 배움에 주목하는 평가를 시도할 수 있다.

(바) 학습자가 평가 계획과 운영에 주도적으로 참여함으로써, 배움의 과정을 확인하고 또 다른 배움의 목표를 설정하는 데에 도움을 주도록 한다.

(2) 평가 방법

(가) 평가 문항을 지나치게 지엽적인 역사적 사실을 중심으로 구성할 경우 평가 본래의 취지와 목적을 실현하기 어려울 수 있다는 점을 고려한다.

(나) 서·논술형 및 수행평가는 명료한 기준을 바탕으로 한 채점 기준표를 구성해 활용할 수 있으며 평가 요소에 따라 점수를 부여한다.

(다) 학습자 주도의 평가는 학습자가 교수·학습의 계획, 실행, 결과를 성찰하는 활동을 통해 가능하며 자기 평가와 동료 평가 등을 활용할 수 있다.

(라) 평가는 또 다른 학습을 이어주는 역할을 하며, 개별 피드백뿐 아니라 동료 학습자 간에 평가 결과를 공유하면서 서로의 성장에 기여할 수 있도록 한다.

부록

인명 INDEX

뤼젠Jörn Rüsen	10, 62, 66, 78, 79, 80, 82, 83, 86, 87, 93, 208
윌슨&사이크스S. M. Wilson, & G. Sykes	11
에반스Richard J. Evans	11
윌슨&와인버그S. M. Wilson & S. S. Wineburg	11, 205
슐만Lee S. Shulman	12, 195, 196
굿문즈도티S. gudmundsdottir	12
헤로도토스Herodotus	14, 22, 149
헤겔Gerog W. F. Hegel	14, 18
마르크스Karl Marx	15, 18, 21, 23, 25, 104
슈펭글러Oswald Spengler	15, 164
토인비Arnold Toynbee	15, 164, 211
앳킨슨R. F. Atkinson	15, 53
딜타이Wilhelm Dilthey	15, 24, 36, 38, 52
크로체Benedetto Croce	15, 24, 39, 47, 52
오크쇼트Michael Oakeshott	15
콜링우드R. G. Collingwood	15, 20, 24, 39, 41, 52, 86, 98
포퍼K. R. Popper	15, 52, 56
헴펠C. G. Hempel	15, 52, 57, 59, 61, 105
랑케L. von Ranke	15, 16, 22, 23, 24, 25, 97, 147, 211
스펜서Herbert Spencer	18
부르크하르트Jacob Burckhardt	19
호이징가Johan Huizinga	19
르 고프Jacques Le Goff	19, 25
피렌느Henril Pirenne	19

인명 INDEX

투키디데스Thukydides	22
카토Marcus Porcius Cato	22
리비우스Titus Livius	22
타키투스Publius Cornelius Tacitus	22
아우구스티누스Aurelius Augustinus	22
마키아벨리Niccolo Machiavelli	22
비코Giovanni Battista Vico	22, 41
볼테르François-Marie A. Valtaire	22
흄David Hume	22, 56
기조F. P. G. Guizot	23
미슐레J. Mihelet	23
로빈슨James H. Robinson	24
베커Carl H. Becker	24
비어드Charles A. Beard	24
카Edward H. Carr	24
페브르Lucien Febvre	25
블로크Marc Bloch	25
브로델Fernand Braudel	25
보벨Michel Vovelle	25
드로이젠Johann G. Droysen	25, 38, 52, 88
톰슨E. P. Thompson	25, 177
에릭슨E. Erickson	25
푸코Michel Foucault	29
화이트Hayden White	29, 72, 103, 106, 107, 137, 141

카프라 Domonoque La Capra	29
기어츠 Clifford Geertz	30, 94
데리다 Jacques Derrida	30
라이트 G. H. von Wright	36, 37
마틴 Rex Martin	37
슐라이어마허 Friedrich Schleiermacher	38
가다머 Hans-Georg Gadamer	38
드레이 William Dray	39, 53, 57, 60, 105, 190
퍼어롱 E. J. Furlong	40
리 Peter J. Lee	41, 43
포스터 S. J. Foster	41
스토클리 David Stockley	42
밍크 Louis Mink	42, 53, 103, 107
레프 Gordon Leff	42
애쉬비&리 Rosalyn Ashyby&Peter J. Lee	43, 44
바튼&렙스틱 Keith. C. Barton&Linda. S. Levstik	43, 45, 93, 209
젠킨스 Keith Jenkins	44
엔다콧&브룩스 Jason L. Endacott&Sarah Brooks	45
만델봄 Maurice Mandelbaum	46, 89, 104
월시 W. H. Walsh	46, 54
블룸 Benjamin S. Bloom	47, 49, 50, 74, 142, 158
와츠 D. G. Watts	47, 62
필 E. A. Peel	47, 64
버터필드 H. Butterfield	48, 75
콜담&파인즈 J. B. Coltham&John Fines	49, 50, 74, 143

인명 INDEX

쉐밀트D. Shemilt	50, 100
맥키온&벡M. McKeown&I. Beck	51
반슬레드라이트&브로피B. VanSledright&J. Brophy	51, 109
가벨라M. S. Gabella	51
세이셔스P. Seixas	51, 85, 86, 87, 196
홀트T. Holt	51
콩트A. Conte	52
밀J. S. Mill	52
패스모어John Passmore	53
맥컬라프C. McCullagh	54
라일Gilbert Ryle	61
듀이John Dewey	64
피아제Jean Piaget	64, 65, 66, 68, 69, 70, 72, 73, 96, 97
브루너J. S. Bruner	64, 72, 88, 91, 97, 108, 196
할람R. N. Hallam	64, 65, 66, 69, 72
시겔Irving E. Sigel	68
저드M. F. Jurd	69
콜리스&빅스K. F. Collis&J. B. Biggs	69
파스쿠알-레온J. Passcual-Leone	69
케네디J. K. Kennedy	69, 72
이건K. Egan	70, 107
퍼스C. S. Peirce	70
피셔D. H. Fischer	71, 104
부스M. B. Booth	71, 72
엘킨드D. Elkind	73

거닝 Dennis Gunning	74
에코 Umberto Eco	90
바르트 R. Barthes	90
포도르 J. A. Fodor	85, 91
드레이크 F. D. Drake	92, 96
라이즈먼 A. Reisman	92
몬테사노 C. Monte-Sano	92, 198
레비손 J. A. Levisohn	92
쾨르버 Andreas Körber	93
르벡 S. Levesque	93
벤소버 Yaron Vansover	93
쿤 T. S. Kuhn	96
진즈부르그 C. Ginzburg	98
단톤 R. Danton	98
톨프센 T. F. Tolfssen	98
스코트 J. W. Scott	99
앤커스미트 F. Ankersmit	104, 106
리쾨르 P. Ricoeur	104
샤르티에 R. Chartier	104
스톤 L. Stone	104
토폴스키 J. Topolski	105
단토 A. Danto	105
홉스봄 E. Hobsbawm	106
클라크 C. Clark	106
파파스 C. C. Pappas	107

인명 INDEX

파팅톤G. Partington — 140

아이스너E. W. Wisner — 146

버스톤W. H. Burston — 156, 157, 159

카운셀C. Counsell — 164, 211, 219

벤틀리J. H. Bentley — 164, 211

반시나Jan Vansina — 177

비고츠키L. Vygotsky — 196

이거&데이비스E. A. Yeager&O. L. Davis — 205

스트래들링R. Stradling — 207, 208

완싱크B. S. Wansink — 208

프랑크A. G. Frank — 210

맥닐W. H. Mcneill — 211

memo

memo

내용의 정석
史師 역사교육론

내용문의

온라인 강의　gong.conects.com
　　　　　　　카카오톡 플러스 친구 [gongdangi]
오프라인 강의　공단기고시학원 TEL. 02-812-6521

편저자　김정현
발행일　2024년 01월 10일
발행처　에이치북스
도서문의　서울시 동작구 노량진동 58-39 2층
　　　　　TEL. 010-8220-1310

ISBN　979-11-92659-47-3 13910
정가　32,000원

본 교재의 독창적인 내용에 대한 일체의 무단 전재, 모방은 법률로 금지되어 있습니다.
파본은 교환해 드립니다.